调查组成员与当地干部在东门镇永安村前合影

调查组成员与罗城县干部在四把镇人民政府前合影

调查组在仫佬族刺绣技艺传习基地调研学习

调查组成员在双合村进行语言使用情况调查

调查组成员在永安村进行语言使用情况调查

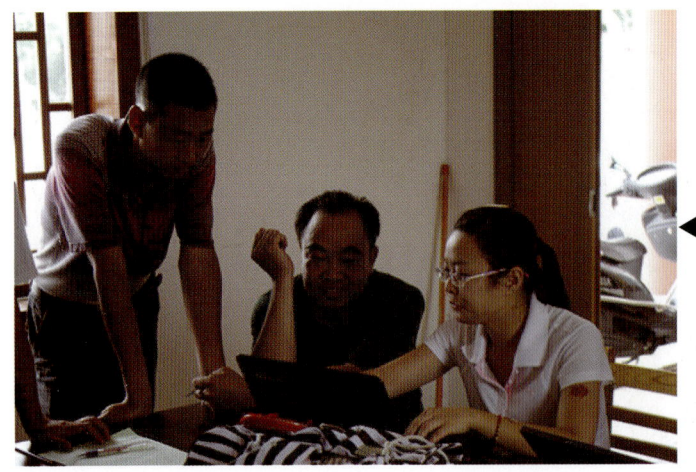

调查组成员在中石村进行仫佬语能力测试

对仫佬族青少年进行仫佬语能力测试

在中石村村委会进行仫佬族青年仫佬语能力测试

在永安村对仫佬族中年进行仫佬语能力测试

陈列于仫佬族博物馆的仫佬族纺织工具

陈列于仫佬族博物馆的仫佬族传统刺绣作品

仫佬族依饭节场景

语言保护研究丛书 | 总主编　戴庆厦

罗城仫佬族语言使用现状及其演变

张景霓　等　著

作者名单　张景霓　苏　丹　韦钰璇
　　　　　韦　馨　叶俐丹　李艮茜

科学出版社
北　京

内 容 简 介

仫佬族是广西壮族自治区 12 个世居民族之一，罗城仫佬族自治县是中国唯一的仫佬族自治县。仫佬语属汉藏语系壮侗语族侗水语支，与毛南语、侗语非常接近。随着社会经济的发展、教育的进步，仫佬语受汉语的影响越来越深，仫佬族人民特别是青少年是否仍然使用仫佬语进行交际，受汉语影响的程度如何？本书从仫佬族语言使用的不同角度出发，探寻仫佬语使用现状及其演变的规律。

本书的读者对象是民族语言研究所、民族类高等院校、社会民族研究部门、民族事务委员会、民族博物馆等的相关研究人员。

图书在版编目（CIP）数据

罗城仫佬族语言使用现状及其演变 / 张景霓等著. —北京：科学出版社，2016.12

（语言保护研究丛书 | 戴庆厦主编）

ISBN 978-7-03-049134-3

Ⅰ. ①罗… Ⅱ. ①张… Ⅲ. ①仫佬语–语言史-研究-罗城仫佬族自治县 Ⅳ. ①H275

中国版本图书馆 CIP 数据核字（2016）第 143233 号

责任编辑：王洪秀 / 责任校对：李 影
责任印制：张 倩 / 封面设计：铭轩堂

科 学 出 版 社 出版
北京东黄城根北街 16 号
邮政编码：100717
http://www.sciencep.com

三河市骏杰印刷有限公司 印刷
科学出版社发行 各地新华书店经销

*

2016 年 12 月第 一 版 开本：720×1000 1/16
2016 年 12 月第一次印刷 印张：20 1/2 插页：2
字数：325 000

定价：78.00 元
（如有印装质量问题，我社负责调换）

本书是国家社会科学基金西部项目(批准号:11XYY007)成果之一;

本书出版获广西特聘专家专项经费(广西少数民族语言文学)资助

语言国情研究的一个有价值的个案

张景霓教授最近完成了国家社会科学基金项目结项成果《罗城仫佬族语言使用现状及其演变》一书，要我给她写一个序。这激起了我对往事的一些回忆。20世纪80年代，由于受到国内外社会语言学热的影响，加上20世纪60年代我参加全国少数民族语言大调查时做过一些语言使用和民族政策的研究，所以对社会语言学产生了兴趣。那时，我不仅写了一些有关社会语言学的论文，出版了两部社会语言学的教材，还带了几届社会语言学的硕士生和博士生。1989年，我带着张弭弘、赵益真两位硕士研究生，到广西罗城仫佬族自治县调查仫佬族的语言，后来又与张弭弘一起写了"仫佬族的语言观"一文（载于《中南民族学院学报》，1990年第1期）。当时就觉得仫佬族的语言使用情况很有特点，值得深入挖掘。近日看了《罗城仫佬族语言使用现状及其演变》的样稿，有"似曾相识"的感觉，我很有收获和启发。

根据当时的调查，我的结论是罗城仫佬族基本上保留并使用自己的母语。不同年龄段、不同性别的人都能说一口流利的仫佬语，仫佬语是仫佬族主要的语言工具。而且仫佬族大都还兼用通用语——汉语，即桂柳话和普通话，全民族上下都重视汉语学习。时过20多年，语言生活状况有了一些变化。据《罗城仫佬族语言使用现状及其演变》课题组调查，罗城仫佬族仍然基本上保留并使用自己的母语，但部分青少年的母语能力出现了不同程度的下降。与20多年前相比，通用语——汉语比20年前使用范围扩大、水平普遍提高，母语受到汉语广泛、深入的影响，在语音、词汇、语法等方面都有表现。汉语的影响已进入核心领域，汉语丰富和发展了罗城仫佬语的基本结构，提高了仫佬语的表达功能。双语关系已成为仫佬族的一个密不可分的系统，它们相互补充、相互制约、各司其职。这就是说，罗城仫佬族已是一个全民双语的民族。经过前后对比，可以发现，罗城地区仫佬语在社会现代化深入发展的时期仍然是一个稳定使用的语言，在强势语言的冲击下仍保持其固有的活力。而 20 多年后的这些变化主要是由于仫佬族人通用语能力的普遍提高而产生的，这是由现代化进程中仫佬族文化教育大幅度提高所决定的。

本书的研究价值主要是：第一，仫佬族语言稳定保存的现状是我国语言国情的一个有价值的个案。弄清其规律和成因，对我国语言国情研究的理论建设具有一定的价值。第二，仫佬族语言使用情况的调查，对广西社会科学的理论建设和发展都有相当贡献。第三，广西是多民族的民族自治区，广西的语言方针制定需要建立在对少数民族语言使用国情科学认识的基础上。该项目获取的认识，能够为广西的语言方针、政策的制定提供事实依据，还能为第二语言教学、语言规范、语文现代化的规范，以及如何保护功能衰退的语言及濒危语言等提供参考。第四，记录、保存仫佬族民族语言的珍贵语料。对各个年龄段的仫佬族人进行语言能力的测试，能够为该语言的共时、历时研究提供新的语料。

过去我曾提出解决我国少数民族的语言使用问题"两全其美"的观点：既继承使用本民族母语，又学习使用通用语——汉语。"两全其美"是一条最佳的途径。这一观点我曾与景霓多次讨论过，并得到她的赞同。她所研究的仫佬族、毛南族的语言生活，雄辩地证明了少数民族"两全其美"的语言使用生活是可行的、有利的。这是该书理论上的贡献。

虽然这几年我国的语言国情调查研究做了不少工作，但由于我国的民族多、类型复杂，还有大量空白点要做。而且，社会的不断变化，语言也处在不断变化之中，这更增加了语言国情的复杂性。所以在当今世界，语言国情调查将是一项长期的任务。我国是一个语言资源丰富的大国，语言必能为语言国情调查研究做出贡献。各种个案的调查研究，不仅提高人们的认识，还能为盖好语言国情的大厦增砖加瓦。我很赞赏景霓教授长期坚持在语言生活第一线调查、研究语言使用的精神和毅力。

是为序。

戴庆厦

2016 年 10 月 1 日

于中央民族大学 507 工作室

目　　录

语言国情研究的一个有价值的个案（戴庆厦）

第一章　绪论 ·· 1
第一节　罗城仫佬族自治县的地理人文情况 ············ 1
第二节　仫佬语基本特点及调查方案 ···················· 5

第二章　罗城仫佬族自治县东门镇仫佬语使用情况 ········ 10
第一节　社会概况 ·· 10
第二节　语言使用情况 ···································· 12
第三节　东门镇访谈录 ···································· 71

第三章　罗城仫佬族自治县四把镇仫佬语使用情况 ········ 74
第一节　社会概况 ·· 74
第二节　语言使用情况 ···································· 75
第三节　四把镇访谈录 ···································· 121

第四章　罗城仫佬族自治县小长安镇仫佬语使用情况 ······ 126
第一节　社会概况 ·· 126
第二节　语言使用情况 ···································· 127
第三节　小长安镇访谈录 ·································· 173

第五章　罗城仫佬族自治县稳定使用仫佬语的条件和因素 ···· 181
第一节　仫佬语是仫佬族重要的交际工具 ················ 181
第二节　仫佬族稳定使用仫佬语的原因 ·················· 192

第六章　罗城仫佬族语言兼用的现状及成因 ················ 198
第一节　汉语是罗城仫佬族重要的语言工具 ·············· 198
第二节　罗城仫佬族语言兼用的成因及条件 ·············· 250

第七章　罗城仫佬族青少年语言使用状况 ·················· 254
第一节　罗城仫佬族青少年语言生活概况 ················ 254

第二节　罗城仫佬族青少年语言特点 …………………………… 263
　　第三节　罗城仫佬族青少年母语习得过程中的问题及成因 …… 265

第八章　仫佬语受汉语影响引起的变化 ………………………………… 268
　　第一节　仫佬语中的汉语借词 …………………………………… 268
　　第二节　仫佬语语音受汉语影响引起的变化 …………………… 278
　　第三节　仫佬语语法受汉语影响引起的变化 …………………… 285
　　第四节　仫佬语受汉语影响的主要特点 ………………………… 287

第九章　结语与预测 ……………………………………………………… 292

参考文献 …………………………………………………………………… 294

附录 ………………………………………………………………………… 296
　　附录一　罗城仫佬语语音系统 …………………………………… 296
　　附录二　罗城仫佬语 ……………………………………………… 304
　　附录三　仫佬语语法例句调查 …………………………………… 316

第一章 绪 论

第一节 罗城仫佬族自治县的地理人文情况[①]

一、罗城仫佬族自治县地理概况

罗城仫佬族自治县位于广西西北部,河池市东部,云贵高原苗岭山脉九万大山南麓。该县位于东经 108°28′42″至 109°9′18″、北纬 24°36′50″至 25°11′52″之间,东北与融水苗族自治县相邻,东南与柳城县相交,西南连宜州市,西北接环江毛南族自治县,总面积 2658 平方千米。

罗城仫佬族自治县距南宁市 317 千米,距桂林市 246 千米,距柳州市 120 千米,距河池市 121 千米,交通便捷。罗城仫佬族自治县境内有由宜州市山岔镇经罗城四把镇、县城至桥头终点站的铁路一条,县境内长 81.052 千米,另一条过境铁路为枝柳线(湖北枝城至广西柳州),县境内长 10 千米。公路有省道 323 线经县城穿境而过,二级路直通宜州,三级路经六塘上宜柳高速公路,三级路通柳城,二级路通融水,三级路通环江。全县有 11 个乡镇通柏油路,全县所有行政村都有四级以上的公路或机耕路通达。罗城牛毕港水路经柳州、梧州直达香港、澳门。

罗城仫佬族自治县全境西北高、东南低,中部南北走向呈鲤背状拱起的山脉,属九万大山余脉,海拔 1000 米以上山峰 10 余座,最高为雨平山,海拔 1468 米;次为黄峰山,海拔 1435 米;再为青明山,海拔 1425 米。该县属中亚热带季风气候,年均温度 18.9℃,夏无酷暑,冬无严寒;年均降雨量 1566.6 毫米,雨量充沛;主要河流 3 条,属西江水系,地下河 11 条(图 1-1)。

[①] 本节相关资料来源于罗城仫佬族自治县民族事务局内部资料和 1993 年版的罗城仫佬族自治县县志。

图 1-1　罗城仫佬族自治县全景①

罗城仫佬族自治县水、矿与旅游资源丰富；该县境内水系稠密，大小河流14条，河道长435千米，流域面积3060平方千米，年均流量22.74亿立方米，水能理论蕴藏量12.32万千瓦时，可开发9.87万千瓦时。该县已探明有色金属锡、镍、铜、锑、钨、铅锌、铁、重晶石等矿床、矿点和矿化点80多处，黑金属7.6万吨，稀有金属27.79万吨，是广西"有色金属之乡"和中国南方的镍都。该县是广西两个无烟煤生产基地之一，是广西"煤炭之乡"，总储量约1.07亿吨，已开采0.7亿吨。该县境内有大量的自然风景区和人工景区。自然景区有九万山自然森林保护区鱼西、平英保护站原始森林及小长安崖、百里山等；人工景区有唐代天河县遗址、小长安古镇、清明山生态休闲度假山庄及以清初"一代廉吏"于成龙命名的"成龙湖景区"。

二、罗城仫佬族自治县历史沿革

罗城仫佬族自治县历史悠久，秦属象郡地，汉属潭中、富周两县地，三国、两晋属潭中县地，南朝（公元533年）置黄水县，为建县之始。隋开皇十一年（公元591年）增设临牂县；大业二年（公元606年）黄水、临牂两县废，并入义熙县，属义熙县地。唐武德四年（公元621年）置安修县，复置黄水县、临牂县；贞观四年（公元630年）增设天河县。宋开宝五年（公元972年）置罗城县，得今县名。1930年11月中国工农红军第七军总指挥李明瑞、军长张云逸、政委邓小平率军北上进入罗城县，11月18日在四把镇佛子坳与国民党军发生激战。1949年11月23日、1950年2月23日罗城县、天河县先后解放。1952年7月天河县撤县，并入罗城县。1983年8月30日罗城县撤县，设罗城仫佬族自治县。2006年，罗城县隶属河池市。全县辖4个乡7个镇，141个行政村（社区）。居住着

---

① 图1-1来源于罗城仫佬族自治县民族事务局。

仫佬、壮、汉、苗、瑶、侗等12个勤劳勇敢的兄弟民族，总人口36.56万人，其中仫佬族11.57万人，占全县总人口的31.7%，是全国唯一的仫佬族自治县，亦为清初"一代廉吏"于成龙初仕之地，也是"黄花岗七十二烈士"之一的李德山和国民革命军陆军新编第四军高级将领韦一平的故乡。

三、仫佬族民族风俗

仫佬族是岭南土著民族，历代居住在石山地区，该地区山峦起伏，丘陵广布，煤海连绵。祖辈以来，人们以种植粮食作物为主，经济作物次之。粮食作物以水稻为主，玉米、黄豆次之；经济作物以油菜、甘蔗、烤烟为主，木薯、老蒜、花生次之。人们一方面自耕自食，另一方面挖煤炼硫、砍柴修竹、编草帽竹器，经营小生意帮补生活之不足。正是由于某些方面的封闭性，仫佬族形成了属于自己的风俗习惯。比较有特色的风俗习惯有敬婆王报人丁、认恩娘、补做风流等礼仪。这些礼仪习俗，是仫佬族文化的重要组成部分。在仫佬族的传说中，婆王是管理生育的，社王是管平安的。因而，敬婆王招人丁的习俗指在农历的三月初三"婆王诞"的时候，仫佬族人要去敬祭她；农历二月及八月的春社日和秋社日仫佬族人要向社王报人丁。"亲娘不比恩娘大"，这是仫佬山乡流传的一句俗语，它反映了仫佬族"认恩娘"的习俗。民间认为，小孩虽然是由亲娘生出来的，但是长大成人后，还得依靠恩娘的保佑，因而，"认恩娘"之风也相当盛行。"补做风流"其实是仫佬族久婚无子的人家为求子嗣而做的民间法事。仫佬族人认为，凡久婚不孕者，是因为他们在婚前耍风流不够（尤其是那些不是自己走坡对歌谈情，而是由父母包办成婚者），因此他们必须要"补做风流"，把恋爱谈够、谈充分，这样才能怀孕生小孩（图1-2）。

图1-2 仫佬族民居[①]

---

① 图1-2摄于罗城仫佬族自治县小长安镇双合村。

仫佬族大多是聚族而居，有血缘关系的同一宗族人往往居住在同一村寨内。例如，罗城仫佬族自治县东门镇、四把镇的大小罗村、大小潘村、大银村、谢村、大梧村等居住的均为同姓人，只是在一些圩镇和较大的村寨，才与别的民族和姓氏杂居。住屋大多是泥墙、瓦顶的平房，茅草屋和楼房极少。住宅建筑多为一个格式：一家有个四合院，进门是天井，再进去到正房，天井一侧是伙房，另一侧是牛栏，人畜分屋。正房有七个门，包括大门、中门、后门和四个房门，堂屋中间靠墙置放"香火"台，正房前后共四个房间：上面是谷楼，做谷仓或堆放杂物；下面前房较宽，住老人；后房稍窄，是青年人的卧室；后堂为家中厨房，大都在大门边厅堂内掘一"地炉"，既可烧水煮饭，又可作冬天取暖之用，这是仫佬族房屋的一个特色。

仫佬族日常生活中的食物一般以大米为主，玉米、红薯、芋头等杂粮为辅助粮食。夏秋季节，由于农事繁忙、气候炎热，家家有酸坛和辣椒钵。仫佬人对肉食一般无禁忌。过去虽有"罗不食猪""吴不食狗""莫不食狗""姚不食心"等传说，但这都不是普遍现象，个别支系和个别人之中或有之，如佛教信徒，常年吃素；有的人"算命"，迷信吃了牛肉或狗肉，会造成某种生理缺陷（俗称"破相"），从而形成禁忌。但是，随着人们科学文化水平的提高，这些禁忌早已消失。如今仫佬人如果打边炉火锅宴请嘉宾，常有猪、牛、鸡、鸭、狗肉及其内脏，毫无禁忌。

在婚姻方面，仫佬族历来都与壮、汉等族通婚，五服（代）之外的同姓也可以通婚。婚礼颇有该民族特色，最有特色的婚礼习俗是"不落夫家"。"不落夫家"指仫佬族女子婚后一段时间暂时不住在夫家。此习俗在仫佬山乡甚为普遍，且有其独特之处。

关于罗城仫佬族自治县的丧葬习俗，主要分青少年、壮年和老年三种不同情况。青少年死亡时，不论什么死因都不举行任何仪式。壮年去世，如果未婚，请道师念经后即埋，可用棺材但不漆黑；如已婚并有妻儿子女，就较繁杂，要打斋、定葬日、请地理先生择地下葬等。老年人去世按壮年死亡的办法处理，但棺木要漆黑。如果是非正常死亡的葬礼则又各有其特殊做法。

在信仰方面，仫佬族人以信仰道教为主，崇敬多神。"天仙""地仙""散仙"和佛教的释迦牟尼等，都在信奉之列。东门、天河等地还有少数仫佬人信奉基督教。在所有的宗教活动中，最突出的表现为办道场。道场分丧事道场、打醮道场、依饭道场三种，均请道师主持，最具特点的是依饭道场。仫佬人崇奉道教的活动，还有为小孩"架接命桥"、为老人"添粮"（亦称"添六马"）、为求子夫妇"添花架桥"等。佛教于明清时期在仫佬族地区广泛传播，当地的开元寺、各贡寺、方广寺、白马庙、多吉寺、金鸡寺、黄沈庵等大寺庙，都是在这一时期先后建造起来的。此外，巫教在仫佬族地区也有较大影响。

仫佬族最具特色的节日是春节、牛诞节、走坡节、依饭节。春节在仫佬语称为"达年"。仫佬族过春节有一种比较特殊的节日食品，即家家户户都做的"斗糍粑"。牛诞节，又称"牛生日"节。每逢农历四月初八，各家各户都把牛栏打扫干净，把牛身擦洗一番，给牛喂上嫩草和掺了黄豆、玉米的好牛潲，不用牛，不放牧，让牛好好休息一天。走坡节，即农历八月十五中秋节，是仫佬族特有的男女青年参加社交活动的节日，故又名"后生节"。每逢这个节日，仫佬族男女青年按照传统习惯自由走坡对歌。依饭节，又称"喜乐愿"，是罗城仫佬族自治县四把镇、东门镇一带仫佬族人民的一个既独特又隆重的节日。这个节日活动的中心内容是举办"依饭道场"，道师们演唱内容丰富的唱词，演奏悦耳动听的音乐。

第二节　仫佬语基本特点及调查方案[①]

一、仫佬语基本特点介绍

仫佬人日常生活的交际语言是该民族的语言——仫佬语。仫佬语属汉藏语系壮侗语族，侗水语支。仫佬语的产生有悠久的历史，是仫佬族先民在长期的劳动生活中产生和发展的。从先秦、秦汉以来，人们对南方少数民族的称谓不断改变，这只是人们对族称叫法的随意性和多样性，并不是因为这些民族在语言上有所改变而改变称谓。仫佬人被称作"僚"也好，被称为"伶"也罢，他们实实在在讲的依然是仫佬语。

仫佬语与侗语、水语、毛南语等比较接近，有许多基本词汇与壮族、侗族、水族、毛南族等族的语言相同。仫佬语与骆越民族——壮族的壮语有十分密切的

[①] 对仫佬语特点概括的材料主要选自：王均，郑国乔. 1980. 仫佬语简志. 北京：民族出版社；梁敏，张均如. 1996. 侗台语概论. 北京：中国社会科学出版社.

关系，在533个常用词中，同源词有285个，占53.5%；非同源词248个，占46.5%。仫佬语与侗语的关系更为密切，在684个常用词中，同源词有455个，占65.6%；非同源词239个，占34.4%。仫佬语的语言事实印证了仫佬族是骆越民族，并且是岭南百越民族中古老的一支。

《壮族通史》记载："壮族语言与傣语、布依语、黎语、侗语、毛南语、水语、仫佬语等在语法上的相同，反映了他们同是从西瓯、骆越发展而来的，也反映了这些民族长期以来在广西辽阔的土地上，曾经在一起生产、一起生活而发展起来的历史事实。"仫佬语有完整的语音系统，有丰富的基本词汇，有灵活多样的表达方式。尽管历经沧桑，但仫佬语有着顽强的生命力，随着社会的发展而发展起来。仫佬族人民世世代代讲仫佬语，直至今日，仫佬人仍然是以仫佬语为主要的交际工具。

笔者从《侗台语简志》《侗台语概论》《仫佬语简志》等与仫佬语有关的材料中，总结出仫佬语的语音、词汇、语法的主要特点。

仫佬语的语音方面，仫佬语音节构成的方式、部分元音分长短、元音和韵尾的配例、声母和声调的关系、元音长短和促声调调值的相应关系，都是同语族诸语言的共同特点。至于浊塞音声母的消失、清塞音声母分不送气和送气两套等现象，则显示出它的声母系统更接近于侗语。而它有15个元音音位及/e/和/ɛ/、/o/和/ɔ/的对立，这和毛南语的韵母系统相接近。从部分词的长短元音变化来看，仫佬语也是和侗水语支其他语言相一致的。

声母有以下三类：①单纯声母，②腭化声母，③唇化声母。有的地区腭化声母有前腭化和后腭化两套，有的地区只有一套前腭化声母。罗城仫佬族自治县东门镇上南岸屯的仫佬语有单纯声母29个，后腭化声母8个，前腭化声母11个，唇化声母17个，共有声母65个。

韵母有以下三类：①单元音韵，②带元音韵尾或鼻音韵尾的韵母，③带塞音韵尾的韵母。元音韵尾是-i和-u，鼻音韵尾是-m、-n、-ŋ，塞音韵尾是-p、-t、-k。除自成音节的/ŋ/以外，每个韵母都含有一个元音。元音分长短。有的长短元音的分配是互补的，因而不构成对立的音位，有的长元音和短元音在同样的语音环境出现，因而是不同的音位。

声调分两类：舒声调和促声调。带塞音韵尾-p、-t、-k的音节属于促声调，其余都属于舒声调。舒声调共有6个，即第1、2、3、4、5、6调；促声调有2

个，即第 7 调和第 8 调。第 7 和第 8 两调又往往按元音的长短而异其调值，因此促声调的调值可以有 4 个。有的地区（如罗城仫佬族自治县的龙岸、小长安）促声调不论元音的长短，同调类的调值都相同，就只有 2 个促声调值。

词汇方面，在仫佬语的词汇中有相当数量的词是与本语族诸语言同源的。其中，仫佬语跟侗水语支语言同源的词显然比它和其他语支的语言多。比如，上文提及的仫佬语和侗语的比较，仫佬语中同源词占 65.6%。而仫佬语和壮语相比，仫佬语的同源词占 53.5%。

语法方面，本语族诸语言语法构造的基本形式是大体相同的，但仫佬语同侗语更接近些。例如，数词、量词和名词组合，当数词为"一"时，壮语、布依语、毛南语、傣语等的"一"（deu¹ 或 nɯŋ⁶）都放在量词和名词的后面，仫佬语、侗语和水语中所有的数词都放在量词和名词的前面。

根据句子的构成要素及其结构形式，句子可分单句和复句两大类。每个单句的结尾都带有句终语调。句子和句子之间都有一定的停顿。在复句中，前面的分句一般带有句间语调和较短的停顿，末一个分句带有句终语调。句子的表达功能一般是借句子的语气来体现说话人各种各样的交际目的，因此可以根据不同的语气把句子分为陈述句、疑问句、祈使句、感叹句 4 类。不同语气的句子可能是单句，也可能是复句。

句子一般由主语部分和谓语部分组成。主语部分的中心词是主语，谓语部分的中心词是谓语。如果谓语是动词，这个动词所支配的对象是宾语。主语、宾语、谓语可以各有自己的连系成分。体词性主语、宾语的修饰成分是定语，谓语的修饰成分是状语，补充成分是补语。

二、仫佬语调查方案

调查主要以语言学的调查研究方法为主，同时还吸取民族学、统计学、社会学的有关知识和方法，比如民族学的田野调查法、直接观察法、比较研究法等方法，社会学中的"抽样调查法"，还利用统计学方法，对获得的调查材料进行定量分析，用概率统计说明语言文字使用的情况。笔者以从整体着眼并结合具体个案为原则，编写了详细的调查提纲并设计了调查表。笔者选择具有代表性的罗城县东门镇、四把镇、小长安镇这三个调查点，分别进行调查与分析，以求全面反映罗城仫佬族自治县仫佬语的使用情况。

由于调查的时间比较紧促、人力缺乏等因素，东门镇、四把镇、小长安镇的每片区域无法一一走遍，本书只能选取具有代表性的区域和具有代表性的人员进行统计和分析，主要采用抽样调查与全面调查相结合法、问卷调查法、观察法、访谈法、文献法等方法。

（一）抽样调查与全面调查相结合法

笔者主要采用了重点调查、典型调查、抽样调查、个案调查及调查研究类型的比较等方法。调查点要根据调查目的而选择重点、典型的村寨和学校等地点，以便准确地反映调查对象的情况和特点。此次调查选取的是具有代表性的点，仫佬族聚居的东门镇，仫佬族和壮族杂居的四把镇，壮族、汉族、仫佬族等多民族杂居的小长安镇。

我们对村民家庭采用随机抽样法统计和分析语言使用情况，对当地不同年龄段的各族人采用类型抽样法进行问卷调查、400 词测试，并对走访中遇见的有价值的语言现象进行偶遇调查等。

（二）问卷调查法

为了全面了解当地家庭在不同场合、面对不同对象时使用语言的具体情况，以全面了解罗城仫佬族自治县不同年龄者的语言观念，笔者设计了不同的调查问卷：①使用者语言态度调查问卷；②语言观念调查表；③青少年语言使用情况调查问卷；④家庭内部语言使用情况调查表。这些调查表主要设计为问答的方式。

（三）访谈法

访谈方式为个人访谈，这是此次课题调查的重要手段。个人访谈的一般过程是进见、融洽关系、正式访谈、告别。访谈要想达到预期的调查目的，应该根据访谈人员的年龄、性别、职业及访谈的目的，事先做好设计。

（四）文献法

笔者查询了国内外有关仫佬族语言的文献资料，以全面了解仫佬族语言的特点。

不同背景的人的仫佬语水平是不同的。为了更接近仫佬语的实际使用现状和特点。笔者对语言能力划分了不同的等级。

依据听、说的标准，笔者把使用仫佬语的人的语言能力分为 4 个等级：熟练、一般、略懂、不会。不同等级与听、说能力强弱的关系见表 1-1。

表 1-1　使用仫佬语的人的不同语言等级与听、说能力强弱的关系

等级	听的能力	说的能力	能否交际
熟练	+	+	能
一般	+	−	能
略懂	−	o	部分
不会	o	o	不能

注：+表示强，−表示弱，o 表示没有

具体说来，这 4 个等级的定位：①熟练指能够在日常生活中自如地运用仫佬语进行交际，听、说能力俱佳。②一般指能听懂仫佬语，也会说，但在日常生活中多使用当地方言。③略懂指能够听懂简单的会话，一般不说。④不会指既听不懂仫佬语，也不会说仫佬语。

不同年龄段的人的语言能力有所差异，而且差异是有规律的。从整体上观察，仫佬族使用母语的差异可以划分出 3 个年龄段：6～19 岁；20～50 岁；50 岁以上。由于 6 岁以下儿童的语言能力不稳定，所以笔者把调查对象的年龄划在 6 岁以上。20～50 岁这一年龄段相差 30 岁，实际上涵盖了青年和中年两个年龄段。之所以把这两个年龄段合二为一，是考虑到这两个年龄段的人的语言能力比较稳定，不容易改变。

第二章　罗城仫佬族自治县东门镇仫佬语使用情况

东门镇位于罗城仫佬族自治县县城所在地，该镇仫佬族大多保留自己的母语，并兼用汉语。本章先介绍东门镇的社会文化情况，再分析这一地区仫佬族的语言使用情况。

第一节　社会概况

东门镇位于东经108°53′52″、北纬24°47′12″。1991年11月经广西壮族自治区人民政府批准，东门镇与东门乡合并为东门镇；2005年6月，桥头镇被撤销并入东门镇。东门镇东邻小长安，西靠四把，北接黄金，南连冲脉（柳城县），距广西工业重镇柳州市120千米，与宜州市相距45千米，交通便利，是该县政治、经济、文化中心。

全镇总面积388平方千米，其中耕地面积56 156亩（1亩≈666.67平方米），水田37 216亩，旱地18 940亩。东门镇属亚热带季风气候区，年平均气温约18.9℃，年均雨量为1958毫米，土地肥沃，境内有葫芦山、黄泥河、马恒洞、穿岩、地良、地姚、金塘、金鸡8座水库，总库容816.2万立方米，灌溉便利。经济作物以糖蔗、毛葡萄为主，盛产生姜、红香蒜等特色农产品。境内矿产资源丰富，盛产无烟煤、石灰石、黏土等。2012年，在农业产业结构调整示范点德音村发展无公害蔬菜100余亩，新增甘蔗6117亩，完成宿根蔗管护1.774万亩，种植毛葡萄2980亩。2012年，东门镇农民人均纯收入3890元。

东门镇的旅游产业稳步发展。东门镇地势北高南低，地形呈盆地状，四周被连绵不断形似剑排的山脉围绕，风光奇异，景色迷人，犹如一个百里画廊。该镇附近有壮观的罗城八景，吸引着各地游客。这八景分别是丹凤衔书、罗敦仙迹、西江印月、龙潭晚照、南山烟雨、黄泥瀑布、中寨鸳鸯等。

东门镇辖 5 个社区[①]、19 个村委会、258 个自然屯；2012 年全镇共有 29 991 户 96 628 人，其中男 49 278 人，女 47 350 人；该镇仫佬族人口 50 460 人，占该镇总人口的 52.2%，汉族人口 24 061 人，占该镇总人口的 24.9%，壮族人口 21 059 人，占该镇总人口的 21.8%；人口自然增长率为 8.29‰。各村人口数与民族结构见表 2-1。

表 2-1　东门镇人口与民族结构表　　（单位：人）

行政村	总人口数	民族结构			
		汉族	壮族	仫佬族	其他
冲洞	2942	53	2014	869	6
大境	2111	47	1873	191	—
三家	2448	656	814	978	—
燕塘	1571	764	581	226	—
大福	3262	328	213	2719	2
勒俄	2472	199	630	1643	—
德音	3427	85	445	2897	—
古耀	2252	752	345	1155	—
平洛	2766	1238	99	1429	—
章罗	6366	2400	577	3389	—
永安	3318	1028	236	2054	—
凤梧	5973	1608	332	4033	—
横岸	4828	698	632	3498	—
中石	5909	622	128	5159	—
佑洞	1175	32	290	853	—
东勇	2760	697	1217	843	—
弄达	3434	862	1509	1046	5
龙山	2298	580	1015	703	—
榕木	2755	695	1217	843	—
桥头	3764	949	1662	1153	—
社区	28 682	8643	4823	14 264	952
矿务局	2115	1125	407	515	83
合计	96 628	24 061	21 059	50 460	1048

---

① 数据来源于东门镇政府（内部资料）。

东门镇居民主要是仫佬族、壮族、汉族，还有少量苗族、瑶族、侗族等民族。

近年来，东门镇基础建设稳步推进，改造城区凤凰社区东西街、永宁街、永乐街；完成凤梧村上凤立屯的城乡风貌改造项目、国家扶持人口较少民族（仫佬族）系列项目——桥头社区小城镇建设工程和有序推进中石村石围屯仫佬族古村落古民居保护工程；建设永安至德音4.6千米、冲洞至塘口4千米的村级道路，德音村十五洞至红洞等9条屯级道路；完成220户危房改造和100座沼气池建设。

东门镇九年义务教育普及良好，有1所初级中学，2所中心小学，21所村级中心学校，505名教职工，2012年在校学生4529名。同时，东门镇还建有一座400平方米的镇级综合文化楼，内有各类图书5400余册，并有村级文化场所11个，业余文艺队15支。镇综合文化站、章罗村李家屯业余文艺队分别被市委宣传部授予"2012年度河池市十佳乡镇综合文化站""2012年度河池市先进基层业余文艺团队"称号。东门镇还有卫生院1所，19个村民族委员会均建有村级卫生室。

第二节　语言使用情况

东门镇仫佬族大多数还保留自己的语言。不论是在仫佬族聚居的村寨，还是在仫佬族与其他民族杂居的村寨，只要是土生土长的仫佬族，不分性别年龄、职业身份，都熟练掌握仫佬语。甚至是常年在外地打工或求学的人，也都能熟练使用仫佬语。

下面是东门镇仫佬族语言使用不同类型的个案调查报告。

一、中石村语言使用情况

（一）社会概况

中石村是东门镇的一个仫佬族聚居村，是东门镇下辖的19个行政村之一。全村共有1667户，现有人口5909人。其中多数为仫佬族，占总人口的87.3%；另有汉族622人，壮族128人，占总人口的12.7%。

（二）语言使用的基本特点

1. 仫佬语是中石村最主要的交际工具

此次抽样调查了该村 45 户，共 170 人。调查显示：该村能熟练掌握仫佬语的人口占总人口的 97.1%，完全不会说仫佬语的只有 30 岁的韦丽雯一人，她是外地嫁入的壮族，详见表 2-2。在中石村，可以说无论在村寨田头还是家庭邻里，无论在劳动中还是在休息的时候，仫佬族男女老少都是通过仫佬语交流信息、表达感情。即使是不同民族组成的家庭也都使用仫佬语。外来人口融入这一语言环境，也能尽快地学会仫佬语，在与仫佬族村民交流时极少使用汉语或其他民族语言。在中石村，仫佬语属于稳定使用的类型。

表 2-2　不同年龄段仫佬语语言能力统计表

年龄段	总人口/人	熟练 人口/人	熟练 百分比/%	一般 人口/人	一般 百分比/%	略懂 人口/人	略懂 百分比/%	不会 人口/人	不会 百分比/%
6～19 岁	25	24	96.0	1	4.0	0	0	0	0
20～50 岁	98	95	96.9	2	2.0	0	0	1	1.0
50 岁以上	47	46	97.9	1	2.1	0	0	0	0
合计	170	165	97.1	4	2.4	0	0	1	0.5

表 2-2 的统计中，除 6 岁的银俊翔仫佬语水平为一般外，其余仫佬族人都能熟练掌握本族语言。在 13 名其他民族人中，有 9 人的仫佬语水平为熟练。

2. 大部分村民为"仫佬语—汉语"双语人

该村村民以仫佬语作为主要交际工具的同时，普遍兼用汉语普通话和汉语方言（桂柳话）。造成这一现象的主要原因有两个，其一，汉语方言（桂柳话）曾作为西南官话被这一地区所长期接受。在新中国成立初期，当地的中小学普遍采用桂柳话进行教学。政府部门、企事业单位在办公时也曾长期使用桂柳话。其二，随着普通话的推广和电视、电话、电脑等通信、娱乐设施的普及，越来越多的人能熟练掌握普通话。

通过表 2-3 和表 2-4 可知，中石村 97.1% 的人能够熟练地使用桂柳话，完全不会桂柳话的人口只有 0.5%；能熟练掌握汉语普通话的人口只有 31.2%，但大部分人都能听得懂，完全不懂普通话的人口占 17.6%，主要是学龄前儿童和老年人。

表 2-3 不同年龄段汉语方言（桂柳话）能力统计表

年龄段	总人口/人	熟练 人口/人	熟练 百分比/%	一般 人口/人	一般 百分比/%	略懂 人口/人	略懂 百分比/%	不会 人口/人	不会 百分比/%
6~19 岁	25	24	96.0	1	4.0	0	0	0	0
20~50 岁	98	95	96.9	2	2.1	0	0	1	1.0
50 岁以上	47	46	97.9	1	2.1	0	0	0	0
合计	170	165	97.1	4	2.4	0	0	1	0.5

表 2-4 不同年龄段汉语普通话能力统计表

年龄段	总人口/人	熟练 人口/人	熟练 百分比/%	一般 人口/人	一般 百分比/%	略懂 人口/人	略懂 百分比/%	不会 人口/人	不会 百分比/%
6~19 岁	25	5	20.0	11	44.0	3	12.0	6	24.0
20~50 岁	98	47	48.0	40	40.8	8	8.2	3	3.0
50 岁以上	47	1	2.1	10	21.3	15	31.9	21	44.7
合计	170	53	31.2	61	35.9	26	15.3	30	17.6

（三）中石村家庭语言使用情况

中石村家庭语言使用情况如表 2-5 所示。

表 2-5 中石村家庭语言使用情况一览表

序号	家庭关系	姓名	年龄/岁	民族	文化程度	第一语言及水平	第二语言及水平	第三语言及水平	第四语言及水平
1	户主	张琼荣	83	汉	文盲	仫佬语熟练	桂柳话熟练	普通话不会	—
2	户主	银世庭	50	仫佬	初中	仫佬语熟练	桂柳话熟练	普通话一般	—
2	儿子	银联兴	26	仫佬	中专	仫佬语熟练	桂柳话熟练	普通话熟练	—
3	户主	银世朝	59	仫佬	初中	仫佬语熟练	桂柳话熟练	普通话一般	—
3	母亲	雷秀珍	78	汉	文盲	仫佬语熟练	桂柳话一般	普通话略懂	—
3	妻子	银菊花	59	仫佬	小学	仫佬语熟练	桂柳话熟练	普通话略懂	—
3	儿子	银联庄	30	仫佬	大学	仫佬语熟练	桂柳话熟练	普通话熟练	—
4	户主	银联祖	45	仫佬	初中	仫佬语熟练	桂柳话熟练	普通话略懂	—
4	母亲	谢秀荣	74	仫佬	小学	仫佬语熟练	桂柳话一般	普通话略懂	—
4	妻子	罗炳姣	45	仫佬	小学	仫佬语熟练	桂柳话熟练	普通话略懂	—

续表

序号	家庭关系	姓名	年龄/岁	民族	文化程度	第一语言及水平	第二语言及水平	第三语言及水平	第四语言及水平
4	长女	银方爱	27	仫佬	初中	仫佬语熟练	桂柳话熟练	普通话一般	—
	次女	银方萍	23	仫佬	初中	仫佬语熟练	桂柳话熟练	普通话一般	—
	儿子	银方标	15	仫佬	初中	仫佬语熟练	桂柳话熟练	普通话一般	—
5	户主	银世义	56	仫佬	高中	仫佬语熟练	桂柳话熟练	普通话一般	—
	妻子	银小女	55	仫佬	小学	仫佬语熟练	桂柳话熟练	普通话一般	—
	儿子	银联芬	31	仫佬	初中	仫佬语熟练	桂柳话熟练	普通话一般	—
	女儿	银联晓	30	仫佬	大专	仫佬语熟练	桂柳话熟练	普通话熟练	—
	次子	银联韬	28	仫佬	初中	仫佬语熟练	桂柳话熟练	普通话熟练	—
6	妻子	银仔菊	51	仫佬	小学	仫佬语熟练	桂柳话熟练	普通话略懂	—
	长子	银世超	27	仫佬	初中	仫佬语熟练	桂柳话熟练	普通话一般	—
	次子	银世朗	26	仫佬	初中	仫佬语熟练	桂柳话熟练	普通话一般	—
7	户主	银联友	56	仫佬	高中	仫佬语熟练	桂柳话熟练	普通话一般	—
	妻子	潘太姣	55	仫佬	小学	仫佬语熟练	桂柳话熟练	普通话一般	—
	长子	银方汝	30	仫佬	中专	仫佬语熟练	桂柳话熟练	普通话熟练	—
	次子	银方淳	27	仫佬	中专	仫佬语熟练	桂柳话熟练	普通话熟练	—
	孙子	银美智	5	仫佬	学前班	仫佬语熟练	桂柳话熟练	普通话熟练	—
8	户主	银宣枝	65	仫佬	小学	仫佬语熟练	桂柳话熟练	普通话略懂	—
	儿子	银卫成	37	仫佬	小学	仫佬语熟练	桂柳话熟练	普通话一般	—
	长孙	银贵	12	仫佬	小学	仫佬语熟练	桂柳话一般	普通话略懂	—
	次孙	银助	7	仫佬	小学	仫佬语熟练	桂柳话一般	普通话一般	—
9	户主	杨光莲	71	汉	文盲	仫佬语熟练	桂柳话一般	普通话不会	—
	儿子	银志钧	33	仫佬	中专	仫佬语熟练	桂柳话熟练	普通话熟练	—
10	户主	银世平	53	仫佬	小学	仫佬语熟练	桂柳话熟练	普通话不会	—
	妻子	银六凤	50	仫佬	小学	仫佬语熟练	桂柳话熟练	普通话略懂	—
	儿子	银艳超	25	仫佬	初中	仫佬语熟练	桂柳话熟练	普通话熟练	—
11	户主	银世勇	51	仫佬	高中	仫佬语熟练	桂柳话熟练	普通话一般	—
	妻子	银三菊	46	仫佬	小学	仫佬语熟练	桂柳话熟练	普通话一般	—
12	户主	银世生	50	仫佬	初中	仫佬语熟练	桂柳话熟练	普通话一般	—

续表

序号	家庭关系	姓名	年龄/岁	民族	文化程度	第一语言及水平	第二语言及水平	第三语言及水平	第四语言及水平
12	母亲	银星娥	74	仫佬	文盲	仫佬语熟练	桂柳话熟练	普通话不会	—
	妻子	杨万枝	48	汉	初中	仫佬语熟练	桂柳话熟练	普通话一般	—
	女儿	银联渊	25	仫佬	初中	仫佬语熟练	桂柳话熟练	普通话熟练	—
	儿子	银联康	23	仫佬	初中	仫佬语熟练	桂柳话熟练	普通话熟练	—
13	户主	银卫方	41	仫佬	小学	仫佬语熟练	桂柳话熟练	普通话一般	—
	妻子	银三荣	37	仫佬	小学	仫佬语熟练	桂柳话熟练	普通话不会	—
	女儿	银晓秀	17	仫佬	初中	仫佬语熟练	桂柳话熟练	普通话一般	—
	儿子	银联富	15	仫佬	初中	仫佬语熟练	桂柳话熟练	普通话一般	—
14	户主	银小卫	43	仫佬	小学	仫佬语熟练	桂柳话熟练	普通话略懂	—
	父亲	银胜丰	70	仫佬	小学	仫佬语熟练	桂柳话熟练	普通话略懂	—
	母亲	梅太姣	72	汉	小学	桂柳话熟练	仫佬语熟练	普通话不会	—
	妻子	祝华英	44	仫佬	小学	仫佬语熟练	桂柳话熟练	普通话不会	—
	弟弟	银小强	35	仫佬	小学	仫佬语熟练	桂柳话熟练	普通话略懂	—
	妹妹	银小群	29	仫佬	小学	仫佬语熟练	桂柳话熟练	普通话不会	—
	儿子	银联宁	22	仫佬	小学	仫佬语熟练	桂柳话熟练	普通话一般	—
	女儿	银春宁	20	仫佬	小学	仫佬语熟练	桂柳话熟练	普通话一般	—
	侄女	银爽爽	8	仫佬	小学	仫佬语熟练	桂柳话不会	普通话不会	—
15	妻子	银小英	48	仫佬	小学	仫佬语熟练	桂柳话熟练	普通话不会	—
	儿子	银世归	25	仫佬	小学	仫佬语熟练	桂柳话熟练	普通话略懂	—
	女儿	银秋梅	23	仫佬	初中	仫佬语熟练	桂柳话熟练	普通话熟练	—
16	儿子	银展	22	仫佬	初中	仫佬语熟练	桂柳话熟练	普通话熟练	—
	叔父	银庆华	70	仫佬	文盲	仫佬语熟练	桂柳话不会	普通话不会	—
	妻子	银雪敏	50	仫佬	初中	仫佬语熟练	桂柳话熟练	普通话熟练	—
	儿子	银世旋	27	仫佬	初中	仫佬语熟练	桂柳话熟练	普通话熟练	—
17	户主	银胜欢	34	仫佬	初中	仫佬语熟练	桂柳话熟练	普通话一般	—
	妻子	银香仁	30	仫佬	小学	仫佬语熟练	桂柳话熟练	普通话一般	—
	儿子	银俊翔	6	仫佬	小学	仫佬语一般	桂柳话不会	普通话不会	—
18	户主	银小梅	59	仫佬	小学	仫佬语熟练	桂柳话不会	普通话不会	—

续表

序号	家庭关系	姓名	年龄/岁	民族	文化程度	第一语言及水平	第二语言及水平	第三语言及水平	第四语言及水平
18	长子	银芳龙	36	仫佬	初中	仫佬语熟练	桂柳话熟练	普通话熟练	—
	女儿	银芳想	28	仫佬	小学	仫佬语熟练	桂柳话熟练	普通话熟练	—
	次子	银芳艺	26	仫佬	初中	仫佬语熟练	桂柳话熟练	普通话熟练	—
19	户主	银掉凤	60	仫佬	小学	仫佬语熟练	桂柳话熟练	普通话略懂	—
	长子	银联纯	34	仫佬	初中	仫佬语熟练	桂柳话熟练	普通话熟练	—
	次子	欧昌义	30	仫佬	大专	仫佬语熟练	桂柳话熟练	普通话熟练	—
20	户主	银庆耀	55	仫佬	初中	仫佬语熟练	桂柳话熟练	普通话一般	—
	母亲	梅桂英	85	汉	文盲	仫佬语熟练	桂柳话熟练	普通话不会	—
	妻子	银珍萍	45	仫佬	小学	仫佬语熟练	桂柳话熟练	普通话一般	—
	弟弟	银庆辉	50	仫佬	高中	仫佬语熟练	桂柳话熟练	普通话熟练	—
	女儿	银春云	31	仫佬	初中	仫佬语熟练	桂柳话熟练	普通话一般	—
	长子	银胜速	29	仫佬	初中	仫佬语熟练	桂柳话熟练	普通话熟练	—
	次子	银胜哲	25	仫佬	初中	仫佬语熟练	桂柳话熟练	普通话熟练	—
21	户主	银联龙	35	仫佬	初中	仫佬语熟练	桂柳话熟练	普通话一般	—
	母亲	覃美娥	72	壮	文盲	壮语熟练	桂柳话熟练	仫佬语熟练	普通话不会
	姐姐	银燕娟	39	仫佬	小学	仫佬语熟练	桂柳话熟练	普通话一般	—
	儿子	银宇智	6	仫佬	小学	仫佬语熟练	桂柳话熟练	普通话略懂	—
22	户主	银彩荣	61	仫佬	小学	仫佬语熟练	桂柳话熟练	普通话略懂	—
	丈夫	银德华	60	仫佬	小学	仫佬语熟练	桂柳话熟练	普通话一般	—
	儿媳	韦丽雯	30	壮	中专	壮语熟练	桂柳话熟练	普通话熟练	仫佬语不会
	长子	银世林	38	仫佬	初中	仫佬语熟练	桂柳话熟练	普通话熟练	—
	次子	银世江	34	仫佬	中专	仫佬语熟练	桂柳话熟练	普通话熟练	—
	女儿	银利翠	30	仫佬	初中	仫佬语熟练	桂柳话熟练	普通话一般	—
	孙女	银芷嫣	5	仫佬	学前班	仫佬语熟练	桂柳话熟练	普通话一般	—
23	户主	银秀莲	63	仫佬	小学	仫佬语熟练	桂柳话熟练	普通话一般	—
	长女	银贤香	42	仫佬	初中	仫佬语熟练	桂柳话熟练	普通话熟练	—
	女婿	黄宁强	43	壮	初中	壮语熟练	桂柳话熟练	普通话熟练	仫佬语一般
	次女	银爱香	37	仫佬	初中	仫佬语熟练	桂柳话熟练	普通话熟练	—

续表

序号	家庭关系	姓名	年龄/岁	民族	文化程度	第一语言及水平	第二语言及水平	第三语言及水平	第四语言及水平
23	三女	银爱红	31	仫佬	小学	仫佬语熟练	桂柳话熟练	普通话一般	—
	四女	银满红	29	仫佬	初中	仫佬语熟练	桂柳话熟练	普通话一般	—
24	户主	银胜光	63	仫佬	小学	仫佬语熟练	桂柳话熟练	普通话略懂	—
	妻子	梁彩梅	64	仫佬	文盲	仫佬语熟练	桂柳话熟练	普通话不会	—
	长女	银贤翠	33	仫佬	小学	仫佬语熟练	桂柳话熟练	普通话一般	—
	次女	银贤柳	30	仫佬	小学	仫佬语熟练	桂柳话熟练	普通话一般	—
	三女	银柳丽	27	仫佬	小学	仫佬语熟练	桂柳话熟练	普通话一般	—
25	户主	银家平	80	仫佬	小学	仫佬语熟练	桂柳话熟练	普通话不会	—
	妻子	王祥梅	74	汉	文盲	桂柳话熟练	仫佬语一般	普通话不会	—
	儿子	银世汉	38	仫佬	初中	仫佬语熟练	桂柳话熟练	普通话熟练	—
26	户主	银太仁	54	仫佬	小学	仫佬语熟练	桂柳话熟练	普通话一般	—
	妻子	吴写枝	54	仫佬	文盲	仫佬语熟练	桂柳话略懂	普通话不会	—
	长子	银世尤	29	仫佬	大学	仫佬语熟练	桂柳话熟练	普通话熟练	—
	次子	银世浩	26	仫佬	大学	仫佬语熟练	桂柳话熟练	普通话熟练	—
27	户主	银太贤	59	仫佬	小学	仫佬语熟练	桂柳话熟练	普通话略懂	—
	儿子	银世芬	29	仫佬	初中	仫佬语熟练	桂柳话熟练	普通话熟练	—
28	户主	银鸾枝	55	仫佬	初中	仫佬语熟练	桂柳话熟练	普通话一般	—
29	户主	银贤军	34	仫佬	中专	仫佬语熟练	桂柳话熟练	普通话熟练	—
	儿子	银凯	10	仫佬	小学	仫佬语熟练	桂柳话熟练	普通话一般	—
	侄女	银丹	24	仫佬	小学	仫佬语熟练	桂柳话熟练	普通话一般	—
	侄子	银诚	20	仫佬	初中	仫佬语熟练	桂柳话熟练	普通话熟练	—
30	户主	银联敢	47	仫佬	初中	仫佬语熟练	桂柳话熟练	普通话一般	—
	妻子	银翠菊	47	仫佬	小学	仫佬语熟练	桂柳话熟练	普通话略懂	—
	女儿	银芳娜	26	仫佬	中专	仫佬语熟练	桂柳话熟练	普通话熟练	—
	儿子	银芳琪	24	仫佬	中专	仫佬语熟练	桂柳话熟练	普通话熟练	—
31	户主	银胜江	38	仫佬	初中	仫佬语熟练	桂柳话熟练	普通话熟练	—
	母亲	银菊英	62	仫佬	小学	仫佬语熟练	桂柳话熟练	普通话略懂	—
	妻子	潘平娟	38	仫佬	初中	仫佬语熟练	桂柳话熟练	普通话一般	—

续表

序号	家庭关系	姓名	年龄/岁	民族	文化程度	第一语言及水平	第二语言及水平	第三语言及水平	第四语言及水平
31	女儿	银爽	17	仫佬	初中	仫佬语熟练	桂柳话熟练	普通话熟练	—
	儿子	银世强	6	仫佬	小学	仫佬语熟练	桂柳话略懂	普通话一般	—
32	户主	银太培	61	仫佬	小学	仫佬语熟练	桂柳话熟练	普通话略懂	
	父亲	银记福	82	仫佬	小学	仫佬语熟练	桂柳话熟练	普通话不会	
	妻子	梁修美	60	仫佬	小学	仫佬语熟练	桂柳话熟练	普通话略懂	
	弟弟	银海	35	仫佬	初中	仫佬语熟练	桂柳话熟练	普通话熟练	
	弟媳	银燕琼	33	仫佬	小学	仫佬语熟练	桂柳话熟练	普通话一般	
	儿子	银世好	28	仫佬	中专	仫佬语熟练	桂柳话熟练	普通话熟练	
	侄女	银雪娜	7	仫佬	小学	仫佬语熟练	桂柳话熟练	普通话一般	
	侄子	银联政	5	仫佬	学前班	仫佬语熟练	桂柳话一般	普通话略懂	
33	户主	银胜敏	39	仫佬	初中	仫佬语熟练	桂柳话熟练	普通话熟练	
	母亲	梁桂鸾	59	仫佬	文盲	仫佬语熟练	桂柳话一般	普通话不会	
	妻子	银邦琼	37	仫佬	小学	仫佬语熟练	桂柳话熟练	普通话略懂	
	弟弟	银胜廷	31	仫佬	初中	仫佬语熟练	桂柳话熟练	普通话一般	
	妹妹	银掉娟	30	仫佬	小学	仫佬语熟练	桂柳话熟练	普通话一般	
	女儿	银卫丽	15	仫佬	小学	仫佬语熟练	桂柳话熟练	普通话一般	
34	户主	银庆贤	63	仫佬	小学	仫佬语熟练	桂柳话熟练	普通话略懂	
	妻子	罗桂香	63	壮	小学	壮语熟练	桂柳话熟练	仫佬语熟练	普通话不会
	长子	银胜春	33	仫佬	初中	仫佬语熟练	桂柳话熟练	普通话一般	—
	儿媳	银汉婵	34	仫佬	小学	仫佬语熟练	桂柳话熟练	普通话一般	
	次子	银胜平	31	仫佬	初中	仫佬语熟练	桂柳话熟练	普通话一般	
	女儿	银丽玉	28	仫佬	小学	仫佬语熟练	桂柳话熟练	普通话一般	
	孙女	银雅艳	7	仫佬	小学	仫佬语熟练	桂柳话一般	普通话不会	
35	户主	银世彦	39	仫佬	初中	仫佬语熟练	桂柳话熟练	普通话熟练	
	妻子	林家梅	38	汉	初中	桂柳话熟练	普通话熟练	仫佬语一般	
	女儿	银鑫	16	仫佬	初中	仫佬语熟练	桂柳话熟练	普通话熟练	
	儿子	银联灿	8	仫佬	学龄前	仫佬语熟练	桂柳话不会	普通话不会	
36	户主	银世可	45	仫佬	初中	仫佬语熟练	桂柳话熟练	普通话一般	
	妻子	银姣妹	45	仫佬	小学	仫佬语熟练	桂柳话熟练	普通话一般	
	长子	银思宇	20	仫佬	高中	仫佬语熟练	桂柳话熟练	普通话熟练	
	次子	银思彬	15	仫佬	初中	仫佬语熟练	桂柳话一般	普通话一般	

续表

序号	家庭关系	姓名	年龄/岁	民族	文化程度	第一语言及水平	第二语言及水平	第三语言及水平	第四语言及水平
37	户主	银书积	38	仫佬	中专	仫佬语熟练	桂柳话熟练	普通话一般	—
	母亲	吴国姣	66	仫佬	小学	仫佬语熟练	桂柳话熟练	普通话略懂	—
	妻子	彭良花	40	壮	中专	仫佬语熟练	桂柳话熟练	普通话熟练	壮语熟练
	女儿	银珺琳	19	仫佬	初中	仫佬语熟练	桂柳话熟练	普通话熟练	—
	儿子	银邦康	15	仫佬	初中	仫佬语熟练	桂柳话熟练	普通话熟练	—
38	户主	银彩玲	30	仫佬	小学	仫佬语熟练	桂柳话一般	普通话一般	—
39	户主	银群荣	39	仫佬	小学	仫佬语熟练	桂柳话一般	普通话一般	—
	儿子	吴银彬	6	仫佬	小学	仫佬语熟练	桂柳话不会	普通话不会	—
40	户主	潘金枝	88	仫佬	文盲	仫佬语熟练	桂柳话熟练	普通话不会	—
41	户主	吴连妹	79	仫佬	小学	仫佬语熟练	桂柳话略懂	普通话不会	—
42	户主	银志华	32	仫佬	初中	仫佬语熟练	桂柳话熟练	普通话熟练	—
	妻子	梁太换	36	仫佬	初中	仫佬语熟练	桂柳话一般	普通话一般	—
	女儿	银雪艳	10	仫佬	小学	仫佬语熟练	桂柳话一般	普通话一般	—
	次女	银金莹	3	仫佬	学龄前	仫佬语熟练	桂柳话不会	普通话不会	—
43	户主	银景夫	75	仫佬	小学	仫佬语熟练	桂柳话一般	普通话不会	—
44	户主	银景才	79	仫佬	小学	仫佬语熟练	桂柳话一般	普通话不会	—
45	户主	罗莲枝	78	仫佬	小学	仫佬语熟练	桂柳话略懂	普通话不会	—

二、凤梧村语言使用情况

凤梧村是东门镇的一个仫佬族聚居村，是东门镇下辖的 19 个村之一，与德音村、中石村相邻，气候宜人，风景秀丽。主要农产品有山药、大白菜、香蕉、欧洲萝卜、芒果，村内资源有铁长石、石膏、长石。全村现共有 1604 户 5973 人。其中仫佬族 4033 人，占该村总人口的 67.5%；另有汉族 1608 人，壮族 332 人，占该村总人口的 32.5%。

（一）凤梧村语言使用的基本特点

1. 仫佬语是凤梧村仫佬族最主要的交际工具

在仫佬族家庭内部和村民之间，仫佬语是凤梧村民最主要的交际工具。据调查统计,全村能熟练掌握仫佬语的人口达到该村总人口的96.6%,仫佬语掌握程度为一般、略懂和不会的人口仅占该村总人口的3.4%,这部分人主要是外地嫁入的媳妇。凤梧村的少年儿童和中青年人也能熟练地掌握仫佬语,可见仫佬语是该村稳定使用的语言(表2-6)。

表2-6 不同年龄段仫佬语语言能力统计表

年龄段	总人口/人	熟练 人口/人	百分比/%	一般 人口/人	百分比/%	略懂 人口/人	百分比/%	不会 人口/人	百分比/%
6~19岁	84	78	92.8	3	3.6	3	3.6	0	0
20~50岁	315	306	97.1	5	1.6	3	1.0	1	0.3
50岁以上	101	99	91.7	2	8.3	0	0	0	0
合计	500	483	96.6	10	2.0	6	1.2	1	0.2

凤梧村是仫佬族与汉族、壮族杂居的行政村,在笔者抽样调查的500人中,441人为仫佬族,其中能熟练掌握仫佬语的有434人,其余7人也并不是完全不懂仫佬语,而是不能熟练使用。例如,8岁的小学生梅明科,其母语是桂柳话,普通话和客家话也能熟练掌握,仫佬语只能说一些简单的词汇。汉族和壮族人共59人,其中49人的仫佬语的掌握程度为熟练。

2. 兼用普通话和桂柳话

在家庭内部和村寨内部,仫佬语基本能满足凤梧村民的交际需要,但与外界交流时,只懂得仫佬语显然不够,当地大部分村民都能熟练掌握普通话和桂柳话。通过询问得知,该村居民几乎都会根据具体的语言使用环境自由转换语言。例如,在当地遇到陌生人时,会先采用仫佬语进行交流,在对方不会的情况下会转用桂柳话或普通话(表2-7和表2-8)。

表2-7 不同年龄段汉语方言(桂柳话)语言能力统计表

年龄段	总人口/人	熟练 人口/人	百分比/%	一般 人口/人	百分比/%	略懂 人口/人	百分比/%	不会 人口/人	百分比/%
6~19岁	84	82	97.6	2	2.4	0	0	0	0
20~50岁	315	311	98.8	2	0.6	2	0.6	0	0
50岁以上	101	86	85.1	9	8.9	3	3.0	3	3.0
合计	500	479	95.8	13	2.6	5	1.0	3	0.6

表 2-8　不同年龄段普通话语言能力统计表

年龄段	总人口/人	熟练 人口/人	熟练 百分比/%	一般 人口/人	一般 百分比/%	略懂 人口/人	略懂 百分比/%	不会 人口/人	不会 百分比/%
6~19 岁	84	74	88.1	9	10.7	1	1.2	0	0.0
20~50 岁	315	224	71.1	54	17.1	34	10.8	3	1.0
50 岁以上	101	13	12.9	30	29.7	35	34.7	23	22.8
合计	500	311	62.2	93	18.6	70	14.0	26	5.2

（二）凤梧村家庭语言使用情况

凤梧村家庭语言使用情况如表 2-9 所示。

表 2-9　凤梧村家庭语言使用情况一览表

序号	家庭关系	姓名	年龄/岁	民族	文化程度	第一语言及水平	第二语言及水平	第三语言及水平	第四语言及水平
1	户主	银维志	48	仫佬	初中	仫佬语熟练	桂柳话熟练	普通话熟练	—
	父亲	银龙春	74	仫佬	小学	仫佬语熟练	桂柳话熟练	普通话略懂	—
	母亲	龙谢梅	74	仫佬	小学	仫佬语熟练	桂柳话熟练	普通话不会	—
	妻子	梁长菊	49	仫佬	初中	仫佬语熟练	桂柳话熟练	普通话一般	—
	长子	银联科	30	仫佬	初中	仫佬语熟练	桂柳话熟练	普通话熟练	—
	女儿	银丹丹	27	仫佬	大专	仫佬语熟练	桂柳话熟练	普通话熟练	—
	次子	银联宵	24	仫佬	大专	仫佬语熟练	桂柳话熟练	普通话熟练	—
	儿媳	银伶伶	27	仫佬	初中	桂柳话熟练	普通话熟练	仫佬语熟练	—
	孙女	银思怡	5	仫佬	小学	仫佬语熟练	桂柳话熟练	普通话熟练	—
2	户主	李建姣	40	仫佬	中专	仫佬语熟练	桂柳话熟练	普通话熟练	—
	父亲	李素忠	67	仫佬	小学	仫佬语熟练	桂柳话熟练	普通话略懂	—
	母亲	李鲜花	68	仫佬	小学	仫佬语熟练	桂柳话不会	普通话不会	—
	妹妹	李细姣	36	仫佬	小学	仫佬语熟练	桂柳话熟练	普通话略懂	—
	儿子	周俊杰	8	仫佬	小学	仫佬语熟练	桂柳话熟练	普通话熟练	—
	侄女	李慧	12	仫佬	小学	仫佬语熟练	桂柳话熟练	普通话熟练	—
	侄子	李伊想	4	仫佬	学龄前	仫佬语熟练	桂柳话熟练	普通话一般	—
3	户主	吴玉姣	73	仫佬	文盲	仫佬语熟练	桂柳话一般	普通话不会	—
4	户主	李鲜富	55	仫佬	高中	仫佬语熟练	桂柳话一般	普通话不会	—
	母亲	银秀娥	83	仫佬	文盲	仫佬语熟练	桂柳话一般	普通话不会	—

续表

序号	家庭关系	姓名	年龄/岁	民族	文化程度	第一语言及水平	第二语言及水平	第三语言及水平	第四语言及水平
4	妻子	梁耀秀	57	仫佬	小学	仫佬语熟练	桂柳话略懂	普通话不会	—
	长子	李红科	30	仫佬	高中	仫佬语熟练	桂柳话熟练	普通话熟练	—
	女儿	李红菊	26	仫佬	高中	仫佬语熟练	桂柳话熟练	普通话熟练	—
	次子	李红举	28	仫佬	小学	仫佬语熟练	桂柳话熟练	普通话一般	—
	儿媳	银玲	29	仫佬	初中	仫佬语熟练	桂柳话熟练	普通话一般	—
	孙女	李康鑫	5	仫佬	学龄前	仫佬语熟练	桂柳话熟练	普通话一般	—
5	户主	银联佳	29	仫佬	初中	仫佬语熟练	桂柳话熟练	普通话熟练	—
	妻子	银丽华	26	仫佬	小学	仫佬语熟练	桂柳话熟练	普通话熟练	—
	长子	银敏杰	5	仫佬	学龄前	仫佬语熟练	桂柳话略懂	普通话略懂	—
	次子	银晨晨	4	仫佬	小学	仫佬语熟练	桂柳话熟练	普通话熟练	—
6	户主	银维政	63	仫佬	小学	仫佬语熟练	桂柳话熟练	普通话略懂	—
	妻子	潘恩秀	64	仫佬	小学	仫佬语熟练	桂柳话熟练	普通话略懂	—
	长女	银爱平	38	仫佬	小学	仫佬语熟练	桂柳话熟练	普通话熟练	—
	次女	银万平	35	仫佬	初中	仫佬语熟练	桂柳话熟练	普通话熟练	—
	孙子	银覃凯	12	仫佬	小学	仫佬语熟练	桂柳话熟练	普通话一般	—
7	户主	银汉敏	31	仫佬	初中	仫佬语熟练	桂柳话熟练	普通话熟练	—
	妻子	银春云	29	仫佬	小学	仫佬语熟练	桂柳话熟练	普通话熟练	—
	女儿	银丽媛	5	仫佬	学龄前	仫佬语熟练	桂柳话熟练	普通话熟练	—
8	户主	银联奇	31	仫佬	小学	仫佬语熟练	桂柳话一般	普通话不会	—
	母亲	梅细荣	56	仫佬	小学	客家话熟练	仫佬语熟练	桂柳话一般	—
	妹妹	银联丽	28	仫佬	小学	仫佬语熟练	桂柳话熟练	普通话一般	—
	儿子	银培延	8	仫佬	小学	仫佬语熟练	桂柳话熟练	普通话熟练	—
9	户主	李家助	36	仫佬	初中	仫佬语熟练	桂柳话熟练	普通话熟练	—
	父亲	李招胜	68	仫佬	小学	仫佬语熟练	桂柳话熟练	普通话略懂	—
	母亲	李金玉	64	仫佬	小学	仫佬语熟练	桂柳话一般	普通话不会	—
	弟弟	李康乐	29	仫佬	初中	仫佬语熟练	桂柳话熟练	普通话熟练	—
	女儿	李舒韩	4	仫佬	学龄前	仫佬语熟练	桂柳话一般	普通话略懂	—
10	户主	李康平	37	仫佬	初中	仫佬语熟练	桂柳话熟练	普通话熟练	—

续表

序号	家庭关系	姓名	年龄/岁	民族	文化程度	第一语言及水平	第二语言及水平	第三语言及水平	第四语言及水平
10	父亲	李小奎	59	仫佬	小学	仫佬语熟练	桂柳话熟练	普通话一般	—
	母亲	梁鸾英	59	仫佬	小学	仫佬语熟练	桂柳话一般	普通话不会	—
	妻子	廖红艳	36	汉	小学	客家话熟练	仫佬语一般	普通话不会	—
	儿子	李招应	12	仫佬	小学	仫佬语熟练	桂柳话熟练	普通话熟练	—
11	户主	李华	49	仫佬	初中	仫佬语熟练	桂柳话熟练	普通话熟练	—
	妻子	潘恩英	47	仫佬	小学	仫佬语熟练	桂柳话熟练	普通话一般	—
12	户主	李小琼	42	仫佬	初中	仫佬语熟练	桂柳话熟练	普通话熟练	—
	妻子	银新云	40	仫佬	初中	仫佬语熟练	桂柳话熟练	普通话熟练	—
	长姐	李琼花	48	仫佬	小学	仫佬语熟练	桂柳话熟练	普通话熟练	粤语熟练
	次姐	李琼美	44	仫佬	小学	仫佬语熟练	桂柳话熟练	普通话熟练	—
	儿子	李康合	16	仫佬	初中	仫佬语熟练	桂柳话熟练	普通话熟练	—
	女儿	李合和	16	仫佬	初中	仫佬语熟练	桂柳话熟练	普通话熟练	—
13	户主	李段玉	69	仫佬	小学	仫佬语熟练	桂柳话熟练	普通话一般	—
	妻子	陈美兰	66	汉	小学	客家话熟练	仫佬语熟练	桂柳话略懂	—
	儿子	李定业	42	仫佬	初中	仫佬语熟练	桂柳话熟练	普通话熟练	—
	儿媳	梁四月	44	仫佬	初中	仫佬语熟练	桂柳话熟练	普通话熟练	—
	长女	李定娥	37	仫佬	初中	仫佬语熟练	桂柳话熟练	普通话略懂	—
	次女	李掉娥	33	仫佬	初中	仫佬语熟练	桂柳话熟练	普通话熟练	—
	孙女	李雪妮	21	仫佬	中专	仫佬语熟练	桂柳话熟练	普通话熟练	—
	孙女	李小妮	16	仫佬	高中	仫佬语熟练	桂柳话熟练	普通话熟练	—
	长孙	李蓝进	14	仫佬	高中	仫佬语熟练	桂柳话熟练	普通话熟练	—
	次孙	李江涛	13	仫佬	中专	仫佬语熟练	桂柳话熟练	普通话熟练	—
	孙女	李蓝妮	7	仫佬	小学	仫佬语熟练	桂柳话熟练	普通话熟练	—
14	户主	李定军	26	仫佬	初中	仫佬语熟练	桂柳话熟练	普通话熟练	—
	父亲	李段成	53	仫佬	高中	仫佬语熟练	桂柳话熟练	普通话熟练	—
	母亲	黄珍秀	49	汉	小学	客家话熟练	仫佬语熟练	桂柳话熟练	普通话略懂
	姐姐	李冬云	27	仫佬	初中	仫佬语熟练	桂柳话熟练	普通话熟练	—
	儿子	李定红	23	仫佬	小学	仫佬语熟练	桂柳话熟练	普通话熟练	—

续表

序号	家庭关系	姓名	年龄/岁	民族	文化程度	第一语言及水平	第二语言及水平	第三语言及水平	第四语言及水平
15	户主	银六寿	77	仫佬	小学	仫佬语熟练	桂柳话熟练	普通话略懂	—
	妻子	潘国妹	75	仫佬	小学	仫佬语熟练	桂柳话一般	普通话不会	—
	女儿	银建梅	37	仫佬	初中	仫佬语熟练	桂柳话熟练	普通话熟练	—
	孙女	银贾丹	13	仫佬	初中	仫佬语熟练	桂柳话熟练	普通话熟练	—
	孙子	银贾俊	4	仫佬	幼儿园	仫佬语熟练	桂柳话一般	普通话略懂	—
16	户主	李家耀	43	仫佬	初中	仫佬语熟练	桂柳话熟练	普通话略懂	—
	母亲	梅段姣	71	仫佬	小学	客家话熟练	桂柳话熟练	仫佬语熟练	普通话不会
	妻子	吴新月	46	仫佬	高中	仫佬语熟练	桂柳话熟练	普通话一般	—
	儿子	李康兵	20	仫佬	初中	仫佬语熟练	桂柳话熟练	普通话熟练	—
	女儿	李丽彩	6	仫佬	学龄前	仫佬语熟练	桂柳话熟练	普通话一般	—
17	户主	银联枝	56	仫佬	小学	仫佬语熟练	桂柳话熟练	普通话略懂	—
	儿子	银汉博	21	仫佬	初中	仫佬语熟练	桂柳话熟练	普通话一般	—
	女儿	银汉玲	23	仫佬	中专	仫佬语熟练	桂柳话熟练	普通话熟练	—
19	户主	李国琼	60	仫佬	小学	仫佬语熟练	桂柳话熟练	普通话熟练	—
	女儿	李珍艳	34	仫佬	高中	仫佬语熟练	桂柳话熟练	普通话熟练	—
	长儿	李康纯	30	仫佬	初中	仫佬语熟练	桂柳话熟练	普通话熟练	—
	次子	李康良	29	仫佬	初中	仫佬语熟练	桂柳话熟练	普通话熟练	—
20	户主	银联星	48	仫佬	小学	仫佬语熟练	桂柳话熟练	普通话熟练	—
	母亲	吴秀枝	77	仫佬	文盲	仫佬语熟练	桂柳话不会	普通话不会	—
	儿子	银琦	23	仫佬	高中	仫佬语熟练	桂柳话熟练	普通话熟练	—
	次子	银浩	21	仫佬	中专	仫佬语熟练	桂柳话熟练	普通话熟练	—
21	户主	银维玉	47	仫佬	初中	仫佬语熟练	桂柳话熟练	普通话略懂	—
	妻子	吴荣焕	49	仫佬	初中	仫佬语熟练	桂柳话熟练	普通话略懂	—
	女儿	银彩	22	仫佬	中专	仫佬语熟练	桂柳话熟练	普通话熟练	—
22	户主	银松	48	仫佬	初中	仫佬语熟练	桂柳话熟练	普通话熟练	—
	妻子	梁东梅	49	仫佬	初中	仫佬语熟练	桂柳话熟练	普通话熟练	—
	儿子	银联康	29	仫佬	大专	仫佬语熟练	桂柳话熟练	普通话熟练	—
	女儿	银桂玉	17	仫佬	初中	仫佬语熟练	桂柳话熟练	普通话熟练	—

续表

序号	家庭关系	姓名	年龄/岁	民族	文化程度	第一语言及水平	第二语言及水平	第三语言及水平	第四语言及水平
23	户主	银建斌	41	仫佬	初中	仫佬语熟练	桂柳话熟练	普通话熟练	—
	妻子	张燕	42	汉	初中	贵州话熟练	普通话熟练	桂柳话熟练	仫佬语熟练
	儿子	银联权	15	仫佬	初中	仫佬语熟练	桂柳话熟练	普通话熟练	—
24	户主	银维合	55	仫佬	初中	仫佬语熟练	桂柳话熟练	普通话略懂	—
	妻子	潘荣美	53	仫佬	小学	仫佬语熟练	桂柳话熟练	普通话略懂	—
	次子	银联欢	28	仫佬	大专	仫佬语熟练	桂柳话熟练	普通话熟练	—
25	户主	银联发	44	仫佬	初中	仫佬语熟练	桂柳话熟练	普通话熟练	—
	妻子	银素香	40	仫佬	初中	仫佬语熟练	桂柳话熟练	普通话熟练	—
	儿子	银爽	21	仫佬	大专	仫佬语熟练	桂柳话熟练	普通话熟练	—
26	户主	李家现	45	仫佬	初中	仫佬语熟练	桂柳话熟练	普通话熟练	—
	妻子	谢利月	41	仫佬	小学	仫佬语熟练	桂柳话熟练	普通话熟练	—
	长子	李康全	19	仫佬	高中	仫佬语熟练	桂柳话熟练	普通话熟练	—
	次子	李康豪	10	仫佬	小学	仫佬语熟练	桂柳话熟练	普通话熟练	—
27	户主	银联瑛	48	仫佬	初中	仫佬语熟练	桂柳话熟练	普通话熟练	—
	母亲	梁玉兰	74	仫佬	小学	仫佬语熟练	桂柳话熟练	普通话一般	—
	长女	银曹游	22	仫佬	大专	仫佬语熟练	桂柳话熟练	普通话熟练	—
	次女	银曹慧	19	仫佬	高中	仫佬语熟练	桂柳话熟练	普通话熟练	—
28	户主	银联政	50	仫佬	高中	仫佬语熟练	桂柳话熟练	普通话熟练	—
	妻子	银三凤	50	仫佬	小学	仫佬语熟练	桂柳话熟练	普通话略懂	—
	儿子	银汉良	30	仫佬	初中	仫佬语熟练	桂柳话熟练	普通话熟练	—
29	户主	银维纯	50	仫佬	小学	仫佬语熟练	桂柳话熟练	普通话略懂	—
	父亲	银亿龙	94	仫佬	文盲	仫佬语熟练	桂柳话一般	普通话不会	—
	母亲	罗氏	93	仫佬	文盲	仫佬语熟练	桂柳话不会	普通话不会	—
	妻子	李雪姣	50	仫佬	小学	仫佬语熟练	桂柳话熟练	普通话略懂	—
	长子	银联想	28	仫佬	高中	仫佬语熟练	桂柳话熟练	普通话熟练	—
	次子	银联乐	24	仫佬	初中	仫佬语熟练	桂柳话熟练	普通话熟练	—
30	户主	梁凤	65	仫佬	文盲	壮语熟练	仫佬语熟练	桂柳话略懂	普通话不会
	儿子	李小恒	35	仫佬	初中	仫佬语熟练	桂柳话熟练	普通话熟练	—

续表

序号	家庭关系	姓名	年龄/岁	民族	文化程度	第一语言及水平	第二语言及水平	第三语言及水平	第四语言及水平
30	儿媳	杨冬燕	35	汉	小学	客家话熟练	桂柳话熟练	普通话一般	仫佬语一般
	孙子	李康辉	6	仫佬	小学	仫佬语熟练	桂柳话熟练	普通话熟练	—
31	户主	李家恒	42	仫佬	小学	仫佬语熟练	桂柳话熟练	普通话一般	—
	妻子	潘七姣	41	仫佬	小学	仫佬语熟练	桂柳话熟练	普通话一般	—
	长女	李丹	19	仫佬	高中	仫佬语熟练	桂柳话熟练	普通话熟练	—
	次女	李丹妮	17	仫佬	高中	仫佬语熟练	桂柳话熟练	普通话熟练	—
32	户主	李志才	62	仫佬	小学	仫佬语熟练	桂柳话熟练	普通话略懂	—
	妻子	梁冬香	62	仫佬	小学	仫佬语熟练	桂柳话熟练	普通话略懂	—
	长子	李家松	36	仫佬	初中	仫佬语熟练	桂柳话熟练	普通话熟练	—
	次子	李家杰	31	仫佬	初中	仫佬语熟练	桂柳话熟练	普通话熟练	—
	孙女	李思慧	12	仫佬	小学	仫佬语熟练	桂柳话熟练	普通话熟练	—
33	户主	李太奎	64	仫佬	小学	仫佬语熟练	桂柳话熟练	普通话略懂	—
	妻子	吴转姣	65	仫佬	小学	客家话熟练	桂柳话熟练	仫佬语熟练	—
	长子	李康文	34	仫佬	初中	仫佬语熟练	桂柳话熟练	普通话熟练	—
	次子	李康成	31	仫佬	初中	仫佬语熟练	桂柳话熟练	普通话熟练	—
	长孙	王利国	19	仫佬	初中	仫佬语熟练	桂柳话熟练	普通话熟练	—
	孙女	李瑶露	15	仫佬	初中	仫佬语熟练	桂柳话熟练	普通话熟练	—
	次孙	李植凯	9	仫佬	小学	仫佬语熟练	桂柳话熟练	普通话熟练	—
34	户主	吴贵青	41	仫佬	小学	仫佬语熟练	桂柳话熟练	普通话一般	—
	儿子	李树杨	15	仫佬	初中	仫佬语熟练	桂柳话熟练	普通话熟练	—
35	户主	银汉飞	29	仫佬	中专	仫佬语熟练	桂柳话熟练	普通话一般	—
	母亲	吴廷姣	66	仫佬	小学	仫佬语熟练	桂柳话熟练	普通话一般	—
	妻子	吴秋凤	29	汉	初中	客家话熟练	桂柳话熟练	仫佬语熟练	普通话一般
36	户主	银汉斌	39	仫佬	初中	仫佬语熟练	桂柳话熟练	普通话熟练	—
	妻子	邓桂玉	39	汉	小学	桂柳话熟练	普通话熟练	仫佬语一般	—
	长儿	银超	15	仫佬	初中	仫佬语熟练	桂柳话熟练	普通话熟练	—
	次子	银健航	9	仫佬	小学	仫佬语熟练	桂柳话熟练	普通话熟练	—
37	户主	梅金波	45	仫佬	初中	仫佬语熟练	桂柳话熟练	普通话熟练	—

续表

序号	家庭关系	姓名	年龄/岁	民族	文化程度	第一语言及水平	第二语言及水平	第三语言及水平	第四语言及水平
37	儿子	银汉流	25	仫佬	初中	仫佬语熟练	桂柳话熟练	普通话熟练	—
38	户主	银联海	44	仫佬	初中	仫佬语熟练	桂柳话熟练	普通话一般	—
	妻子	银玉妹	44	仫佬	小学	仫佬语熟练	桂柳话熟练	普通话一般	—
	长子	银汉滔	24	仫佬	高中	仫佬语熟练	桂柳话熟练	普通话熟练	—
	次子	银汉昇	21	仫佬	大专	仫佬语熟练	桂柳话熟练	普通话熟练	—
39	户主	李家明	61	仫佬	初中	仫佬语熟练	桂柳话熟练	普通话一般	—
	妻子	梅永琼	60	仫佬	小学	客家话熟练	仫佬语熟练	桂柳话熟练	普通话略懂
	女儿	李红平	36	仫佬	初中	仫佬语熟练	桂柳话熟练	普通话熟练	—
	长子	李定书	33	仫佬	初中	仫佬语熟练	桂柳话熟练	普通话熟练	—
	次子	李定坤	27	仫佬	初中	仫佬语熟练	桂柳话熟练	普通话熟练	—
	孙女	李懿	9	仫佬	小学	仫佬语熟练	桂柳话熟练	普通话熟练	—
	外孙	吴李全	20	汉	初中	仫佬语熟练	桂柳话熟练	普通话熟练	—
40	户主	银维忠	71	仫佬	小学	仫佬语熟练	桂柳话熟练	普通话略懂	—
	妻子	周太鸾	70	仫佬	初中	客家话熟练	桂柳话熟练	仫佬语熟练	普通话略懂
	长子	银联高	38	仫佬	初中	仫佬语熟练	桂柳话熟练	普通话熟练	—
	儿媳	李有翠	40	汉	小学	客家话熟练	桂柳话熟练	仫佬语熟练	普通话略懂
	次子	银联新	36	仫佬	高中	仫佬语熟练	桂柳话熟练	普通话熟练	—
	儿媳	梅永红	31	汉	初中	客家话熟练	仫佬语熟练	桂柳话熟练	普通话一般
	孙子	银汉映	17	仫佬	初中	仫佬语熟练	桂柳话熟练	普通话熟练	—
	孙女	银媛婧	8	仫佬	学龄前	仫佬语熟练	桂柳话熟练	普通话一般	—
41	户主	银维坤	44	仫佬	小学	仫佬语熟练	桂柳话熟练	普通话略懂	—
	母亲	扬正枝	76	汉	文盲	客家话熟练	桂柳话熟练	仫佬语熟练	—
	妻子	银彩红	41	仫佬	小学	仫佬语熟练	桂柳话熟练	普通话一般	—
	长女	银原冬	18	仫佬	高中	仫佬语熟练	桂柳话熟练	普通话熟练	—
	次女	银园园	13	仫佬	小学	仫佬语熟练	桂柳话熟练	普通话熟练	—
42	户主	潘美娥	64	仫佬	文盲	仫佬语熟练	桂柳话熟练	普通话一般	—
43	户主	银丽萍	40	仫佬	初中	仫佬语熟练	桂柳话熟练	普通话熟练	—
	儿子	银莫威	19	仫佬	高中	仫佬语熟练	桂柳话熟练	普通话熟练	—

续表

序号	家庭关系	姓名	年龄/岁	民族	文化程度	第一语言及水平	第二语言及水平	第三语言及水平	第四语言及水平
43	女儿	银艳萍	37	仫佬	初中	仫佬语熟练	桂柳话熟练	普通话熟练	—
44	户主	梁玉光	58	仫佬	高中	仫佬语熟练	桂柳话熟练	普通话一般	—
	妻子	罗小枝	58	仫佬	小学	仫佬语熟练	桂柳话熟练	普通话一般	—
	次子	梁云波	29	仫佬	初中	仫佬语熟练	桂柳话熟练	普通话熟练	—
	长子	梁云飞	31	仫佬	初中	仫佬语熟练	桂柳话熟练	普通话熟练	—
	儿媳	谢代燕	29	汉	初中	仫佬语熟练	桂柳话熟练	普通话熟练	—
	孙女	梁颖玲	7	仫佬	学龄前	仫佬语熟练	桂柳话一般	普通话略懂	—
45	户主	梁宏春	41	仫佬	初中	仫佬语熟练	桂柳话熟练	普通话熟练	—
	妻子	潘荣琼	36	仫佬	文盲	仫佬语熟练	桂柳话熟练	普通话熟练	—
	长女	梁炳花	17	仫佬	初中	仫佬语熟练	桂柳话熟练	普通话熟练	—
	次女	梁倩	10	仫佬	小学	仫佬语熟练	桂柳话熟练	普通话一般	—
46	户主	梁洪刚	36	仫佬	小学	仫佬语熟练	桂柳话熟练	普通话熟练	—
	儿子	梁云峰	15	仫佬	初中	仫佬语熟练	桂柳话熟练	普通话熟练	—
47	户主	银维保	76	仫佬	小学	仫佬语熟练	桂柳话熟练	普通话一般	—
	妻子	祝香秀	72	汉	小学	仫佬语熟练	桂柳话熟练	普通话一般	—
	女儿	银联凤	44	仫佬	小学	仫佬语熟练	桂柳话熟练	普通话熟练	—
48	户主	梁泗才	72	仫佬	小学	仫佬语熟练	桂柳话熟练	普通话略懂	—
	妻子	梁永妹	49	仫佬	小学	仫佬语熟练	桂柳话熟练	普通话不会	—
	长子	梁炳胜	29	仫佬	初中	仫佬语熟练	桂柳话熟练	普通话熟练	—
	次子	梁炳干	28	仫佬	初中	仫佬语熟练	桂柳话熟练	普通话熟练	—
	三子	梁鹏	26	仫佬	初中	仫佬语熟练	桂柳话熟练	普通话熟练	—
49	户主	梁振杰	74	仫佬	初中	仫佬语熟练	桂柳话熟练	普通话熟练	—
	妻子	银连枝	78	仫佬	小学	仫佬语熟练	桂柳话熟练	普通话一般	—
	儿子	梁玉周	44	仫佬	小学	仫佬语熟练	桂柳话熟练	普通话一般	—
50	户主	梁义保	47	仫佬	小学	仫佬语熟练	桂柳话熟练	普通话一般	—
	妻子	梁凤月	46	仫佬	小学	仫佬语熟练	桂柳话熟练	普通话熟练	—
	长女	梁静	29	仫佬	初中	仫佬语熟练	桂柳话熟练	普通话熟练	—
	次女	梁媚	23	仫佬	初中	仫佬语熟练	桂柳话熟练	普通话熟练	—

续表

序号	家庭关系	姓名	年龄/岁	民族	文化程度	第一语言及水平	第二语言及水平	第三语言及水平	第四语言及水平
50	儿子	梁原	27	仫佬	小学	仫佬语熟练	桂柳话熟练	普通话一般	—
51	户主	梁义作	51	仫佬	小学	仫佬语熟练	桂柳话熟练	普通话熟练	—
	妻子	潘连妹	50	仫佬	小学	仫佬语熟练	桂柳话熟练	普通话熟练	—
	长子	梁振立	29	仫佬	初中	仫佬语熟练	桂柳话熟练	普通话熟练	—
	次子	梁振滔	27	仫佬	初中	仫佬语熟练	桂柳话熟练	普通话熟练	—
52	户主	李家云	43	仫佬	小学	仫佬语熟练	桂柳话熟练	普通话熟练	—
	妻子	梁宽玉	45	仫佬	小学	仫佬语熟练	桂柳话熟练	普通话熟练	—
	儿子	李康龙	23	仫佬	初中	仫佬语熟练	桂柳话熟练	普通话熟练	—
	长女	李艳双	13	仫佬	初中	仫佬语熟练	桂柳话熟练	普通话熟练	—
	次女	李艳想	14	仫佬	初中	仫佬语熟练	桂柳话熟练	普通话熟练	—
53	户主	李家文	47	仫佬	小学	仫佬语熟练	桂柳话熟练	普通话略懂	—
	妻子	覃明鸾	47	仫佬	文盲	仫佬语熟练	桂柳话熟练	普通话一般	—
	长子	李康树	28	仫佬	初中	仫佬语熟练	桂柳话熟练	普通话熟练	—
	次子	李康宣	26	仫佬	初中	仫佬语熟练	桂柳话熟练	普通话熟练	—
	女儿	李艳丹	24	仫佬	初中	仫佬语熟练	桂柳话熟练	普通话熟练	—
54	户主	梁义成	57	仫佬	初中	仫佬语熟练	桂柳话熟练	普通话熟练	—
	长子	梁卫	30	仫佬	中专	仫佬语熟练	桂柳话熟练	普通话熟练	—
	次子	梁勇	31	仫佬	初中	仫佬语熟练	桂柳话熟练	普通话熟练	—
55	户主	梁泗日	67	仫佬	小学	仫佬语熟练	桂柳话熟练	普通话略懂	—
	次女	梁汉姣	39	仫佬	小学	仫佬语熟练	桂柳话熟练	普通话熟练	—
	孙女	梁丹	20	仫佬	初中	仫佬语熟练	桂柳话熟练	普通话熟练	—
	孙女	梁慧丹	13	仫佬	小学	仫佬语熟练	桂柳话熟练	普通话一般	—
	孙子	梁何亮	11	仫佬	小学	仫佬语熟练	桂柳话熟练	普通话一般	—
	长女	梁艳姣	41	仫佬	小学	仫佬语熟练	桂柳话熟练	普通话略懂	—
	三女	梁玉美	35	仫佬	小学	仫佬语熟练	桂柳话熟练	普通话熟练	—
	孙子	梁振洋	6	仫佬	学龄前	仫佬语熟练	桂柳话一般	普通话一般	—
	次子	梁玉江	29	仫佬	初中	仫佬语熟练	桂柳话熟练	普通话熟练	—
	长子	梁玉军	30	仫佬	初中	仫佬语熟练	桂柳话熟练	普通话熟练	—

续表

序号	家庭关系	姓名	年龄/岁	民族	文化程度	第一语言及水平	第二语言及水平	第三语言及水平	第四语言及水平
56	户主	银维可	52	仫佬	高中	仫佬语熟练	桂柳话熟练	普通话熟练	—
	妻子	梁星月	53	仫佬	高中	仫佬语熟练	桂柳话熟练	普通话一般	—
	女儿	银丝丝	26	仫佬	初中	仫佬语熟练	桂柳话熟练	普通话熟练	—
57	户主	梁珍姣	49	仫佬	高中	仫佬语熟练	桂柳话熟练	普通话熟练	—
58	户主	银联贵	39	仫佬	初中	仫佬语熟练	桂柳话熟练	普通话熟练	—
	妻子	吴汉琼	41	仫佬	小学	仫佬语熟练	桂柳话熟练	普通话熟练	—
	儿子	银磊	16	仫佬	初中	仫佬语熟练	桂柳话熟练	普通话熟练	—
	女儿	银璐	11	仫佬	小学	仫佬语熟练	桂柳话熟练	普通话一般	—
59	户主	银连周	47	仫佬	初中	仫佬语熟练	桂柳话熟练	普通话略懂	—
	妻子	梁汉秋	50	仫佬	小学	仫佬语熟练	桂柳话熟练	普通话略懂	—
	儿子	银飞	29	仫佬	初中	仫佬语熟练	桂柳话熟练	普通话一般	—
	女儿	银巧	27	仫佬	初中	仫佬语熟练	桂柳话熟练	普通话熟练	—
60	户主	银联雄	49	仫佬	高中	仫佬语熟练	桂柳话熟练	普通话一般	—
	妻子	潘枝琼	49	仫佬	小学	仫佬语熟练	桂柳话熟练	普通话略懂	—
	长女	银慧	29	仫佬	初中	仫佬语熟练	桂柳话熟练	普通话熟练	—
	次女	银雪	27	仫佬	初中	仫佬语熟练	桂柳话熟练	普通话熟练	—
	三女	银丹	25	仫佬	初中	仫佬语熟练	桂柳话熟练	普通话熟练	—
	儿子	银宇	21	仫佬	初中	仫佬语熟练	桂柳话熟练	普通话熟练	—
61	户主	梁振辉	48	仫佬	初中	仫佬语熟练	桂柳话熟练	普通话略懂	—
	妻子	梁振荣	43	仫佬	小学	仫佬语熟练	桂柳话熟练	普通话略懂	—
	儿子	梁兰星	15	仫佬	初中	仫佬语熟练	桂柳话熟练	普通话熟练	—
62	户主	梁荣光	45	仫佬	小学	仫佬语熟练	桂柳话熟练	普通话略懂	—
	妻子	罗美凤	44	仫佬	小学	仫佬语熟练	桂柳话熟练	普通话一般	—
	父亲	梁善祥	77	仫佬	小学	仫佬语熟练	桂柳话熟练	普通话略懂	—
	母亲	潘万枝	85	仫佬	小学	仫佬语熟练	桂柳话熟练	普通话不会	—
	儿子	梁可	26	仫佬	初中	仫佬语熟练	桂柳话熟练	普通话熟练	—
	长女	梁舒颖	24	仫佬	初中	仫佬语熟练	桂柳话熟练	普通话熟练	—
	次女	梁雨佳	22	仫佬	初中	仫佬语熟练	桂柳话熟练	普通话熟练	—

续表

序号	家庭关系	姓名	年龄/岁	民族	文化程度	第一语言及水平	第二语言及水平	第三语言及水平	第四语言及水平
63	户主	梁太华	50	仫佬	高中	仫佬语熟练	桂柳话熟练	普通话一般	—
	妻子	周鸾枝	50	仫佬	初中	仫佬语熟练	桂柳话熟练	普通话一般	—
	儿子	梁炳松	27	仫佬	初中	仫佬语熟练	桂柳话熟练	普通话熟练	—
	女儿	梁炳云	29	仫佬	初中	仫佬语熟练	桂柳话熟练	普通话熟练	—
64	户主	梁新月	44	仫佬	小学	仫佬语熟练	桂柳话熟练	普通话熟练	—
	父亲	梁义杰	72	仫佬	初中	仫佬语熟练	桂柳话熟练	普通话略懂	—
	母亲	梁泗香	70	仫佬	文盲	仫佬语熟练	桂柳话熟练	普通话略懂	—
	女儿	朱玲玲	22	仫佬	初中	仫佬语熟练	桂柳话熟练	普通话熟练	—
	弟弟	梁振用	37	仫佬	初中	仫佬语熟练	桂柳话熟练	普通话熟练	—
65	户主	潘琼香	53	仫佬	初中	仫佬语熟练	桂柳话熟练	普通话略懂	—
	女儿	梁海丹	26	仫佬	初中	仫佬语熟练	桂柳话熟练	普通话熟练	—
	次子	梁海芳	29	仫佬	初中	仫佬语熟练	桂柳话熟练	普通话熟练	—
	三子	梁龙平	21	仫佬	初中	仫佬语熟练	桂柳话熟练	普通话熟练	—
	长子	梁振浩	30	仫佬	初中	仫佬语熟练	桂柳话熟练	普通话熟练	—
66	户主	银景林	44	仫佬	小学	仫佬语熟练	桂柳话熟练	普通话熟练	—
	妻子	李秀焕	39	仫佬	小学	仫佬语熟练	桂柳话熟练	普通话熟练	—
	母亲	银维枝	76	仫佬	小学	仫佬语熟练	桂柳话熟练	普通话略懂	—
	儿子	银秋波	20	仫佬	初中	仫佬语熟练	桂柳话熟练	普通话熟练	—
	女儿	银星缘	7	仫佬	小学	仫佬语熟练	桂柳话熟练	普通话熟练	—
	姐姐	银雪梅	48	仫佬	小学	仫佬语熟练	桂柳话熟练	普通话熟练	—
67	户主	梁涛	39	仫佬	初中	仫佬语熟练	桂柳话熟练	普通话熟练	—
	长女	梁金满	16	仫佬	小学	仫佬语熟练	桂柳话熟练	普通话熟练	—
	次女	梁金渊	13	仫佬	初中	仫佬语熟练	桂柳话熟练	普通话熟练	—
	妻子	梁三琼	39	仫佬	文盲	仫佬语熟练	桂柳话熟练	普通话一般	—
68	户主	梁翠香	50	仫佬	初中	仫佬语熟练	桂柳话熟练	普通话一般	—
	儿子	梁华	24	仫佬	初中	仫佬语熟练	桂柳话熟练	普通话熟练	—
	丈夫	张万珍	55	汉	初中	桂柳话熟练	普通话熟练	仫佬语熟练	—
69	户主	梁振友	48	仫佬	初中	仫佬语熟练	桂柳话熟练	普通话一般	—

续表

序号	家庭关系	姓名	年龄/岁	民族	文化程度	第一语言及水平	第二语言及水平	第三语言及水平	第四语言及水平
69	妻子	梁彩琼	50	仫佬	小学	仫佬语熟练	桂柳话熟练	普通话熟练	—
	女儿	梁丹燕	24	仫佬	小学	仫佬语熟练	桂柳话熟练	普通话熟练	—
70	户主	梁炳周	28	仫佬	初中	仫佬语熟练	桂柳话熟练	普通话熟练	—
	母亲	梁兰香	56	仫佬	小学	仫佬语熟练	桂柳话熟练	普通话一般	—
	长女	梁爱荣	44	仫佬	小学	仫佬语熟练	桂柳话熟练	普通话一般	—
	次女	梁红菊	40	仫佬	中专	仫佬语熟练	桂柳话熟练	普通话熟练	—
71	户主	梁耐荣	46	仫佬	中专	仫佬语熟练	桂柳话熟练	普通话熟练	—
72	户主	梁万凤	70	仫佬	小学	仫佬语熟练	桂柳话熟练	普通话熟练	—
	长儿	梁振宁	34	仫佬	初中	仫佬语熟练	桂柳话熟练	普通话熟练	—
	次子	麦东林	26	仫佬	小学	仫佬语熟练	桂柳话熟练	普通话熟练	—
	三子	麦星杰	24	仫佬	初中	仫佬语熟练	桂柳话熟练	普通话熟练	—
73	户主	梁振海	47	仫佬	初中	仫佬语熟练	桂柳话熟练	普通话熟练	—
	妻子	陈凤娥	47	汉	初中	桂柳话熟练	普通话熟练	仫佬语熟练	—
74	户主	梁振发	56	仫佬	高中	仫佬语熟练	桂柳话熟练	普通话熟练	—
	长子	梁炳雨	27	仫佬	初中	仫佬语熟练	桂柳话熟练	普通话熟练	—
	次子	梁海波	29	仫佬	初中	仫佬语熟练	桂柳话熟练	普通话熟练	—
	三子	梁海泉	34	仫佬	初中	仫佬语熟练	桂柳话熟练	普通话熟练	—
75	户主	梁丽芳	39	仫佬	小学	仫佬语熟练	桂柳话熟练	普通话一般	—
	女儿	梁吴恋	8	仫佬	小学	仫佬语熟练	桂柳话熟练	普通话一般	—
76	户主	梁振富	49	仫佬	初中	仫佬语熟练	桂柳话熟练	普通话熟练	—
	儿子	梁挺	23	仫佬	初中	仫佬语熟练	桂柳话熟练	普通话熟练	—
	女儿	梁晓静	24	仫佬	高中	仫佬语熟练	桂柳话熟练	普通话熟练	—
	妻子	吴元菊	45	仫佬	初中	仫佬语熟练	桂柳话熟练	普通话熟练	—
77	户主	梁茂祥	45	仫佬	初中	仫佬语熟练	桂柳话熟练	普通话一般	—
	儿子	梁书杰	26	仫佬	初中	仫佬语熟练	桂柳话熟练	普通话熟练	—
	女儿	梁书琼	24	仫佬	初中	仫佬语熟练	桂柳话熟练	普通话熟练	—
	妻子	姚芝暖	50	汉	小学	桂柳话熟练	普通话一般	仫佬语熟练	—
78	户主	梁明武	61	仫佬	小学	仫佬语熟练	桂柳话熟练	普通话一般	—

续表

序号	家庭关系	姓名	年龄/岁	民族	文化程度	第一语言及水平	第二语言及水平	第三语言及水平	第四语言及水平
78	儿子	梁奎	27	仫佬	初中	仫佬语熟练	桂柳话熟练	普通话熟练	—
	妻子	银暖香	61	仫佬	文盲	仫佬语熟练	桂柳话熟练	普通话一般	—
79	户主	梁上超	62	仫佬	初中	仫佬语熟练	桂柳话熟练	普通话一般	—
	儿媳	梁桂秀	36	仫佬	初中	仫佬语熟练	桂柳话熟练	普通话熟练	—
	儿子	梁敏	39	仫佬	初中	仫佬语熟练	桂柳话熟练	普通话熟练	—
	孙子	梁启新	12	仫佬	小学	仫佬语熟练	桂柳话熟练	普通话熟练	—
	孙女	梁艳	33	仫佬	初中	仫佬语熟练	桂柳话熟练	普通话熟练	—
	孙女	梁艳云	28	仫佬	初中	仫佬语熟练	桂柳话熟练	普通话熟练	—
80	户主	梁振敏	43	仫佬	初中	仫佬语熟练	桂柳话熟练	普通话熟练	—
	妻子	梁彩红	37	仫佬	初中	仫佬语熟练	桂柳话熟练	普通话熟练	—
	女儿	梁幸	16	仫佬	小学	仫佬语熟练	桂柳话熟练	普通话熟练	—
81	户主	梁振慧	35	仫佬	初中	仫佬语熟练	桂柳话熟练	普通话熟练	—
	母亲	李小枝	63	仫佬	文盲	仫佬语熟练	桂柳话熟练	普通话一般	—
	妹妹	梁彩平	33	仫佬	初中	仫佬语熟练	桂柳话熟练	普通话熟练	—
	儿子	梁凯	11	仫佬	小学	仫佬语熟练	桂柳话熟练	普通话熟练	—
82	户主	梁孝国	60	仫佬	文盲	仫佬语熟练	桂柳话熟练	普通话一般	—
	妻子	梁彩香	56	仫佬	文盲	仫佬语熟练	桂柳话熟练	普通话一般	—
	儿媳	梁炳丽	34	仫佬	初中	仫佬语熟练	桂柳话熟练	普通话一般	—
	孙子	梁冠雨	11	仫佬	小学	仫佬语熟练	桂柳话熟练	普通话熟练	—
	长女	梁燕丽	32	仫佬	初中	仫佬语熟练	桂柳话熟练	普通话熟练	—
	次女	梁燕林	26	仫佬	初中	仫佬语熟练	桂柳话熟练	普通话熟练	—
83	户主	梁尚涛	43	仫佬	初中	仫佬语熟练	桂柳话熟练	普通话一般	—
	儿子	梁威	15	仫佬	初中	仫佬语熟练	桂柳话熟练	普通话熟练	—
	女儿	梁晓	20	仫佬	高中	仫佬语熟练	桂柳话熟练	普通话熟练	—
	妻子	潘宗媛	42	仫佬	初中	客家话熟练	仫佬语熟练	桂柳话熟练	普通话一般
84	户主	梁小权	41	仫佬	初中	仫佬语熟练	桂柳话熟练	普通话一般	—
	长女	梁江婷	18	仫佬	高中	仫佬语熟练	桂柳话熟练	普通话熟练	—
	次女	梁江雨	12	仫佬	初中	仫佬语熟练	桂柳话熟练	普通话熟练	—

续表

序号	家庭关系	姓名	年龄/岁	民族	文化程度	第一语言及水平	第二语言及水平	第三语言及水平	第四语言及水平
85	户主	梁振宽	50	仫佬	小学	仫佬语熟练	桂柳话熟练	普通话一般	—
	母亲	梁殿英	78	仫佬	文盲	仫佬语熟练	桂柳话熟练	普通话不会	—
86	户主	梁振标	51	仫佬	小学	仫佬语熟练	桂柳话熟练	普通话一般	—
	长女	梁仙佩	20	仫佬	高中	仫佬语熟练	桂柳话熟练	普通话熟练	—
	次女	梁仙云	17	仫佬	初中	仫佬语熟练	桂柳话熟练	普通话熟练	—
	妻子	谢殿凤	47	仫佬	小学	仫佬语熟练	桂柳话熟练	普通话一般	—
87	户主	梁崇法	63	仫佬	文盲	仫佬语熟练	桂柳话熟练	普通话一般	—
	儿子	梁景仁	41	仫佬	小学	仫佬语熟练	桂柳话熟练	普通话一般	—
	女儿	梁新美	29	仫佬	初中	仫佬语熟练	桂柳话熟练	普通话熟练	—
	妻子	梁玉花	61	仫佬	文盲	仫佬语熟练	桂柳话熟练	普通话一般	—
	孙子	吕梁飞	18	仫佬	初中	仫佬语熟练	桂柳话熟练	普通话熟练	—
	孙女	吕梁彦	10	仫佬	小学	仫佬语熟练	桂柳话熟练	普通话熟练	—
88	户主	梁义菊	36	仫佬	初中	仫佬语熟练	桂柳话熟练	普通话熟练	—
	儿媳	段兰知	31	仫佬	初中	桂柳话熟练	仫佬语熟练	普通话熟练	—
89	户主	梁又兰	61	仫佬	文盲	仫佬语熟练	桂柳话熟练	普通话不会	—
	孙子	梁蒙	9	仫佬	小学	仫佬语熟练	桂柳话熟练	普通话熟练	—
	长子	梁义东	34	仫佬	初中	仫佬语熟练	桂柳话熟练	普通话熟练	—
	次子	梁银詹	17	仫佬	初中	仫佬语熟练	桂柳话熟练	普通话熟练	—
90	户主	梁玉田	49	仫佬	小学	仫佬语熟练	桂柳话熟练	普通话一般	—
	妻子	陈秀珍	48	仫佬	小学	桂柳话熟练	仫佬语熟练	普通话一般	—
	长女	梁娟娟	27	仫佬	中专	仫佬语熟练	桂柳话熟练	普通话熟练	—
	次女	梁媛媛	23	仫佬	高中	仫佬语熟练	桂柳话熟练	普通话熟练	—
91	户主	梁玉康	43	仫佬	小学	仫佬语熟练	桂柳话熟练	普通话一般	—
	妻子	潘美玉	43	仫佬	小学	仫佬语熟练	桂柳话熟练	普通话一般	—
	儿媳	梁丁丁	26	仫佬	小学	仫佬语熟练	桂柳话熟练	普通话一般	—
	长女	梁妮妮	23	仫佬	初中	仫佬语熟练	桂柳话熟练	普通话一般	—
	次女	梁宁宁	24	仫佬	小学	仫佬语熟练	桂柳话熟练	普通话一般	—
	儿子	梁玮玮	20	仫佬	小学	仫佬语熟练	桂柳话熟练	普通话熟练	—

续表

序号	家庭关系	姓名	年龄/岁	民族	文化程度	第一语言及水平	第二语言及水平	第三语言及水平	第四语言及水平
92	户主	梁华超	70	仫佬	文盲	仫佬语熟练	桂柳话熟练	普通话一般	—
	妻子	梁月鸾	66	仫佬	文盲	仫佬语熟练	桂柳话熟练	普通话一般	—
93	户主	梁天成	71	仫佬	小学	仫佬语熟练	桂柳话熟练	普通话一般	—
	妻子	梁凤英	72	仫佬	文盲	仫佬语熟练	桂柳话熟练	普通话一般	—
	女儿	梁三姣	43	仫佬	初中	仫佬语熟练	桂柳话熟练	普通话熟练	—
94	户主	梁太芳	49	仫佬	初中	仫佬语熟练	桂柳话熟练	普通话一般	—
	长子	梁炳文	27	仫佬	初中	仫佬语熟练	桂柳话熟练	普通话熟练	—
	次子	梁文军	26	仫佬	初中	仫佬语熟练	桂柳话熟练	普通话熟练	—
	妻子	银胜凤	48	仫佬	小学	仫佬语熟练	桂柳话熟练	普通话一般	—
95	户主	梁崇贵	50	仫佬	高中	仫佬语熟练	桂柳话熟练	普通话一般	—
	妻子	梁梅香	52	仫佬	小学	仫佬语熟练	桂柳话熟练	普通话一般	—
	儿子	梁晓迪	25	仫佬	初中	仫佬语熟练	桂柳话熟练	普通话熟练	—
	女儿	梁晓艳	27	仫佬	师范	仫佬语熟练	桂柳话熟练	普通话熟练	—
96	户主	梁振新	49	仫佬	初中	仫佬语熟练	桂柳话熟练	普通话一般	—
	长女	梁慧芳	28	仫佬	初中	仫佬语熟练	桂柳话熟练	普通话熟练	—
	次女	梁慧芬	26	仫佬	初中	仫佬语熟练	桂柳话熟练	普通话熟练	—
	三女	梁慧敏	24	仫佬	初中	仫佬语熟练	桂柳话熟练	普通话熟练	—
	父亲	梁天生	90	仫佬	文盲	仫佬语熟练	桂柳话熟练	普通话不会	—
	妻子	银联荣	48	仫佬	小学	仫佬语熟练	桂柳话熟练	普通话一般	—
97	户主	梁远华	43	仫佬	小学	仫佬语熟练	桂柳话熟练	普通话一般	—
	长子	梁炳江	30	仫佬	初中	仫佬语熟练	桂柳话熟练	普通话熟练	—
	次子	梁炳西	27	仫佬	初中	仫佬语熟练	桂柳话熟练	普通话熟练	—
	女儿	梁静清	20	仫佬	初中	仫佬语熟练	桂柳话熟练	普通话熟练	—
98	户主	梁振达	59	仫佬	文盲	仫佬语熟练	桂柳话熟练	普通话一般	—
	儿子	梁炳锋	31	仫佬	高中	仫佬语熟练	桂柳话熟练	普通话熟练	—
	妻子	廖美萍	56	壮	文盲	壮语熟练	桂柳话熟练	仫佬语熟练	—
99	户主	梅开茂	83	汉	初中	仫佬语熟练	桂柳话熟练	普通话略懂	—
	妻子	李万鸾	92	仫佬	文盲	仫佬语熟练	桂柳话一般	普通话不会	—

续表

序号	家庭关系	姓名	年龄/岁	民族	文化程度	第一语言及水平	第二语言及水平	第三语言及水平	第四语言及水平
100	户主	梅绍康	51	汉	小学	仫佬语熟练	桂柳话熟练	普通话一般	—
101	户主	梅太祖	69	汉	小学	仫佬语熟练	桂柳话熟练	普通话一般	—
	儿子	梅昌成	20	汉	小学	客家话熟练	仫佬语略懂	桂柳话略懂	普通话略懂
102	户主	梅忠群	58	汉	小学	客家话熟练	仫佬语一般	桂柳话熟练	普通话略懂
	妻子	韦兰平	61	壮	小学	壮语熟练	仫佬语一般	桂柳话熟练	普通话略懂
	长子	梅昌飞	24	仫佬	初中	客家话熟练	仫佬语一般	桂柳话熟练	普通话熟练
	女儿	梅飞玲	23	汉	小学	客家话熟练	仫佬语一般	桂柳话略懂	普通话略懂
	次子	梅昌福	13	仫佬	小学	客家话熟练	仫佬语一般	桂柳话熟练	普通话熟练
103	户主	梅开日	68	汉	小学	客家话熟练	仫佬语熟练	桂柳话熟练	普通话略懂
	侄女	梅晓慧	11	仫佬	小学	客家话熟练	仫佬语熟练	桂柳话熟练	普通话熟练
	弟弟	梅永田	38	汉	初中	客家话熟练	仫佬语熟练	桂柳话熟练	普通话略懂
	妻子	梅玉兰	67	汉	文盲	客家话熟练	仫佬语熟练	桂柳话熟练	普通话略懂
	儿子	梅杰	16	仫佬	高一	客家话熟练	仫佬语一般	桂柳话熟练	普通话熟练
104	户主	梅忠文	39	汉	高中	客家话熟练	仫佬语熟练	桂柳话熟练	普通话熟练
	儿媳	银春梅	36	仫佬	初中	仫佬语熟练	桂柳话熟练	普通话熟练	客家话略懂
	妻子	银桂云	39	仫佬	高中	仫佬语熟练	桂柳话熟练	普通话熟练	客家话略懂
	儿子	龙必强	17	汉	初中	桂柳话熟练	客家话熟练	普通话熟练	仫佬语熟练
105	户主	龙绍芳	43	汉	小学	桂柳话熟练	客家话熟练	普通话略懂	仫佬语熟练
	父亲	龙小才	76	汉	文盲	桂柳话熟练	客家话熟练	普通话略懂	仫佬语熟练
	女儿	龙艳萍	12	汉	小学	桂柳话熟练	客家话熟练	普通话熟练	仫佬语熟练
	妻子	杨太莲	41	汉	小学	客家话熟练	桂柳话熟练	普通话熟练	仫佬语熟练
106	户主	梅永相	56	汉	小学	客家话熟练	仫佬语熟练	桂柳话熟练	普通话略懂
	母亲	龙应枝	81	仫佬	文盲	仫佬语熟练	客家话熟练	普通话不会	客家话略懂
	妻子	梁翠勤	39	仫佬	小学	仫佬语熟练	客家话熟练	桂柳话熟练	普通话略懂
	儿子	梅昌萍	18	仫佬	初中	客家话熟练	仫佬语熟练	普通话熟练	桂柳话熟练
	女儿	梅秋丽	15	仫佬	初中	客家话熟练	仫佬语熟练	普通话熟练	桂柳话熟练
107	户主	梅永顺	44	汉	初中	客家话熟练	仫佬语熟练	桂柳话熟练	普通话熟练
	次女	梅春丽	13	仫佬	初中	客家话熟练	仫佬语熟练	桂柳话熟练	普通话熟练

续表

序号	家庭关系	姓名	年龄/岁	民族	文化程度	第一语言及水平	第二语言及水平	第三语言及水平	第四语言及水平
107	长女	梅冬丽	16	仫佬	初中	客家话熟练	仫佬语熟练	桂柳话熟练	普通话熟练
	姐姐	龙桂英	37	汉	初中	桂柳话熟练	仫佬语熟练	客家话熟练	普通话略懂
108	户主	龙绍华	35	汉	初中	桂柳话熟练	仫佬语熟练	客家话熟练	普通话熟练
	次女	龙海红	8	仫佬	初中	桂柳话熟练	仫佬语熟练	客家话熟练	普通话熟练
	长女	龙海苹	13	仫佬	初中	桂柳话熟练	仫佬语熟练	客家话熟练	普通话熟练
	姐姐	龙秀英	43	汉	小学	桂柳话熟练	仫佬语熟练	客家话熟练	普通话熟练
	妻子	银鲜菊	38	仫佬	小学	仫佬语熟练	桂柳话熟练	客家话熟练	普通话略懂
109	户主	梅永明	58	汉	初中	客家话熟练	仫佬语熟练	桂柳话熟练	普通话略懂
	妻子	梁小凤	53	仫佬	小学	仫佬语熟练	客家话熟练	桂柳话熟练	普通话熟练
	儿媳	孔春凤	29	汉	初中	桂柳话熟练	普通话熟练	客家话略懂	仫佬语不会
	长子	梅昌科	32	仫佬	小学	客家话熟练	仫佬语熟练	桂柳话熟练	普通话熟练
	次子	梅昌学	30	仫佬	初中	客家话熟练	仫佬语熟练	桂柳话熟练	普通话熟练
	孙子	梅健一	6	仫佬	小学	客家话熟练	仫佬语熟练	桂柳话熟练	普通话熟练
110	户主	梅眉光	55	汉	初中	客家话熟练	仫佬语熟练	普通话熟练	桂柳话熟练
111	户主	梅昌文	37	仫佬	初中	客家话熟练	仫佬语熟练	桂柳话熟练	普通话熟练
	长弟	梅艺栊	27	仫佬	初中	客家话熟练	仫佬语熟练	桂柳话熟练	普通话熟练
	次弟	梅艺强	25	仫佬	初中	客家话熟练	仫佬语熟练	桂柳话熟练	普通话熟练
	女儿	梅丁宁	13	仫佬	初中	桂柳话熟练	客家话熟练	普通话熟练	仫佬语略懂
	儿子	梅明科	8	仫佬	小学	客家话熟练	桂柳话熟练	普通话熟练	仫佬语略懂
	妻子	银红云	36	仫佬	初中	仫佬语熟练	桂柳话熟练	普通话熟练	客家话熟练
112	户主	梅昌余	44	汉	初中	客家话熟练	仫佬语熟练	桂柳话熟练	普通话略懂
	女儿	梅姣姣	25	仫佬	大学	客家话熟练	仫佬语熟练	桂柳话熟练	普通话熟练
	儿子	梅明江	26	仫佬	初中	客家话熟练	仫佬语熟练	桂柳话熟练	普通话熟练
	妻子	罗玉菊	49	仫佬	小学	仫佬语熟练	客家话熟练	桂柳话熟练	普通话略懂
113	户主	梅央白	47	仫佬	高中	客家话熟练	仫佬语熟练	桂柳话熟练	普通话熟练
	妻子	罗细妹	36	仫佬	小学	仫佬语熟练	客家话熟练	桂柳话熟练	普通话熟练
	儿子	梅昌伍	24	仫佬	高中	客家话熟练	仫佬语熟练	桂柳话熟练	普通话熟练
114	户主	梅永江	30	仫佬	初中	客家话熟练	仫佬语熟练	桂柳话熟练	普通话熟练

续表

序号	家庭关系	姓名	年龄/岁	民族	文化程度	第一语言及水平	第二语言及水平	第三语言及水平	第四语言及水平
114	母亲	罗孝枝	61	仫佬	小学	仫佬语熟练	客家话熟练	桂柳话熟练	普通话略懂
	次子	梅昌浩	15	仫佬	初中	客家话熟练	仫佬语熟练	桂柳话熟练	普通话熟练
	长子	梅昌亮	16	仫佬	初中	客家话熟练	仫佬语熟练	桂柳话熟练	普通话熟练
	父亲	梅小福	64	汉	小学	客家话熟练	仫佬语熟练	桂柳话熟练	普通话略懂
115	户主	梅永林	34	仫佬	初中	客家话熟练	仫佬语熟练	桂柳话熟练	普通话熟练
	弟弟	梅永流	26	仫佬	初中	客家话熟练	仫佬语熟练	桂柳话熟练	普通话熟练
116	户主	梅绍伦	48	汉	初中	客家话熟练	仫佬语熟练	桂柳话熟练	普通话略懂
	女儿	梅小丽	23	汉	初中	客家话熟练	仫佬语熟练	桂柳话熟练	普通话略懂
	儿子	梅永碧	25	汉	初中	客家话熟练	仫佬语熟练	桂柳话熟练	普通话熟练
	妻子	孙美荣	48	汉	小学	桂柳话熟练	仫佬语熟练	客家话熟练	普通话略懂
	女儿	梅翠柳	23	仫佬	小学	桂柳话熟练	仫佬语熟练	客家话熟练	普通话熟练
117	户主	梅贵福	33	仫佬	小学	客家话熟练	仫佬语熟练	桂柳话熟练	普通话熟练
118	户主	梅贵强	32	仫佬	小学	客家话熟练	仫佬语熟练	桂柳话熟练	普通话熟练
119	户主	梅桂芳	40	仫佬	小学	客家话熟练	仫佬语熟练	桂柳话熟练	普通话熟练
	女儿	梅谢芳	21	仫佬	初中	客家话熟练	仫佬语熟练	桂柳话熟练	普通话熟练
	次子	梅永杰	13	仫佬	初中	客家话熟练	仫佬语熟练	桂柳话熟练	普通话熟练
	长子	梅永科	17	仫佬	初中	客家话熟练	仫佬语熟练	桂柳话熟练	普通话熟练
120	户主	谢庆春	48	仫佬	小学	仫佬语熟练	客家话熟练	桂柳话熟练	普通话熟练
	儿子	梅昌斌	29	汉	初中	客家话熟练	仫佬语熟练	桂柳话熟练	普通话熟练
121	户主	梅茂光	50	汉	高中	客家话熟练	仫佬语熟练	桂柳话熟练	普通话熟练
	儿子	梅昌贤	27	汉	初中	客家话熟练	仫佬语熟练	桂柳话熟练	普通话熟练
	长女	梅丽娜	24	壮	初中	客家话熟练	仫佬语熟练	桂柳话熟练	普通话熟练
	次女	梅美玲	9	仫佬	小学	客家话熟练	仫佬语熟练	桂柳话熟练	普通话熟练
122	户主	梅业光	43	仫佬	小学	客家话熟练	仫佬语熟练	桂柳话熟练	普通话熟练
	儿子	梅昌锋	29	仫佬	大学	客家话熟练	仫佬语熟练	桂柳话熟练	普通话熟练
123	户主	梅永珍	57	汉	小学	客家话熟练	仫佬语熟练	桂柳话熟练	普通话略懂
	女儿	梅小妹	34	汉	小学	客家话熟练	仫佬语熟练	桂柳话熟练	普通话略懂
124	户主	梅永期	41	汉	初中	客家话熟练	仫佬语熟练	桂柳话熟练	普通话熟练

续表

序号	家庭关系	姓名	年龄/岁	民族	文化程度	第一语言及水平	第二语言及水平	第三语言及水平	第四语言及水平
125	户主	梅稍	43	汉	初中	客家话熟练	仫佬语熟练	桂柳话熟练	普通话熟练
126	户主	梅若飞	26	仫佬	高中	客家话熟练	仫佬语熟练	普通话熟练	桂柳话熟练
	次子	梅永俊	9	仫佬	小学	客家话熟练	仫佬语熟练	桂柳话熟练	普通话熟练
	长子	梅永志	16	仫佬	初中	客家话熟练	仫佬语熟练	桂柳话熟练	普通话熟练
	妻子	韦相梅	38	汉	初中	桂柳话熟练	客家话熟练	普通话熟练	仫佬语略懂
	母亲	银电香	85	仫佬	文盲	仫佬语熟练	客家话熟练	桂柳话熟练	普通话略懂
127	户主	罗菊荣	52	壮	小学	仫佬语熟练	客家话熟练	桂柳话熟练	普通话熟练
	父亲	梅显文	46	仫佬	初中	客家话熟练	仫佬语熟练	桂柳话熟练	普通话略懂
	妹妹	梅云飞	24	仫佬	高中	客家话熟练	仫佬语熟练	桂柳话熟练	普通话熟练
	母亲	韦青丽	48	壮	初中	壮语熟练	桂柳话熟练	客家话熟练	仫佬语略懂
	长女	梅海丽	26	汉	大学	客家话熟练	仫佬语熟练	桂柳话熟练	普通话熟练
	次女	梅莉华	19	仫佬	中专	客家话熟练	桂柳话熟练	普通话熟练	仫佬语略懂

三、永安村语言使用情况

（一）社会概况

永安村是东门镇的一个仫佬族聚居村，是东门镇下辖的 19 个行政村之一。全村共有 873 户，现有人口 3318 人。其中多为仫佬族，占该村总人口的 61.9%；另有汉族 1028 人，壮族 236 人，占该村总人口的 38.1%。

（二）语言使用的基本特点

1. 仫佬语是主要的交际工具

笔者此次调查了永安村仫佬族 112 户 418 人，仫佬语显示出强大的生命力：永安村仫佬族占该村总人口的 61.9%，而能熟练掌握仫佬语的人数却有 80.4%。由于该村的民族融合，仫佬族和汉族、壮族混杂而居，该村的仫佬语除了作为该族人主要的交际工具外，还作为族际间的交流工具为壮族、汉族等民族所使用。根据调查，414 人中有仫佬族 297 人，其中能熟练掌握仫佬语的有 284 人。另有汉族和壮族共 117 人，其中 32 人的母语为仫佬语，能熟练掌握仫佬语的有 49 人（表 2-10）。

表 2-10 不同年龄段仫佬语语言能力统计表

年龄段	总人口/人	熟练 人口/人	熟练 百分比/%	一般 人口/人	一般 百分比/%	略懂 人口/人	略懂 百分比/%	不会 人口/人	不会 百分比/%
6~19 岁	76	59	77.6	16	21.1	1	1.3	0	0
20~50 岁	247	202	81.8	42	17.0	1	0.4	2	0.8
50 岁以上	91	72	79.1	19	20.9	0	0	0	0
合计	414	333	80.4	77	18.6	2	0.5	2	0.5

2. 兼用桂柳话和普通话

永安村大多数仫佬族在家庭内部使用仫佬语，同时几乎所有人都不同程度地掌握桂柳话或普通话，根据对不同年龄段的调查统计，20~50 岁村民是熟练掌握桂柳话比例最高的群体，达到 97.6%；比例最低的是 6~19 岁的群体，该群体主要是未入学或刚入学的低龄儿童。通过实地调查和询问得知：大部分仫佬族是在学校与同学交流学会的桂柳话。在永安村完全不会桂柳话的只有 2 人。因受教育程度的影响，永安村仫佬族的青少年和中年人的普通话水平明显高于老年人的水平（表 2-11 和表 2-12）。

表 2-11 不同年龄段汉语方言（桂柳话）语言能力统计表

年龄段	总人口/人	熟练 人口/人	熟练 百分比/%	一般 人口/人	一般 百分比/%	略懂 人口/人	略懂 百分比/%	不会 人口/人	不会 百分比/%
6~19 岁	76	65	85.5	10	13.2	1	1.3	0	0
20~50 岁	247	241	97.6	3	1.2	2	0.8	1	0.4
50 岁以上	91	80	87.9	8	8.8	2	2.2	1	1.1
合计	414	386	93.2	21	5.1	5	1.2	2	0.5

表 2-12 不同年龄段普通话语言能力统计表

年龄段	总人口/人	熟练 人口/人	熟练 百分比/%	一般 人口/人	一般 百分比/%	略懂 人口/人	略懂 百分比/%	不会 人口/人	不会 百分比/%
6~19 岁	76	50	65.8	23	30.3	3	3.9	0	0
20~50 岁	247	152	61.5	73	29.6	20	8.1	2	0.8
50 岁以上	91	22	24.2	27	29.7	28	30.7	14	15.4
合计	414	224	54.1	123	29.7	51	12.3	16	3.9

（三）永安村家庭语言使用情况

永安村家庭语言使用情况如表 2-13 所示。

表 2-13　永安村家庭语言使用情况一览表

序号	家庭关系	姓名	年龄/岁	民族	文化程度	第一语言及水平	第二语言及水平	第三语言及水平	第四语言及水平
1	户主	梁新梅	73	仫佬	文盲	仫佬语熟练	桂柳话略懂	普通话不会	—
	长子	吴显平	48	仫佬	小学	仫佬语熟练	桂柳话熟练	普通话一般	—
	次子	吴显良	43	仫佬	初中	仫佬语熟练	桂柳话熟练	普通话一般	—
	女儿	吴凤兰	42	仫佬	初中	仫佬语熟练	桂柳话熟练	普通话一般	—
2	户主	覃章梅	40	仫佬	初中	壮语熟练	桂柳话熟练	普通话略懂	仫佬语熟练
3	户主	吴耀二	50	仫佬	小学	仫佬语熟练	桂柳话熟练	普通话略懂	—
	妻子	韦兰妹	49	壮	小学	壮语熟练	仫佬语熟练	桂柳话熟练	普通话略懂
	儿子	吴锡磊	21	仫佬	初中	仫佬语熟练	桂柳话熟练	普通话熟练	—
	女儿	吴艳玲	19	仫佬	初中	仫佬语熟练	桂柳话熟练	普通话熟练	—
4	户主	吴耀儒	48	仫佬	小学	仫佬语熟练	桂柳话熟练	普通话略懂	—
	妻子	罗春利	35	壮	初中	仫佬语熟练	桂柳话熟练	普通话略懂	—
	妹妹	吴秀丽	44	仫佬	小学	仫佬语熟练	桂柳话熟练	普通话略懂	—
	儿子	吴锡诚	9	仫佬	小学	仫佬语熟练	桂柳话一般	普通话略懂	—
5	户主	李忠枝	68	仫佬	小学	仫佬语熟练	桂柳话略懂	普通话不会	—
	儿子	李正文	30	仫佬	初中	仫佬语熟练	桂柳话熟练	普通话熟练	—
6	户主	梁玉秋	45	仫佬	小学	仫佬语熟练	桂柳话熟练	普通话一般	—
	妻子	姚芝廷	43	汉	小学	壮语熟练	桂柳话熟练	仫佬语熟练	普通话略懂
	女儿	李莹	18	仫佬	初中	仫佬语熟练	桂柳话熟练	普通话熟练	—
	儿子	李元斌	9	仫佬	小学	仫佬语熟练	桂柳话略懂	普通话一般	—
7	户主	吴耀丽	34	仫佬	初中	仫佬语熟练	桂柳话熟练	普通话熟练	—
	丈夫	潘仕友	33	仫佬	初中	仫佬语熟练	桂柳话熟练	普通话熟练	—
	女儿	吴锡俊	13	仫佬	初中	仫佬语熟练	桂柳话熟练	普通话熟练	—
8	户主	吴桂娥	50	仫佬	小学	仫佬语熟练	桂柳话熟练	普通话略懂	—
	长妹	吴耀珍	49	仫佬	小学	仫佬语熟练	桂柳话熟练	普通话一般	—
	次妹	吴小珍	43	仫佬	初中	仫佬语熟练	桂柳话熟练	普通话熟练	—
	弟弟	吴明鸿	42	仫佬	初中	仫佬语熟练	桂柳话熟练	普通话熟练	—

续表

序号	家庭关系	姓名	年龄/岁	民族	文化程度	第一语言及水平	第二语言及水平	第三语言及水平	第四语言及水平
8	长侄	吴锡恒	29	仫佬	初中	仫佬语熟练	桂柳话熟练	普通话熟练	—
	次侄	吴锡明	26	仫佬	初中	仫佬语熟练	桂柳话熟练	普通话熟练	—
9	户主	吴耀祖	76	仫佬	初中	仫佬语熟练	桂柳话熟练	普通话略懂	—
10	户主	吴庆秀	58	仫佬	小学	仫佬语熟练	桂柳话一般	普通话不会	—
	女儿	吴玉美	37	仫佬	初中	仫佬语熟练	桂柳话熟练	普通话熟练	—
	儿子	吴锡宏	27	仫佬	初中	仫佬语熟练	桂柳话熟练	普通话熟练	—
11	户主	潘德明	45	仫佬	小学	仫佬语熟练	桂柳话熟练	普通话略懂	—
	父亲	潘刚文	67	仫佬	小学	仫佬语熟练	桂柳话一般	普通话不会	—
	母亲	潘冬秀	67	仫佬	小学	仫佬语熟练	桂柳话一般	普通话略懂	—
	弟	潘德能	39	仫佬	初中	仫佬语熟练	桂柳话熟练	普通话熟练	—
	妹妹	潘贞梅	30	仫佬	初中	仫佬语熟练	桂柳话熟练	普通话熟练	—
	女儿	潘艳丹	20	仫佬	初中	仫佬语熟练	桂柳话熟练	普通话熟练	—
	户主	潘贞菊	41	仫佬	初中	仫佬语熟练	桂柳话熟练	普通话熟练	—
	儿子	潘奇	9	仫佬	小学	仫佬语熟练	桂柳话一般	普通话一般	—
12	户主	潘广林	44	仫佬	初中	仫佬语熟练	桂柳话熟练	普通话熟练	—
	妻子	覃绍娟	46	壮	初中	壮语熟练	桂柳话熟练	普通话熟练	仫佬语熟练
	女儿	潘运利	13	仫佬	初中	仫佬语熟练	桂柳话熟练	普通话熟练	—
	儿子	潘运振	7	仫佬	小学	仫佬语熟练	桂柳话一般	普通话一般	—
13	户主	潘广鑫	34	仫佬	初中	仫佬语熟练	桂柳话熟练	普通话熟练	—
	父亲	潘泽耀	65	仫佬	小学	仫佬语熟练	桂柳话熟练	普通话略懂	—
	姐姐	潘玉金	36	仫佬	初中	仫佬语熟练	桂柳话熟练	普通话熟练	—
14	户主	范贻香	46	汉	初中	仫佬语熟练	桂柳话熟练	普通话熟练	—
	母亲	潘枝英	72	仫佬	小学	仫佬语熟练	桂柳话熟练	普通话略懂	—
15	户主	潘习	43	仫佬	初中	仫佬语熟练	桂柳话熟练	普通话熟练	—
	妻子	吴锡英	43	仫佬	初中	仫佬语熟练	桂柳话熟练	普通话熟练	—
	长子	潘广明	22	仫佬	初中	仫佬语熟练	桂柳话熟练	普通话熟练	—
	次子	潘广纯	19	仫佬	初中	仫佬语熟练	桂柳话熟练	普通话熟练	—
16	户主	潘小亮	40	仫佬	初中	仫佬语熟练	桂柳话熟练	普通话熟练	—

续表

序号	家庭关系	姓名	年龄/岁	民族	文化程度	第一语言及水平	第二语言及水平	第三语言及水平	第四语言及水平
16	父亲	潘安义	70	仫佬	小学	仫佬语熟练	桂柳话熟练	普通话略懂	—
17	户主	潘邦荣	51	仫佬	初中	仫佬语熟练	桂柳话熟练	普通话熟练	—
	父亲	潘安仁	76	仫佬	小学	仫佬语熟练	桂柳话熟练	普通话略懂	—
	妻子	谢凤梅	44	仫佬	初中	仫佬语熟练	桂柳话熟练	普通话一般	—
	长女	潘佳玉	16	仫佬	初中	仫佬语熟练	桂柳话熟练	普通话熟练	—
	次女	潘柳玉	11	仫佬	初中	仫佬语熟练	桂柳话熟练	普通话熟练	—
18	户主	潘德业	72	仫佬	初中	仫佬语熟练	桂柳话熟练	普通话略懂	—
	长女	潘炳云	47	仫佬	小学	仫佬语熟练	桂柳话熟练	普通话一般	—
	儿子	潘泽斌	44	仫佬	初中	仫佬语熟练	桂柳话熟练	普通话熟练	—
	次女	潘桂云	38	仫佬	初中	仫佬语熟练	桂柳话熟练	普通话熟练	—
19	户主	兰绍林	28	瑶	初中	仫佬语熟练	桂柳话熟练	普通话熟练	—
	父亲	兰荣肖	51	瑶	初中	仫佬语熟练	桂柳话熟练	普通话一般	—
	母亲	潘玉群	49	仫佬	小学	仫佬语熟练	桂柳话熟练	普通话一般	—
	妹妹	兰秋华	26	瑶	初中	仫佬语熟练	桂柳话熟练	普通话熟练	—
20	户主	冯小东	37	仫佬	初中	仫佬语熟练	桂柳话熟练	普通话熟练	—
	母亲	潘泽女	63	仫佬	小学	仫佬语熟练	桂柳话熟练	普通话略懂	—
	弟弟	冯三东	29	仫佬	初中	仫佬语熟练	桂柳话熟练	普通话熟练	—
	妹妹	冯芝娟	28	仫佬	初中	仫佬语熟练	桂柳话熟练	普通话熟练	—
	儿子	冯万钱	11	仫佬	小学	仫佬语熟练	桂柳话熟练	普通话一般	—
21	户主	冯华忠	46	仫佬	初中	仫佬语熟练	桂柳话熟练	普通话一般	—
	妻子	梁玉梅	45	仫佬	初中	仫佬语熟练	桂柳话熟练	普通话熟练	—
	儿子	冯万钫	19	仫佬	初中	仫佬语熟练	桂柳话熟练	普通话熟练	—
22	户主	冯华四	40	仫佬	初中	仫佬语熟练	桂柳话熟练	普通话熟练	—
	妻子	周三香	42	仫佬	小学	壮语熟练	桂柳话熟练	普通话略懂	仫佬语熟练
	儿子	冯万富	16	仫佬	初中	仫佬语熟练	桂柳话熟练	普通话熟练	—
	女儿	冯桃	10	仫佬	小学	仫佬语熟练	桂柳话一般	普通话一般	—
23	户主	冯华星	51	仫佬	初中	仫佬语熟练	桂柳话熟练	普通话一般	—
	长子	冯万林	25	仫佬	初中	仫佬语熟练	桂柳话熟练	普通话熟练	—

续表

序号	家庭关系	姓名	年龄/岁	民族	文化程度	第一语言及水平	第二语言及水平	第三语言及水平	第四语言及水平
23	次子	冯万学	15	仫佬	初中	仫佬语熟练	桂柳话熟练	普通话熟练	—
24	户主	潘刚鸾	77	仫佬	小学	仫佬语熟练	桂柳话熟练	普通话略懂	—
	儿子	冯华亮	49	仫佬	小学	仫佬语熟练	桂柳话熟练	普通话一般	—
	女儿	冯枝菊	41	仫佬	初中	仫佬语熟练	桂柳话熟练	普通话熟练	—
	次女	冯枝琼	39	仫佬	初中	仫佬语熟练	桂柳话熟练	普通话熟练	—
25	户主	冯华兵	50	仫佬	小学	仫佬语熟练	桂柳话熟练	普通话一般	—
	妻子	黄佩玉	46	壮	小学	壮语熟练	桂柳话熟练	普通话一般	仫佬语熟练
	次子	冯万波	23	仫佬	初中	仫佬语熟练	桂柳话熟练	普通话熟练	—
	儿子	冯小波	19	仫佬	初中	仫佬语熟练	桂柳话熟练	普通话熟练	—
26	户主	冯荣兴	52	仫佬	初中	仫佬语熟练	桂柳话熟练	普通话一般	—
	妻子	梁玉群	49	壮	小学	壮语熟练	桂柳话熟练	普通话一般	仫佬语熟练
	儿子	冯建	24	仫佬	初中	仫佬语熟练	桂柳话熟练	普通话熟练	—
	女儿	冯燕	29	仫佬	初中	仫佬语熟练	桂柳话熟练	普通话熟练	—
27	户主	潘小群	47	仫佬	小学	仫佬语熟练	桂柳话熟练	普通话略懂	—
	母亲	吴茴香	74	仫佬	小学	仫佬语熟练	桂柳话一般	普通话略懂	—
	女儿	潘华芳	22	仫佬	初中	仫佬语熟练	桂柳话熟练	普通话熟练	—
	儿子	潘广文	25	仫佬	初中	仫佬语熟练	桂柳话熟练	普通话熟练	—
28	户主	潘安生	50	仫佬	初中	仫佬语熟练	桂柳话熟练	普通话一般	—
	妻子	成吉莲	47	汉	初中	仫佬语熟练	桂柳话熟练	普通话一般	—
	长女	潘邦枝	28	仫佬	高中	仫佬语熟练	桂柳话熟练	普通话熟练	—
	次女	潘邦春	27	仫佬	中专	仫佬语熟练	桂柳话熟练	普通话熟练	—
	三女	潘东东	23	仫佬	高中	仫佬语熟练	桂柳话熟练	普通话熟练	—
29	户主	潘美琼	44	仫佬	初中	仫佬语熟练	桂柳话熟练	普通话熟练	—
	妹妹	潘美宣	39	仫佬	初中	仫佬语熟练	桂柳话熟练	普通话熟练	—
	儿子	潘静	19	仫佬	初中	仫佬语熟练	桂柳话熟练	普通话熟练	—
	女儿	潘婵	15	仫佬	初中	仫佬语熟练	桂柳话熟练	普通话熟练	—
	孙女	潘荟	8	仫佬	小学	仫佬语熟练	桂柳话熟练	普通话熟练	—
30	户主	韦小英	95	壮	文盲	仫佬语熟练	桂柳话熟练	普通话一般	壮语熟练

续表

序号	家庭关系	姓名	年龄/岁	民族	文化程度	第一语言及水平	第二语言及水平	第三语言及水平	第四语言及水平
31	户主	杨启华	71	汉	小学	仫佬语一般	桂柳话熟练	普通话一般	—
32	户主	银邦琼	52	仫佬	小学	仫佬语熟练	桂柳话熟练	普通话熟练	—
	儿子	银远兵	32	仫佬	大专	仫佬语略懂	桂柳话一般	普通话熟练	—
	儿子	银波	23	仫佬	大学	仫佬语不会	桂柳话不会	普通话熟练	—
33	户主	简远由	56	汉	高中	仫佬语熟练	桂柳话熟练	普通话熟练	—
	妻子	潘广梅	54	仫佬	小学	仫佬语熟练	桂柳话熟练	普通话一般	—
	儿子	简荣伟	25	仫佬	初中	仫佬语熟练	桂柳话熟练	普通话熟练	—
	次女	简小凤	27	仫佬	高中	仫佬语熟练	桂柳话熟练	普通话熟练	—
	长女	简荣凤	29	仫佬	高中	仫佬语熟练	桂柳话熟练	普通话熟练	—
34	户主	银秋美	64	仫佬	小学	仫佬语熟练	桂柳话熟练	普通话一般	—
	长女	银英	42	仫佬	小学	仫佬语熟练	桂柳话熟练	普通话熟练	—
35	户主	杨启成	52	汉	初中	仫佬语熟练	桂柳话熟练	普通话熟练	—
	长女	杨金艳	28	仫佬	初中	仫佬语熟练	桂柳话熟练	普通话熟练	—
	儿子	杨金泽	27	仫佬	初中	仫佬语熟练	桂柳话熟练	普通话熟练	—
36	户主	简荣祥	48	仫佬	初中	仫佬语熟练	桂柳话熟练	普通话熟练	—
	女儿	简梦兰	17	仫佬	小学	仫佬语一般	桂柳话熟练	普通话一般	—
37	户主	潘广成	60	仫佬	高中	仫佬语熟练	桂柳话熟练	普通话熟练	—
	儿子	潘科	24	仫佬	初中	仫佬语熟练	桂柳话一般	普通话熟练	—
38	户主	简琼兵	44	汉	小学	仫佬语一般	桂柳话略懂	普通话一般	—
39	户主	简上程	57	汉	高中	仫佬语熟练	桂柳话一般	普通话熟练	—
	妻子	梁太菊	55	仫佬	小学	仫佬语熟练	桂柳话熟练	普通话熟练	—
40	户主	简荣方	34	仫佬	初中	仫佬语熟练	桂柳话熟练	普通话熟练	—
	儿子	简华剑	8	仫佬	小学	仫佬语熟练	桂柳话一般	普通话熟练	—
	妻子	梁日枝	63	仫佬	小学	仫佬语熟练	桂柳话熟练	普通话一般	—
41	户主	梁四兴	64	仫佬	初中	仫佬语熟练	桂柳话熟练	普通话一般	—
42	户主	银景娥	63	仫佬	小学	仫佬语熟练	桂柳话熟练	普通话一般	—
43	户主	简荣德	52	仫佬	初中	仫佬语熟练	桂柳话熟练	普通话熟练	—
	儿子	简华波	23	仫佬	初中	仫佬语熟练	桂柳话熟练	普通话一般	—

续表

序号	家庭关系	姓名	年龄/岁	民族	文化程度	第一语言及水平	第二语言及水平	第三语言及水平	第四语言及水平
43	妻子	韦凤梅	51	壮	初中	仫佬语熟练	桂柳话一般	普通话一般	壮语熟练
44	户主	银星军	36	仫佬	初中	仫佬语熟练	桂柳话熟练	普通话熟练	—
	女儿	银方慧	9	仫佬	小学	仫佬语熟练	桂柳话熟练	普通话熟练	—
	儿子	银国江	9	仫佬	小学	仫佬语熟练	桂柳话熟练	普通话熟练	—
	妻子	李晓玲	38	仫佬	初中	仫佬语熟练	桂柳话熟练	普通话熟练	—
45	户主	银宏祥	40	仫佬	初中	仫佬语熟练	桂柳话熟练	普通话熟练	—
	次子	银峰	15	仫佬	初中	仫佬语熟练	桂柳话熟练	普通话熟练	—
	长子	杨文	28	仫佬	初中	仫佬语熟练	桂柳话熟练	普通话熟练	—
46	户主	杨启宾	50	汉	初中	仫佬语熟练	桂柳话熟练	普通话熟练	—
47	户主	简玉文	82	汉	初中	仫佬语熟练	桂柳话熟练	普通话熟练	—
	女儿	简零零	17	仫佬	小学	仫佬语熟练	桂柳话熟练	普通话熟练	—
48	户主	罗建美	33	壮	小学	仫佬语熟练	桂柳话熟练	普通话熟练	壮语熟练
	儿子	简荣涛	13	仫佬	小学	仫佬语熟练	桂柳话熟练	普通话熟练	—
49	户主	简远祥	46	仫佬	小学	仫佬语熟练	桂柳话熟练	普通话熟练	—
	女儿	简云云	23	仫佬	小学	仫佬语熟练	桂柳话熟练	普通话熟练	—
	儿子	简荣波	25	仫佬	初中	仫佬语熟练	桂柳话熟练	普通话熟练	—
	妻子	范日鸾	47	汉	小学	仫佬语熟练	桂柳话熟练	普通话熟练	—
50	户主	简翠兰	76	仫佬	小学	仫佬语熟练	桂柳话熟练	普通话熟练	—
	女儿	简燕枝	41	仫佬	初中	仫佬语熟练	桂柳话熟练	普通话熟练	—
	孙女	简荣丹	28	仫佬	初中	仫佬语熟练	桂柳话熟练	普通话熟练	—
	孙女	简莹莹	18	仫佬	小学	仫佬语熟练	桂柳话熟练	普通话熟练	—
	外孙	梁霄	15	仫佬	小学	仫佬语熟练	桂柳话熟练	普通话熟练	—
51	户主	张德山	75	汉	小学	仫佬语熟练	桂柳话熟练	普通话一般	—
52	户主	简远光	61	汉	高中	仫佬语熟练	桂柳话熟练	普通话熟练	—
	妻子	梁正梅	59	汉	小学	仫佬语熟练	桂柳话熟练	普通话一般	—
	女儿	简荣姣	35	汉	小学	仫佬语熟练	桂柳话熟练	普通话熟练	—
	次子	简荣峰	31	汉	初中	仫佬语熟练	桂柳话熟练	普通话一般	—
	长子	简荣全	33	汉	初中	仫佬语熟练	桂柳话熟练	普通话熟练	—

续表

序号	家庭关系	姓名	年龄/岁	民族	文化程度	第一语言及水平	第二语言及水平	第三语言及水平	第四语言及水平
53	户主	简远亮	43	仫佬	小学	仫佬语熟练	桂柳话熟练	普通话熟练	—
	儿子	简荣勇	13	仫佬	小学	仫佬语熟练	桂柳话一般	普通话熟练	—
	女儿	简荣慧	18	仫佬	初中	仫佬语熟练	桂柳话熟练	普通话熟练	—
	妻子	廖素云	41	壮	小学	仫佬语熟练	桂柳话熟练	普通话一般	壮语熟练
54	户主	银连凤	41	仫佬	初中	仫佬语熟练	桂柳话熟练	普通话熟练	—
	丈夫	班洲	43	壮	小学	仫佬语不会	桂柳话熟练	普通话熟练	壮语熟练
	次女	银露	14	仫佬	小学	仫佬语熟练	桂柳话熟练	普通话熟练	—
	儿子	银汉强	11	仫佬	小学	仫佬语熟练	桂柳话熟练	普通话一般	—
	长女	银芳燕	19	仫佬	初中	仫佬语熟练	桂柳话熟练	普通话熟练	—
55	户主	简远仁	55	汉	高中	仫佬语熟练	桂柳话熟练	普通话熟练	—
	次子	简荣益	19	汉	高中	仫佬语熟练	桂柳话一般	普通话熟练	—
	长子	银连军	30	仫佬	初中	仫佬语熟练	桂柳话熟练	普通话一般	—
56	户主	银维四	39	仫佬	初中	仫佬语熟练	桂柳话熟练	普通话一般	—
	次女	银联荣	9	仫佬	小学	仫佬语熟练	桂柳话熟练	普通话熟练	—
	儿子	银联科	16	仫佬	初中	仫佬语熟练	桂柳话熟练	普通话熟练	—
	长女	银联雪	13	仫佬	小学	仫佬语熟练	桂柳话熟练	普通话一般	—
	弟弟	银维国	37	仫佬	初中	仫佬语熟练	桂柳话熟练	普通话熟练	—
	侄女	银欣怡	4	仫佬	小学	仫佬语熟练	桂柳话熟练	普通话熟练	—
	弟媳	郑秀英	53	汉	小学	仫佬语熟练	桂柳话熟练	普通话一般	—
57	户主	银维宏	50	仫佬	小学	仫佬语熟练	桂柳话熟练	普通话一般	—
	女儿	简华梅	24	仫佬	初中	仫佬语熟练	桂柳话熟练	普通话熟练	—
	儿子	简华飞	25	仫佬	初中	仫佬语熟练	桂柳话熟练	普通话熟练	—
58	户主	简荣敏	45	汉	小学	仫佬语熟练	桂柳话熟练	普通话一般	—
	妻子	潘桂琼	44	仫佬	小学	仫佬语熟练	桂柳话熟练	普通话一般	—
59	户主	银连飞	35	仫佬	小学	仫佬语熟练	桂柳话熟练	普通话熟练	—
	父亲	银维青	62	汉	小学	仫佬语熟练	桂柳话熟练	普通话熟练	—
60	户主	银连秀	39	仫佬	初中	仫佬语熟练	桂柳话熟练	普通话熟练	—
	母亲	银太枝	61	仫佬	小学	仫佬语熟练	桂柳话熟练	普通话一般	—

续表

序号	家庭关系	姓名	年龄/岁	民族	文化程度	第一语言及水平	第二语言及水平	第三语言及水平	第四语言及水平
61	户主	简凤明	39	汉	初中	仫佬语熟练	桂柳话熟练	普通话熟练	—
	次女	简艳纯	11	仫佬	小学	仫佬语熟练	桂柳话熟练	普通话熟练	—
	长女	简荣纯	16	仫佬	小学	仫佬语熟练	桂柳话熟练	普通话熟练	—
62	户主	银帮英	52	仫佬	初中	仫佬语熟练	桂柳话熟练	普通话熟练	—
	丈夫	黄家光	54	汉	初中	仫佬语熟练	桂柳话不会	普通话熟练	—
	次子	银超	23	仫佬	初中	仫佬语熟练	桂柳话熟练	普通话熟练	—
	次女	银燕玲	28	仫佬	初中	仫佬语熟练	桂柳话熟练	普通话熟练	—
	长子	银泽	26	仫佬	初中	仫佬语熟练	桂柳话熟练	普通话熟练	—
	长女	银燕萍	31	仫佬	初中	仫佬语熟练	桂柳话熟练	普通话熟练	—
63	户主	简远飞	38	仫佬	初中	仫佬语熟练	桂柳话熟练	普通话熟练	—
	儿子	简荣鑫	25	仫佬	初中	仫佬语熟练	桂柳话熟练	普通话熟练	—
64	户主	简琼姣	48	汉	初中	仫佬语熟练	桂柳话熟练	普通话熟练	—
	儿子	吴滨岭	24	仫佬	初中	仫佬语熟练	桂柳话熟练	普通话熟练	—
	女儿	简荣雪	31	仫佬	本科	仫佬语熟练	桂柳话熟练	普通话熟练	—
65	户主	简从福	59	汉	初中	仫佬语熟练	桂柳话熟练	普通话熟练	—
	儿子	简荣飞	35	仫佬	初中	仫佬语熟练	桂柳话熟练	普通话熟练	—
	长女	简荣燕	37	仫佬	初中	仫佬语熟练	桂柳话熟练	普通话熟练	—
	次女	简荣宣	24	汉	初中	仫佬语熟练	桂柳话熟练	普通话熟练	—
66	户主	吴显亮	42	仫佬	初中	仫佬语熟练	桂柳话熟练	普通话熟练	—
	儿子	吴立力	6	仫佬	小学	仫佬语熟练	桂柳话一般	普通话略懂	—
	女儿	吴菲菲	18	仫佬	中专	仫佬语熟练	桂柳话熟练	普通话熟练	—
	妻子	欧太鸾	40	仫佬	初中	仫佬语熟练	桂柳话熟练	普通话一般	壮语略懂
67	户主	潘刚智	54	仫佬	高中	仫佬语熟练	桂柳话熟练	普通话一般	—
	次子	潘常全	27	仫佬	初中	仫佬语熟练	桂柳话熟练	普通话熟练	—
	长子	潘常明	31	仫佬	初中	仫佬语熟练	桂柳话熟练	普通话熟练	粤语熟练
	妹妹	潘四美	48	仫佬	小学	仫佬语熟练	桂柳话熟练	普通话一般	—
	父亲	潘立坤	79	仫佬	小学	仫佬语熟练	桂柳话熟练	普通话略懂	—
	妻子	吴有秀	51	仫佬	小学	仫佬语熟练	桂柳话熟练	普通话一般	—

续表

序号	家庭关系	姓名	年龄/岁	民族	文化程度	第一语言及水平	第二语言及水平	第三语言及水平	第四语言及水平
67	孙子	潘高远	7	仫佬	小学	仫佬语熟练	桂柳话熟练	普通话熟练	—
68	户主	吴有珍	48	仫佬	初中	仫佬语熟练	桂柳话熟练	普通话熟练	—
69	户主	吴常辉	47	仫佬	初中	仫佬语熟练	桂柳话熟练	普通话一般	
	儿子	吴有强	18	仫佬	初中	仫佬语熟练	桂柳话熟练	普通话熟练	
	妻子	谢桂枝	42	仫佬	小学	仫佬语熟练	桂柳话熟练	普通话熟练	
70	户主	吴有亮	44	仫佬	初中	仫佬语熟练	桂柳话熟练	普通话熟练	
	妻子	潘安玉	41	仫佬	初中	仫佬语熟练	桂柳话熟练	普通话熟练	
	母亲	潘立花	70	仫佬	小学	仫佬语熟练	桂柳话熟练	普通话熟练	
	长子	吴方壮	21	仫佬	初中	仫佬语熟练	桂柳话熟练	普通话熟练	
	次子	吴方铠	15	仫佬	高中	仫佬语熟练	桂柳话熟练	普通话熟练	
	弟	吴有东	37	仫佬	高中	仫佬语熟练	桂柳话熟练	普通话熟练	
71	户主	吴有正	40	仫佬	初中	仫佬语熟练	桂柳话熟练	普通话熟练	
	女儿	吴芳慧	16	仫佬	高中	仫佬语熟练	桂柳话熟练	普通话熟练	
	妻子	吴利娟	39	仫佬	初中	仫佬语熟练	桂柳话熟练	普通话熟练	
	孙女	潘晓婧	5	仫佬	学前	仫佬语熟练	桂柳话熟练	普通话熟练	
	儿媳	张凤珍	25	汉	初中	普通话熟练	桂柳话一般	仫佬语一般	
72	户主	潘永明	43	仫佬	初中	仫佬语熟练	桂柳话熟练	普通话熟练	
	女儿	潘利金	14	仫佬	初中	仫佬语熟练	桂柳话熟练	普通话熟练	
	妻子	潘新平	38	仫佬	初中	仫佬语熟练	桂柳话熟练	普通话熟练	
73	户主	吴覃华	64	仫佬	小学	仫佬语熟练	桂柳话熟练	普通话一般	
	妻子	罗仁枝	69	仫佬	小学	仫佬语熟练	桂柳话熟练	普通话熟练	
	次子	吴弟	32	仫佬	小学	仫佬语熟练	桂柳话熟练	普通话熟练	
	长子	吴有辉	34	仫佬	初中	仫佬语熟练	桂柳话熟练	普通话熟练	
	女儿	吴有菊	21	仫佬	初中	仫佬语熟练	桂柳话熟练	普通话熟练	
	孙子	吴晗	7	仫佬	小学	仫佬语熟练	桂柳话熟练	普通话熟练	—
74	户主	吴有娥	43	仫佬	初中	仫佬语熟练	桂柳话熟练	普通话熟练	
	母亲	覃四女	76	仫佬	小学	仫佬语熟练	桂柳话熟练	普通话一般	—
	妹妹	吴有琼	39	仫佬	初中	仫佬语熟练	桂柳话熟练	普通话熟练	—

续表

序号	家庭关系	姓名	年龄/岁	民族	文化程度	第一语言及水平	第二语言及水平	第三语言及水平	第四语言及水平
74	三女	吴芳娟	13	仫佬	初中	仫佬语熟练	桂柳话熟练	普通话熟练	—
	长女	吴芳美	17	仫佬	初中	仫佬语熟练	桂柳话熟练	普通话熟练	—
	妻子	韦成刚	47	壮	初中	壮语熟练	仫佬语熟练	普通话熟练	—
	次女	吴芳丽	22	仫佬	初中	仫佬语熟练	桂柳话熟练	普通话熟练	—
75	户主	吴有学	44	仫佬	初中	仫佬语熟练	桂柳话熟练	普通话熟练	—
	儿子	吴方成	17	仫佬	初中	仫佬语熟练	桂柳话熟练	普通话熟练	—
	妻子	韦秀平	41	壮	初中	壮语熟练	仫佬语熟练	桂柳话熟练	普通话熟练
	儿子	吴芳忠	23	仫佬	初中	仫佬语熟练	桂柳话熟练	普通话熟练	—
76	户主	潘永华	40	仫佬	初中	仫佬语熟练	桂柳话熟练	普通话熟练	—
77	户主	潘立琪	54	仫佬	小学	仫佬语熟练	桂柳话熟练	普通话熟练	—
78	户主	潘立杨	65	仫佬	小学	仫佬语熟练	桂柳话熟练	普通话一般	—
	女儿	潘利春	29	仫佬	初中	仫佬语熟练	桂柳话熟练	普通话熟练	—
	妻子	吴玉琼	64	仫佬	初中	仫佬语熟练	桂柳话熟练	普通话略懂	—
79	户主	潘立芬	42	仫佬	初中	仫佬语熟练	桂柳话熟练	普通话一般	—
	妻子	潘邦菊	43	仫佬	小学	仫佬语熟练	桂柳话熟练	普通话一般	—
	女儿	潘柳薛	21	仫佬	初中	仫佬语熟练	桂柳话熟练	普通话一般	—
	儿子	潘刚成	14	仫佬	初中	仫佬语熟练	桂柳话熟练	普通话熟练	—
80	户主	潘刚强	57	仫佬	初中	仫佬语熟练	桂柳话熟练	普通话一般	—
	母亲	罗耐花	83	仫佬	小学	仫佬语熟练	桂柳话一般	普通话略懂	—
	妻子	潘美秀	56	仫佬	小学	仫佬语熟练	桂柳话熟练	普通话略懂	—
	女儿	潘常娟	26	仫佬	初中	仫佬语熟练	桂柳话熟练	普通话熟练	—
81	户主	覃华平	49	仫佬	初中	仫佬语熟练	桂柳话熟练	普通话熟练	—
	儿子	覃振生	23	仫佬	初中	仫佬语熟练	桂柳话熟练	普通话熟练	—
	女儿	覃振菊	26	仫佬	初中	仫佬语熟练	桂柳话熟练	普通话熟练	—
	妻子	潘英枝	48	仫佬	小学	仫佬语熟练	桂柳话熟练	普通话略懂	—
82	户主	吴有忠	41	仫佬	高中	仫佬语熟练	桂柳话熟练	普通话熟练	—
	长子	吴方鑫	17	仫佬	高中	仫佬语熟练	桂柳话熟练	普通话熟练	—
	次子	吴方颖	10	仫佬	小学	仫佬语熟练	桂柳话熟练	普通话熟练	—

续表

序号	家庭关系	姓名	年龄/岁	民族	文化程度	第一语言及水平	第二语言及水平	第三语言及水平	第四语言及水平
82	妻子	覃美香	39	仫佬	初中	壮语熟练	仫佬语熟练	桂柳话熟练	普通话熟练
83	户主	覃华堂	55	仫佬	初中	仫佬语熟练	桂柳话熟练	普通话一般	—
	次子	覃振学	23	仫佬	高中	仫佬语熟练	桂柳话熟练	普通话熟练	—
	长子	覃振初	25	仫佬	初中	仫佬语熟练	桂柳话熟练	普通话熟练	—
	妻子	银雪美	49	仫佬	小学	仫佬语熟练	桂柳话熟练	普通话略懂	—
84	户主	吴章能	65	仫佬	小学	仫佬语熟练	桂柳话熟练	普通话略懂	—
	妻子	吴永万	59	仫佬	小学	仫佬语熟练	桂柳话熟练	普通话略懂	—
	长子	吴显纯	36	仫佬	高中	仫佬语熟练	桂柳话熟练	普通话一般	—
	儿媳	黄艳玲	37	壮	初中	桂柳话熟练	仫佬语熟练	普通话熟练	—
	次子	吴显庆	31	仫佬	初中	仫佬语熟练	桂柳话熟练	普通话熟练	—
	女儿	吴美玉	29	仫佬	初中	仫佬语熟练	桂柳话熟练	普通话熟练	—
	孙子	吴立伟	7	仫佬	小学	仫佬语熟练	桂柳话熟练	普通话熟练	—
	女儿	吴玉姣	33	仫佬	初中	仫佬语熟练	桂柳话熟练	普通话熟练	—
85	户主	覃荣辉	63	仫佬	小学	仫佬语熟练	桂柳话熟练	普通话一般	—
	孙子	覃振新	17	仫佬	高中	仫佬语熟练	桂柳话熟练	普通话熟练	—
	孙子	覃振书	19	仫佬	大专	仫佬语熟练	桂柳话熟练	普通话熟练	—
	女儿	覃华闸	38	仫佬	初中	仫佬语熟练	桂柳话熟练	普通话熟练	—
86	户主	潘玉忠	45	仫佬	初中	仫佬语熟练	桂柳话熟练	普通话熟练	—
	母亲	覃荣枝	67	仫佬	初中	仫佬语熟练	桂柳话熟练	普通话一般	—
	妻子	罗仁利	41	仫佬	初中	仫佬语熟练	桂柳话熟练	普通话熟练	—
	女儿	潘姗姗	8	仫佬	小学	仫佬语熟练	桂柳话熟练	普通话熟练	—
	儿子	潘常定	18	仫佬	高中	仫佬语熟练	桂柳话熟练	普通话熟练	—
87	户主	吴章勤	59	仫佬	高中	仫佬语熟练	桂柳话熟练	普通话熟练	—
	长女	吴柳建	27	仫佬	初中	仫佬语熟练	桂柳话熟练	普通话熟练	—
	次女	吴柳洁	22	仫佬	大专	仫佬语熟练	桂柳话熟练	普通话熟练	—
	妻子	梁开秋	55	仫佬	高中	仫佬语熟练	桂柳话熟练	普通话熟练	—
88	户主	吴章业	49	仫佬	初中	仫佬语熟练	桂柳话熟练	普通话熟练	—
	妻子	张安春	46	仫佬	初中	仫佬语熟练	桂柳话熟练	普通话熟练	—

续表

序号	家庭关系	姓名	年龄/岁	民族	文化程度	第一语言及水平	第二语言及水平	第三语言及水平	第四语言及水平
88	妹妹	吴章玉	42	仫佬	初中	仫佬语熟练	桂柳话熟练	普通话熟练	—
	儿子	吴显军	22	仫佬	初中	仫佬语熟练	桂柳话熟练	普通话熟练	—
	女儿	吴冬丽	24	仫佬	大专	仫佬语熟练	桂柳话熟练	普通话熟练	—
89	户主	潘秀荣	66	仫佬	小学	仫佬语熟练	桂柳话熟练	普通话熟练	—
	长女	覃华英	42	仫佬	小学	仫佬语熟练	桂柳话熟练	普通话一般	—
	儿子	覃正福	23	仫佬	大专	仫佬语熟练	桂柳话熟练	普通话熟练	—
	三女	覃华芳	28	仫佬	初中	仫佬语熟练	桂柳话熟练	普通话熟练	—
	次女	覃华妹	39	仫佬	初中	仫佬语熟练	桂柳话熟练	普通话熟练	—
90	户主	覃华忠	34	仫佬	初中	仫佬语熟练	桂柳话熟练	普通话熟练	—
	儿子	覃振涛	13	仫佬	小学	仫佬语熟练	桂柳话熟练	普通话熟练	—
91	户主	宋彩标	77	汉	小学	五色话熟练	桂柳话熟练	仫佬语熟练	普通话不会
	妻子	廖丽梅	77	汉	小学	五色话熟练	桂柳话熟练	仫佬语熟练	普通话不会
	女儿	邓正荣	45	汉	小学	五色话熟练	桂柳话熟练	仫佬语熟练	普通话一般
92	户主	冯万初	45	汉	初中	五色话熟练	桂柳话熟练	仫佬语熟练	普通话一般
93	户主	张家平	48	汉	初中	五色话熟练	桂柳话熟练	仫佬语熟练	普通话一般
94	户主	雷可光	49	汉	初中	五色话熟练	桂柳话熟练	仫佬语熟练	普通话一般
	女儿	雷珍惠	22	汉	初中	五色话熟练	桂柳话熟练	仫佬语熟练	普通话熟练
	儿子	雷发惠	24	仫佬	初中	仫佬语熟练	桂柳话熟练	仫佬语熟练	普通话熟练
	妻子	罗长枝	50	仫佬	初中	仫佬语熟练	桂柳话熟练	普通话略懂	五色话一般
95	户主	郑太光	85	汉	小学	五色话熟练	桂柳话一般	普通话不会	仫佬语一般
	妻子	潘秀荣	85	仫佬	文盲	仫佬语熟练	桂柳话熟练	普通话不会	仫佬语一般
96	户主	郑惠铭	63	汉	小学	五色话熟练	桂柳话熟练	普通话一般	仫佬语熟练
	孙子	郑覃鹏	7	壮	小学	五色话一般	桂柳话熟练	普通话一般	仫佬语一般
	儿子	郑帮皓	29	汉	初中	五色话熟练	桂柳话熟练	普通话一般	仫佬语熟练
	女儿	郑爱群	35	汉	小学	五色话熟练	桂柳话熟练	普通话一般	仫佬语一般
	妻子	邓炳枝	64	汉	文盲	五色话熟练	桂柳话熟练	普通话略懂	仫佬语一般
	三弟	郑帮雄	31	汉	初中	五色话熟练	桂柳话熟练	普通话一般	仫佬语熟练
	侄子	郑良桂	4	壮	学前	五色话一般	桂柳话一般	普通话一般	仫佬语不会

续表

序号	家庭关系	姓名	年龄/岁	民族	文化程度	第一语言及水平	第二语言及水平	第三语言及水平	第四语言及水平
96	二弟	郑帮健	36	汉	初中	五色话熟练	桂柳话熟练	普通话一般	仫佬语一般
	侄女	郑双金	10	汉	小学	五色话熟练	桂柳话熟练	普通话一般	仫佬语一般
	侄女	郑双玉	10	汉	小学	五色话熟练	桂柳话熟练	普通话一般	仫佬语一般
97	户主	雷可平	27	汉	小学	五色话熟练	桂柳话熟练	普通话一般	仫佬语一般
	母亲	张换玉	67	汉	小学	五色话熟练	桂柳话熟练	普通话不会	仫佬语一般
	父亲	雷喜如	69	汉	小学	五色话熟练	桂柳话熟练	普通话不会	仫佬语一般
98	户主	郑锦耀	40	汉	初中	五色话熟练	桂柳话熟练	普通话略懂	仫佬语一般
	女儿	郑惠云	17	汉	初中	五色话熟练	桂柳话熟练	普通话一般	仫佬语一般
	儿子	郑惠旋	20	汉	初中	五色话熟练	桂柳话熟练	普通话一般	仫佬语一般
	妻子	陈秀玲	44	汉	小学	客家话熟练	桂柳话熟练	普通话一般	仫佬语一般
99	户主	郑喜标	39	汉	小学	五色话熟练	桂柳话熟练	普通话一般	仫佬语一般
	儿子	郑肖	9	仫佬	小学	五色话熟练	桂柳话熟练	普通话一般	仫佬语一般
	女儿	郑文进	17	仫佬	初中	五色话熟练	桂柳话熟练	普通话一般	仫佬语一般
	妻子	潘家美	35	仫佬	小学	仫佬语熟练	桂柳话熟练	普通话一般	五色话一般
	母亲	邓汉枝	80	汉	文盲	五色话熟练	桂柳话熟练	普通话略懂	仫佬语一般
100	户主	郑月辉	48	汉	小学	五色话熟练	桂柳话熟练	普通话略懂	仫佬语一般
	儿子	郑铭军	23	汉	小学	五色话熟练	桂柳话熟练	普通话一般	仫佬语一般
	长女	郑贤芬	27	汉	初中	五色话熟练	桂柳话熟练	普通话一般	仫佬语一般
	次女	郑铭莉	26	汉	小学	五色话熟练	桂柳话熟练	普通话一般	仫佬语一般
	妻子	邓菊香	46	汉	小学	五色话熟练	桂柳话熟练	普通话略懂	仫佬语一般
	孙子	郑良迪	5	汉	学前班	五色话熟练	桂柳话一般	普通话一般	仫佬语略懂
101	户主	张光凤	56	汉	小学	五色话熟练	桂柳话熟练	普通话略懂	仫佬语一般
	儿子	张敏	30	汉	初中	五色话熟练	桂柳话熟练	普通话一般	仫佬语一般
	女儿	张红	34	汉	初中	五色话熟练	桂柳话熟练	普通话一般	仫佬语一般
102	户主	郑锦光	57	汉	高中	五色话熟练	桂柳话熟练	普通话一般	仫佬语一般
	儿子	郑惠勇	26	汉	初中	五色话熟练	桂柳话熟练	普通话一般	仫佬语一般
	长女	郑惠莎	30	汉	初中	五色话熟练	桂柳话熟练	普通话一般	仫佬语一般
	妻子	梁彩美	51	汉	初中	五色话熟练	桂柳话熟练	普通话略懂	仫佬语一般

续表

序号	家庭关系	姓名	年龄/岁	民族	文化程度	第一语言及水平	第二语言及水平	第三语言及水平	第四语言及水平
102	女婿	黄忠义	34	壮	初中	壮语熟练	桂柳话熟练	普通话一般	五色话略懂
	次女	郑惠璐	28	汉	初中	五色话熟练	桂柳话熟练	普通话一般	仫佬语一般
103	户主	郑天奎	49	汉	小学	五色话熟练	桂柳话熟练	普通话一般	仫佬语一般
	妻子	潘世兰	48	仫佬	初中	仫佬语熟练	桂柳话熟练	普通话略懂	五色话一般
	儿子	郑惠好	20	汉	初中	五色话熟练	桂柳话熟练	普通话一般	仫佬语一般
	弟弟	郑天兴	41	汉	小学	五色话熟练	桂柳话熟练	普通话一般	仫佬语一般
	女儿	郑小燕	23	汉	初中	五色话熟练	桂柳话熟练	普通话一般	仫佬语一般
104	户主	郑惠兴	70	汉	小学	五色话熟练	桂柳话熟练	普通话略懂	仫佬语一般
	次孙	郑良升	11	汉	小学	五色话熟练	桂柳话熟练	普通话一般	仫佬语一般
	次子	郑邦胜	43	汉	小学	五色话熟练	桂柳话熟练	普通话一般	仫佬语一般
	母亲	梁喜荣	72	汉	小学	五色话熟练	桂柳话熟练	普通话不会	仫佬语一般
	长孙	郑良飞	20	汉	初中	五色话熟练	桂柳话熟练	普通话一般	仫佬语一般
	妻子	梁爱芳	43	汉	初中	五色话熟练	桂柳话熟练	普通话熟练	仫佬语一般
	长子	郑邦辉	45	汉	小学	五色话熟练	桂柳话熟练	普通话熟练	仫佬语一般
105	户主	邓小凤	60	汉	小学	五色话熟练	桂柳话熟练	普通话不会	仫佬语一般
	外甥	邓家暖	21	汉	初中	五色话熟练	桂柳话熟练	普通话一般	仫佬语一般
	丈夫	陈善发	60	壮	小学	壮语熟练	桂柳话熟练	普通话略懂	五色话一般
106	户主	郑凤梅	41	汉	小学	五色话熟练	桂柳话熟练	普通话一般	仫佬语一般
	儿子	郑铭靖	16	汉	初中	五色话熟练	桂柳话熟练	普通话一般	仫佬语一般
	女儿	郑铭燕	9	壮	小学	五色话熟练	桂柳话熟练	普通话一般	仫佬语一般
	母亲	罗彩万	62	仫佬	小学	五色话熟练	桂柳话熟练	普通话略懂	五色话一般
	妹妹	郑凤菊	33	汉	初中	五色话熟练	桂柳话熟练	普通话一般	仫佬语一般
107	户主	雷国光	41	汉	小学	五色话熟练	桂柳话熟练	普通话略懂	仫佬语一般
	次子	雷财邝	9	仫佬	小学	五色话熟练	桂柳话熟练	普通话略懂	仫佬语一般
	长子	雷财宇	17	仫佬	初中	五色话熟练	桂柳话熟练	普通话一般	仫佬语一般
	妻子	廖桂红	41	仫佬	初中	五色话熟练	桂柳话熟练	普通话一般	仫佬语一般
108	户主	宋彩华	47	汉	小学	五色话熟练	桂柳话熟练	普通话略懂	仫佬语一般
	妻子	梁义銮	45	仫佬	小学	仫佬语熟练	桂柳话熟练	普通话略懂	五色话一般

续表

序号	家庭关系	姓名	年龄/岁	民族	文化程度	第一语言及水平	第二语言及水平	第三语言及水平	第四语言及水平
108	次女	宋红雪	16	仫佬	初中	五色话熟练	桂柳话熟练	普通话一般	仫佬语一般
	父亲	宋福珍	85	汉	小学	五色话熟练	桂柳话熟练	普通话不会	仫佬语一般
	长女	宋锦桃	19	仫佬	初中	五色话熟练	桂柳话熟练	普通话一般	仫佬语一般
	儿子	宋锦亮	26	汉	初中	五色话熟练	桂柳话熟练	普通话熟练	仫佬语一般
109	户主	宋彩凤	52	汉	小学	五色话熟练	桂柳话熟练	普通话略懂	仫佬语一般
	长女	宋锦娥	28	汉	小学	五色话熟练	桂柳话熟练	普通话一般	仫佬语一般
	次女	宋锦云	25	汉	小学	五色话熟练	桂柳话熟练	普通话一般	仫佬语一般
	三女	宋锦柳	21	汉	初中	五色话熟练	桂柳话熟练	普通话一般	仫佬语一般
110	户主	潘美花	91	仫佬	小学	仫佬语熟练	桂柳话熟练	普通话略懂	五色话熟练
	儿子	宋彩平	53	汉	小学	五色话熟练	桂柳话熟练	普通话一般	仫佬语一般
	儿媳	张万菊	57	汉	小学	五色话熟练	桂柳话熟练	普通话略懂	仫佬语一般
	孙子	宋锦龙	27	汉	初中	五色话熟练	桂柳话熟练	普通话一般	仫佬语一般
111	户主	梁三红	40	仫佬	小学	五色话熟练	桂柳话熟练	普通话略懂	仫佬语一般
	妻子	谢玉梅	38	仫佬	小学	仫佬语熟练	桂柳话熟练	普通话一般	仫佬语一般
	次女	梁莹	8	仫佬	小学	五色话一般	桂柳话一般	普通话一般	仫佬语一般
	长女	梁媚	14	仫佬	初中	五色话熟练	桂柳话熟练	普通话一般	仫佬语一般
	母亲	吴勤荣	69	仫佬	初中	仫佬语熟练	桂柳话熟练	普通话略懂	仫佬语一般
112	户主	宋锦东	33	汉	小学	五色话熟练	桂柳话熟练	普通话一般	仫佬语一般
	妻子	黄勇玉	33	汉	小学	五色话熟练	桂柳话熟练	普通话一般	仫佬语一般
	母亲	韦彩连	56	壮	小学	壮语熟练	桂柳话熟练	普通话略懂	五色话一般
	弟弟	宋锦超	28	汉	初中	五色话熟练	桂柳话熟练	普通话一般	仫佬语一般
	儿子	宋联锋	9	仫佬	小学	五色话一般	桂柳话一般	普通话一般	仫佬语略懂

四、对东门镇居民的语言测试

为了了解东门镇居民的仫佬语能力的情况，笔者选用了400个基本词汇（表2-14和表2-15），并对不同类型的人进行语言能力测试。语言能力的差异分为四级：A级为熟练型，能脱口说出仫佬语词汇；B级为亚熟练型，想一想能说出仫佬语词汇；C级为非熟练型，需要提示后才能说出仫佬语词汇；D级为不会型，即便提示了也说不出仫佬语词汇（本章余同）。

表 2-14　被测试人基本情况表

编号	姓名	性别	民族	年龄	受教育程度	村寨
1	银城陆	男	仫佬族	77	文盲	东门镇中石村
2	潘泽林	男	仫佬族	37	中专	东门镇永安村
3	银联友	男	仫佬族	56	高中	东门镇中石村
4	潘秀梅	女	仫佬族	50	初中	东门镇凤梧村
5	廖忠良	男	仫佬族	43	初中	东门镇永安村
6	银书积	男	仫佬族	38	中专	东门镇中石村

表 2-15　仫佬语 400 词测试表

词性	序号	汉语词语	罗城东门	宜州良村	1	2	3	4	5	6
名词	1	天（地）	$mən^1$	$mən^1$	A	A	A	A	B	A
	2	太阳	$t^həu^5fan^1$	tit^7kok^8	A	B	A	A	B	B
	3	月亮	$kɣaːŋ^1njen^2$	$kɣaːŋ^1njen^2$	A	A	A	A	A	A
	4	星星	$laːk^{10}mɣət^7$	—	A	A	B	A	C	A
	5	风	$ləm^2,fɔŋ^1$	$kɣaːŋ^5$	A	A	A	A	A	A
	6	雨	$kwən^1$	$kwən^1$	A	A	A	A	A	A
	7	山	$pɣa^1$	pwa^1	A	A	A	A	A	A
	8	（水）田	$ɣa^5$	$ɣa^5$	A	A	A	B	A	A
	9	石头	tui^2	kok^8tui^2	A	A	A	A	A	A
	10	火	fi^1	fi^1	A	A	A	A	A	A
	11	面前	$mjen^6kun^5$	$mjen^6kun^5$	A	A	A	A	A	A
	12	里面	ho^3	ho^3	A	A	A	B	A	A
	13	右	fa^1	fa^1	A	B	B	B	C	A
	14	左	ce^4	cwe^4	A	A	A	B	C	A
	15	旁边	$pjen^1$	$pjen^1$	A	A	A	A	D	B
	16	从前	$ti^6maːt^9$	$ti^6maːt^9$	A	A	A	A	D	A
	17	年/岁	$mɛ^1$	$mɛ^1$	A	B	A	B	A	B
	18	今年	$mɛ^1naːi^6$	$mɛ^1naːi^6$	A	B	A	A	A	A
	19	明年	$mɛ^1lən^2$	$mɛ^1lən^2$	A	A	A	A	A	B
	20	去年	$mɛ^1ce^1$	$mɛ^1ce^1$	A	A	A	C	C	A
	21	一月	$naːu^6nɔt^8$	$naːu^6nɔt^8$	A	A	A	B	B	A

续表

词性	序号	汉语词语	罗城东门	宜州良村	1	2	3	4	5	6
名词	22	二月	ȵi⁶nøt⁸	ȵi⁶nøt⁸	A	A	A	A	A	A
	23	天（日）	fan¹	fan¹	A	A	A	A	A	C
	24	今天	fan¹na:i⁶	fan¹na:i⁶	A	A	A	A	A	A
	25	昨天	fan¹ȵiu¹	fan¹ȵiu¹	A	A	A	A	A	A
	26	白天	tʰəu⁵fan¹	tʰəu⁵fan¹	A	A	A	A	C	C
	27	夜里	tʰəu⁵mu²	tʰəu⁵mu²	A	A	A	A	A	A
	28	早晨	tʰəu⁵hət⁷	tʰəu⁵jit⁷	A	A	A	B	A	C
	29	牛	wi²	wi²	A	A	A	A	A	A
	30	黄牛	tən²	tən²	A	A	A	A	A	A
	31	水牛	wi²、hwi²	wi²	A	A	A	B	A	A
	32	羊	cwa²	—	A	A	A	A	C	A
	33	猪	mu⁵	mu⁵	A	A	A	A	A	A
	34	公猪（一般的）	mu⁵tak⁸	mu⁵tak⁸	A	A	A	A	A	C
	35	狗	ŋwa¹	ma¹	A	A	A	A	A	A
	36	老虎	məm⁴	məm⁴	A	A	A	A	A	A
	37	猴子	mu:n⁶lau²	mu:n⁶lau²	A	A	B	A	A	C
	38	老鼠	nɔ³	nɔ³	A	A	A	A	A	A
	39	鸡	ci¹	ci¹	A	A	A	A	A	A
	40	公鸡	ci¹tai³	—	A	A	A	A	C	B
	41	鸭子	ja:p⁹、jɛ:p⁹	ja:p⁹	A	A	A	A	A	A
	42	鸟	nɔk⁸	nɔk⁸	A	A	A	A	A	A
	43	猫头鹰	jeu⁶	—	B	C	C	A	D	C
	44	蛇	tui²	tui²	A	A	A	A	A	A
	45	虫	kɣa¹	kɣa¹	A	A	A	A	C	A
	46	蜘蛛	tən¹nɔ:ŋ²	—	A	D	A	A	D	B
	47	蟑螂	ɣə:p⁹	—	A	D	A	A	D	B
	48	蚂蚁	mɣət⁸	mət⁸	A	A	A	A	C	A
	49	蚱蜢	çak⁷	—	A	A	B	A	D	C
	50	蚊子	ȵuŋ²	ȵuŋ²	A	A	A	B	C	A

续表

词性	序号	汉语词语	罗城东门	宜州良村	1	2	3	4	5	6
名词	51	跳蚤	mat⁷	mat⁷	A	A	A	A	A	A
	52	虱子	nan⁶	—	A	A	A	C	A	C
	53	蛙	kwai³	kwɛ³	A	A	B	A	C	B
	54	蝌蚪	ȵuk⁷	—	A	D	A	A	D	A
	55	螺蛳（田螺）	lau⁵	lau⁵	A	A	B	A	C	A
	56	水蛭	miŋ²	piŋ¹	A	A	B	B	C	B
	57	鱼	məm⁶	məm⁶	A	A	A	A	A	A
	58	毛	tsən¹	tsən¹	A	A	B	C	C	A
	59	翅膀	çi⁵puŋ⁴	çi⁵	A	A	A	A	D	A
	60	尾巴	kʰɣət⁷	kʰɣət⁷	A	A	A	C	C	A
	61	树	mai⁴	mai⁴	A	A	A	C	A	A
	62	树枝	ŋa⁵mai⁴	ŋa⁵mai⁴	A	C	A	A	A	A
	63	树叶	fa⁵mai⁴	fa⁵mai⁴	A	A	A	A	A	A
	64	草	hɣɔk⁸、ɣɔk⁸	ɣɔk⁸	A	A	A	A	A	A
	65	茅草	ça¹	ja¹	A	A	A	A	C	C
	66	竹子	kwan¹	kwan¹	A	A	A	B	A	A
	67	竹笋	na:ŋ²	na:ŋ²	A	A	A	A	C	A
	68	水稻	hu³tɔŋ⁶	hu³	A	C	A	A	C	A
	69	秧	kɣa³	kɣa³	A	A	A	A	A	A
	70	稻草	ma:ŋ¹	ma:ŋ¹	A	C	A	B	C	A
	71	花生	ti⁶tau⁶	ti⁶tau⁶	A	A	B	A	A	C
	72	蔬菜	ma¹	ma¹	A	A	A	A	A	C
	73	苦瓜	kʰu¹li⁵	kʰu³kwa⁵	A	A	A	A	B	B
	74	甘薯（红薯）	man²	man²	A	A	A	A	A	A
	75	芋头	ɣa:k⁹	ɣa:k⁹	A	A	A	A	C	A
	76	头	kɣo³	kɣo³	A	A	A	A	A	A
	77	头发	fja¹、pɣam¹kɣo³	fja¹	A	C	A	A	A	A
	78	脸	na³	na³	A	A	A	A	A	A
	79	额头	ŋə⁶pɣa:k⁹	—	A	A	A	A	B	A

续表

词性	序号	汉语词语	罗城东门	宜州良村	1	2	3	4	5	6
名词	80	耳朵	khɣa¹	khɣa¹	A	A	A	A	A	A
	81	眼睛	la¹	la¹	A	A	A	A	C	A
	82	鼻子	naŋ¹	naŋ¹	A	A	A	A	B	A
	83	嘴	pa:k⁹	pa:k⁹	A	A	A	A	A	A
	84	牙齿	fan¹	fan¹	A	A	A	A	A	A
	85	舌头	ma²	ma²	A	A	A	A	D	A
	86	喉咙	tɛ³hu¹	tɛ³hu¹	A	A	A	A	D	A
	87	脖子	lən³	tɛ³lən³	A	A	B	A	D	A
	88	手	nja²	nja²	A	A	A	A	A	A
	89	拇指	nja²mai⁴	nja²mai⁴	A	A	A	A	A	A
	90	手指	nja²la:k¹⁰	nja²la:k¹⁰	A	A	A	A	B	A
	91	指甲	nja²nəp⁷	nja²ləp⁷	A	A	A	B	C	B
	92	拳头	cin⁶tsui²	—	A	A	A	A	C	A
	93	脚	tin¹	tin¹	A	A	A	A	A	A
	94	膝盖	pu⁶ko⁵	ku⁶ko⁵	A	A	A	A	D	A
	95	胳臂	nja²puŋ⁴	—	A	C	A	B	A	B
	96	鼻涕	muk⁸	muk⁸	A	A	A	A	C	A
	97	口水	ŋɣø²、ŋø²	mø²	A	A	A	A	D	A
	98	汗	ha:n⁶	ha:n⁶	A	A	A	A	A	A
	99	曾祖父	kɔŋ¹ma:ŋ⁶	kɔŋ¹ma:ŋ⁶	A	A	B	B	C	B
	100	曾祖母	pwa⁴ma:ŋ⁶	pwa⁴ma:ŋ⁶	A	A	A	A	D	B
	101	祖父	kɔŋ¹	kɔŋ¹	A	A	A	A	A	A
	102	祖母	pwa⁴	pwa⁴	A	A	A	A	A	B
	103	父母	pu⁴ni⁴	pu⁴ni⁴	A	A	B	A	A	A
	104	父亲	pu⁴	pu⁴	A	A	A	A	A	A
	105	母亲	ni⁴	ni⁴	A	A	A	A	A	A
	106	妻子	ma:i⁴	ma:i⁴	A	A	A	A	B	A
	107	哥哥	fa:i⁴	fa:i⁴	A	A	A	A	A	A
	108	嫂子	hɣa:u³、hɣə:u³	ɣa:u³	A	A	A	A	A	A

续表

词性	序号	汉语词语	罗城东门	宜州良村	1	2	3	4	5	6
名词	109	弟弟	nuŋ^4	nuŋ^4	A	A	A	A	A	A
	110	姐姐	tsɛ^2	tsɛ^2	A	A	A	A	A	A
	111	儿子	la:k^{10}	la:k^{10}	A	A	A	A	A	A
	112	儿媳	la:k^{10} ma:i^4	la:k^{10} ma:i^4	A	A	A	A	A	A
	113	女儿	la:k^{10}ja:k^9	la:k^{10}mja:k^9	A	A	A	A	A	A
	114	孙子	la:k^{10}kʰɣə:n^1	la:k^{10}kʰɣa:n^1	A	A	A	A	A	A
	115	孙女	kʰɣə:n^{1}la:k^{10}ja:k^9	la:k^{10}khɣa:n^1	A	A	B	A	A	A
	116	儿童	la:k^{10}te^5	la:k^{10}te^5	A	A	A	B	B	B
	117	哑巴	ŋa^3	ŋa^3	A	A	A	A	C	A
	118	驼儿子	kuŋ^5	kuŋ^5	A	A	B	A	A	A
	119	聋儿子	kʰɣa^{1}lak^7	kʰɣa^{1}lak^7	A	A	B	C	A	C
	120	家	ɣa:n^2、hɣə:n^2	ɣa:n^2	A	A	A	A	A	A
	121	粮仓（谷仓）	kɔ^4	kɔ^4	A	B	A	B	D	C
	122	菜园	fjen^1	fjen^1	A	A	A	A	C	A
	123	门	tɔ^1	tɔ^1	A	A	A	A	A	A
	124	路	kʰwən^1	kʰwən^1	A	A	A	B	A	A
	125	布	ja^1	ja^1	A	A	B	B	A	A
	126	筷子	tsø^6	tsø^6	A	A	A	A	B	A
	127	锅	cʰik^7	cʰik^7	A	B	A	A	A	A
	128	刀	mit^8	mit^8	A	A	A	A	A	A
	129	桌子	kon^2	pu:n^2	A	A	A	A	A	A
	130	凳子	taŋ^5	taŋ^5	A	A	A	A	A	A
	131	扫帚	na:ŋ^{3}pʰɣət^7	ja:ŋ^{5}pʰɣət^7	A	A	A	A	A	A
	132	梳儿子	cʰi^1	cʰi^1	A	A	A	A	A	A
	133	秤	tsʰiŋ^5	tsʰiŋ^5	A	A	A	A	B	A
	134	锄头	cok^{7}ku^1	cok^7	A	D	B	A	C	A
	135	扁担	lɔ^5	lɔ^5	A	A	A	A	A	A
	136	歌	kɔ^5	kɔ^5	A	B	B	A	B	A
	137	村	ma:n^6	ma:n^6	A	A	A	B	A	A

续表

词性	序号	汉语词语	罗城东门	宜州良村	1	2	3	4	5	6
名词	138	仫佬族	lam¹	lam¹	A	A	A	A	C	B
	139	米、饭	hu³	hu³	A	A	A	A	A	A
	140	糍粑	ti²	ti²	A	A	A	A	C	A
	141	肉	sik⁸	sik⁸	A	A	A	A	A	A
	142	牛肉	sik⁸tən²	sik⁸wi²	A	A	A	A	A	A
	143	盐	cwa¹	cwa¹	A	A	A	A	A	A
	144	酒（烧酒）	kʰɣa:u³	kʰɣa:u³	A	A	A	A	A	A
	145	蛋	kɣəi⁵	kɣəi⁵	A	A	A	A	A	A
动词	146	断（扁担断了）	təu⁵	tu⁵	A	A	A	A	B	A
	147	撞（车撞在墙上）	tsʰoŋ⁵	tsʰoŋ⁵	A	B	B	B	A	A
	148	倒（树倒了）	kʰam⁵	kʰam⁵	A	A	A	A	C	A
	149	塌（倒塌）	kɣø²	kɣø²	A	A	B	B	C	A
	150	着（火着了）	fən¹	fən¹	D	A	A	A	B	A
	151	烧（野火烧山）	ta:u³	ta:u³	A	A	A	B	A	A
	152	灭（灯灭了）	lap⁷	lap⁷	A	A	A	A	A	A
	153	溢（水溢）	puŋ⁴、pɣø⁶	pu⁴	A	A	A	B	A	A
	154	漏（水桶漏水）	lau⁶	lau⁶	A	A	A	A	A	A
	155	摆动（树枝摆动）	nai¹	nai¹	A	A	A	A	C	C
	156	啃（啃骨头）	kəp⁷、kɣəp⁵	—	A	A	A	A	D	A
	157	叫（鸟叫）	tin³	tən³	A	A	A	A	B	A
	158	爬（蛇在地上爬）	la⁶	la⁶	A	A	A	A	C	B
	159	飞	fən³	fən³	A	A	A	A	A	A
	160	缠绕	cəu⁵	—	A	B	B	B	C	C
	161	游（鱼游水）	jəu²	ju²	A	B	A	A	A	B
	162	脱（蛇脱皮）	tʰot⁷	tʰu:t⁹	A	A	A	A	A	A
	163	落（树叶落）	pɣø⁷	pɣø⁷	A	A	A	B	C	B
	164	烂（瓜果烂了）	la:n⁶	la:n⁶	A	A	A	A	A	A
	165	像（他像你）	tja:ŋ⁵	tja:ŋ⁵	A	A	A	A	A	A
	166	成（成为）	fən¹	fən¹	A	A	A	C	A	A

续表

词性	序号	汉语词语	罗城东门	宜州良村	1	2	3	4	5	6
动词	167	有	mɛ²	mɛ²	A	A	A	A	A	A
	168	没有（我没有书）	ŋ⁵mɛ²	ŋ⁵mɛ²	A	A	A	A	A	A
	169	来	taŋ¹	taŋ¹	A	A	B	B	A	A
	170	去	pa:i¹	pa:i¹	A	A	A	A	A	A
	171	回	ma¹	ma¹	A	A	A	A	B	A
	172	回来	ma¹	ma¹	A	A	A	A	A	A
	173	回去	pa:i¹ma¹	pa:i¹ma¹	A	C	A	A	A	B
	174	出	ʔuk⁹	ʔuk⁹	A	A	A	A	A	A
	175	进	lɔ³	lɔ³	A	A	A	A	A	A
	176	上（上山）	tsha⁵	tsha⁵	A	A	A	A	A	A
	177	下（下楼）	lui⁶	lui⁶	A	A	A	A	A	A
	178	操心	tʰəu⁵təm¹	tsʰau⁵təm¹	A	A	A	A	A	C
	179	可怜	kʰɔ⁶ljen²	kʰɔ⁶ljen²	A	A	A	A	A	A
	180	可惜	kʰɔ⁶sik⁷	kʰɔ⁶sik⁷	A	A	A	A	A	A
	181	发抖	ta:n²、kʰɣəu⁵	—	D	C	A	B	A	C
	182	疼（痛）	cit⁷	cit⁷	A	A	B	A	A	A
	183	咳嗽	huk⁸	huk⁸	A	A	A	A	C	A
	184	呕吐	hɣøk⁸	ɣøk⁸	A	A	A	A	D	A
	185	死	tai¹	tai¹	A	A	A	A	A	A
	186	出（嫁）	uk⁷	uk⁷	A	A	A	A	A	A
	187	嫁	ca⁵	ca⁵	A	A	A	A	A	B
	188	娶	ʔa:u¹	ʔa:u¹	A	A	A	B	A	A
	189	怀孕	hɣak⁷la:k¹⁰	mɛ²la:k¹⁰	A	C	D	B	A	C
	190	生（生孩子）	sɛ:ŋ¹	sɛ:ŋ¹	A	C	C	A	A	C
	191	过年	ta⁶njen²	ta⁶njen²	A	A	A	A	A	B
	192	仰（头）	ŋa:ŋ³	ŋa:ŋ³	A	A	A	A	B	A
	193	低头	tsam³	tsam³	A	A	A	A	A	A
	194	点（头）	ŋwak⁷	—	A	C	A	B	A	A
	195	摇（头）	ŋəu⁶	ŋa:u²	A	A	A	A	A	A

续表

词性	序号	汉语词语	罗城东门	宜州良村	1	2	3	4	5	6
动词	196	笑	ʔaːi⁵	ʔaːi⁵	A	A	A	A	A	A
	197	哭	n̠ɛ³	n̠ɛ³	A	A	A	A	A	A
	198	说	caːŋ³	caːŋ³	A	A	A	A	A	A
	199	问	saːi³	saːi³	A	A	A	A	A	A
	200	答	taːp⁹	taːp⁹	A	A	A	A	A	A
	201	喊	tin³	tən³	A	A	A	A	A	A
	202	唱（歌）	tsʰjaːŋ⁵	tsʰjaːŋ⁵	A	A	A	A	A	A
	203	闹（小孩闹）	naːu⁶	naːu⁶	A	A	A	A	C	B
	204	哄（使小孩不哭）	luk⁸	luk⁸	A	A	A	A	C	A
	205	骗	pʰjen⁵	pʰjen⁵	A	A	A	A	A	B
	206	吵（架）	tsʰaːu³	tsɛːŋ¹	A	B	A	A	A	A
	207	骂	ɣa⁵	ɣa⁵	A	A	A	A	A	A
	208	喝	hɣɔːp⁷	tsaːn¹	A	A	A	A	A	A
	209	吃	tsaːn¹	tsaːn¹	A	A	A	A	A	A
	210	咬	kit⁸	kit⁸	A	A	A	A	A	A
	211	咽	lan³	lan³	A	C	A	A	C	A
	212	舔	ljaːm⁵	ljaːm⁵	A	A	C	A	C	A
	213	流（流口水）	lø⁶、tʰoi¹	tʰoi¹	A	A	C	A	A	A
	214	伸（伸舌头）	lø⁵	lø⁵	A	A	A	A	C	C
	215	吹（口哨）	tsʰui¹	tsʰui¹	A	A	A	A	A	A
	216	看	kau⁵	kau⁵	A	A	A	A	A	A
	217	看见	kau⁵lən¹	kau⁵nən¹	A	A	A	A	A	A
	218	眨（眼）	çap⁸	—	A	C	C	A	C	A
	219	闭（闭眼）	kʰɣap⁷	kʰap⁷	A	A	A	A	A	A
	220	听	tʰɛŋ⁵	tʰɛŋ⁵	A	A	A	A	A	A
	221	闻（嗅）	nən⁴	n̠iu⁵	A	A	A	B	B	A
	222	坐	tui⁶	tui⁶	A	A	A	A	A	A
	223	休息	çet⁷nɛ⁵	çet⁷nɛ⁵	A	A	A	A	C	A
	224	睡、躺	nun²	nən²	A	A	A	A	A	A

续表

词性	序号	汉语词语	罗城东门	宜州良村	1	2	3	4	5	6
	225	醒（睡醒）	hɣø¹	ɣø¹	A	A	A	A	A	A
	226	醉（酒醉）	kʰɣa:u³mɛ²	kʰɣa:u³mɛ²	B	A	A	A	A	A
	227	在	na:u⁶	na:u⁶	A	A	A	A	A	A
	228	等（人）	səu³	su³	A	A	A	A	A	A
	229	跑	fə³	—	A	A	A	A	A	A
	230	玩（耍）	fja:n³	fja:n³	A	A	A	A	A	A
	231	跌倒	kʰɣam⁵	kʰam⁵	A	A	A	A	A	A
	232	出汗	ʔukⁿha:n⁶	ʔukⁿha:n⁶	A	A	A	A	A	A
	233	招呼	tsjeu¹hu¹	—	A	A	C	C	A	C
	234	跟	nja:m¹	nja:m¹	A	A	A	A	A	A
	235	碰（桌子）	pʰoŋ⁵	pʰɔ:ŋ⁵	A	A	A	A	A	A
	236	陪（客）	poi²	poi²	A	A	A	A	A	A
	237	教	ca:u⁵	ca:u⁵	A	A	A	A	A	B
	238	找（找虱儿子）	la⁴	la⁴	A	A	B	A	A	A
动词	239	赶（走）	ka:n³	ka:n³	A	A	A	A	A	C
	240	挤（挤进去）	ŋap⁷	tsi³	A	A	A	A	A	A
	241	带（钱）	ta:i⁵	ta:i⁵	A	B	A	A	A	A
	242	穿（穿鞋）	tan³	tan³	A	A	A	A	C	A
	243	戴（戴头巾）	tan³	tan³	A	D	C	A	B	A
	244	扛	moi⁵、mwa:i⁵	moi⁵	A	A	B	A	C	A
	245	抬	kyŋ¹	kyŋ¹	A	A	A	A	B	A
	246	挑（挑谷子）	kɣa:p⁹	kɣa:p⁹	A	A	A	A	A	A
	247	背（背孩子）	ma⁵	ma⁵	A	A	B	A	A	A
	248	打架（孩子打架）	kui⁵ca⁵ kʰa:u¹ca⁵	kui⁵ca⁵	A	A	A	A	A	A
	249	烤（烤火）	pʰu¹fi¹	kʰa:ŋ⁵fi¹	A	A	A	A	A	A
	250	燃（火燃了）	fən¹	fən¹	A	A	A	A	A	A
	251	要（我要这个）	ʔa:u¹	ʔa:u¹	A	A	A	A	A	A
	252	给（给钱）	kʰɣe¹、lɔ⁶	lɔ⁶	A	A	A	A	A	A
	253	洗（洗脸）	suk⁹	suk⁹	A	A	A	A	A	A

续表

词性	序号	汉语词语	罗城东门	宜州良村	1	2	3	4	5	6
动词	254	醒（睡醒）	hɣø¹	ɣø¹			A	A	A	A
	255	喂（用食具喂小孩）	sa¹	sa¹	A	A	A	A	A	A
	256	压（用石头压住）	tsam³	tsam³	A	A	B	A	A	A
	257	竖（把柱子竖起来）	sø²	sø²	A	A	A	A	C	C
	258	挂（挂在墙上）	kwa⁵	kwa⁵	A	A	A	A	A	A
	259	伸（伸手）	lø⁵	lø⁵	A	C	A	A	A	A
	260	挥（挥手）	hwak¹	—	A	A	A	B	B	A
	261	举（举手）	fu³	—	A	B	A	B	A	B
	262	拿（拿书）	tsau⁴	tsau⁴	A	A	A	A	A	A
	263	抱（抱小孩）	ʔum³	ʔum³	A	A	A	A	A	A
	264	握（握刀把）	ȵam¹	ȵam¹	A	A	C	B	A	C
	265	扔（扔掉）	pət⁸	pət⁸	A	A	A	A	A	A
	266	做（做工）	fe⁴	fe⁴	A	A	A	A	A	A
	267	拧（拧毛巾）	niu³	niu³	A	A	A	A	A	A
	268	孵（孵小鸡）	pɣam¹	—	A	A	B	B	D	A
	269	折断（折断树枝）	jeu⁵təu⁵	jaːu³tu⁵	A	A	A	B	A	A
	270	打（打人）	kui⁵	kui⁵	A	A	A	A	A	A
	271	捉（捉鸡）	tsok⁸	tsok⁸	A	A	A	A	A	A
	272	放（放盐）	tɔ⁴	tɔ⁴	A	A	A	A	C	A
	273	绑	tuk⁸	tuk⁸	A	A	B	A	A	A
	274	解（解绳结）	tsi⁵	tsi⁵	A	A	A	A	C	A
	275	砍（砍树）	tɛ⁵	tɛ⁵	A	A	A	A	A	A
	276	削（削果皮）	tʰjet⁷	tʰjet⁷	A	A	A	A	A	A
	277	磨（磨刀）	kwan²	kwan²	A	A	A	A	C	B
	278	舂（舂米）	toi⁵	tsʰok⁷	A	D	A	A	D	B
	279	筛（筛米）	swaːi¹	swaːi¹	A	A	A	A	C	A
	280	量（量布）	hɣɔ¹	ɣɔ¹	A	A	A	A	C	A
	281	称（称东西）	tsʰiŋ⁵	tsʰiŋ⁵	A	A	A	A	A	A
	282	夹（用筷子夹菜吃）	njep⁷	njaːp⁹	A	A	A	A	A	A

续表

词性	序号	汉语词语	罗城东门	宜州良村	1	2	3	4	5	6
动词	283	梳（梳头）	c^hi^1	c^hi^1	A	A	A	A	C	A
	284	剪	kat^7	kat^7	A	A	C	A	C	A
	285	走	$ts^ha{:}m^3$	$ts^ha{:}m^3$	A	A	A	A	B	A
	286	锄（锄地）	cok^7	—	A	A	A	A	A	A
	287	犁（犁地）	$k^h\gamma ai^1$	$k^h\gamma ai^1$	A	A	A	A	A	A
	288	插（插秧）	$lam^1ts^ha{:}p^9$	lam^1	A	A	A	A	C	A
	289	浇（浇菜）	$l\partial m^2$	$k\gamma o^5$	A	B	A	A	A	A
	290	煮（煮饭）	$tu\eta^1$	$tu\eta^1$	A	A	A	A	A	A
	291	捡	$ts\partial p^7$	$ts\partial p^7$	A	A	A	A	A	A
	292	热（热饭）	$\gamma \mathfrak{o}^3$	$\gamma \mathfrak{o}^3$	A	A	A	A	B	A
	293	切（切菜）	$tsep^8$	$tsjep^8$	A	A	A	A	A	B
	294	烫（用开水烫）	$la{:}i^5$	$la{:}i^5$	A	A	A	A	C	A
	295	买	$h\gamma ai^3$、$h\gamma \partial i^3$	γai^3	A	A	A	A	A	A
	296	卖	$c\varepsilon^1$	$c\varepsilon^1$	A	A	A	A	A	A
	297	明白	$\gamma \mathfrak{o}^4$	$\gamma \mathfrak{o}^4$	A	A	A	A	A	A
	298	干活儿	$f\varepsilon^4 k\mathfrak{o}\eta^1 fu^1$	$f\varepsilon^4 k\mathfrak{o}\eta^5 fu^1$	A	A	A	A	A	A
形容词	299	红	$la{:}n^3$	$la{:}n^3$	A	A	A	B	A	A
	300	黄	$\eta a{:}n^3$	$\eta a{:}n^3$	A	A	B	B	A	A
	301	白	$pa{:}k^{10}$	$pa{:}k^{10}$	A	A	A	A	A	A
	302	黑	nam^1	nam^1	A	A	A	A	A	A
	303	绿	$h\partial u^1$	ju^1	A	A	A	B	A	C
	304	灰（颜色）	k^ha^1	—	A	A	C	C	A	C
	305	亮（屋子很亮）	$k\gamma a{:}\eta$	$k\gamma a{:}\eta$	A	A	A	A	A	A
	306	暗（屋子很暗）	lap^7	lap^7	A	A	A	A	A	A
	307	甜（糖很甜）	$fja{:}n^1$	$fja{:}n^1$	A	A	B	B	A	A
	308	酸	$k^h\gamma \partial m^3$	$k^h\gamma \partial m^3$	A	A	A	A	A	A
	309	苦	kam^1	kam^1	A	A	A	A	A	A
	310	辣	$lja{:}n^6$	$lja{:}n^6$	A	A	A	A	B	B
	311	咸	$na\eta^5$	$na\eta^5$	A	A	A	A	A	A

续表

词性	序号	汉语词语	罗城东门	宜州良村	1	2	3	4	5	6
形容词	312	淡（不咸）	ta:m⁶	ta:m⁶	A	A	A	A	A	A
	313	香（花香）	mɣa:ŋ¹	mɣa:ŋ¹	A	A	A	A	A	A
	314	臭	ȵin¹	ȵin¹	A	A	A	A	A	A
	315	大	lo⁴、la:u⁴	lo⁴	A	A	A	A	A	A
	316	小	te⁵、niŋ⁵	te⁵	A	A	A	A	A	A
	317	长	ɣəi³	ɣa:i³	A	A	A	A	A	A
	318	短	hɣən³	ɣən³	A	A	A	A	A	A
	319	厚	na¹	na¹	A	B	A	A	A	A
	320	薄	wa:ŋ¹	ma:ŋ¹	A	A	A	A	A	A
	321	宽（路宽）	kʰwa:ŋ³	kʰwa:ŋ³	A	A	A	A	A	A
	322	窄（路窄）	ça:p⁷	ja:p⁷	A	A	A	A	A	A
	323	高	foŋ¹	foŋ¹	A	A	A	A	A	A
	324	低、矮	hɣam⁵	ɣam⁵	A	A	A	A	A	A
	325	稀（粥很稀）	ləu¹	lu¹	A	A	C	B	C	A
	326	滑（路很滑）	kɣɔ¹	kɣɔ¹	A	A	A	A	C	A
	327	尖（山很尖）	kʰɣa¹	—	A	A	A	A	A	A
	328	歪（帽子戴歪了）	fe¹	—	A	C	A	C	A	A
	329	满（水满了）	pik⁹	pik⁹	A	A	A	A	A	A
	330	硬	kɣa³	kɣa³	A	A	A	A	A	A
	331	软	ma³	ma³	A	A	A	A	A	A
	332	脆	hɣum¹	—	A	A	A	A	A	B
	333	脏（衣服脏）	wa⁵	wa⁵	A	A	A	A	A	B
	334	深（水深）	jam¹	jam¹	A	A	A	A	A	A
	335	轻	ça³	ja³	A	A	A	A	A	A
	336	重	çan¹	çan¹	A	A	A	A	A	A
	337	多	kɣuŋ²	kuŋ²	A	A	A	A	A	A
	338	远	ce¹	ce¹	A	A	A	A	B	A
	339	近	pʰɣai⁵	pʰɣai⁵	A	A	A	A	A	A
	340	快（走得快）	hwai⁵	wi⁵	A	A	A	A	C	A

续表

词性	序号	汉语词语	罗城东门	宜州良村	1	2	3	4	5	6
形容词	341	慢（走得慢）	ma:n⁶	ma:n⁶	A	A	A	A	A	A
	342	早（很早起来）	kʰɣam¹	kʰam¹	A	A	A	C	A	A
	343	晚、迟（很晚才睡）	tsi²	tsi²	A	A	A	A	A	A
	344	热（天气热）	net⁸	net⁸	A	A	A	A	A	A
	345	冷（天气冷）	ɲit⁷	ɲit⁷	A	A	A	A	B	A
	346	饱	kɣaŋ⁵	kɣaŋ⁵	A	A	A	A	B	A
	347	饿	ja:k⁹	ja:k⁹	A	A	A	A	A	A
	348	累	nɛ⁵、loi⁶	nɛ⁵	A	A	A	A	A	A
	349	高兴	ʔa:ŋ⁵	ʔa:ŋ⁵	D	B	D	A	C	C
	350	瞎	kʰa¹	kʰa¹	A	A	C	C	A	A
	351	痒	ɲin³	ɲin³	A	A	A	A	B	A
	352	好	ʔi¹	ʔi¹	A	A	A	A	A	A
	353	坏	hwa:i⁵	wa:i⁶	A	A	A	A	A	A
	354	新	mai⁵	mai⁵	A	A	A	B	A	A
	355	生（生肉）	sɛ:ŋ¹	sɛ:ŋ¹	A	A	A	C	C	A
	356	熟（熟肉）	sɔk⁸	sɔk⁸	A	A	A	A	A	A
	357	乱（头发乱）	lon⁶	lu:n⁶	A	A	A	A	C	A
	358	年轻	njen²tʰiŋ¹	—	A	C	A	A	A	C
	359	老（人老）	lo⁴、ce⁵	lo⁴、ce⁵	A	A	A	A	A	A
	360	胖	pi²	pi²	A	A	A	A	A	A
	361	瘦（人瘦）	ɣɔm¹	ɣɔm¹	A	A	A	A	C	A
数词	362	一	na:u³	na:u³	A	A	A	A	A	A
	363	二	ɣa²、ɲi⁶	ɣa²、ɲi⁶	A	A	A	A	A	A
	364	三	ta:m¹	ta:m¹	A	A	A	A	A	A
	365	四	ti⁵	ti⁵	A	A	A	A	A	A
	366	五	ŋɔ⁴	ŋɔ⁴	A	A	A	A	A	A
	367	六	lɔk⁸	lɔk⁸	A	A	A	A	A	A
	368	七	tʰət⁷	tʰət⁷	A	A	A	A	A	A
	369	八	pa:t⁹	pa:t⁹	A	A	A	A	A	A

续表

词性	序号	汉语词语	罗城东门	宜州良村	1	2	3	4	5	6
数词	370	九	cəu³	cəu³	A	A	A	A	A	A
	371	十	səp⁸	səp⁸	A	A	A	A	A	A
	372	十一	səp⁸ʔjət⁷	səp⁸ʔjət⁷	A	A	A	A	A	A
	373	十二	səp⁸ȵi⁶	səp⁸ȵi⁶	A	A	A	A	A	A
量词	374	个（一个人）	mu⁶	mɔ⁶	A	A	A	A	A	A
	375	只（一只鸡）	tɔ²	tɔ²	A	B	A	A	A	A
	376	棵（一棵树）	toŋ⁶	toŋ⁶	A	A	B	A	A	A
	377	粒（一粒米）	ȵen²	ŋwi⁶	A	A	A	A	A	A
	378	间（一间房儿子）	kʰɔːŋ⁵	kʰɔːŋ⁵	A	A	A	A	A	A
	379	件（一件衣服）	məi⁶	məi⁶	A	B	A	A	A	A
	380	件（一件事）	məi⁵	jaːŋ⁶	A	B	A	B	A	A
代词	381	我	həi²、əi²	hɛ²	A	A	A	A	A	A
	382	你	ȵa²	ȵa²	A	A	A	A	A	A
	383	他、她	mɔ⁶	mɔ⁶	A	A	A	A	A	A
	384	我们	niu²	ɣaːu¹	A	A	A	B	C	C
	385	咱们	hɣaːu¹、hɣəu¹	ɣaːu¹	A	A	A	A	A	C
	386	你们	saːu¹	saːu¹	A	A	C	B	A	C
	387	他们	mɔ⁶	waːtʔka⁶	A	A	A	C	A	A
	388	自己	tsi⁶ca¹	tsi⁶ca¹	A	A	A	A	B	A
	389	别人	leŋ⁶çen¹	leŋ⁶jen¹	A	A	B	A	A	C
	390	这	naːi⁶	naːi⁶	A	A	A	A	A	C
	391	这里	niŋ¹naːi⁶	niŋ⁵naːi⁶	A	B	A	A	A	A
	392	那	ka⁶	ka⁶	A	C	A	A	A	A
	393	哪里	kʰə⁵nau¹	kʰwa¹nau¹	A	C	A	A	B	C
	394	谁	nau²	nau²	A	A	A	A	A	A
	395	什么	ŋ⁵naːŋ²、ə⁵naːŋ²	ə⁵naːŋ²	A	A	A	A	A	A
副词	396	还（还没有来）	naŋ¹	naŋ¹	A	A	A	A	B	A
	397	都（大家都来了）	tu¹	piŋ³	D	C	A	A	A	A
	398	全（全村、全国）	tøn²、løn²	tsʰøn²	A	C	A	A	A	C
	399	不（他不来）	ŋ⁵	ŋ⁵	A	A	A	A	B	A
	400	别（别跑）	jəu⁵	ju⁵	A	A	A	A	B	B

第三节 东门镇访谈录

语言使用情况的调查，除了选择挨家挨户地对居民进行调查统计以外，还可选择对各种类型的代表人物进行专题调查以获取语言使用的真实情况。通过访谈，我们能够了解到语言使用者的语言态度、语言观念及与语言使用相关的情况。访谈的过程是让语言使用者把自己的想法提供给调查者。因此，访谈法是语言使用情况调查的一个具有特殊价值的方法。

访谈一

访谈对象：银景际

访谈时间：2013年6月16日

访谈地点：东门镇中石村村委会

采访人：苏丹

（1）请介绍一下你们村寨的民族成分。

答：我们这里97%的人都是仫佬族，3%的人是汉族和壮族，汉族和壮族都是从外面嫁进来的媳妇。仫佬族与汉族通婚的情况挺普遍的。

（2）请介绍一下你的家庭情况。

答：我们家四口人，我、儿子、女儿都是仫佬族，我妻子是汉族。我儿子今年24岁，女儿18岁。

（3）你们平时在家都说什么话呢？

答：我们家以说桂柳话为主，仫佬语为辅，因为我妻子是汉族，平时说桂柳话，我妻子的职业是教师，所以她有意识地培养孩子讲桂柳话，因为讲桂柳话对以后读书、说普通话有用，我妻子和我父母都说仫佬语，不会讲的内容用普通话和桂柳话代替。我孩子的母语是仫佬语，因为从小都是我父母带大的，而且村里都是说仫佬语的。

（4）你们村里平时都说什么话呢？

答：我们村老人、中年人、小孩都说仫佬语，村里的小孩，母语都是仫佬语，入学前，父母会教些普通话，进入学校、幼儿园，老师都教普通话，5岁的小孩普通话都很熟练了。有些年轻妈妈平时会和小孩讲点普通话，但是和老人是说仫佬语的。

（5）你上学的时候学校说什么话呢？

答：我们读书时，小学用桂柳话和仫佬语，读课本都是用桂柳话，课后和老师交流用仫佬语。20世纪90年代以后，我们这里就用普通话教学，现在的小学低年级教师有时候也用桂柳话解释。

（6）你觉得现在的仫佬语和以前的仫佬语一样吗？

答：都一样。

（7）你觉得现在的小孩会仫佬语还有用吗？

答：有用。我们也都还教小孩仫佬语，因为生活环境在这，永远都会说仫佬语。仫佬语也不会消失，我们在这里土生土长，仫佬族在这里繁衍生息，仫佬语会永远延续下去。

访谈二

访谈对象：邓家红

访谈时间：2013年6月16日

访谈地点：古耀村村委办公室

采访人：苏丹

（1）您好，请您谈谈您的家庭用语情况。

答：我今年33岁，从小说桂柳话。我是汉族人，家里其他人是仫佬族人。我的爱人母语是仫佬语，他也会说桂柳话。

（2）您是怎样学会仫佬语的？仫佬语难不难学？

答：主要还是嫁到古耀村之后学的，在这边每个人都说仫佬语，学起来很容易。而且，我作为嫁进来的媳妇，不会说仫佬语怎么都说不过去，所以必须要学会。

（3）您觉得是仫佬语好听还是桂柳话好听？你刚学仫佬语的时候会不会不好意思说？

答：都好听，只是刚开始学的时候说得比较别扭，有时候会被朋友、邻居笑话，但是他们都不是恶意的。多听多说自然就习惯啦，没什么不好意思的。

（4）您教孩子说桂柳话还是仫佬语？

答：两种话都教，相对来说仫佬语多教一点。我自己本身是说桂柳话的，也希望我的孩子多会几种话。

（5）您觉得对孩子来说是仫佬语重要还是桂柳话或者是普通话？

答：都很重要。在我们当地，大家都说仫佬语和桂柳话，我们要跟人打交道肯定要会这两种话。小孩儿子上学以后学校都是教普通话。普通话对他们升学、以后到外面工作都很重要。现在国家推广普通话，全国人民都在说，对孩子的长远发展来说，应该是普通话更重要。

（6）你在当地的集市和政府部门办事说什么话？

答：主要是说桂柳话。

（7）有没有其他外地嫁进来的媳妇不会说仫佬语？

答：刚嫁进来的媳妇中肯定有些人不会说，但是要在这个地方生活，要生儿育女，要与当地人交流，肯定要慢慢地学仫佬语。我周围没有人是完全不会仫佬语的。

（8）您村子里其他人的桂柳话和普通话水平怎样？

答：年轻人普遍都会说桂柳话，大家经常外出，要与人交流，光会仫佬语肯定是不够的。年轻人在外面上学、上班都要与人接触，很容易就学会桂柳话。一些年纪太大的老人可能不太会说，但基本上都能听得懂。

（9）仫佬族有哪些特有的节日或风俗习惯？

答：仫佬族的节日特别多，每个月都有，比较隆重的有依饭节，立冬后举行，是我们庆丰收、祭祀祖先的节日。

（10）您会不会唱仫佬语的歌曲？

答：我不会唱，但听过别人唱。会唱仫佬歌的主要是 50 岁以上的人，年轻人中也有一些，但是相对比较少。

（11）您觉得这几十年仫佬语有没有受到桂柳话或普通话的影响？

答：多多少少都会有点。仫佬语的词汇比较少，这 10 年有很多新鲜的事物是仫佬语不能表达的，比如电话、电视、电脑这些东西，是仫佬语所没有的，只能是用桂柳话表达。

（12）您觉得仫佬语的发展前景怎样？

答：我们是罗城仫佬族自治县，仫佬语是我们村子里最主要的语言，会仫佬语的人相当多，而且我们都会教我们的下一代说，仫佬语当然会世世代代地说下去。

第三章　罗城仫佬族自治县四把镇仫佬语使用情况

第一节　社会概况

　　四把镇位于罗城县南部，下辖 2 个社区、21 个行政村[①]，总面积 287 平方千米，人口 56 000 人，其中仫佬族 38 100 人，占该镇总人口的 68%，是仫佬族的主要聚居地。

　　全镇耕地面积 44 757 亩，其中水田 25 921 亩，旱地 18836 亩。2010 年，全镇实现固定资产投资 8770 万元，工业总产值 10 419 万元，农林牧渔生产总值 17 062 万元，农民人均纯收入 2461 元。近年来，该镇先后获得"广西科技进步先进镇"和市级"实施'两基'工作先进集体""社会治安综合治理工作先进乡镇""平安乡镇""实施'城乡清洁工程'先进集体""经济发展十佳乡（镇）"等称号。

　　四把镇是罗城仫佬族自治县的交通枢纽，地理位置十分优越，该镇人民政府所在地东距该县县城 10 千米，南距宜州市 31 千米，有罗宜二级公路、罗城至环江油路贯穿而过，是该县西部各乡镇通往县城的必经之地，是该县的交通咽喉。该镇农村道路交通基础设施比较完善，全镇 23 个行政村（社区）都已修通村级公路，90%以上的自然屯通屯级公路。该镇内主要矿产资源是无烟煤，煤质坚硬，发热量高，储量达 4000 万吨以上；另外，石灰石、煤矸石、黏土等资源也十分丰富，煤炭、建材、加工业是当地主要工业。农业产业主要有烤烟、毛葡萄、糖蔗、桑蚕、蔬菜等，2011 年该镇种植烤烟 2612 亩，毛葡萄 9320 亩，糖蔗 8835 亩，桑蚕 7000 多亩。

　　四把镇是广西壮族自治区小城镇建设重点镇之一。2007 年 3 月，罗城仫佬族

[①] 相关资料来源于四把镇镇政府（内部资料）。

自治县以四把镇为小城镇建设试点，先后投入 600 多万元对镇区排水系统、主街道路面、人行道、路灯、街道绿化、沿街建筑立面装饰等进行全面建设，在全县率先实现了小城镇亮化、绿化、美化，深受人民群众好评。

第二节　语言使用情况

四把镇仫佬族居民仍旧保持使用自己的语言。除个别从小随父母生活在非仫佬族聚居区的人仫佬语水平比较低以外，不论是在仫佬族聚居乡镇，还是在仫佬族与其他民族杂居的乡镇，只要是土生土长的仫佬族，不分性别、年龄、职业、身份，都能熟练掌握仫佬语。即使是常年在外地打工或求学的仫佬族人，也都能熟练使用仫佬语。在他们看来，与本民族的人交流时，如果使用仫佬语以外的语言，会觉得很别扭。就算是因为婚嫁或其他原因在仫佬族聚居区生活的外族人，也会尽快学会仫佬语，以方便生活。可见，仫佬语是仫佬族人民日常生活交流的重要工具，是维系仫佬族人民民族情感的重要纽带。

四把镇仫佬族人语言比较复杂，除了说仫佬语以外，还兼用多种语言。

最具有普遍性的是桂柳话。除了个别年长或者婴幼儿以外，几乎所有的仫佬族人都能熟练地使用桂柳话，尤其是在跟非仫佬族人交流时，多使用桂柳话而不是普通话。

除桂柳话之外，仫佬族人的普通话水平也不错。特别是在外务工多年或者在外读书的年轻人，都能很流利地用普通话交谈。而且现在四把镇仫佬族的孩子也都从幼儿园开始学习普通话。在四把镇仫佬族中，只有特别年长或者住在比较偏僻的村、屯且常年不出来的人才几乎不会说普通话。

四把镇仫佬族分很多村、屯，有的村、屯与壮族杂居或者距离相近，所以屯里大部分的仫佬族人也同时熟练地掌握壮语。特别是在有的家庭中，仫佬族和壮族人口数几乎对等，他们的壮语水平和仫佬语水平基本上是一样的，都是从小就会。比如，四把镇四把社区的金鸡屯，屯里大部分人壮语水平都还可以。

除此之外，四把镇仫佬族还会说客家话，有的屯只是个别外嫁过来的人会说，但是有的屯，大部分的人都会说，甚至第一语言就是客家话。比如，四把镇大新村的罗友屯和四把社区的铜匠屯。

下面是四把镇仫佬族语言使用的不同类型的个案调查报告。

一、四把社区语言使用情况

（一）仫佬语是最主要的交际工具

四把社区的仫佬族主要以仫佬语为交际工具。根据调查，四把社区的仫佬族人都能很熟练地掌握仫佬语，在家里或者邻里之间，无论男女老少都在讲仫佬语。即便是因为婚嫁而从外地到这里生活的外族人也慢慢掌握了仫佬语，有的甚至说得很熟练。此次调查统计了四把社区 4 个屯的 150 户，共 497 人（其中包括仫佬族 423 人、汉族 59 人、壮族 14 人、土家族 1 人；不包括 6 岁以下儿童 31 人）的语言使用情况（表 3-1）。

表 3-1　不同年龄段仫佬语语言能力统计表

年龄段	总人口/人	熟练 人口/人	熟练 百分比/%	一般 人口/人	一般 百分比/%	略懂 人口/人	略懂 百分比/%	不会 人口/人	不会 百分比/%
6~19 岁	65	58	89.3	5	7.7	1	1.5	1	1.5
20~50 岁	309	294	95.1	12	3.9	3	1	0	0
50 岁以上	123	119	96.8	3	2.4	0	0	1	0.8
合计	497	471	94.8	20	4.0	4	0.8	2	0.4

从表 3-1 可得知，在四把社区，不同年龄段的村民基本上都能熟练掌握仫佬语。仫佬语在四把社区属于稳固使用型。从表 3-1 中看到，四把社区仫佬族居民都使用仫佬语。外族人到四把社区后，为了适应生活环境，也逐渐掌握了仫佬语，与四把社区仫佬族人交流时也以仫佬语为主。在 20~50 岁年龄段中，只有 4.8% 的仫佬居民对仫佬语的掌握程度是一般或是略懂，这些人中基本都是外乡嫁过来或者入赘，所以他们的仫佬语没有当地人那么熟练。这里的儿童从小就说仫佬语，仫佬语不熟练的 6 个人大部分是因为从小跟随外出打工父母生活，所以仫佬语水平一般甚至不会说。最特殊的情况莫过于 1 位年龄在 50 岁以上的人竟然完全不会仫佬语，他是汉族人，57 岁，是外地来的上门女婿，家里人和邻居都迁就他说桂柳话，所以他基本不会说仫佬语。

（二）桂柳话和普通话为四把社区仫佬族普遍兼用

桂柳话和普通话都是汉语，这里将这两种话区别分析，是因为在仫佬族中，桂柳话和普通话的掌握情况和程度有很大的不同，有的只会说其中一种，有的虽然能同时掌握这两种话，但是水平差异很大，所以必须分开分析（本书其他章节同）。

从表 3-2 中可以看出，四把社区仫佬族人民的桂柳话水平很好，84.7%的人很熟练，13.9%的人水平一般，只有 1.4%的人略懂或是不会。6～19 岁年龄段中有一个不会说桂柳话的孩子，年龄还很小，入学很晚，所以还只是跟家里人或者邻居之间讲仫佬语。20～50 岁年龄段中两个完全不会桂柳话的人均为家庭主妇，家里都是仫佬族人，没有外出过，所以不会桂柳话。而两位完全不会桂柳话的 50 岁以上的老人家，年龄非常大，他们一生都生活在仫佬族聚居区，没有出去过，也没有受过文化教育。

表 3-2　不同年龄段桂柳话语言能力统计表

年龄段	总人口/人	熟练 人口/人	百分比/%	一般 人口/人	百分比/%	略懂 人口/人	百分比/%	不会 人口/人	百分比/%
6～19 岁	65	56	86.2	8	12.3	0	0	1	1.5
20～50 岁	309	276	89.3	31	10	0	0	2	0.7
50 岁以上	123	89	72.4	30	24.4	2	1.6	2	1.6
合计	497	421	84.7	69	13.9	2	0.4	5	1.0

总体来看，四把社区仫佬族中，84.7%的居民都能熟练使用桂柳话，可以说桂柳话是四把社区仫佬族的兼语之一。

从表 3-3 中可以看出四把社区仫佬族人民的普通话水平一般，不管是哪个年龄段，相对于桂柳话，他们的普通话熟练程度就低了很多。特别是 6～19 岁和 50 岁以上两个年龄段，这两个年龄段文化程度较低或者刚上学不久，一般没有外出务工过，所以普通话水平很一般。在 20～50 岁年龄段的情况稍微好一些，因为这个年龄段的人 80%大多都是初中文化水平，大部分人常年外出务工，所以普通话相对好很多。

表 3-3　不同年龄段普通话语言能力统计表

年龄段	总人口/人	熟练 人口/人	百分比/%	一般 人口/人	百分比/%	略懂 人口/人	百分比/%	不会 人口/人	百分比/%
6～19 岁	65	30	46.2	33	50.8	1	1.5	1	1.5
20～50 岁	309	185	59.9	94	30.4	17	5.5	13	4.2
50 岁以上	123	17	13.8	52	42.3	21	17.1	33	26.8
合计	497	232	46.7	179	36.0	39	7.8	47	9.5

二、石门村语言使用情况

(一) 语言使用的基本特点

1. 仫佬语是民族间的主要交际工具

仫佬语在石门村属于稳固使用型语言。在 121 户 380 人（包括仫佬族 365 人、壮族 10 人、汉族 4 人、苗族 1 人；不包括 6 岁以下儿童 15 人）中，属于熟练型的有 371 人，占该村总人数的 97.6%。即便是少数外族人，也都基本掌握了仫佬语。

这里的居民普遍都会桂柳话和普通话，但是水平普遍一般，日常生活中还是用仫佬语交流，除非外出或者碰上不熟悉的人才会用桂柳话交流，普通话使用较少。对这两种语言熟练的多为受过学校教育和外出打工的年轻人，而不会说或者只是略懂的一般都是年龄较大的长辈或者还比较小的儿童，他们受教育水平不高，几乎没有离开过仫佬族聚居的地方（表3-4）。

表3-4　不同年龄段仫佬语语言能力统计表

年龄段	总人口/人	熟练 人口/人	熟练 百分比/%	一般 人口/人	一般 百分比/%	略懂 人口/人	略懂 百分比/%	不会 人口/人	不会 百分比/%
6~19 岁	64	60	93.7	1	1.6	2	3.1	1	1.6
20~50 岁	228	223	97.8	2	0.9	3	1.3	0	0
50 岁以上	88	88	100	0	0	0	0	0	0
合计	380	371	97.6	3	0.8	5	1.3	1	0.3

从表 3-4 可得知，石门村是典型的仫佬族聚居村，被调查的 380 位村民中只有 10 位不能熟练掌握仫佬语。仫佬语在石门村属于稳固使用型。从调查中可知，石门村仫佬族居民在日常生活中彼此之间都使用仫佬语沟通，少数外族人在与仫佬族居民的接触中也慢慢学会了仫佬语，并能用仫佬语进行交流。唯一一个完全不会仫佬语的是一个 7 岁的小孩，他从小跟随父母在外面生活，只是户口还在石门村，父母从小跟他讲桂柳话，所以他完全不会仫佬语。当然，这些都只是个例，完全不影响仫佬语在石门村的母语地位。

2. 桂柳话和普通话为仫佬村民普遍兼用

虽然石门村仫佬族居民日常生活中都是使用仫佬语交流,但是人们普遍都还会桂柳话和普通话,这两种语言的水平和他们是否外出务工及文化程度有很大的关系。但是完全不会这两种语言的分别只占到1.1%和18.4%,比例极低,所以桂柳话和普通话都可以说是石门村仫佬族的兼用语(表3-5和表3-6)。

表3-5　不同年龄段桂柳话语言能力统计表

年龄段	总人口/人	熟练 人口/人	熟练 百分比/%	一般 人口/人	一般 百分比/%	略懂 人口/人	略懂 百分比/%	不会 人口/人	不会 百分比/%
6～19岁	64	34	53.1	23	35.9	6	9.4	1	1.6
20～50岁	228	168	73.7	58	25.4	2	0.9	0	0
50岁以上	88	44	50.0	27	30.7	14	15.9	3	3.4
合计	380	246	64.7	108	28.4	22	5.8	4	1.1

表3-6　不同年龄段普通话语言能力统计表

年龄段	总人口/人	熟练 人口/人	熟练 百分比/%	一般 人口/人	一般 百分比/%	略懂 人口/人	略懂 百分比/%	不会 人口/人	不会 百分比/%
6～19岁	64	29	45.3	21	32.8	8	12.5	6	9.4
20～50岁	228	111	48.7	68	29.8	31	13.6	18	7.9
50岁以上	88	14	15.9	12	13.6	16	18.2	46	52.3
合计	380	154	40.5	101	26.6	55	14.5	70	18.4

从表3-5中可以看出,石门村仫佬族人民的桂柳话水平普遍不错,93.1%的居民都能用桂柳话沟通交流;只有6.9%的居民略懂或是不会,这些人的年龄段普遍都在低年龄段和高年龄段,这多半是因为其文化水平不高或者没有离开石门村生活过。

总体来看,石门村93.1%的居民都能使用桂柳话交流,可以说,桂柳话是石门村仫佬族的兼用语之一。

通过表3-6进一步看出,石门村是典型的仫佬族聚居村,杂居的民族不多,所以普通话水平并不是很好,能熟练使用普通话的人员比例相对于桂柳话下降了24.2个百分点,而完全不会的人员反而增加了17.3%,但还是有67.1%的石门村民能用普通话进行交流,超过了半数。所以,虽然不常用,但普通话也是石门村仫佬族的兼用语之一。

（二）石门村家庭语言使用情况一览表

石门村家庭语言使用情况如表 3-7 所示。

表 3-7　石门村家庭语言使用情况一览表

序号	家庭关系	姓名	年龄/岁	民族	文化程度	第一语言及水平	第二语言及水平	第三语言及水平	第四语言及水平
1	户主	吴永国	42	仫佬	初中	仫佬语熟练	桂柳话熟练	普通话略懂	—
	妻子	吴美爱	41	仫佬	小学	仫佬语熟练	桂柳话熟练	普通话略懂	壮语一般
	女儿	吴非非	17	仫佬	初中	仫佬语熟练	桂柳话熟练	普通话熟练	—
	儿子	吴尚丰	11	仫佬	小学	仫佬语熟练	桂柳话略懂	普通话略懂	—
2	户主	谢美花	67	仫佬	小学	仫佬语熟练	桂柳话略懂	普通话不会	
3	户主	颜庆鲜	44	仫佬	小学	仫佬语熟练	桂柳话熟练	普通话略懂	粤语略懂
4	户主	吴盛法	47	仫佬	初中	仫佬语熟练	桂柳话熟练	普通话一般	—
	女儿	吴云萍	23	仫佬	初中	仫佬语熟练	桂柳话熟练	普通话一般	粤语略懂
	母亲	吴万凤	81	仫佬	文盲	仫佬语熟练	桂柳话略懂	普通话不会	—
5	户主	吴盛通	42	仫佬	初中	仫佬语熟练	桂柳话熟练	普通话略懂	—
	妻子	谢春小	41	仫佬	小学	仫佬语熟练	桂柳话一般	普通话不会	—
	长子	吴太乾	19	仫佬	初中	仫佬语熟练	桂柳话熟练	普通话熟练	—
	次子	吴太官	9	仫佬	小学	仫佬语熟练	桂柳话略懂	普通话略懂	—
6	户主	吴盛明	51	仫佬	高中	仫佬语熟练	桂柳话熟练	普通话一般	壮语略懂
	妻子	罗爱玉	46	壮	小学	仫佬语熟练	桂柳话一般	普通话略懂	壮语熟练
	长女	吴佩玲	24	仫佬	初中	仫佬语熟练	桂柳话熟练	普通话熟练	—
	次女	吴佩佩	18	仫佬	初中	仫佬语熟练	桂柳话熟练	普通话熟练	—
7	户主	吴春掉	53	仫佬	初中	仫佬语熟练	桂柳话略懂	普通话不会	—
	长女	吴绍燕	29	仫佬	初中	仫佬语熟练	桂柳话熟练	普通话熟练	—
	次女	吴云燕	27	仫佬	初中	仫佬语熟练	桂柳话熟练	普通话熟练	—
8	户主	吴承球	47	仫佬	初中	仫佬语熟练	桂柳话熟练	普通话不会	—
	妻子	张小娥	47	仫佬	小学	仫佬语熟练	桂柳话熟练	普通话不会	—
	长子	吴昌照	25	仫佬	初中	仫佬语熟练	桂柳话熟练	普通话熟练	—
	次子	吴昌阳	24	仫佬	初中	仫佬语熟练	桂柳话熟练	普通话熟练	—
	父亲	吴代保	72	仫佬	小学	仫佬语熟练	桂柳话略懂	普通话不会	—
9	户主	吴利红	40	仫佬	初中	仫佬语熟练	桂柳话熟练	普通话不会	—
	母亲	吴美姣	70	仫佬	小学	仫佬语熟练	桂柳话略懂	普通话不会	—

续表

序号	家庭关系	姓名	年龄/岁	民族	文化程度	第一语言及水平	第二语言及水平	第三语言及水平	第四语言及水平
10	户主	吴承景	38	仫佬	初中	仫佬语熟练	桂柳话熟练	普通话略懂	—
	妻子	谢桂雪	37	仫佬	小学	仫佬语熟练	桂柳话一般	普通话不会	—
	长子	吴昌思	15	仫佬	初中	仫佬语熟练	桂柳话熟练	普通话一般	—
	次子	吴昌念	9	仫佬	小学	仫佬语熟练	桂柳话略懂	普通话略懂	—
11	户主	谢日枝	59	仫佬	小学	仫佬语熟练	桂柳话一般	普通话不会	—
	妻子	罗玉梅	32	仫佬	初中	仫佬语略懂	桂柳话一般	普通话不会	客家话熟练
12	户主	包和游	35	仫佬	初中	仫佬语熟练	桂柳话熟练	普通话熟练	—
	长子	包和欢	26	仫佬	初中	仫佬语熟练	桂柳话熟练	普通话熟练	—
	次子	包福益	7	仫佬	小学	仫佬语熟练	桂柳话熟练	普通话不会	—
13	户主	包珍梅	46	仫佬	初中	仫佬语熟练	桂柳话熟练	普通话不会	—
14	户主	包和旋	37	仫佬	专科	仫佬语熟练	桂柳话熟练	普通话熟练	—
	长子	包福旭	7	仫佬	小学	仫佬语略懂	桂柳话熟练	普通话略懂	—
	次女	黄敏	5	仫佬	小学	仫佬语一般	桂柳话熟练	普通话不会	—
15	户主	包和景	31	仫佬	专科	仫佬语熟练	桂柳话熟练	普通话熟练	—
	长子	包福东	4	仫佬	学龄前	仫佬语略懂	桂柳话不会	普通话不会	—
	次子	包福升	4	仫佬	学龄前	仫佬语略懂	桂柳话不会	普通话不会	—
16	户主	张文女	70	仫佬	小学	仫佬语熟练	桂柳话一般	普通话不会	—
	儿子	吴昌彪	39	仫佬	初中	仫佬语熟练	桂柳话熟练	普通话一般	—
17	户主	吴盛保	50	仫佬	初中	仫佬语熟练	桂柳话熟练	普通话略懂	—
	妻子	谢秀琼	49	仫佬	小学	仫佬语熟练	桂柳话一般	普通话不会	—
18	户主	吴太欢	27	仫佬	初中	仫佬语熟练	桂柳话熟练	普通话熟练	—
	儿子	吴太挺	25	仫佬	高中	仫佬语熟练	桂柳话熟练	普通话熟练	—
19	户主	周良双	60	仫佬	初中	仫佬语熟练	桂柳话熟练	普通话略懂	客家话熟练
	妻子	包金菊	64	仫佬	小学	仫佬语熟练	桂柳话一般	普通话不会	—
	儿子	包登静	28	仫佬	初中	仫佬语熟练	桂柳话熟练	普通话一般	—
	女儿	包桂新	26	仫佬	初中	仫佬语熟练	桂柳话熟练	普通话一般	—
20	户主	包登光	62	仫佬	小学	仫佬语熟练	桂柳话一般	普通话不会	—
	妻子	吴代荣	60	仫佬	小学	仫佬语熟练	桂柳话一般	普通话不会	—
	长子	包和平	40	仫佬	小学	仫佬语熟练	桂柳话略懂	普通话不会	—
	次子	包和诚	32	仫佬	初中	仫佬语熟练	桂柳话熟练	普通话一般	—
21	户主	包艳春	33	仫佬	初中	仫佬语熟练	桂柳话熟练	普通话一般	—

续表

序号	家庭关系	姓名	年龄/岁	民族	文化程度	第一语言及水平	第二语言及水平	第三语言及水平	第四语言及水平
22	户主	包艳菊	39	仫佬	初中	仫佬语熟练	桂柳话熟练	普通话一般	—
	长子	包福鑫	14	仫佬	初中	仫佬语熟练	桂柳话熟练	普通话一般	—
	次女	包兰玲	6	仫佬	小学	仫佬语熟练	桂柳话一般	普通话不会	—
23	户主	包联佑	86	仫佬	文盲	仫佬语熟练	桂柳话略懂	普通话不会	—
	女儿	包珍女	51	仫佬	初中	仫佬语熟练	桂柳话熟练	普通话不会	—
	女婿	谢代平	51	仫佬	初中	仫佬语熟练	桂柳话熟练	普通话不会	—
	孙子	包冀	27	仫佬	初中	仫佬语熟练	桂柳话熟练	普通话一般	—
24	户主	包珍红	39	仫佬	高中	仫佬语熟练	桂柳话熟练	普通话一般	—
	妻子	文修樊	35	仫佬	初中	仫佬语熟练	桂柳话熟练	普通话熟练	客家话熟练
	儿子	吴和相	9	仫佬	小学	仫佬语熟练	桂柳话略懂	普通话不会	—
25	户主	吴盛昌	62	仫佬	初中	仫佬语熟练	桂柳话熟练	普通话不会	—
	妻子	谢暖秀	60	仫佬	小学	仫佬语熟练	桂柳话熟练	普通话不会	—
	长子	吴太飞	35	仫佬	初中	仫佬语熟练	桂柳话熟练	普通话熟练	粤语略懂
	次子	吴太肖	30	仫佬	初中	仫佬语熟练	桂柳话熟练	普通话熟练	粤语略懂
26	户主	吴昌勤	69	仫佬	小学	仫佬语熟练	桂柳话熟练	普通话不会	—
	妻子	谢桂女	67	仫佬	小学	仫佬语熟练	桂柳话略懂	普通话不会	—
	儿子	吴永流	38	仫佬	初中	仫佬语熟练	桂柳话熟练	普通话不会	—
27	户主	吴永仕	66	仫佬	初中	仫佬语熟练	桂柳话熟练	普通话略懂	—
	长子	吴永吉	34	仫佬	初中	仫佬语熟练	桂柳话熟练	普通话略懂	—
	长女	吴慧娟	30	仫佬	初中	仫佬语熟练	桂柳话熟练	普通话一般	—
	孙子	吴尚帝	6	仫佬	学龄前	仫佬语略懂	桂柳话一般	普通话不会	—
28	户主	吴永学	40	仫佬	初中	仫佬语熟练	桂柳话熟练	普通话不会	—
	妻子	谢汉琼	40	仫佬	小学	仫佬语熟练	桂柳话熟练	普通话不会	—
	女儿	吴尚群	3	仫佬	学龄前	仫佬语略懂	桂柳话不会	普通话不会	—
29	户主	吴永强	34	仫佬	初中	仫佬语熟练	桂柳话熟练	普通话一般	—
	妻子	周任鸾	31	仫佬	初中	仫佬语熟练	桂柳话熟练	普通话熟练	客家话熟练
30	户主	吴昌弟	59	仫佬	初中	仫佬语熟练	桂柳话熟练	普通话不会	—
	妻子	吴玉琼	60	仫佬	初中	仫佬语熟练	桂柳话熟练	普通话不会	—
31	户主	吴永福	29	仫佬	初中	仫佬语熟练	桂柳话熟练	普通话一般	—
	妻子	韦玉淑	27	仫佬	初中	仫佬语略懂	桂柳话熟练	普通话一般	壮语熟练

续表

序号	家庭关系	姓名	年龄/岁	民族	文化程度	第一语言及水平	第二语言及水平	第三语言及水平	第四语言及水平
31	儿子	吴尚璞	6	仫佬	小学	仫佬语一般	桂柳话一般	普通话略懂	—
	女儿	吴尚佳	6	仫佬	小学	仫佬语熟练	桂柳话一般	普通话略懂	—
32	户主	吴承春	67	仫佬	初中	仫佬语熟练	桂柳话熟练	普通话不会	
	妻子	吴万花	64	仫佬	小学	仫佬语熟练	桂柳话一般	普通话不会	
33	户主	吴昌魁	43	仫佬	初中	仫佬语熟练	桂柳话熟练	普通话略懂	
	妻子	吴黎红	40	仫佬	初中	仫佬语熟练	桂柳话一般	普通话不会	
	儿子	吴永浩	15	仫佬	初中	仫佬语熟练	桂柳话熟练	普通话一般	
34	户主	吴昌锋	37	仫佬	初中	仫佬语熟练	桂柳话熟练	普通话略懂	
	妻子	袁金雪	44	仫佬	初中	仫佬语熟练	桂柳话熟练	普通话略懂	
	女儿	吴晓莹	20	仫佬	专科	仫佬语熟练	桂柳话熟练	普通话熟练	
35	户主	吴昌志	41	仫佬	初中	仫佬语熟练	桂柳话熟练	普通话略懂	
	妻子	吴晓静	20	仫佬	专科	仫佬语熟练	桂柳话熟练	普通话熟练	
	长女	吴永晶	7	仫佬	学龄前	仫佬语熟练	桂柳话不会	普通话不会	
	次女	吴运凤	4	仫佬	小学	仫佬语一般	桂柳话不会	普通话不会	
36	户主	吴冬枝	45	仫佬	初中	仫佬语熟练	桂柳话熟练	普通话不会	
	妻子	覃小姿	38	仫佬	小学	仫佬语熟练	桂柳话一般	普通话不会	壮语熟练
	长子	吴冲	21	仫佬	初中	仫佬语熟练	桂柳话熟练	普通话一般	粤语略懂
	次子	包吴德	19	仫佬	初中	仫佬语熟练	桂柳话熟练	普通话一般	
	女儿	包媛媛	14	仫佬	初中	仫佬语熟练	桂柳话熟练	普通话一般	
	母亲	廖美琼	74	仫佬	文盲	仫佬语熟练	桂柳话一般	普通话不会	壮语熟练
37	户主	吴桂花	52	仫佬	高中	仫佬语熟练	桂柳话熟练	普通话略懂	
	女儿	吴娅媚	29	仫佬	初中	仫佬语熟练	桂柳话熟练	普通话熟练	
	哥哥	吴承居	57	仫佬	文盲	仫佬语熟练	桂柳话不会	普通话不会	
	孙子	覃振羽	7	仫佬	小学	仫佬语不会	桂柳话一般	普通话不会	
38	户主	吴孝刚	64	仫佬	小学	仫佬语熟练	桂柳话熟练	普通话不会	
	妻子	吴金娩	60	仫佬	小学	仫佬语熟练	桂柳话熟练	普通话不会	
	长女	吴素萍	32	仫佬	初中	仫佬语熟练	桂柳话熟练	普通话一般	
	次女	吴素晓	29	仫佬	初中	仫佬语熟练	桂柳话熟练	普通话一般	
	儿子	吴茂广	27	仫佬	初中	仫佬语熟练	桂柳话熟练	普通话一般	
	妹妹	吴细梅	55	仫佬	小学	仫佬语熟练	桂柳话熟练	普通话不会	—

续表

序号	家庭关系	姓名	年龄/岁	民族	文化程度	第一语言及水平	第二语言及水平	第三语言及水平	第四语言及水平
39	户主	包金春	46	仫佬	初中	仫佬语熟练	桂柳话熟练	普通话略懂	—
	弟弟	包登举	34	仫佬	初中	仫佬语熟练	桂柳话熟练	普通话略懂	—
	妹妹	包丽宁	31	仫佬	初中	仫佬语熟练	桂柳话熟练	普通话略懂	—
	妹妹	包丽黎	28	仫佬	初中	仫佬语熟练	桂柳话熟练	普通话一般	—
	外甥	包和健	7	仫佬	小学	仫佬语熟练	桂柳话一般	普通话略懂	—
40	户主	莫先仁	49	仫佬	初中	仫佬语熟练	桂柳话熟练	普通话熟练	—
	妻子	韦红梅	43	仫佬	初中	仫佬语熟练	桂柳话熟练	普通话熟练	—
	女儿	莫文妮	18	仫佬	高中	仫佬语熟练	桂柳话熟练	普通话熟练	—
	儿子	莫祖旺	5	仫佬	小学	仫佬语熟练	桂柳话熟练	普通话一般	—
41	户主	莫先仉	45	仫佬	初中	仫佬语熟练	桂柳话熟练	普通话熟练	—
	妻子	梁暧鸾	45	仫佬	高中	仫佬语熟练	桂柳话熟练	普通话熟练	—
	儿子	莫祖斯	17	仫佬	初中	仫佬语熟练	桂柳话熟练	普通话熟练	—
	女儿	莫晶晶	7	仫佬	小学	仫佬语熟练	桂柳话熟练	普通话熟练	—
42	户主	莫宏纯	48	仫佬	初中	仫佬语熟练	桂柳话熟练	普通话熟练	—
	妻子	郁彩连	48	仫佬	小学	仫佬语熟练	桂柳话熟练	普通话一般	—
	儿子	莫先国	24	仫佬	初中	仫佬语熟练	桂柳话熟练	普通话熟练	—
	女儿	莫先满	23	仫佬	高中	仫佬语熟练	桂柳话熟练	普通话熟练	—
	父亲	莫特任	82	仫佬	小学	仫佬语熟练	桂柳话熟练	普通话略懂	—
43	户主	吴美焕	73	仫佬	小学	仫佬语熟练	桂柳话熟练	普通话不会	—
44	户主	莫苏林	39	仫佬	初中	仫佬语熟练	桂柳话熟练	普通话熟练	—
	女儿	莫东于	7	仫佬	小学	仫佬语熟练	桂柳话熟练	普通话熟练	—
45	户主	莫宏向	42	仫佬	初中	仫佬语熟练	桂柳话熟练	普通话熟练	—
46	户主	莫宏桑	61	仫佬	小学	仫佬语熟练	桂柳话熟练	普通话不会	—
	妻子	覃美凤	60	壮	小学	仫佬语熟练	桂柳话不会	普通话不会	—
	女儿	莫丽菊	31	仫佬	初中	仫佬语熟练	桂柳话熟练	普通话熟练	—
	儿子	莫仁球	30	仫佬	初中	仫佬语熟练	桂柳话熟练	普通话熟练	—
47	户主	莫仁友	29	仫佬	初中	仫佬语熟练	桂柳话熟练	普通话熟练	—
	妻子	罗雪姣	19	仫佬	初中	仫佬语熟练	桂柳话熟练	普通话熟练	—
	女儿	莫丽仕	28	仫佬	小学	仫佬语熟练	桂柳话熟练	普通话熟练	—
48	户主	莫宏清	59	仫佬	初中	仫佬语熟练	桂柳话熟练	普通话熟练	—

续表

序号	家庭关系	姓名	年龄/岁	民族	文化程度	第一语言及水平	第二语言及水平	第三语言及水平	第四语言及水平
48	母亲	罗彩香	62	仫佬	小学	仫佬语熟练	桂柳话熟练	普通话不会	—
49	户主	莫先云	31	仫佬	初中	仫佬语熟练	桂柳话熟练	普通话熟练	—
50	户主	莫先花	52	仫佬	小学	仫佬语熟练	桂柳话熟练	普通话一般	—
	夫	谢吉成	56	仫佬	初中	仫佬语熟练	桂柳话熟练	普通话熟练	—
51	户主	莫祖丽	24	仫佬	大学	仫佬语熟练	桂柳话熟练	普通话熟练	—
	女儿	莫祖娟	22	仫佬	高中	仫佬语熟练	桂柳话熟练	普通话熟练	—
	父亲	莫宏尤	82	仫佬	小学	仫佬语熟练	桂柳话熟练	普通话不会	—
	母亲	谢秀菊	82	仫佬	小学	仫佬语熟练	桂柳话熟练	普通话不会	—
52	户主	莫祖慧	28	仫佬	高中	仫佬语熟练	桂柳话熟练	普通话熟练	—
53	户主	莫先茂	47	仫佬	初中	仫佬语熟练	桂柳话熟练	普通话熟练	—
	妻子	卢秀群	47	仫佬	小学	仫佬语熟练	桂柳话熟练	普通话不会	—
54	户主	梁玉香	83	仫佬	小学	仫佬语熟练	桂柳话一般	普通话不会	—
	儿子	莫先汉	49	仫佬	小学	仫佬语熟练	桂柳话熟练	普通话熟练	—
	儿媳	周红林	43	仫佬	初中	仫佬语熟练	桂柳话熟练	普通话熟练	—
	孙子	莫祖宁	24	仫佬	大学	仫佬语熟练	桂柳话熟练	普通话熟练	—
55	户主	莫先任	37	仫佬	初中	仫佬语熟练	桂柳话熟练	普通话熟练	—
	父亲	莫宏乱	65	仫佬	小学	仫佬语熟练	桂柳话熟练	普通话一般	—
	母亲	罗春娥	64	壮	小学	仫佬语熟练	桂柳话不会	普通话不会	—
	弟弟	莫先志	34	仫佬	初中	仫佬语熟练	桂柳话熟练	普通话熟练	—
	弟弟	莫先阳	31	仫佬	初中	仫佬语熟练	桂柳话熟练	普通话熟练	—
56	户主	莫宏进	54	仫佬	高中	仫佬语熟练	桂柳话熟练	普通话熟练	—
	妻子	莫先兰	54	仫佬	初中	仫佬语熟练	桂柳话熟练	普通话熟练	—
57	户主	莫祖友	31	仫佬	初中	仫佬语熟练	桂柳话熟练	普通话略懂	—
	妻子	韦丽娟	31	壮	小学	仫佬语熟练	桂柳话熟练	普通话略懂	—
	儿子	莫余斌	5	仫佬	小学	仫佬语熟练	桂柳话熟练	普通话略懂	—
58	户主	韦华良	50	壮	初中	仫佬语熟练	桂柳话熟练	普通话略懂	—
	妻子	莫先英	50	仫佬	高中	仫佬语熟练	桂柳话熟练	普通话略懂	—
	长子	莫祖生	28	仫佬	初中	仫佬语熟练	桂柳话熟练	普通话熟练	—
	女儿	莫祖银	25	仫佬	高中	仫佬语熟练	桂柳话熟练	普通话熟练	—
	次子	莫志勇	9	仫佬	小学	仫佬语熟练	桂柳话熟练	普通话熟练	—

续表

序号	家庭关系	姓名	年龄/岁	民族	文化程度	第一语言及水平	第二语言及水平	第三语言及水平	第四语言及水平
58	岳父	莫宏椿	79	仫佬	小学	仫佬语熟练	桂柳话熟练	普通话略懂	—
59	户主	莫美秀	60	仫佬	小学	仫佬语熟练	桂柳话熟练	普通话一般	—
	儿子	莫盘忠	33	仫佬	初中	仫佬语熟练	桂柳话熟练	普通话熟练	—
	父亲	莫金生	73	仫佬	小学	仫佬语熟练	桂柳话熟练	普通话不会	—
60	户主	莫宏建	48	仫佬	初中	仫佬语熟练	桂柳话熟练	普通话熟练	—
	弟弟	莫宏康	44	仫佬	小学	仫佬语熟练	桂柳话熟练	普通话不会	—
61	户主	莫先向	48	仫佬	初中	仫佬语熟练	桂柳话熟练	普通话熟练	—
	妻子	彭日云	47	壮	小学	仫佬语熟练	桂柳话熟练	普通话熟练	—
	长女	莫祖姣	24	仫佬	高中	仫佬语熟练	桂柳话熟练	普通话熟练	—
	次女	莫祖妹	20	仫佬	高中	仫佬语熟练	桂柳话熟练	普通话熟练	—
	姐姐	莫先暧	49	仫佬	初中	仫佬语熟练	桂柳话熟练	普通话熟练	—
62	户主	莫先奎	51	仫佬	高中	仫佬语熟练	桂柳话熟练	普通话熟练	—
	妻子	莫秋梅	46	仫佬	初中	仫佬语熟练	桂柳话熟练	普通话熟练	—
63	户主	莫先敏	58	仫佬	高中	仫佬语熟练	桂柳话熟练	普通话熟练	—
	妻子	莫崇利	56	仫佬	初中	仫佬语熟练	桂柳话熟练	普通话熟练	—
	女儿	莫燕	30	仫佬	高中	仫佬语熟练	桂柳话熟练	普通话熟练	—
	儿子	莫飞	28	仫佬	高中	仫佬语熟练	桂柳话熟练	普通话熟练	—
64	户主	莫祖福	67	仫佬	小学	仫佬语熟练	桂柳话熟练	普通话不会	—
	女儿	莫余慧	42	仫佬	小学	仫佬语熟练	桂柳话熟练	普通话不会	—
65	户主	梁绍军	39	仫佬	初中	仫佬语熟练	桂柳话熟练	普通话熟练	—
66	户主	覃利春	40	仫佬	高中	仫佬语熟练	桂柳话熟练	普通话熟练	—
67	户主	覃利萍	41	仫佬	初中	仫佬语熟练	桂柳话熟练	普通话熟练	—
	儿子	莫张富	12	仫佬	高中	仫佬语熟练	桂柳话熟练	普通话熟练	—
68	户主	莫暖芝	60	仫佬	小学	仫佬语熟练	桂柳话熟练	普通话熟练	—
69	户主	覃玉铁	37	仫佬	高中	仫佬语熟练	桂柳话熟练	普通话熟练	—
	妻子	莫冬林	43	仫佬	高中	仫佬语熟练	桂柳话熟练	普通话熟练	—
	女儿	覃晓红	16	仫佬	大学	仫佬语熟练	桂柳话熟练	普通话熟练	—
70	户主	莫祖祥	58	仫佬	小学	仫佬语熟练	桂柳话熟练	普通话一般	—
	女儿	吴秀玉	32	仫佬	小学	仫佬语熟练	桂柳话熟练	普通话熟练	—
	女婿	谢善双	39	仫佬	初中	仫佬语熟练	桂柳话熟练	普通话熟练	—

续表

序号	家庭关系	姓名	年龄/岁	民族	文化程度	第一语言及水平	第二语言及水平	第三语言及水平	第四语言及水平
70	孙女	莫恩妮	10	仫佬	初中	仫佬语熟练	桂柳话熟练	普通话熟练	—
	孙女	莫恩婷	2	仫佬	学龄前	仫佬语熟练	桂柳话熟练	普通话不会	—
71	户主	莫先楼	44	仫佬	初中	仫佬语熟练	桂柳话熟练	普通话熟练	—
	妻子	袁代凤	34	仫佬	初中	仫佬语熟练	桂柳话熟练	普通话熟练	—
	母亲	谢四妹	85	仫佬	小学	仫佬语熟练	桂柳话略懂	普通话不会	—
72	户主	莫祖团	42	仫佬	初中	仫佬语熟练	桂柳话熟练	普通话熟练	—
	妻子	游焕姣	41	汉	初中	仫佬语熟练	桂柳话熟练	普通话熟练	—
	儿子	莫余盛	19	仫佬	大学	仫佬语熟练	桂柳话熟练	普通话熟练	—
	女儿	莫余丽	14	仫佬	高中	仫佬语熟练	桂柳话熟练	普通话熟练	—
73	户主	莫祖白	58	仫佬	初中	仫佬语熟练	桂柳话熟练	普通话熟练	—
74	户主	莫祖刚	50	仫佬	初中	仫佬语熟练	桂柳话熟练	普通话熟练	—
	妻子	刘秀花	45	仫佬	初中	仫佬语熟练	桂柳话熟练	普通话熟练	—
	长女	莫余丹	24	仫佬	高中	仫佬语熟练	桂柳话熟练	普通话熟练	—
	次女	莫余娟	21	仫佬	高中	仫佬语熟练	桂柳话熟练	普通话熟练	—
75	户主	莫祖平	44	仫佬	初中	仫佬语熟练	桂柳话熟练	普通话熟练	—
	妻子	莫素兰	44	仫佬	小学	仫佬语熟练	桂柳话熟练	普通话熟练	—
	长女	莫余美	22	仫佬	初中	仫佬语熟练	桂柳话熟练	普通话熟练	—
	次女	莫余红	21	仫佬	大学	仫佬语熟练	桂柳话熟练	普通话熟练	—
76	户主	莫祖忠	53	仫佬	初中	仫佬语熟练	桂柳话熟练	普通话熟练	—
	妻子	罗金香	44	仫佬	小学	仫佬语熟练	桂柳话熟练	普通话略懂	—
	长女	莫丽娟	22	仫佬	高中	仫佬语熟练	桂柳话熟练	普通话熟练	—
	次女	莫余定	17	仫佬	初中	仫佬语熟练	桂柳话熟练	普通话熟练	—
77	户主	莫祖林	53	仫佬	初中	仫佬语熟练	桂柳话熟练	普通话熟练	—
78	户主	莫祖兵	42	仫佬	初中	仫佬语熟练	桂柳话熟练	普通话熟练	—
	妻子	吴琼莲	38	仫佬	小学	仫佬语熟练	桂柳话熟练	普通话熟练	—
	长女	莫余枝	15	仫佬	小学	仫佬语熟练	桂柳话熟练	普通话熟练	—
	次女	莫余舒	9	仫佬	高中	仫佬语熟练	桂柳话熟练	普通话熟练	—
79	户主	莫祖标	47	仫佬	初中	仫佬语熟练	桂柳话熟练	普通话熟练	—
	妻	钟贵菊	41	汉	初中	仫佬语熟练	桂柳话熟练	普通话熟练	—
	长子	莫余政	18	仫佬	高中	仫佬语熟练	桂柳话熟练	普通话熟练	—

续表

序号	家庭关系	姓名	年龄/岁	民族	文化程度	第一语言及水平	第二语言及水平	第三语言及水平	第四语言及水平
79	次子	莫余伟	6	仫佬	初中	仫佬语熟练	桂柳话熟练	普通话熟练	—
80	户主	梁成仕	48	仫佬	高中	仫佬语熟练	桂柳话熟练	普通话熟练	—
80	妻子	谢桂琼	49	仫佬	初中	仫佬语熟练	桂柳话熟练	普通话熟练	—
80	儿子	梁光新	26	仫佬	高中	仫佬语熟练	桂柳话熟练	普通话熟练	—
81	户主	莫祖华	54	仫佬	初中	仫佬语熟练	桂柳话熟练	普通话熟练	—
81	妻子	周四彩	53	仫佬	小学	仫佬语熟练	桂柳话熟练	普通话熟练	—
81	长子	莫余念	29	仫佬	初中	仫佬语熟练	桂柳话熟练	普通话熟练	—
81	次子	莫余纪	19	仫佬	大学	仫佬语熟练	桂柳话熟练	普通话熟练	—
82	户主	莫祖东	44	仫佬	初中	仫佬语熟练	桂柳话熟练	普通话熟练	—
82	妻子	周四妹	38	仫佬	小学	仫佬语熟练	桂柳话熟练	普通话熟练	—
82	儿子	莫余划	18	仫佬	初中	仫佬语熟练	桂柳话熟练	普通话熟练	—
82	女儿	莫余素	12	仫佬	高中	仫佬语熟练	桂柳话熟练	普通话熟练	—
83	户主	莫先进	81	仫佬	小学	仫佬语熟练	桂柳话熟练	普通话熟练	—
84	户主	莫祖昌	48	仫佬	高中	仫佬语熟练	桂柳话熟练	普通话熟练	—
84	妻子	梁四鸾	50	仫佬	小学	仫佬语熟练	桂柳话熟练	普通话熟练	—
84	儿子	莫海	24	仫佬	高中	仫佬语熟练	桂柳话熟练	普通话熟练	—
84	女儿	莫余秋	14	仫佬	初中	仫佬语熟练	桂柳话熟练	普通话熟练	—
85	户主	莫先春	47	仫佬	初中	仫佬语熟练	桂柳话熟练	普通话熟练	—
85	母亲	吴秀英	74	仫佬	小学	仫佬语熟练	桂柳话熟练	普通话一般	—
85	姐姐	莫先琼	50	仫佬	小学	仫佬语熟练	桂柳话熟练	普通话熟练	—
86	户主	吴良寿	50	仫佬	初中	仫佬语熟练	桂柳话熟练	普通话一般	—
86	妻子	吴翠兰	40	壮	初中	壮语熟练	仫佬语一般	桂柳话一般	普通话略懂
86	长子	吴世佐	18	仫佬	初中	仫佬语熟练	桂柳话熟练	普通话熟练	—
86	次子	吴世毅	10	仫佬	小学	仫佬语熟练	桂柳话一般	普通话一般	—
86	母亲	潘掉娥	69	仫佬	小学	仫佬语熟练	桂柳话一般	普通话不会	—
87	户主	吴良杰	39	仫佬	初中	仫佬语熟练	桂柳话熟练	普通话熟练	—
87	妻子	刘青	44	仫佬	小学	仫佬语熟练	桂柳话熟练	普通话一般	—
87	儿子	吴世奇	12	仫佬	小学	仫佬语熟练	桂柳话一般	普通话一般	—
88	户主	吴良永	44	仫佬	小学	仫佬语熟练	桂柳话熟练	普通话一般	—
88	儿子	吴世念	21	仫佬	初中	仫佬语熟练	桂柳话熟练	普通话熟练	—

续表

序号	家庭关系	姓名	年龄/岁	民族	文化程度	第一语言及水平	第二语言及水平	第三语言及水平	第四语言及水平
88	女儿	吴冬艳	23	仫佬	高中	仫佬语熟练	桂柳话熟练	普通话熟练	—
	儿媳	刘秀春	44	仫佬	小学	仫佬语熟练	桂柳话一般	普通话一般	—
89	户主	吴福林	52	仫佬	初中	仫佬语熟练	桂柳话一般	普通话熟练	—
	妻子	吴月琼	50	仫佬	高中	仫佬语熟练	桂柳话熟练	普通话熟练	—
	女儿	吴长美	27	仫佬	初中	仫佬语熟练	桂柳话一般	普通话一般	—
	儿子	吴长挺	22	仫佬	初中	仫佬语熟练	桂柳话一般	普通话一般	—
90	户主	吴美红	25	仫佬	大专	仫佬语熟练	桂柳话熟练	普通话熟练	—
	妻子	吴先翠	44	仫佬	小学	仫佬语熟练	桂柳话一般	普通话一般	—
91	户主	莫先恒	48	仫佬	初中	仫佬语熟练	桂柳话一般	普通话一般	—
	长女	吴艳秋	21	仫佬	初中	仫佬语熟练	桂柳话熟练	普通话熟练	—
	次女	吴㐖流	16	仫佬	初中	仫佬语熟练	桂柳话一般	普通话熟练	—
92	户主	吴良宣	41	仫佬	小学	仫佬语熟练	桂柳话一般	普通话一般	—
93	户主	刘名力	50	仫佬	初中	仫佬语熟练	桂柳话一般	普通话一般	—
	妻子	覃东江	48	壮	小学	仫佬语熟练	桂柳话一般	普通话一般	—
	长女	刘冠美	25	仫佬	初中	仫佬语熟练	桂柳话熟练	普通话熟练	—
	次女	刘冠女	23	仫佬	初中	仫佬语熟练	桂柳话熟练	普通话熟练	—
	三子	刘冠足	21	仫佬	初中	仫佬语熟练	桂柳话一般	普通话一般	—
	母亲	吴善鸾	83	仫佬	文盲	仫佬语熟练	桂柳话略懂	普通话不会	—
94	户主	吴良运	52	仫佬	小学	仫佬语熟练	桂柳话一般	普通话一般	—
	妻子	吴勤枝	51	仫佬	小学	仫佬语熟练	桂柳话一般	普通话略懂	—
	长子	吴世成	29	仫佬	初中	仫佬语熟练	桂柳话熟练	普通话一般	—
	次子	吴世果	28	仫佬	初中	仫佬语熟练	桂柳话熟练	普通话熟练	—
	三子	吴四荬	26	仫佬	小学	仫佬语熟练	桂柳话一般	普通话一般	—
95	户主	吴元南	75	仫佬	小学	仫佬语熟练	桂柳话一般	普通话略懂	—
	妻子	吴生美	77	仫佬	文盲	仫佬语熟练	桂柳话略懂	普通话不会	—
96	户主	吴良迪	38	仫佬	初中	仫佬语熟练	桂柳话熟练	普通话熟练	—
	长女	吴清娟	7	仫佬	小学	仫佬语熟练	桂柳话一般	普通话一般	—
	次子	吴刘生	4	仫佬	学前班	仫佬语熟练	桂柳话略懂	普通话略懂	—
97	户主	刘万旗	43	仫佬	小学	仫佬语熟练	桂柳话一般	普通话一般	—
	妻子	吴新娥	40	仫佬	小学	仫佬语熟练	桂柳话一般	普通话略懂	—

续表

序号	家庭关系	姓名	年龄/岁	民族	文化程度	第一语言及水平	第二语言及水平	第三语言及水平	第四语言及水平
97	女儿	刘禧肖	21	仫佬	初中	仫佬语熟练	桂柳话熟练	普通话熟练	—
	儿子	刘禧节	18	仫佬	初中	仫佬语熟练	桂柳话一般	普通话一般	—
	父亲	刘冠南	81	仫佬	小学	仫佬语熟练	桂柳话一般	普通话略懂	—
98	户主	刘万奎	37	仫佬	初中	仫佬语熟练	桂柳话熟练	普通话一般	—
	妻子	吴香秀	43	仫佬	初中	仫佬语熟练	桂柳话一般	普通话一般	—
	女儿	刘柔柔	14	仫佬	初中	仫佬语熟练	桂柳话熟练	普通话熟练	—
	儿子	刘禧乐	8	仫佬	小学	仫佬语熟练	桂柳话一般	普通话一般	—
	母亲	吴苎芝	77	仫佬	文盲	仫佬语熟练	桂柳话略懂	普通话不会	—
99	户主	吴良荣	58	仫佬	小学	仫佬语熟练	桂柳话一般	普通话一般	—
	妻子	吴小枝	58	仫佬	小学	仫佬语熟练	桂柳话一般	普通话略懂	—
	母亲	吴细乱	73	仫佬	文盲	仫佬语熟练	桂柳话略懂	普通话不会	—
100	户主	吴良文	44	仫佬	小学	仫佬语熟练	桂柳话一般	普通话略懂	—
	妻子	吴美春	44	仫佬	小学	仫佬语熟练	桂柳话一般	普通话一般	—
	长女	吴燕婵	21	仫佬	大专	仫佬语熟练	桂柳话熟练	普通话熟练	—
	次子	吴世卿	16	仫佬	初中	仫佬语熟练	桂柳话一般	普通话一般	—
101	户主	吴世居	30	仫佬	中专	仫佬语熟练	桂柳话熟练	普通话熟练	—
102	户主	吴良壮	37	仫佬	初中	仫佬语熟练	桂柳话熟练	普通话一般	—
	妻子	吴寿金	44	仫佬	小学	仫佬语熟练	桂柳话一般	普通话略懂	—
	长女	吴玉芬	12	仫佬	小学	仫佬语熟练	桂柳话一般	普通话熟练	—
	次女	吴世强	8	仫佬	小学	仫佬语熟练	桂柳话略懂	普通话略懂	—
	姐姐	吴香连	42	仫佬	小学	仫佬语熟练	桂柳话一般	普通话一般	—
	姐姐	吴香姣	44	仫佬	小学	仫佬语熟练	桂柳话一般	普通话略懂	—
103	户主	吴元丰	70	仫佬	小学	仫佬语熟练	桂柳话一般	普通话略懂	—
	妻子	梁桂妹	65	仫佬	文盲	仫佬语熟练	桂柳话一般	普通话不会	—
	儿子	吴良谦	31	仫佬	小学	仫佬语熟练	桂柳话一般	普通话略懂	—
104	户主	吴良远	33	仫佬	小学	仫佬语熟练	桂柳话一般	普通话一般	—
	妻子	陈秀香	32	仫佬	小学	仫佬语熟练	桂柳话一般	普通话一般	—
	长女	吴梦丫	6	仫佬	幼儿园	仫佬语熟练	桂柳话一般	普通话一般	—
	次女	吴梦雨	2	仫佬	幼儿	仫佬语一般	桂柳话不会	普通话不会	—
105	户主	吴元堂	47	仫佬	小学	仫佬语熟练	桂柳话一般	普通话一般	—

续表

序号	家庭关系	姓名	年龄/岁	民族	文化程度	第一语言及水平	第二语言及水平	第三语言及水平	第四语言及水平
105	妻子	刘美林	37	汉	小学	仫佬语熟练	桂柳话一般	普通话一般	—
	长女	吴良静	10	仫佬	小学	仫佬语熟练	桂柳话熟练	普通话熟练	—
	次子	吴良滔	2	仫佬	幼儿	仫佬语一般	桂柳话不会	普通话不会	—
106	户主	吴良光	62	仫佬	初中	仫佬语熟练	桂柳话熟练	普通话一般	—
	妻子	吴凤香	56	仫佬	小学	仫佬语熟练	桂柳话一般	普通话略懂	—
	长子	吴世海	26	仫佬	初中	仫佬语熟练	桂柳话熟练	普通话一般	—
	次女	吴丽珍	25	仫佬	初中	仫佬语熟练	桂柳话一般	普通话一般	—
	孙女	吴张妮	3	仫佬	幼儿	仫佬语一般	桂柳话不会	普通话不会	—
107	户主	吴良照	44	仫佬	小学	仫佬语熟练	桂柳话一般	普通话一般	—
	妻子	吴美重	43	仫佬	小学	仫佬语熟练	桂柳话一般	普通话略懂	—
	长子	吴世涛	22	仫佬	初中	仫佬语熟练	桂柳话熟练	普通话熟练	—
	次子	吴世波	23	仫佬	初中	仫佬语熟练	桂柳话熟练	普通话熟练	—
	母亲	吴东兰	82	仫佬	文盲	仫佬语熟练	桂柳话略懂	普通话不会	—
108	户主	吴元春	61	仫佬	小学	仫佬语熟练	桂柳话一般	普通话略懂	—
	妻子	吴金莲	61	仫佬	小学	仫佬语熟练	桂柳话一般	普通话不会	—
	儿子	吴小弟	31	仫佬	小学	仫佬语熟练	桂柳话一般	普通话一般	—
	儿媳	吴世娜	29	仫佬	小学	仫佬语熟练	桂柳话一般	普通话一般	—
	孙子	吴冰冰	7	仫佬	小学	仫佬语熟练	桂柳话一般	普通话一般	—
	孙子	吴浩浩	2	仫佬	幼儿	仫佬语一般	桂柳话不会	普通话不会	—
109	户主	吴良红	39	仫佬	初中	仫佬语熟练	桂柳话一般	普通话一般	—
	妻子	吴月妹	34	仫佬	小学	仫佬语熟练	桂柳话一般	普通话一般	—
	儿子	吴世全	16	仫佬	初中	仫佬语熟练	桂柳话一般	普通话一般	—
110	户主	吴良双	37	仫佬	小学	仫佬语熟练	桂柳话一般	普通话一般	—
	妻子	吴耐秀	31	壮	小学	仫佬语熟练	桂柳话一般	普通话一般	—
	长女	吴彩枝	9	仫佬	小学	仫佬语熟练	桂柳话一般	普通话一般	—
	次女	吴世杰	2	仫佬	幼儿	仫佬语一般	桂柳话不会	普通话不会	—
111	户主	吴寿顶	39	仫佬	高中	仫佬语熟练	桂柳话熟练	普通话熟练	—
	妻子	王友芬	35	苗	小学	苗语熟练	仫佬语一般	桂柳话一般	普通话略懂
	女儿	吴丽芸	6	仫佬	小学	仫佬语熟练	桂柳话略懂	普通话一般	—
	父亲	吴喜科	72	仫佬	小学	仫佬语熟练	桂柳话一般	普通话一般	—

续表

序号	家庭关系	姓名	年龄/岁	民族	文化程度	第一语言及水平	第二语言及水平	第三语言及水平	第四语言及水平
111	母亲	李永枝	72	仫佬	小学	仫佬语熟练	桂柳话一般	普通话略懂	—
112	户主	吴小谋	45	仫佬	初中	仫佬语熟练	桂柳话一般	普通话一般	—
	妻子	吴小芝	43	仫佬	小学	仫佬语熟练	桂柳话一般	普通话一般	—
	女儿	吴冬玲	16	仫佬	初中	仫佬语熟练	桂柳话一般	普通话一般	—
	儿子	吴福航	8	仫佬	小学	仫佬语熟练	桂柳话一般	普通话一般	—
	母亲	吴真妹	83	仫佬	文盲	仫佬语熟练	桂柳话一般	普通话略懂	—
113	户主	刘冠平	47	仫佬	初中	仫佬语熟练	桂柳话一般	普通话一般	—
	妻子	吴琼英	40	仫佬	小学	仫佬语熟练	桂柳话一般	普通话略懂	—
	长女	刘淑婷	18	仫佬	初中	仫佬语熟练	桂柳话一般	普通话一般	—
	次女	刘万妍	12	仫佬	小学	仫佬语熟练	桂柳话一般	普通话一般	
114	户主	吴寿珠	45	仫佬	小学	仫佬语熟练	桂柳话一般	普通话一般	—
	妻子	廖香婵	44	壮	小学	壮语熟练	仫佬语熟练	桂柳话熟练	普通话一般
	长女	吴林妹	19	仫佬	高中	仫佬语熟练	桂柳话熟练	普通话熟练	—
	次女	吴林巧	9	仫佬	小学	仫佬语熟练	桂柳话一般	普通话一般	—
115	户主	吴福正	50	仫佬	小学	仫佬语熟练	桂柳话一般	普通话略懂	—
	妻子	罗凤荣	45	仫佬	小学	壮语熟练	仫佬语熟练	桂柳话一般	普通话一般
	长女	吴桂香	25	仫佬	初中	仫佬语熟练	桂柳话熟练	普通话熟练	—
	次女	吴长林	24	仫佬	初中	仫佬语熟练	桂柳话一般	普通话一般	—
	三女	吴长敏	22	仫佬	小学	仫佬语熟练	桂柳话一般	普通话一般	—
116	户主	吴世华	29	仫佬	小学	仫佬语熟练	桂柳话一般	普通话一般	—
117	户主	吴元朋	51	仫佬	初中	仫佬语熟练	桂柳话一般	普通话一般	—
	妻子	吴寿荣	49	仫佬	小学	仫佬语熟练	桂柳话一般	普通话一般	—
	长子	吴良号	27	仫佬	初中	仫佬语熟练	桂柳话一般	普通话一般	—
	次女	吴春利	25	仫佬	初中	仫佬语熟练	桂柳话熟练	普通话一般	—
118	户主	刘冠林	58	仫佬	小学	仫佬语熟练	桂柳话一般	普通话略懂	—
	妻子	吴福美	48	仫佬	小学	仫佬语熟练	桂柳话一般	普通话一般	—
119	户主	吴良胜	50	仫佬	小学	仫佬语熟练	桂柳话一般	普通话一般	—
	长子	吴长富	24	仫佬	初中	仫佬语熟练	桂柳话熟练	普通话熟练	—
	次子	吴长友	23	仫佬	小学	仫佬语熟练	桂柳话一般	普通话一般	—

续表

序号	家庭关系	姓名	年龄/岁	民族	文化程度	第一语言及水平	第二语言及水平	第三语言及水平	第四语言及水平
119	儿媳	何秋婵	23	汉	初中	普通话熟练	桂柳话一般	仫佬语略懂	—
	孙子	吴敦俊	2	仫佬	幼儿	仫佬语熟练	桂柳话不会	普通话不会	—
120	户主	吴寿文	77	仫佬	文盲	仫佬语熟练	桂柳话略懂	普通话不会	—
121	户主	吴良贵	47	仫佬	小学	仫佬语熟练	桂柳话一般	普通话略懂	—
	妻子	刘名秀	42	仫佬	小学	仫佬语熟练	桂柳话略懂	普通话略懂	—
	长子	吴世纯	23	仫佬	高中	仫佬语熟练	桂柳话熟练	普通话熟练	—
	次子	吴世英	20	仫佬	初中	仫佬语熟练	桂柳话熟练	普通话熟练	—
	父亲	吴元山	72	仫佬	小学	仫佬语熟练	桂柳话一般	普通话略懂	—

三、大新村语言使用情况

（一）语言使用的基本特点

1. 仫佬语是民族间的主要交际工具

此次调查了大新村103户350人（包括仫佬族273人、壮族11人、汉族66人，不包括6岁以下儿童29人），大新村仫佬族与其他民族杂居在一起，主要是汉族和壮族。汉族人普遍讲客家话，这些人在长期与仫佬族交往的过程中逐渐学会了仫佬语，也有的汉族家庭完全不会仫佬语，他们在与仫佬族人交流时用桂柳话。但是这些都只是个例，在大新村，仫佬语仍旧是当地稳定使用的语言（表3-8）。

表3-8 不同年龄段仫佬语语言能力统计表

年龄段	总人口/人	熟练 人口/人	熟练 百分比/%	一般 人口/人	一般 百分比/%	略懂 人口/人	略懂 百分比/%	不会 人口/人	不会 百分比/%
6~19岁	39	38	97.4	0	0	0	0	1	2.6
20~50岁	204	197	96.5	2	1.0	1	0.5	4	2.0
50岁以上	78	76	97.4	1	1.3	0	0	1	1.3
合计	321	311	96.9	3	0.9	1	0.3	6	1.9

从表3-8中可以看到，96.9%的大新村村民能够相当熟练地使用仫佬语，只有极少数村民不会，所以仫佬语是大新村村民维系日常生活交流最重要的语言。

2. 桂柳话和普通话为仫佬村民普遍兼用

从表 3-9 中可以明显看到，桂柳话是大新村最重要的兼用语言，几乎所有的人都可以用桂柳话交流；个别略懂的要么年龄较小，语言能力还比较弱，要么年龄过高，几乎没有使用仫佬语以外语言的机会。

表 3-9　大新村村民不同年龄段桂柳话语言能力统计表

年龄段	总人口/人	熟练 人口/人	熟练 百分比/%	一般 人口/人	一般 百分比/%	略懂 人口/人	略懂 百分比/%	不会 人口/人	不会 百分比/%
6～19 岁	39	28	71.8	8	20.5	3	7.7	0	0
20～50 岁	204	197	96.6	6	2.9	1	0.5	0	0
50 岁以上	78	64	82.1	11	14.1	3	3.8	0	0
合计	321	289	90.0	25	7.8	7	2.2	0	0

从表 3-10 中可以看到，大新村的普通话水平总体较好，82.3%的居民能用普通话交流，不会的只占 1.8%，特别是在低年龄段中，没有不会普通话的人，可见大新村普通话的普及较早而且普及率比较高。

表 3-10　大新村村民不同年龄段普通话语言能力统计表

年龄段	总人口/人	熟练 人口/人	熟练 百分比/%	一般 人口/人	一般 百分比/%	略懂 人口/人	略懂 百分比/%	不会 人口/人	不会 百分比/%
6～19 岁	39	21	53.8	12	30.8	6	15.4	0	0
20～50 岁	204	145	71.1	39	19.1	18	8.8	2	1.0
50 岁以上	78	31	39.7	16	20.5	27	34.6	4	5.2
合计	321	197	61.4	67	20.9	51	15.9	6	1.8

（二）大新村家庭语言使用情况

大新村家庭语言使用情况如表 3-11 所示。

表 3-11　大新村家庭语言使用情况一览表

序号	家庭关系	姓名	年龄/岁	民族	文化程度	第一语言及水平	第二语言及水平	第三语言及水平	第四语言及水平
1	户主	吴三放	43	仫佬	初中	仫佬语熟练	桂柳话熟练	普通话略懂	—
2	户主	吴兰琼	69	仫佬	小学	仫佬语熟练	桂柳话略懂	普通话不会	—
3	户主	吴孝吉	69	仫佬	小学	仫佬语熟练	桂柳话略懂	普通话不会	—

续表

序号	家庭关系	姓名	年龄/岁	民族	文化程度	第一语言及水平	第二语言及水平	第三语言及水平	第四语言及水平
4	户主	吴顶平	63	仫佬	初中	仫佬语熟练	桂柳话熟练	普通话熟练	—
5	户主	吴明胜	38	仫佬	初中	仫佬语熟练	桂柳话熟练	普通话一般	—
6	户主	吴仁考	71	仫佬	初中	仫佬语熟练	桂柳话熟练	普通话略懂	—
7	户主	吴兰锋	42	仫佬	小学	仫佬语熟练	桂柳话熟练	普通话略懂	—
7	妻子	廖爱玉	38	壮	初中	仫佬语熟练	桂柳话熟练	普通话略懂	—
7	长女	吴珍珍	14	仫佬	初中	仫佬语熟练	桂柳话熟练	普通话略懂	—
7	次女	吴雅茜	8	仫佬	初中	仫佬语熟练	桂柳话熟练	普通话熟练	—
7	母亲	吴爱菊	82	仫佬	小学	仫佬语熟练	桂柳话熟练	普通话略懂	—
8	户主	吴爱菊	56	仫佬	初中	仫佬语熟练	桂柳话熟练	普通话略懂	—
8	长女	吴韦云	32	仫佬	初中	仫佬语熟练	桂柳话熟练	普通话一般	—
8	次女	吴韦羽	29	仫佬	高中	仫佬语熟练	桂柳话熟练	普通话一般	—
8	三女	吴韦泉	24	仫佬	初中	仫佬语熟练	桂柳话熟练	普通话一般	—
8	孙子	胡杰	10	仫佬	小学	仫佬语熟练	桂柳话熟练	普通话熟练	—
8	外孙	黄钥	5	仫佬	小学	仫佬语熟练	桂柳话略懂	普通话略懂	—
9	户主	吴从保	70	仫佬	小学	仫佬语熟练	桂柳话熟练	普通话略懂	—
9	妻子	吴彩菊	59	仫佬	小学	仫佬语熟练	桂柳话熟练	普通话略懂	—
9	儿子	吴人好	28	仫佬	初中	仫佬语熟练	桂柳话熟练	普通话略懂	—
9	儿媳	周桂琼	28	汉	初中	仫佬语熟练	桂柳话熟练	普通话略懂	—
9	孙女	吴汝婷	3	仫佬	学龄前	仫佬语熟练	桂柳话略懂	普通话略懂	—
10	户主	吴人双	30	仫佬	初中	仫佬语熟练	桂柳话熟练	普通话略懂	—
10	儿子	吴俊颖	3	仫佬	学龄前	仫佬语熟练	桂柳话略懂	普通话略懂	—
11	户主	吴细琼	63	仫佬	小学	仫佬语熟练	桂柳话熟练	普通话略懂	—
11	母亲	陈秀娥	88	汉	小学	仫佬语熟练	桂柳话略懂	普通话略懂	—
11	妹妹	吴毅琼	58	仫佬	小学	仫佬语熟练	桂柳话熟练	普通话略懂	—
12	户主	吴太文	53	仫佬	初中	仫佬语熟练	桂柳话熟练	普通话略懂	—
12	妻子	吴长梅	55	汉	小学	仫佬语熟练	桂柳话熟练	普通话略懂	—
12	儿子	吴才雄	29	仫佬	初中	仫佬语熟练	桂柳话熟练	普通话略懂	—
13	户主	吴德贵	31	汉	初中	仫佬语熟练	桂柳话熟练	普通话略懂	—
13	妻子	吴琼艳	27	仫佬	小学	仫佬语熟练	桂柳话一般	普通话略懂	—
13	女儿	吴思颖	3	仫佬	学龄前	仫佬语熟练	桂柳话略懂	普通话略懂	—

续表

序号	家庭关系	姓名	年龄/岁	民族	文化程度	第一语言及水平	第二语言及水平	第三语言及水平	第四语言及水平
14	户主	吴才国	35	仫佬	小学	仫佬语熟练	桂柳话一般	普通话略懂	—
	妻子	潘秀菊	36	仫佬	小学	仫佬语熟练	桂柳话熟练	普通话略懂	—
	长女	吴红娜	8	仫佬	小学	仫佬语熟练	桂柳话熟练	普通话一般	—
	次女	吴芳晴	6	仫佬	小学	仫佬语熟练	桂柳话略懂	普通话略懂	—
15	户主	吴忠明	65	仫佬	小学	仫佬语熟练	桂柳话一般	普通话略懂	—
	妻子	何秀粉	63	仫佬	小学	仫佬语熟练	桂柳话一般	普通话略懂	—
16	户主	吴才元	39	仫佬	初中	仫佬语熟练	桂柳话熟练	普通话一般	—
	妻子	覃菊琼	38	仫佬	初中	仫佬语熟练	桂柳话熟练	普通话略懂	—
	女儿	吴红柳	10	仫佬	小学	仫佬语熟练	桂柳话一般	普通话略懂	—
	儿子	吴了涵	4	仫佬	学龄前	仫佬语熟练	桂柳话一般	普通话略懂	—
17	户主	吴宁军	30	仫佬	初中	仫佬语熟练	桂柳话熟练	普通话一般	—
	妻子	吴海丽	32	仫佬	初中	仫佬语熟练	桂柳话熟练	普通话一般	—
18	户主	吴生平	54	仫佬	小学	仫佬语熟练	桂柳话熟练	普通话一般	—
	妻子	廖小香	55	仫佬	小学	仫佬语熟练	桂柳话熟练	普通话略懂	—
	女儿	吴宁华	29	仫佬	初中	仫佬语熟练	桂柳话熟练	普通话一般	—
	儿子	吴宁敏	27	仫佬	初中	仫佬语熟练	桂柳话熟练	普通话一般	—
19	户主	吴金贵	49	仫佬	小学	仫佬语熟练	桂柳话熟练	普通话略懂	—
	妻子	吴丙銮	48	仫佬	初中	仫佬语熟练	桂柳话熟练	普通话一般	—
	儿子	吴增敏	26	仫佬	初中	仫佬语熟练	桂柳话熟练	桂柳话一般	—
	女儿	吴静云	23	仫佬	大学	仫佬语熟练	桂柳话熟练	普通话熟练	—
20	户主	吴常春	50	仫佬	初中	仫佬语熟练	桂柳话熟练	普通话熟练	—
	妻子	罗华姣	49	仫佬	初中	仫佬语熟练	桂柳话熟练	普通话熟练	—
	儿子	吴代勋	26	仫佬	初中	仫佬语熟练	桂柳话熟练	普通话熟练	—
	女儿	吴蔓君	25	仫佬	初中	仫佬语熟练	桂柳话熟练	普通话熟练	—
	父亲	吴开庭	86	仫佬	中专	仫佬语熟练	桂柳话熟练	普通话一般	—
	母亲	吴秀香	86	仫佬	文盲	仫佬语熟练	桂柳话一般	普通话略懂	—
21	户主	吴春革	45	仫佬	小学	仫佬语熟练	桂柳话熟练	普通话一般	—
	儿子	吴才立	26	仫佬	小学	仫佬语熟练	桂柳话熟练	普通话一般	—
	长女	吴细立	23	仫佬	小学	仫佬语熟练	桂柳话熟练	普通话一般	—

续表

序号	家庭关系	姓名	年龄/岁	民族	文化程度	第一语言及水平	第二语言及水平	第三语言及水平	第四语言及水平
21	次女	吴建秋	20	仫佬	小学	仫佬语熟练	桂柳话熟练	普通话一般	—
22	户主	吴得生	58	仫佬	小学	仫佬语熟练	桂柳话熟练	普通话略懂	—
	妻子	吴凤娥	59	仫佬	小学	仫佬语熟练	桂柳话熟练	普通话略懂	—
	女儿	吴敏	32	仫佬	中专	仫佬语熟练	桂柳话熟练	普通话熟练	—
	儿子	吴志	31	仫佬	初中	仫佬语熟练	桂柳话熟练	普通话一般	—
	儿媳	吴小丽	30	仫佬	初中	仫佬语熟练	桂柳话熟练	普通话一般	—
	孙女	吴佩诗	4	仫佬	学龄前	仫佬语熟练	桂柳话略懂	普通话略懂	—
23	户主	吴柳红	33	仫佬	初中	仫佬语熟练	桂柳话熟练	普通话熟练	—
	父亲	吴春桂	61	仫佬	小学	仫佬语熟练	桂柳话熟练	普通话略懂	—
24	户主	吴政权	47	仫佬	小学	仫佬语熟练	桂柳话熟练	普通话一般	—
	妻子	罗高菊	46	仫佬	初中	仫佬语熟练	桂柳话熟练	普通话略懂	—
	长女	吴佩	25	仫佬	初中	仫佬语熟练	桂柳话熟练	普通话一般	—
	次女	吴莎莎	20	仫佬	初中	仫佬语熟练	桂柳话熟练	普通话一般	—
25	户主	吴仁积	31	仫佬	小学	仫佬语熟练	桂柳话熟练	普通话熟练	—
	母亲	吴秀平	60	仫佬	初中	仫佬语熟练	桂柳话熟练	普通话熟练	—
26	户主	吴庆敏	51	仫佬	小学	仫佬语熟练	桂柳话熟练	普通话一般	—
	妻子	吴双銮	51	仫佬	小学	仫佬语熟练	桂柳话熟练	普通话一般	—
	长子	吴才欢	27	仫佬	初中	仫佬语熟练	桂柳话熟练	普通话一般	—
	次子	吴才年	25	仫佬	小学	仫佬语熟练	桂柳话熟练	普通话一般	—
	妹妹	吴春銮	40	仫佬	—	仫佬语熟练	桂柳话略懂	普通话不会	—
27	户主	吴顶光	49	仫佬	中专	仫佬语熟练	桂柳话熟练	普通话熟练	—
	妻子	梁桂云	47	仫佬	初中	仫佬语熟练	桂柳话熟练	普通话一般	—
	儿子	吴雨翰	21	仫佬	大专	仫佬语熟练	桂柳话熟练	普通话熟练	—
28	户主	吴才云	43	仫佬	小学	仫佬语熟练	桂柳话熟练	普通话熟练	—
	妻子	覃孝翠	42	仫佬	初中	仫佬语熟练	桂柳话熟练	普通话熟练	—
	长子	吴增茂	21	仫佬	初中	仫佬语熟练	桂柳话熟练	普通话熟练	—
	次子	吴增意	16	仫佬	初中	仫佬语熟练	桂柳话熟练	普通话熟练	—
	母亲	吴翠枝	77	仫佬	小学	仫佬语熟练	桂柳话熟练	普通话略懂	—
29	户主	吴瑞花	57	仫佬	小学	仫佬语熟练	桂柳话熟练	普通话略懂	—
	长子	吴龙军	32	仫佬	初中	仫佬语熟练	桂柳话熟练	普通话熟练	—

续表

序号	家庭关系	姓名	年龄/岁	民族	文化程度	第一语言及水平	第二语言及水平	第三语言及水平	第四语言及水平
29	次子	吴玲雪	27	仫佬	初中	仫佬语熟练	桂柳话熟练	普通话熟练	—
	儿媳	吴桂茹	32	仫佬	初中	仫佬语熟练	桂柳话熟练	普通话熟练	—
	孙子	吴龙纲	5	仫佬	小学	仫佬语熟练	桂柳话一般	普通话略懂	—
30	户主	吴才波	37	仫佬	小学	仫佬语熟练	桂柳话熟练	普通话熟练	—
	妻子	吴运红	34	仫佬	小学	仫佬语熟练	桂柳话熟练	普通话熟练	—
	儿子	吴代承	11	仫佬	小学	仫佬语熟练	桂柳话一般	普通话一般	—
31	户主	吴才永	45	仫佬	小学	仫佬语熟练	桂柳话熟练	普通话熟练	—
	妻子	吴翠兰	48	仫佬	小学	仫佬语熟练	桂柳话熟练	普通话一般	—
	长女	吴旎旎	27	仫佬	初中	仫佬语熟练	桂柳话熟练	普通话熟练	—
	次女	吴珑珑	25	仫佬	大学	仫佬语熟练	桂柳话熟练	普通话熟练	—
	孙子	吴和广	3	仫佬	学龄前	仫佬语熟练	桂柳话略懂	普通话熟练	—
32	户主	吴才林	35	仫佬	初中	仫佬语熟练	桂柳话熟练	普通话熟练	—
	妻子	谢新林	31	仫佬	小学	仫佬语熟练	桂柳话熟练	普通话一般	—
	女儿	吴艳雪	5	仫佬	学龄前	仫佬语熟练	桂柳话熟练	普通话熟练	—
	妹妹	吴婷芳	32	仫佬	初中	仫佬语熟练	桂柳话熟练	普通话熟练	—
	妹妹	吴丹丹	30	仫佬	初中	仫佬语熟练	桂柳话熟练	普通话熟练	—
33	户主	吴卫忠	41	仫佬	初中	仫佬语熟练	桂柳话熟练	普通话熟练	—
	妻子	罗冬雪	35	仫佬	初中	仫佬语熟练	桂柳话熟练	普通话一般	—
	长子	吴鹏程	13	仫佬	小学	仫佬语熟练	桂柳话熟练	普通话熟练	—
	次子	吴鹏鑫	4	仫佬	学龄前	仫佬语熟练	桂柳话略懂	普通话略懂	—
	母亲	吴细云	66	仫佬	小学	仫佬语熟练	桂柳话熟练	普通话一般	—
	妹妹	吴会沙	37	仫佬	小学	仫佬语熟练	桂柳话熟练	普通话熟练	—
34	户主	吴姿娟	39	仫佬	初中	仫佬语熟练	桂柳话熟练	普通话熟练	—
	儿子	陈东明	8	仫佬	小学	仫佬语熟练	桂柳话熟练	普通话一般	—
	孙女	吴伊涵	3	仫佬	学龄前	仫佬语熟练	桂柳话略懂	普通话略懂	—
35	户主	吴华强	52	仫佬	小学	仫佬语熟练	桂柳话熟练	普通话一般	—
	妻子	吴应珍	51	仫佬	初中	仫佬语熟练	桂柳话熟练	普通话一般	—
	长女	吴叶	28	仫佬	初中	仫佬语熟练	桂柳话熟练	普通话熟练	—
	次女	吴翠桃	27	仫佬	初中	仫佬语熟练	桂柳话熟练	普通话熟练	—

续表

序号	家庭关系	姓名	年龄/岁	民族	文化程度	第一语言及水平	第二语言及水平	第三语言及水平	第四语言及水平
35	儿子	吴立松	24	仫佬	初中	仫佬语熟练	桂柳话熟练	普通话熟练	—
36	户主	吴珍暖	46	仫佬	初中	仫佬语熟练	桂柳话熟练	普通话熟练	—
	儿子	吴渊	26	仫佬	初中	仫佬语熟练	桂柳话熟练	普通话熟练	—
37	户主	罗翠英	49	壮	初中	仫佬语熟练	桂柳话熟练	普通话熟练	—
	女儿	吴艳	25	仫佬	初中	仫佬语熟练	桂柳话熟练	普通话熟练	—
	儿子	吴桂伟	24	仫佬	小学	仫佬语熟练	桂柳话熟练	普通话熟练	—
38	户主	吴忠平	46	仫佬	小学	仫佬语熟练	桂柳话熟练	普通话熟练	—
	妻子	蒙连庆	49	壮	高中	仫佬语熟练	桂柳话熟练	普通话熟练	—
	长子	吴广涛	25	仫佬	小学	仫佬语熟练	桂柳话熟练	普通话熟练	—
	次子	吴广云	21	仫佬	初中	仫佬语熟练	桂柳话熟练	普通话熟练	—
39	户主	吴希忠	40	仫佬	小学	仫佬语熟练	桂柳话熟练	普通话略懂	—
40	户主	吴贵玉	38	仫佬	初中	仫佬语熟练	桂柳话熟练	普通话一般	—
	女儿	吴柔柔	14	仫佬	初中	仫佬语熟练	桂柳话熟练	普通话一般	—
41	户主	吴志和	50	仫佬	小学	仫佬语熟练	桂柳话熟练	普通话一般	—
42	户主	吴炳辉	66	仫佬	初中	仫佬语熟练	桂柳话熟练	普通话一般	—
	妻子	潘窕英	58	仫佬	初中	仫佬语熟练	桂柳话熟练	普通话一般	—
	儿子	吴谋	33	仫佬	小学	仫佬语熟练	桂柳话熟练	普通话一般	—
	女儿	吴世云	26	仫佬	初中	仫佬语熟练	桂柳话熟练	普通话熟练	—
	孙女	吴广玉	3	仫佬	学龄前	仫佬语熟练	桂柳话略懂	普通话略懂	—
	孙女	谢婧	8	仫佬	小学	仫佬语熟练	桂柳话熟练	普通话一般	—
43	户主	罗承勋	40	壮	中专	仫佬语一般	桂柳话熟练	普通话熟练	—
	妻子	吴慧云	37	仫佬	初中	仫佬语熟练	桂柳话熟练	普通话熟练	—
	女儿	吴罗洋	15	仫佬	初中	仫佬语熟练	桂柳话熟练	普通话熟练	—
	儿子	吴罗溢	7	仫佬	小学	仫佬语熟练	桂柳话熟练	普通话一般	—
44	户主	吴汉军	50	仫佬	小学	仫佬语熟练	桂柳话熟练	普通话一般	—
45	户主	罗佑珍	47	汉	初中	仫佬语熟练	桂柳话熟练	普通话熟练	—
	儿子	吴增丹	23	仫佬	初中	仫佬语熟练	桂柳话熟练	普通话熟练	—
	女儿	吴增芳	21	仫佬	初中	仫佬语熟练	桂柳话熟练	普通话熟练	—

续表

序号	家庭关系	姓名	年龄/岁	民族	文化程度	第一语言及水平	第二语言及水平	第三语言及水平	第四语言及水平
46	户主	吴小康	43	仫佬	小学	仫佬语熟练	桂柳话熟练	普通话熟练	—
	妻子	吴爱暖	43	仫佬	小学	仫佬语熟练	桂柳话熟练	普通话略懂	—
	儿子	吴增鹏	24	仫佬	大学	仫佬语熟练	桂柳话熟练	普通话熟练	—
	女儿	吴珍娟	23	仫佬	初中	仫佬语熟练	桂柳话熟练	普通话熟练	—
	妹妹	吴秀红	39	仫佬	初中	仫佬语熟练	桂柳话熟练	普通话熟练	—
47	户主	周桂菊	72	仫佬	小学	仫佬语熟练	桂柳话一般	普通话熟练	—
48	户主	吴细和	60	仫佬	小学	仫佬语熟练	桂柳话熟练	普通话一般	—
	妻子	黄小梅	58	汉	小学	仫佬语熟练	桂柳话一般	普通话一般	—
	长女	吴红珍	31	仫佬	小学	仫佬语熟练	桂柳话熟练	普通话熟练	—
	次女	吴红群	27	仫佬	小学	仫佬语熟练	桂柳话熟练	普通话熟练	—
	孙女	田璐	3	仫佬	学龄前	仫佬语熟练	桂柳话一般	普通话略懂	—
49	户主	吴康明	33	仫佬	小学	仫佬语熟练	桂柳话熟练	普通话熟练	—
	妻子	吴秀菊	46	仫佬	小学	仫佬语一般	桂柳话熟练	普通话一般	—
	儿子	吴增意	4	仫佬	学龄前	仫佬语熟练	桂柳话略懂	普通话略懂	—
50	户主	吴才恒	29	仫佬	小学	仫佬语熟练	桂柳话熟练	普通话熟练	—
	女儿	吴宇轩	5	仫佬	学龄前	仫佬语熟练	桂柳话一般	普通话略懂	—
51	户主	吴必兴	32	仫佬	初中	仫佬语熟练	桂柳话熟练	普通话熟练	—
	妻子	韦芳	29	壮	初中	仫佬语略懂	桂柳话熟练	普通话熟练	—
	长子	吴昱锋	5	仫佬	学龄前	仫佬语一般	桂柳话熟练	普通话略懂	—
	次子	吴广鼎	2	仫佬	学龄前	仫佬语熟练	桂柳话不会	普通话不会	—
	父亲	吴才达	63	仫佬	高中	仫佬语熟练	桂柳话熟练	普通话熟练	—
52	户主	吴树华	63	仫佬	小学	仫佬语熟练	桂柳话一般	普通话略懂	—
	长女	吴艳丽	34	仫佬	初中	仫佬语熟练	桂柳话熟练	普通话熟练	—
	女婿	谢世辉	40	仫佬	初中	仫佬语熟练	桂柳话熟练	普通话熟练	—
	次女	吴海嫒	30	仫佬	大专	仫佬语熟练	桂柳话熟练	普通话熟练	—
	三女	吴族丽	28	仫佬	初中	仫佬语熟练	桂柳话熟练	普通话熟练	—
	孙子	吴广贝	6	仫佬	学龄前	仫佬语熟练	桂柳话略懂	普通话略懂	—
53	户主	吴应龙	57	仫佬	小学	仫佬语熟练	桂柳话熟练	普通话熟练	—
	妻子	吴东琼	58	仫佬	文盲	仫佬语熟练	桂柳话一般	普通话略懂	—

续表

序号	家庭关系	姓名	年龄/岁	民族	文化程度	第一语言及水平	第二语言及水平	第三语言及水平	第四语言及水平
53	女儿	吴暖香	30	仫佬	小学	仫佬语熟练	桂柳话熟练	普通话熟练	—
54	户主	吴才全	38	仫佬	初中	仫佬语熟练	桂柳话熟练	普通话熟练	—
	儿子	吴增创	6	仫佬	学龄前	仫佬语熟练	桂柳话一般	普通话一般	—
	父亲	吴仁友	68	仫佬	高中	仫佬语熟练	桂柳话熟练	普通话熟练	—
	母亲	吴细香	71	仫佬	初中	仫佬语熟练	桂柳话熟练	普通话一般	—
55	户主	吴海清	25	仫佬	中专	仫佬语熟练	桂柳话熟练	普通话熟练	—
56	户主	吴太华	56	仫佬	小学	仫佬语熟练	桂柳话熟练	普通话熟练	—
	妻子	梁掉花	55	仫佬	小学	仫佬语熟练	桂柳话熟练	普通话一般	—
	儿子	吴桂康	33	仫佬	小学	仫佬语熟练	桂柳话熟练	普通话熟练	—
	孙女	吴腾惠	4	仫佬	学龄前	仫佬语熟练	桂柳话略懂	普通话略懂	—
	孙子	吴腾靖	3	仫佬	学龄前	仫佬语熟练	桂柳话不会	普通话不会	—
57	户主	吴桂红	34	仫佬	小学	仫佬语熟练	桂柳话熟练	普通话熟练	—
58	户主	吴彩玉	63	仫佬	小学	仫佬语熟练	桂柳话一般	普通话一般	—
	儿子	吴连强	35	仫佬	小学	仫佬语熟练	桂柳话一般	普通话熟练	—
59	户主	吴连波	30	仫佬	小学	仫佬语熟练	桂柳话熟练	普通话熟练	—
	妻子	吴惠连	33	仫佬	小学	仫佬语熟练	桂柳话熟练	普通话一般	—
60	户主	吴连刚	37	仫佬	小学	仫佬语熟练	桂柳话一般	普通话熟练	—
	妻子	谢耐连	39	仫佬	小学	仫佬语熟练	桂柳话熟练	普通话熟练	—
	长子	吴才毅	13	仫佬	小学	仫佬语熟练	桂柳话一般	普通话略懂	—
	次子	吴才璐	7	仫佬	小学	仫佬语熟练	桂柳话略懂	普通话一般	—
	三子	吴才壮	5	仫佬	学龄前	仫佬语熟练	桂柳话略懂	普通话略懂	—
61	户主	吴应文	64	仫佬	小学	仫佬语熟练	桂柳话一般	普通话略懂	—
	妻子	谢珍梅	64	汉	小学	仫佬语熟练	桂柳话一般	普通话略懂	—
	女儿	吴贵凤	35	仫佬	初中	仫佬语熟练	桂柳话熟练	普通话熟练	—
62	户主	吴贵选	36	仫佬	小学	仫佬语熟练	桂柳话熟练	普通话一般	—
	妻子	黄婵花	34	汉	小学	仫佬语熟练	桂柳话一般	普通话略懂	—
	儿子	吴腾杰	8	仫佬	小学	仫佬语熟练	桂柳话一般	普通话略懂	—
	女儿	吴苏琪	5	仫佬	小学	仫佬语熟练	桂柳话一般	普通话略懂	—

续表

序号	家庭关系	姓名	年龄/岁	民族	文化程度	第一语言及水平	第二语言及水平	第三语言及水平	第四语言及水平
63	户主	吴文革	41	仫佬	小学	仫佬语熟练	桂柳话一般	普通话略懂	—
	妻子	覃春琼	45	仫佬	初中	仫佬语熟练	桂柳话熟练	普通话一般	—
	长子	吴人东	17	仫佬	初中	仫佬语熟练	桂柳话熟练	普通话熟练	—
	次子	吴人欢	10	仫佬	初中	仫佬语熟练	桂柳话熟练	普通话熟练	—
	姐姐	吴雪珍	44	仫佬	初中	仫佬语熟练	桂柳话熟练	普通话熟练	—
64	户主	吴四光	38	仫佬	初中	仫佬语熟练	桂柳话熟练	普通话熟练	—
	妻子	刘秀娟	36	仫佬	初中	仫佬语熟练	桂柳话熟练	普通话一般	—
	女儿	吴仙仙	9	仫佬	小学	仫佬语熟练	桂柳话一般	普通话一般	—
	儿子	吴桂涛	7	仫佬	初中	仫佬语熟练	桂柳话一般	普通话一般	—
	母亲	吴秋菊	75	仫佬	小学	仫佬语熟练	桂柳话一般	普通话略懂	—
65	户主	罗富全	72	汉	小学	客家话熟练	仫佬语熟练	桂柳话熟练	普通话略懂
	妻	覃美姣	44	仫佬	小学	仫佬语熟练	桂柳话熟练	普通话一般	—
	长女	张代虹	22	仫佬	大学	客家话熟练	仫佬语熟练	桂柳话熟练	普通话熟练
	次女	张代婵	17	仫佬	高中	客家话熟练	仫佬语熟练	桂柳话熟练	普通话熟练
	母亲	张雪梅	71	汉	初中	客家话熟练	仫佬语熟练	桂柳话熟练	普通话熟练
66	户主	罗小平	46	汉	初中	客家话熟练	仫佬语熟练	桂柳话熟练	普通话熟练
	妻子	覃鸾枝	44	仫佬	初中	仫佬语熟练	桂柳话熟练	普通话熟练	—
	长女	罗贵梦	19	仫佬	高中	仫佬语熟练	桂柳话熟练	普通话熟练	—
	次女	罗贵慧	17	仫佬	初中	仫佬语熟练	桂柳话熟练	普通话熟练	—
67	户主	张万贵	48	汉	初中	客家话熟练	仫佬语熟练	普通话熟练	桂柳话熟练
68	户主	罗富理	56	汉	小学	仫佬语熟练	桂柳话熟练	客家话熟练	普通话熟练
	妻子	谢连枝	57	仫佬	小学	仫佬语熟练	客家话熟练	桂柳话熟练	普通话熟练
	长子	罗贵满	30	仫佬	初中	仫佬语熟练	客家话熟练	桂柳话熟练	普通话熟练
	次子	罗贵昌	23	仫佬	初中	仫佬语熟练	客家话熟练	桂柳话熟练	普通话熟练
69	户主	谢江枝	50	仫佬	小学	仫佬语熟练	客家话熟练	桂柳话熟练	普通话熟练
	长子	罗贵松	27	仫佬	初中	仫佬语熟练	客家话熟练	桂柳话熟练	普通话熟练
	次女	罗旋丽	26	仫佬	高中	仫佬语熟练	客家话熟练	桂柳话熟练	普通话熟练
70	户主	张耐花	62	汉	文盲	客家话熟练	仫佬语熟练	桂柳话熟练	普通话熟练
	丈夫	谢光庆	73	仫佬	文盲	仫佬语熟练	客家话熟练	桂柳话熟练	普通话熟练
	长子	张万友	40	汉	初中	仫佬语熟练	客家话熟练	桂柳话熟练	普通话熟练

续表

序号	家庭关系	姓名	年龄/岁	民族	文化程度	第一语言及水平	第二语言及水平	第三语言及水平	第四语言及水平
70	次子	张小妹	34	汉	小学	仫佬语熟练	客家话熟练	桂柳话熟练	普通话熟练
	女儿	张万雪	33	汉	小学	仫佬语熟练	客家话熟练	桂柳话熟练	普通话熟练
71	户主	罗秋喜	45	汉	初中	客家话熟练	仫佬语熟练	桂柳话熟练	普通话熟练
	儿子	罗世炟	20	仫佬	大专	客家话熟练	仫佬语熟练	桂柳话熟练	普通话熟练
72	户主	罗秋胜	36	汉	初中	客家话熟练	仫佬语熟练	桂柳话熟练	普通话熟练
	母亲	哀小梅	70	仫佬	文盲	仫佬语熟练	客家话熟练	桂柳话熟练	普通话一般
	父亲	罗富庭	79	汉	文盲	客家话熟练	仫佬语熟练	桂柳话熟练	普通话熟练
	弟弟	罗小胜	33	汉	初中	客家话熟练	仫佬语熟练	桂柳话熟练	普通话熟练
73	户主	罗秋友	36	汉	初中	客家话熟练	仫佬语熟练	桂柳话熟练	普通话熟练
74	户主	罗秋日	38	汉	初中	客家话熟练	仫佬语熟练	桂柳话熟练	普通话熟练
	妻子	银汉美	37	仫佬	初中	仫佬语熟练	客家话熟练	桂柳话熟练	普通话一般
	长子	罗世振	9	仫佬	小学	仫佬语熟练	客家话熟练	桂柳话一般	普通话一般
	次子	罗世作	4	仫佬	小学	仫佬语熟练	客家话熟练	桂柳话熟练	普通话一般
	母亲	吴胜荣	78	汉	文盲	客家话熟练	仫佬语熟练	桂柳话熟练	普通话略懂
75	户主	吴焕香	73	仫佬	初中	仫佬语熟练	客家话熟练	桂柳话熟练	普通话熟练
76	户主	罗秋芳	47	汉	初中	客家话熟练	仫佬语熟练	桂柳话熟练	普通话熟练
	妻子	吴寿琼	46	仫佬	小学	仫佬语熟练	客家话熟练	桂柳话熟练	普通话一般
	儿子	罗世华	24	仫佬	初中	仫佬语熟练	客家话熟练	桂柳话熟练	普通话熟练
	女儿	罗慧妮	3	仫佬	幼儿园	客家话一般	桂柳话一般	普通话略懂	仫佬语不会
77	户主	罗世乾	25	汉	初中	仫佬语熟练	客家话熟练	桂柳话熟练	普通话熟练
	母亲	罗受连	59	汉	小学	客家话熟练	仫佬语熟练	桂柳话熟练	普通话熟练
78	户主	张金美	37	汉	小学	客家话熟练	仫佬语熟练	桂柳话熟练	普通话熟练
	姐姐	张金燕	33	汉	小学	客家话熟练	仫佬语熟练	桂柳话熟练	普通话熟练
79	户主	张代双	30	汉	初中	客家话熟练	仫佬语熟练	桂柳话熟练	普通话熟练
	妻子	罗会宜	26	仫佬	初中	仫佬语熟练	客家话熟练	桂柳话熟练	普通话一般
80	户主	张代生	30	汉	高中	客家话熟练	仫佬语熟练	桂柳话熟练	普通话熟练
	儿子	张荣臻	5	仫佬	学前班	仫佬语一般	客家话熟练	桂柳话略懂	普通话略懂
81	户主	罗凤雪	37	汉	小学	客家话熟练	仫佬语熟练	桂柳话熟练	普通话熟练
82	户主	罗军	33	汉	小学	客家话熟练	仫佬语熟练	桂柳话熟练	普通话熟练

续表

序号	家庭关系	姓名	年龄/岁	民族	文化程度	第一语言及水平	第二语言及水平	第三语言及水平	第四语言及水平
82	女儿	罗凤女	29	汉	小学	客家话熟练	仫佬语熟练	桂柳话熟练	普通话熟练
83	户主	罗贵福	40	汉	高中	客家话熟练	仫佬语熟练	桂柳话熟练	普通话熟练
	妻子	潘秀荣	39	仫佬	高中	仫佬语熟练	客家话熟练	桂柳话熟练	普通话一般
	长女	罗婷婷	18	仫佬	高中	仫佬语熟练	客家话熟练	桂柳话熟练	普通话熟练
	次女	罗静婷	12	仫佬	高中	仫佬语熟练	客家话熟练	桂柳话熟练	普通话一般
	母亲	杨正彩	82	汉	文盲	客家话熟练	仫佬语熟练	桂柳话熟练	普通话熟练
84	户主	罗启利	48	汉	初中	客家话熟练	仫佬语熟练	桂柳话熟练	普通话熟练
	妻子	吴荣凤	48	仫佬	小学	仫佬语熟练	客家话熟练	桂柳话熟练	普通话熟练
	长女	罗金洁	22	仫佬	初中	仫佬语熟练	客家话熟练	桂柳话熟练	普通话熟练
	次女	罗金锭	19	仫佬	初中	仫佬语熟练	客家话熟练	桂柳话熟练	普通话熟练
85	户主	吴桂忠	48	仫佬	初中	仫佬语熟练	客家话熟练	桂柳话熟练	普通话熟练
	妻子	罗双勤	46	汉	初中	客家话熟练	仫佬语熟练	桂柳话熟练	普通话熟练
	长女	罗金雪	24	仫佬	初中	仫佬语熟练	客家话熟练	桂柳话熟练	普通话熟练
	次女	罗金媚	22	仫佬	初中	仫佬语熟练	客家话熟练	桂柳话熟练	普通话熟练
	父亲	罗富球	80	汉	初中	客家话熟练	仫佬语熟练	桂柳话熟练	普通话熟练
	外孙	罗世辉	2	仫佬	学前班	仫佬语一般	客家话一般	桂柳话熟练	普通话不会
86	户主	罗贵德	59	汉	小学	客家话熟练	仫佬语熟练	桂柳话熟练	普通话熟练
	妻子	梁小金	58	仫佬	小学	仫佬语熟练	客家话熟练	桂柳话熟练	普通话熟练
	长子	罗世明	34	仫佬	初中	仫佬语熟练	客家话熟练	桂柳话熟练	普通话熟练
	次子	罗世亮	31	仫佬	初中	仫佬语熟练	客家话熟练	桂柳话熟练	普通话熟练
	女儿	罗秋艳	29	仫佬	初中	仫佬语熟练	客家话熟练	桂柳话熟练	普通话熟练
87	户主	张太杰	45	汉	初中	客家话熟练	仫佬语熟练	桂柳话熟练	普通话熟练
	妻子	郁春荣	47	壮	初中	壮语熟练	客家话熟练	桂柳话熟练	普通话熟练
	儿子	张成胜	20	壮	高中	客家话熟练	仫佬语熟练	壮语熟练	桂柳话熟练
	母亲	吴秀枝	77	仫佬	文盲	仫佬语熟练	客家话熟练	桂柳话熟练	普通话熟练
88	户主	罗付成	61	汉	小学	客家话熟练	仫佬语熟练	桂柳话熟练	普通话熟练
	妻子	谢桂梅	62	仫佬	小学	仫佬语熟练	客家话熟练	桂柳话熟练	普通话不会
	长女	罗秋红	34	仫佬	高中	仫佬语熟练	客家话熟练	桂柳话熟练	普通话熟练

续表

序号	家庭关系	姓名	年龄/岁	民族	文化程度	第一语言及水平	第二语言及水平	第三语言及水平	第四语言及水平
88	次女	罗小红	32	仫佬	大专	仫佬语熟练	客家话熟练	桂柳话熟练	普通话熟练
	三女	罗好珊	30	仫佬	初中	仫佬语熟练	客家话熟练	桂柳话熟练	普通话熟练
89	户主	罗回壮	46	汉	初中	客家话熟练	仫佬语熟练	桂柳话熟练	普通话熟练
	妻子	覃凤美	44	仫佬	小学	仫佬语熟练	客家话熟练	桂柳话熟练	普通话熟练
	女儿	罗丽红	22	仫佬	高中	仫佬语熟练	客家话熟练	桂柳话熟练	普通话熟练
	母亲	黄忠彩	73	汉	文盲	客家话熟练	仫佬语熟练	桂柳话熟练	普通话略懂
	外孙	罗蒙定	7	仫佬	小学	仫佬语熟练	客家话熟练	桂柳话熟练	普通话熟练
	外孙	罗秦赛	4	仫佬	学前班	仫佬语熟练	客家话一般	桂柳话熟练	普通话一般
90	户主	张太胜	53	汉	小学	客家话熟练	仫佬语熟练	桂柳话熟练	普通话熟练
	儿子	张代逢	26	汉	小学	客家话熟练	仫佬语熟练	桂柳话熟练	普通话熟练
	女儿	张细鸾	23	汉	小学	客家话熟练	仫佬语熟练	桂柳话熟练	普通话熟练
	儿媳	银喜英	23	仫佬	初中	客家话熟练	仫佬语熟练	桂柳话熟练	普通话熟练
	孙子	张荣浩	3	仫佬	小学	客家话熟练	仫佬语熟练	桂柳话熟练	普通话熟练
91	户主	罗宣	44	汉	初中	客家话熟练	仫佬语熟练	桂柳话熟练	普通话熟练
	妻子	吴陈妹	42	仫佬	初中	仫佬语熟练	客家话熟练	桂柳话熟练	普通话熟练
	儿子	罗贵长	18	仫佬	高中	仫佬语熟练	客家话熟练	桂柳话熟练	普通话熟练
92	户主	彭万花	74	壮	文盲	壮语熟练	客家话熟练	仫佬语熟练	桂柳话熟练
93	户主	罗富权	51	仫佬	初中	仫佬语熟练	客家话熟练	桂柳话熟练	普通话熟练
	妻子	莫彩林	48	仫佬	初中	仫佬语熟练	客家话熟练	桂柳话熟练	普通话熟练
	女儿	罗丽丽	25	仫佬	大专	仫佬语熟练	客家话熟练	桂柳话熟练	普通话熟练
	儿子	罗贵恩	24	仫佬	初中	仫佬语熟练	客家话熟练	桂柳话熟练	普通话熟练
94	户主	罗记超	47	汉	高中	客家话熟练	仫佬语熟练	桂柳话熟练	普通话熟练
	妻子	吴慧勇	51	仫佬	小学	仫佬语熟练	客家话熟练	桂柳话熟练	普通话熟练
	儿子	罗贵足	22	仫佬	初中	仫佬语熟练	客家话熟练	桂柳话熟练	普通话熟练
	女儿	罗秋香	23	汉	初中	客家话熟练	仫佬语熟练	桂柳话熟练	普通话熟练
	父亲	罗家堂	84	汉	小学	客家话熟练	仫佬语熟练	桂柳话熟练	普通话熟练
95	户主	罗贵金	46	汉	初中	客家话熟练	仫佬语熟练	桂柳话熟练	普通话熟练
	儿子	罗世新	24	汉	小学	客家话熟练	仫佬语熟练	桂柳话熟练	普通话熟练

续表

序号	家庭关系	姓名	年龄/岁	民族	文化程度	第一语言及水平	第二语言及水平	第三语言及水平	第四语言及水平
96	户主	罗付光	58	汉	文盲	客家话熟练	仫佬语熟练	桂柳话熟练	普通话熟练
	长女	罗丹丹	20	汉	大学	客家话熟练	桂柳话熟练	普通话熟练	仫佬语不会
	次女	罗文雅	17	仫佬	初中	仫佬语熟练	客家话熟练	桂柳话熟练	普通话熟练
	母亲	潘仁芝	83	汉	文盲	客家话熟练	桂柳话熟练	普通话熟练	仫佬语不会
97	户主	罗贵强	41	仫佬	高中	仫佬语熟练	客家话熟练	桂柳话熟练	普通话熟练
	妻子	张万玉	38	仫佬	初中	仫佬语熟练	客家话熟练	桂柳话熟练	普通话熟练
	长女	罗善榕	14	仫佬	初中	仫佬语熟练	客家话熟练	桂柳话熟练	普通话熟练
	次女	罗媛方	5	仫佬	学前班	客家话熟练	仫佬语一般	桂柳话熟练	普通话一般
98	户主	罗明生	51	汉	初中	客家话熟练	仫佬语熟练	桂柳话熟练	普通话熟练
	妻子	邓永菊	51	汉	初中	桂柳话熟练	普通话熟练	仫佬语略懂	—
	长子	罗建	29	汉	初中	客家话熟练	仫佬语熟练	桂柳话熟练	普通话熟练
	次子	罗强	28	汉	初中	客家话熟练	仫佬语熟练	桂柳话熟练	普通话熟练
99	户主	罗贵初	44	汉	初中	客家话熟练	仫佬语熟练	桂柳话熟练	普通话熟练
	妻子	莫秀林	45	仫佬	初中	仫佬语熟练	客家话熟练	桂柳话熟练	普通话熟练
	女儿	罗慧慧	19	仫佬	高中	仫佬语熟练	客家话熟练	桂柳话熟练	普通话熟练
	母亲	吴秀琼	70	仫佬	小学	仫佬语熟练	客家话熟练	桂柳话熟练	普通话熟练
100	户主	罗真彩	58	汉	小学	客家话熟练	仫佬语熟练	桂柳话熟练	普通话熟练
	丈夫	韦显金	59	仫佬	初中	仫佬语熟练	客家话熟练	桂柳话熟练	普通话熟练
101	户主	罗贵良	33	汉	初中	客家话熟练	仫佬语熟练	桂柳话熟练	普通话熟练
	妻子	潘秀兰	39	壮	初中	壮语熟练	仫佬语不会	桂柳话熟练	普通话熟练
	儿子	罗世宁	9	壮	小学	壮语熟练	仫佬语不会	桂柳话熟练	普通话熟练
102	户主	罗贵招	39	汉	初中	客家话熟练	仫佬语熟练	桂柳话熟练	普通话熟练
	妻子	覃桂营	35	汉	初中	客家话熟练	仫佬语熟练	桂柳话熟练	普通话熟练
	女儿	罗小婷	12	汉	小学	客家话熟练	仫佬语熟练	桂柳话熟练	普通话熟练
	儿子	罗世领	5	汉	学前班	客家话熟练	仫佬语熟练	桂柳话熟练	普通话熟练
103	户主	梁太勋	41	壮	初中	壮语熟练	仫佬语不会	桂柳话熟练	普通话熟练
	妻子	罗金凤	42	仫佬	初中	仫佬语熟练	客家话熟练	桂柳话熟练	普通话熟练
	女儿	罗柳丽	19	仫佬	初中	仫佬语熟练	客家话熟练	桂柳话熟练	普通话熟练
	儿子	罗世庄	14	仫佬	初中	仫佬语熟练	客家话熟练	桂柳话熟练	普通话熟练

四、对四把镇仫佬族的语言测试

为了了解四把镇仫佬族的仫佬语能力的情况，笔者选用 400 个基本词汇（表 3-12～表 3-14），选择不同类型的人进行语言能力测试，语言能力的差异分为四级：A 级为熟练型，能脱口说出仫佬语词汇；B 级为亚熟练型，想一想能说出仫佬语词汇；C 级为非熟练型，要提示后才能说出仫佬语词汇；D 级为不会型，即便提示了也说不出仫佬语词汇（本章同）。

表 3-12　罗城东门仫佬语声调

调类	1	2	3	4	5	6	7		8	
调值	42	121	53	24	44	11	短 55	长 42	短 12	长 11
例字	ma^1 菜	ma^2 舌	ma^3 软	ma^4 马	ma^5 背	ta^6 过	pak^7 北	$pa:k^9$ 嘴	mak^8 墨	$pa:k^{10}$ 白

表 3-13　受访者信息登记

编号	姓名	性别	民族	出生年月	受教育程度	职业	村寨
1	周魁林	男	仫佬	1980.9	大专	支部副书记	四把社区铜匠屯
2	覃建茂	男	仫佬	1956.4	高中	村支书	四把社区覃村屯
3	周卫东	男	仫佬	1965.6	初中	农民	四把社区
4	谢春慧	女	仫佬	1999.3	初一	农民	四把社区
5	游秋萍	女	仫佬	1959.2	小学	农民	四把社区铜匠屯
6	吴宝平	男	仫佬	1965.4	初中	村副支书	石门村红星屯
7	张光耀	男	仫佬	1986.7	初中	村委团支书	石门村良谢屯
8	张倩	女	仫佬	1998.8	初二	学生	石门村良谢屯
9	吴东强	男	仫佬	1972.9	初中	农民	大新村

表 3-14　四把镇仫佬语 400 词测试表

词性	序号	汉语词语	罗城东门	宜州良村	1	2	3	4	5	6	7	8	9
名词	1	天（地）	$mən^1$	$mən^1$	A	A	A	A	A	A	A	A	A
	2	太阳	$t^həu^5fan^1$	tit^7kok^8	C	A	A	C	B	A	A	D	D
	3	月亮	$kɣa:ŋ^1njen^2$	$kɣa:ŋ^1njen^2$	A	A	A	A	B	A	A	A	C
	4	星星	$la:k^{10}mɣət^7$	$la:k^{10}mət^7$	A	A	A	C	C	A	A	D	D
	5	风	$ləm^2$、$foŋ^1$	$kɣa:ŋ^5$	A	A	B	A	A	B	A	A	A

续表

词性	序号	汉语词语	罗城东门	宜州良村	1	2	3	4	5	6	7	8	9
名词	6	雨	kwən¹	kwən¹	A	A	A	B	B	B	A	A	A
	7	山	pɣa¹	pwa¹	A	A	A	C	A	A	A	A	A
	8	（水）田	ɣa⁵	ɣa⁵	A	A	A	C	A	A	A	A	C
	9	石头	tui²	kok⁸tui²	A	A	A	A	A	A	A	A	A
	10	火	fi¹	fi¹	A	A	A	C	C	A	A	A	A
	11	面前	mjen⁶kun⁵	mjen⁶kun⁵	A	A	A	A	C	A	A	A	A
	12	里面	ho³	ho³	A	A	A	B	B	A	A	A	A
	13	右	fa¹	fa¹	B	A	B	C	A	A	A	D	A
	14	左	ce⁴	cwe⁴	A	A	A	D	C	A	A	D	A
	15	旁边	pjen¹	pjen¹	B	B	A	A	A	A	A	D	A
	16	从前	ti⁶ma:t⁹	ti⁶ma:t⁹	A	A	A	A	C	A	B	A	D
	17	年/岁	mɛ¹	mɛ¹	A	A	A	B	A	B	A	B	A
	18	今年	mɛ¹na:i⁶	mɛ¹na:i⁶	A	A	A	A	A	A	A	A	A
	19	明年	mɛ¹lən²	mɛ¹lən²	A	A	A	B	A	A	A	B	D
	20	去年	mɛ¹ce¹	mɛ¹ce¹	B	A	A	A	C	A	A	A	C
	21	一月	na:u⁶nøt⁸	na:u⁶nøt⁸	A	A	A	B	A	B	A	D	A
	22	二月	n.i⁶nøt⁸	n.i⁶nøt⁸	A	A	A	A	A	A	A	A	A
	23	天（日）	fan¹	fan¹	A	A	A	A	A	A	A	A	A
	24	今天	fan¹na:i⁶	fan¹na:i⁶	A	A	A	A	A	A	A	A	A
	25	昨天	fan¹n.iu¹	fan¹n.iu¹	A	A	A	A	A	A	A	A	A
	26	白天	tʰəu⁵fan¹	tʰəu⁵fan¹	A	A	A	C	C	A	A	A	A
	27	夜里	tʰəu⁵mu²	tʰəu⁵mu²	B	A	A	A	A	B	A	A	A
	28	早晨	tʰəu⁵hət⁷	tʰəu⁵jit⁷	A	A	A	A	A	A	A	A	A
	29	牛	wi²	wi²	A	A	A	A	A	A	A	D	A
	30	黄牛	tən²	tən²	A	A	A	A	A	A	A	D	A
	31	水牛	wi²、hwi²	wi²	A	A	B	B	A	A	A	A	A
	32	羊	cwa²	—	B	A	A	B	A	A	A	A	A
	33	猪	mu⁵	mu⁵	A	A	A	A	A	A	A	A	A
	34	公猪（一般的）	mu⁵tak⁸	mu⁵tak⁸	A	A	B	C	A	A	A	D	C

续表

词性	序号	汉语词语	罗城东门	宜州良村	1	2	3	4	5	6	7	8	9
名词	35	狗	ŋwa¹	ma¹	A	A	A	B	A	A	A	A	A
	36	老虎	məm⁴	məm⁴	A	A	A	B	A	A	A	A	A
	37	猴子	muːn⁶lau²	muːn⁶lau²	A	A	A	D	A	A	A	D	A
	38	老鼠	nɔ³	nɔ³	A	A	A	B	B	A	A	A	A
	39	鸡	ci¹	ci¹	A	A	A	A	A	A	A	A	A
	40	公鸡	ci¹tai³	—	A	A	A	C	A	A	A	A	A
	41	鸭子	jaːp⁹、jɛːp⁹	jaːp⁹	A	A	A	A	A	A	A	A	A
	42	鸟	nɔk⁸	nɔk⁸	A	A	A	A	A	A	A	A	A
	43	猫头鹰	jeu⁶	—	C	A	A	A	A	B	A	A	D
	44	蛇	tui²	tui²	A	A	A	A	A	A	A	A	A
	45	虫	kɣa¹	kɣa¹	A	A	A	C	A	A	A	C	A
	46	蜘蛛	tən¹nɔːŋ²	—	A	B	B	C	A	C	A	B	A
	47	蟑螂	ɣəːp⁹	—	A	A	A	D	C	A	A	D	D
	48	蚂蚁	mɣət⁸	mət⁸	A	A	B	A	B	A	A	A	A
	49	蚱蜢	çak⁷	—	C	A	B	D	A	A	C	D	D
	50	蚊子	ȵuŋ²	ȵuŋ²	A	A	A	A	A	A	A	A	A
	51	跳蚤	mat⁷	mat⁷	A	B	B	A	B	A	A	C	B
	52	虱子	nan⁶	—	C	B	B	D	A	B	A	D	A
	53	蛙	kwai³	kwɛ³	A	A	A	C	C	A	A	D	D
	54	蝌蚪	ȵuk⁷	—	B	A	B	C	C	C	A	D	D
	55	螺蛳（田螺）	lau⁵	lau⁵	A	A	A	B	A	B	A	A	A
	56	水蛭	miŋ²	piŋ¹	A	A	A	C	A	C	A	A	A
	57	鱼	məm⁶	məm⁶	A	A	A	A	A	A	A	A	A
	58	毛	tsən¹	tsən¹	B	A	A	A	A	A	A	A	A
	59	翅膀	çi⁵puŋ⁴	çi⁵	A	A	A	A	A	A	A	D	A
	60	尾巴	kʰɣət⁷	kʰɣət⁷	A	A	A	A	A	A	A	A	A
	61	树	mai⁴	mai⁴	A	A	A	C	A	A	A	A	A
	62	树枝	ŋa⁵mai⁴	ŋa⁵mai⁴	A	A	A	C	C	A	A	A	A
	63	树叶	fa⁵mai⁴	fa⁵mai⁴	A	A	A	C	A	A	A	A	B

续表

词性	序号	汉语词语	罗城东门	宜州良村	1	2	3	4	5	6	7	8	9
	64	草	hɣɔk⁸、ɣɔk⁸	ɣɔk⁸	A	A	A	B	C	A	A	A	A
	65	茅草	ça¹	ja¹	C	A	A	D	A	A	A	D	A
	66	竹子	kwan¹	kwan¹	A	A	A	B	A	A	A	C	B
	67	竹笋	na:ŋ²	na:ŋ²	A	A	A	C	A	A	A	C	C
	68	水稻	hu³tɔŋ⁶	hu³	A	A	A	B	A	A	A	B	D
	69	秧	kɣa³	kɣa³	B	A	A	D	B	A	A	A	A
	70	稻草	ma:ŋ¹	ma:ŋ¹	B	A	A	D	C	A	A	B	D
	71	花生	ti⁶tau⁶	ti⁶tau⁶	A	A	A	A	A	A	C	C	A
	72	蔬菜	ma¹	ma¹	A	A	A	A	A	A	A	A	A
	73	苦瓜	kʰu¹li⁵	kʰu³kwa⁵	A	A	A	C	A	A	A	C	C
	74	甘薯（红薯）	man²	man²	A	A	A	B	A	B	A	A	C
	75	芋头	ɣa:k⁹	ɣa:k⁹	A	A	A	B	A	A	A	A	A
	76	头	kɣo³	kɣo³	A	A	A	A	A	A	A	A	A
	77	头发	fja¹、pɣam¹kɣo³	fja¹	A	A	A	B	A	A	A	A	A
名词	78	脸	na³	na³	A	A	A	A	A	A	A	A	A
	79	额头	ŋə⁶pɣa:k⁹	—	A	A	A	D	A	A	C	A	A
	80	耳朵	khɣa¹	khɣa¹	A	A	A	A	A	A	A	A	A
	81	眼睛	la¹	la¹	A	A	A	A	A	A	A	A	A
	82	鼻子	naŋ¹	naŋ¹	A	A	A	B	A	A	A	A	A
	83	嘴	pa:k⁹	pa:k⁹	A	A	A	A	A	A	A	A	A
	84	牙齿	fan¹	fan¹	A	A	A	C	A	A	A	A	A
	85	舌头	ma²	ma²	A	A	A	B	A	A	A	A	B
	86	喉咙	tɛ³hu¹	tɛ³hu¹	A	C	A	C	C	A	A	C	C
	87	脖子	lən³	tɛ³lən³	A	A	A	D	C	A	A	A	C
	88	手	nja²	nja²	A	A	A	A	A	A	A	A	A
	89	拇指	nja²mai⁴	nja²mai⁴	A	A	A	C	A	A	A	A	B
	90	手指	nja²la:k¹⁰	nja²la:k¹⁰	A	A	B	D	A	A	A	B	B
	91	指甲	nja²nəp⁷	nja²ləp⁷	A	A	A	B	A	A	A	D	A
	92	拳头	cin⁶tsui²	—	B	A	B	D	A	A	A	D	B

续表

词性	序号	汉语词语	罗城东门	宜州良村	1	2	3	4	5	6	7	8	9
名词	93	脚	tin¹	tin¹	A	A	A	A	A	A	A	A	A
	94	膝盖	pu⁶ko⁵	ku⁶ko⁵	A	A	A	A	B	A	C	B	
	95	胳臂	nja²puŋ⁴	—	C	A	C	C	B	B	C	D	C
	96	鼻涕	muk⁸	muk⁸	A	A	A	A	A	A	A	A	A
	97	口水	ŋɣø²、ŋø²	mø²	A	A	A	C	A	A	A	B	A
	98	汗	ha:n⁶	ha:n⁶	B	A	A	A	C	A	A	A	A
	99	曾祖父	kɔŋ¹ma:ŋ⁶	kɔŋ¹ma:ŋ⁶	A	A	B	D	C	A	A	C	C
	100	曾祖母	pwa⁴ma:ŋ⁶	pwa⁴ma:ŋ⁶	A	A	A	B	B	A	A	C	C
	101	祖父	kɔŋ¹	kɔŋ¹	B	A	A	C	A	A	A	B	A
	102	祖母	pwa⁴	pwa⁴	A	A	A	A	B	A	A	A	A
	103	父母	pu⁴ni⁴	pu⁴ni⁴	B	A	A	C	A	A	A	C	A
	104	父亲	pu⁴	pu⁴	A	A	A	A	C	B	A	A	A
	105	母亲	ni⁴	ni⁴	A	A	A	A	A	A	A	A	A
	106	妻子	ma:i⁴	ma:i⁴	A	A	A	A	A	C	A	A	A
	107	哥哥	fa:i⁴	fa:i⁴	A	A	A	A	A	A	A	A	A
	108	嫂子	hɣa:u³、hɣə:u³	ɣa:u³	A	A	A	A	A	A	A	A	A
	109	弟弟	nuŋ⁴	nuŋ⁴	A	A	A	A	A	A	A	A	A
	110	姐姐	tsɛ²	tsɛ²	A	A	A	A	A	A	A	A	A
	111	儿子	la:k¹⁰	la:k¹⁰	A	A	B	A	A	A	A	A	A
	112	儿媳	la:k¹⁰ ma:i⁴	la:k¹⁰ ma:i⁴	A	A	A	C	C	A	C	A	C
	113	女儿	la:k¹⁰ja:k⁹	la:k¹⁰mja:k⁹	A	A	A	D	A	A	A	A	A
	114	孙子	la:k¹⁰kʰɣə:n¹	la:k¹⁰kʰɣa:n¹	A	A	A	D	A	A	A	A	A
	115	孙女	kʰɣə:n¹la:k¹⁰ja:k⁹	la:k¹⁰khɣa:n¹	A	A	A	D	B	A	A	A	C
	116	儿童	la:k¹⁰te⁵	la:k¹⁰te⁵	A	A	A	A	C	A	A	A	A
	117	哑巴	ŋa³	ŋa³	A	A	A	C	A	A	A	A	A
	118	驼子	kuŋ⁵	kuŋ⁵	A	A	C	D	C	A	A	D	A
	119	聋子	kʰɣa¹lak⁷	kʰɣa¹lak⁷	A	A	A	A	A	A	A	A	B
	120	家	ɣa:n²、hɣə:n²	ɣa:n²	A	A	A	A	B	A	A	A	A
	121	粮仓（谷仓）	kyɔ⁴	kyɔ⁴	B	A	B	D	C	B	C	D	D

续表

词性	序号	汉语词语	罗城东门	宜州良村	1	2	3	4	5	6	7	8	9
名词	122	菜园	fjen¹	fjen¹	A	A	C	C	A	B	A	C	B
	123	门	tɔ¹	tɔ¹	A	A	A	A	A	A	A	A	A
	124	路	kʰwən¹	kʰwən¹	A	A	A	A	A	A	A	A	A
	125	布	ja¹	ja¹	A	A	A	C	A	A	A	A	A
	126	筷子	tsø⁶	tsø⁶	A	A	A	D	A	A	A	A	A
	127	锅	cʰik⁷	cʰik⁷	A	A	A	C	A	A	A	A	B
	128	刀	mit⁸	mit⁸	A	A	A	B	A	A	A	A	A
	129	桌子	kon²	puːn²	A	A	A	B	A	A	A	A	A
	130	凳子	taŋ⁵	taŋ⁵	A	A	A	C	A	A	A	A	A
	131	扫帚	ɲaːŋ³pʰɣət⁷	jaːŋ⁵pʰɣət⁷	A	A	A	C	A	A	A	B	A
	132	梳子	cʰi¹	cʰi¹	B	A	A	A	A	A	A	A	A
	133	秤	tsʰiŋ⁵	tsʰiŋ⁵	A	A	A	A	A	A	A	A	C
	134	锄头	cok⁷ku¹	cok⁷	A	A	A	A	A	A	A	A	A
	135	扁担	lɔ⁵	lɔ⁵	A	A	A	C	A	A	A	B	A
	136	歌	kɔ⁵	kɔ⁵	A	A	A	D	B	B	A	A	C
	137	村	maːn⁶	maːn⁶	A	A	A	B	A	A	A	A	A
	138	仫佬族	lam¹	lam¹	C	A	A	C	C	B	A	D	
	139	米、饭	hu³	hu³	A	A	A	A	A	A	A	A	A
	140	糍粑	ti²	ti²	A	A	A	C	A	A	A	B	
	141	肉	sik⁸	sik⁸	A	A	A	A	A	A	A	A	A
	142	牛肉	sik⁸tən²	sik⁸wi²	A	A	A	A	A	A	A	A	A
	143	盐	cwa¹	cwa¹	A	A	A	A	A	A	A	C	A
	144	酒（烧酒）	kʰɣaːu³	kʰɣaːu³	A	A	A	C	A	A	A	A	A
	145	蛋	kɣəi⁵	kɣəi⁵	A	A	A	A	A	A	A	A	A
动词	146	断(扁担断了)	təu⁵	tu⁵	A	A	A	B	A	B	A	
	147	撞（车撞在墙上）	tsʰoŋ⁵	tsʰoŋ⁵	A	A	A	C	B	A	A	A	
	148	倒（树倒了）	kʰam⁵	kʰam⁵	A	A	C	C	A	A	A	A	
	149	塌（倒塌）	kɣø²	kɣø²	A	A	A	C	A	A	A	A	

续表

词性	序号	汉语词语	罗城东门	宜州良村	1	2	3	4	5	6	7	8	9
动词	150	着（火着了）	fən¹	fən¹	A	A	A	D	B	A	A	C	D
	151	烧(野火烧山)	ta:u³	ta:u⁶	A	A	A	A	A	A	A	B	A
	152	灭（灯灭了）	lap⁷	lap⁷	A	A	C	A	A	A	A	A	C
	153	溢（水溢）	puŋ⁴、pɣø⁶	pu⁴	B	A	B	C	A	A	A	D	B
	154	漏(水桶漏水)	lau⁶	lau⁶	A	A	A	A	A	A	A	A	A
	155	摆动（树枝摆动）	nai¹	nai¹	A	A	A	A	C	A	A	C	D
	156	啃（啃骨头）	kəp⁷、kɣəp⁷	—	B	A	A	C	A	A	A	A	A
	157	叫（鸟叫）	tin³	tən³	A	A	A	A	B	A	A	A	A
	158	爬（蛇在地上爬）	la⁶	la⁶	A	A	C	A	A	B	A	A	A
	159	飞	fən³	fən³	A	A	A	A	A	A	A	A	A
	160	缠绕	cəu⁵	—	C	A	A	D	C	B	A	C	D
	161	游（鱼游水）	jəu²	ju²	A	A	A	A	A	B	A	A	A
	162	脱（蛇脱皮）	tʰot⁷	tʰu:t⁹	A	A	A	A	A	A	A	A	B
	163	落（树叶落）	pɣø⁷	pɣø⁷	A	A	A	C	B	A	A	A	A
	164	烂(瓜果烂了)	la:n⁶	la:n⁶	A	A	A	A	A	A	A	A	A
	165	像（他像你）	tja:ŋ⁵	tja:ŋ⁵	A	A	A	A	A	A	A	A	A
	166	成（成为）	fən¹	fən¹	A	A	A	C	C	A	A	C	D
	167	有	mɛ²	mɛ²	A	A	A	A	A	A	A	A	A
	168	没有(没有书)	ŋ⁵mɛ²	ŋ⁵mɛ²	A	A	A	A	A	A	A	A	A
	169	来	taŋ¹	taŋ¹	A	A	A	A	A	A	A	A	A
	170	去	pa:i¹	pa:i¹	A	A	A	A	A	A	A	A	A
	171	回	ma¹	ma¹	A	A	A	A	A	A	A	A	A
	172	回来	ma¹	ma¹	A	A	A	A	A	A	A	A	A
	173	回去	pa:i¹ma¹	pa:i¹ma¹	A	A	A	A	A	B	C	A	A
	174	出	ʔuk⁹	ʔuk⁹	A	A	A	A	A	A	A	A	A
	175	进	lɔ³	lɔ³	A	A	A	A	A	A	A	A	A
	176	上（上山）	tsha⁵	tsha⁵	A	A	A	A	A	A	A	A	A
	177	下（下楼）	lui⁶	lui⁶	A	A	A	A	A	A	A	A	A

续表

词性	序号	汉语词语	罗城东门	宜州良村	1	2	3	4	5	6	7	8	9
动词	178	操心	$t^h \mathrm{ou}^5 t \mathrm{əm}^1$	$ts^h \mathrm{au}^5 t \mathrm{əm}^1$	A	A	A	C	B	B	A	D	D
	179	可怜	$k^h \mathrm{ɔ}^6 l \mathrm{jen}^2$	$k^h \mathrm{ɔ}^6 l \mathrm{jen}^2$	B	A	A	D	A	A	A	A	A
	180	可惜	$k^h \mathrm{ɔ}^6 \mathrm{sik}^7$	$k^h \mathrm{ɔ}^6 \mathrm{sik}^7$	A	A	A	A	A	A	A	A	D
	181	发抖	$\mathrm{ta:n}^2$、$k^h \mathrm{ɤəu}^5$	—	C	A	A	D	B	A	C	A	D
	182	疼（痛）	cit^7	cit^7	A	A	A	A	B	A	A	A	A
	183	咳嗽	huk^8	huk^8	A	A	A	A	A	A	A	A	A
	184	呕吐	$\mathrm{hɤøk}^8$	$\mathrm{ɤøk}^8$	A	A	A	D	A	A	A	A	A
	185	死	tai^1	tai^1	A	A	A	A	A	A	A	A	A
	186	出（嫁）	uk^7	uk^7	B	A	A	A	B	A	B	A	A
	187	嫁	ca^5	ca^5	A	A	A	C	A	A	A	A	B
	188	娶	$\mathrm{ʔa:u}^1$	$\mathrm{ʔa:u}^1$	A	A	A	C	A	A	A	A	D
	189	怀孕	$\mathrm{hɤak}^7 \mathrm{la:k}^{10}$	$\mathrm{me}^2 \mathrm{la:k}^{10}$	A	B	A	B	A	B	A	C	D
	190	生（生孩子）	$\mathrm{sɛ:ŋ}^1$	$\mathrm{sɛ:ŋ}^1$	A	A	A	A	A	B	A	D	C
	191	过年	$\mathrm{ta}^6 \mathrm{njen}^2$	$\mathrm{ta}^6 \mathrm{njen}^2$	A	A	A	A	A	A	A	A	B
	192	仰（头）	$\mathrm{ŋa:ŋ}^3$	$\mathrm{ŋa:ŋ}^3$	A	A	A	B	A	A	C	D	D
	193	低头	tsam^3	tsam^3	C	A	A	C	A	A	A	A	A
	194	点（头）	$\mathrm{ŋwak}^7$	—	A	A	A	A	A	A	A	D	A
	195	摇（头）	$\mathrm{ŋəu}^6$	$\mathrm{ŋa:u}^2$	A	A	A	A	B	A	A	A	A
	196	笑	$\mathrm{ʔa:i}^5$	$\mathrm{ʔa:i}^5$	A	A	A	A	A	A	A	A	A
	197	哭	$\mathrm{nɛ}^3$	$\mathrm{nɛ}^3$	A	A	A	A	A	A	A	A	A
	198	说	$\mathrm{ca:ŋ}^3$	$\mathrm{ca:ŋ}^3$	A	A	A	A	B	A	A	A	A
	199	问	$\mathrm{sa:i}^3$	$\mathrm{sa:i}^3$	A	A	A	B	A	A	A	A	A
	200	答	$\mathrm{ta:p}^9$	$\mathrm{ta:p}^9$	A	A	A	C	C	A	C	A	D
	201	喊	tin^3	$\mathrm{tən}^3$	A	A	B	A	A	A	A	A	A
	202	唱（歌）	$\mathrm{ts^h ja:ŋ}^5$	$\mathrm{ts^h ja:ŋ}^5$	A	A	A	A	A	A	A	A	A
	203	闹（小孩闹）	$\mathrm{na:u}^6$	$\mathrm{na:u}^6$	A	A	A	D	A	A	A	A	B
	204	哄（使小孩不哭）	luk^8	luk^8	A	B	A	A	C	A	A	A	C
	205	骗	$\mathrm{p^h jen}^5$	$\mathrm{p^h jen}^5$	A	A	A	A	A	A	A	A	A

续表

词性	序号	汉语词语	罗城东门	宜州良村	1	2	3	4	5	6	7	8	9
动词	206	吵（架）	tsʰaːu³	tsɛŋ¹	A	A	A	A	A	A	A	A	D
	207	骂	ɣa⁵	ɣa⁵	A	A	A	A	A	A	A	A	A
	208	喝	hɣɔːp⁷	tsaːn¹	A	A	A	A	B	A	A	A	A
	209	吃	tsaːn¹	tsaːn¹	A	A	A	A	A	A	A	A	A
	210	咬	kit⁸	kit⁸	A	A	A	A	A	A	A	A	A
	211	咽	lan³	lan³	A	A	A	C	C	A	A	C	A
	212	舔	ljaːm⁵	ljaːm⁵	A	A	A	C	A	A	A	B	D
	213	流（流口水）	lo⁶、tʰoi¹	tʰoi¹	B	A	B	A	A	A	A	A	A
	214	伸（伸舌头）	lø⁵	lø⁵	C	A	B	C	A	A	A	A	C
	215	吹（口哨）	tsʰui¹	tsʰui¹	A	A	A	A	A	A	A	A	A
	216	看	kau⁵	kau⁵	A	A	A	A	A	A	A	A	A
	217	看见	kau⁵lən¹	kau⁵nən¹	A	A	A	C	A	A	A	A	A
	218	眨（眼）	çap⁸	—	A	A	B	C	A	A	A	A	C
	219	闭（闭眼）	kʰɣap⁷	kʰap⁷	A	A	A	C	A	A	A	A	A
	220	听	tʰɛŋ⁵	tʰɛŋ⁵	A	A	A	A	B	A	A	A	A
	221	闻（嗅）	nən⁴	ȵiu⁵	A	A	A	D	C	A	A	D	B
	222	坐	tui⁶	tui⁶	A	A	A	A	A	A	A	A	A
	223	休息	çet⁷nɛ⁵	çet⁷nɛ⁵	C	A	A	D	B	A	A	A	C
	224	睡、躺	nun²	nən²	A	A	A	A	A	A	A	A	A
	225	醒（睡醒）	hɣø¹	ɣø¹	A	A	A	A	A	A	A	A	A
	226	醉（酒醉）	kʰɣaːu³mɛ²	kʰɣaːu³mɛ²	A	B	A	C	A	A	A	C	C
	227	在	ȵaːu⁶	ȵaːu⁶	A	A	A	A	A	A	A	A	A
	228	等（人）	səu³	su³	A	B	A	A	A	A	A	A	A
	229	跑	fə³	—	A	A	B	A	A	A	A	A	A
	230	玩（耍）	fjaːn³	fjaːn³	A	A	A	A	A	A	A	A	A
	231	跌倒	kʰɣam⁵	kʰam⁵	A	A	A	A	A	A	A	A	A
	232	出汗	ʔuk⁹haːn⁶	ʔuk⁹haːn⁶	A	A	A	A	A	A	A	A	A
	233	招呼	tsjeu¹hu¹	—	C	A	A	C	C	B	A	A	D
	234	跟	njaːm¹	njaːm¹	A	A	A	A	A	A	A	A	A

续表

词性	序号	汉语词语	罗城东门	宜州良村	1	2	3	4	5	6	7	8	9
动词	235	碰（桌子）	$p^hoŋ^5$	$p^hɔ:ŋ^5$	A	A	A	A	B	A	A	A	A
	236	陪（客）	poi^2	poi^2	A	A	A	A	A	A	A	A	A
	237	教	$ca:u^5$	$ca:u^5$	A	A	A	A	A	A	A	A	A
	238	找（找虱子）	la^4	la^4	A	A	A	A	A	A	A	A	A
	239	赶（走）	$ka:n^3$	$ka:n^3$	A	A	A	A	A	A	A	A	A
	240	挤（挤进去）	$ŋap^7$	tsi^3	A	A	A	A	B	A	A	A	A
	241	带（钱）	$ta:i^5$	$ta:i^5$	A	A	A	A	A	A	A	A	A
	242	穿（穿鞋）	tan^3	tan^3	A	A	A	A	A	A	A	C	A
	243	戴（戴头巾）	tan^3	tan^3	B	A	B	A	A	A	A	A	A
	244	扛	moi^5、$mwa:i^5$	moi^5	A	A	A	A	A	A	A	C	A
	245	抬	$kyŋ^1$	$kyŋ^1$	A	A	A	A	A	A	A	D	C
	246	挑（挑谷子）	$kɣa:p^9$	$kɣa:p^9$	A	A	A	A	A	A	A	D	C
	247	背（背孩子）	ma^5	ma^5	C	A	A	A	A	A	A	A	A
	248	打架（孩子打架）	kui^5ca^5 $k^ha:u^1ca^5$	kui^5ca^5	A	A	A	A	A	A	A	A	A
	249	烤（烤火）	$p^hu^1fi^1$	$k^ha:ŋ^5fi^1$	A	A	B	A	A	A	A	C	D
	250	燃（火燃了）	$fən^1$	$fən^1$	A	A	D	A	A	A	B	A	D
	251	要（我要这个）	$ʔa:u^1$	$ʔa:u^1$	A	A	A	A	A	A	A	A	A
	252	给（给钱）	$k^hɣe^1$、$lɔ^6$	$lɔ^6$	A	A	A	A	A	A	A	A	A
	253	洗（洗脸）	suk^9	suk^9	A	A	A	A	A	A	A	A	A
	254	醒（睡醒）	$hɣø^1$	$ɣø^1$	A	A	A	A	C	A	A	A	A
	255	喂（用食具喂小孩）	sa^1	sa^1	A	A	A	A	A	B	A	A	D
	256	压（用石头压住）	$tsam^3$	$tsam^3$	A	A	A	D	A	A	B	A	A
	257	竖（把柱子竖起来）	$sø^2$	$sø^2$	A	A	A	B	C	A	A	D	D
	258	挂（挂在墙上）	kwa^5	kwa^5	A	A	B	A	A	A	A	A	A
	259	伸（伸手）	$lø^5$	$lø^5$	A	A	A	A	A	A	A	A	A
	260	挥（挥手）	$hwak^1$	—	B	A	A	A	C	A	A	A	C
	261	举（举手）	fu^3	—	B	A	A	A	A	A	A	C	A

续表

词性	序号	汉语词语	罗城东门	宜州良村	1	2	3	4	5	6	7	8	9
动词	262	拿（拿书）	tsau⁴	tsau⁴	A	A	A	A	A	A	A	A	A
	263	抱（抱小孩）	ʔum³	ʔum³	A	A	A	A	A	A	A	A	B
	264	握（握刀把）	ȵam¹	ȵam¹	A	A	A	C	A	B	A	A	A
	265	扔（扔掉）	pət⁸	pət⁸	A	A	A	A	A	A	A	A	A
	266	做（做工）	fɛ⁴	fɛ⁴	A	A	B	A	A	A	A	A	A
	267	拧（拧毛巾）	niu³	niu³	A	A	A	A	A	A	A	A	B
	268	孵（孵小鸡）	pɣam¹	—	A	A	A	A	C	A	A	D	D
	269	折断（折断树枝）	jeu⁵təu⁵	ja:u³tu⁵	A	A	A	A	A	A	A	C	A
	270	打（打人）	kui⁵	kui⁵	A	A	A	A	A	A	A	A	A
	271	捉（捉鸡）	tsok⁸	tsok⁸	A	A	A	A	A	A	A	A	D
	272	放（放盐）	tɔ⁴	tɔ⁴	A	A	A	A	A	A	A	A	C
	273	绑	tuk⁸	tuk⁸	A	A	A	A	C	A	A	A	A
	274	解（解绳结）	tsi⁵	tsi⁵	A	A	A	C	A	A	A	A	A
	275	砍（砍树）	tɛ⁵	tɛ⁵	A	A	A	C	A	A	A	A	C
	276	削（削果皮）	tʰjet⁷	tʰjet⁷	A	A	A	A	A	B	A	A	C
	277	磨（磨刀）	kwan²	kwan²	A	A	A	A	A	A	A	C	B
	278	舂（舂米）	toi⁵	tsʰok⁷	A	A	B	C	B	A	A	D	D
	279	筛（筛米）	swa:i¹	swa:i¹	A	A	A	A	A	A	A	C	D
	280	量（量布）	hɣɔ¹	ɣɔ¹	A	A	A	C	A	A	A	A	D
	281	称（称东西）	tsʰiŋ⁵	tsʰiŋ⁵	A	A	A	A	A	A	A	A	B
	282	夹（用筷子夹菜吃）	njep⁷	nja:p⁹	A	A	A	A	A	A	A	A	A
	283	梳（梳头）	cʰi¹	cʰi¹	A	A	A	A	A	A	A	A	A
	284	剪	kat⁷	kat⁷	A	A	A	A	A	A	A	A	A
	285	走	tsʰa:m³	tsʰa:m³	A	A	A	B	B	A	A	A	A
	286	锄（锄地）	cok⁷	—	A	A	A	C	A	A	A	A	D
	287	犁（犁地）	kʰɣai¹	kʰɣai¹	A	A	A	A	A	A	A	B	D
	288	插（插秧）	lam¹、tsʰa:p⁹	lam¹	A	A	A	C	B	A	A	D	B
	289	浇（浇菜）	ləm²	kɣo⁵	A	A	A	A	A	B	A	D	A

续表

词性	序号	汉语词语	罗城东门	宜州良村	1	2	3	4	5	6	7	8	9
动词	290	煮（煮饭）	tuŋ^1	tuŋ^1	A	A	A	A	A	A	A	A	A
	291	捡	tsəp^7	tsəp^7	A	A	A	A	A	A	A	A	A
	292	热（热饭）	ɣɔ^3	ɣɔ^3	A	A	A	A	A	A	A	C	A
	293	切（切菜）	tsep^8	tsjep^8	A	A	A	A	A	A	A	A	A
	294	烫（用开水烫）	la:i^5	la:i^5	A	B	A	C	A	A	A	A	A
	295	买	hɣai^3、hɣəi^3	ɣai^3	A	A	A	A	A	A	A	A	A
	296	卖	cɛ^1	cɛ^1	A	A	A	A	A	A	A	A	A
	297	明白	ɣɔ^4	ɣɔ^4	A	A	A	A	C	A	A	A	A
	298	干活儿	fɛ^{4}kɔŋ^{1}fu^1	fɛ^{4}kɔŋ^{5}fu^1	A	A	A	A	A	A	A	A	A
形容词	299	红	la:n^3	la:n^3	A	A	A	A	A	A	A	A	A
	300	黄	ŋa:n^3	ŋa:n^3	A	A	A	A	A	A	A	B	A
	301	白	pa:k^{10}	pa:k^{10}	A	A	A	A	A	A	A	A	A
	302	黑	nam^1	nam^1	A	A	A	A	A	A	A	A	A
	303	绿	həu^4	ju^4	A	A	A	C	B	A	A	A	A
	304	灰（颜色）	kʰa^1	—	C	A	A	C	A	B	A	A	D
	305	亮（屋子很亮）	kɣa:ŋ^1	kɣa:ŋ^1	A	A	A	A	A	A	A	A	A
	306	暗（屋子很暗）	lap^7	lap^7	A	A	A	A	A	A	A	A	A
	307	甜（糖很甜）	fja:n^1	fja:n^1	A	A	A	A	A	A	A	A	A
	308	酸	kʰɣəm^3	kʰɣəm^3	A	A	A	A	A	A	A	A	A
	309	苦	kam^1	kam^1	C	A	A	C	A	A	A	A	A
	310	辣	lja:n^6	lja:n^6	A	A	A	A	A	A	A	A	A
	311	咸	naŋ^5	naŋ^5	A	A	A	C	B	A	A	A	C
	312	淡（不咸）	ta:m^6	ta:m^6	A	A	A	C	A	A	A	A	C
	313	香（花香）	mɣa:ŋ^1	mɣa:ŋ^1	A	A	A	C	A	A	A	A	A
	314	臭	n̠in^1	n̠in^1	A	A	A	A	A	A	A	A	A
	315	大	lo^4、la:u^4	lo^4	A	A	A	A	A	B	A	A	A
	316	小	te^5、nin^5	te^5	A	A	A	A	A	A	A	A	A
	317	长	ɣəi^3	ɣa:i^3	A	A	A	A	A	A	A	A	A
	318	短	hɣən^3	ɣən^3	A	A	A	A	A	A	A	A	A

续表

词性	序号	汉语词语	罗城东门	宜州良村	1	2	3	4	5	6	7	8	9
形容词	319	厚	na¹	na¹	A	A	A	C	A	A	A	A	C
	320	薄	wa:ŋ¹	ma:ŋ¹	A	A	A	A	A	A	A	A	A
	321	宽（路宽）	kʰwa:ŋ³	kʰwa:ŋ³	A	A	A	C	A	A	A	A	D
	322	窄（路窄）	ɕa:p⁷	ja:p⁷	A	A	A	A	A	A	A	A	C
	323	高	foŋ¹	foŋ¹	A	A	A	B	A	A	A	A	A
	324	低、矮	hɣam⁵	ɣam⁵	A	A	A	A	A	A	A	A	A
	325	稀（粥很稀）	lɔu¹	lu¹	A	A	A	C	A	A	C	A	C
	326	滑（路很滑）	kyɔ¹	kyɔ¹	A	A	A	C	A	A	A	A	A
	327	尖（山很尖）	kʰɣa¹	—	A	A	A	A	A	A	A	C	D
	328	歪（帽子戴歪了）	fe¹	—	A	A	A	C	B	A	A	A	A
	329	满（水满了）	pik⁹	pik⁹	A	A	A	A	A	A	A	A	A
	330	硬	kɣa³	kɣa³	A	A	A	B	B	A	A	A	A
	331	软	ma³	ma³	A	A	A	A	A	A	A	A	A
	332	脆	hɣum¹	—	A	A	A	D	A	A	A	C	C
	333	脏（衣服脏）	wa⁵	wa⁵	A	A	A	C	A	A	A	A	A
	334	深（水深）	jam¹	jam¹	A	A	A	C	A	A	A	A	A
	335	轻	ɕa³	ja³	A	A	A	C	A	A	A	D	A
	336	重	ɕan¹	ɕan¹	A	A	A	A	A	A	A	A	C
	337	多	kɣuŋ²	kuŋ²	A	A	A	A	B	A	A	A	A
	338	远	ce¹	ce¹	A	A	A	C	A	A	A	A	A
	339	近	pʰɣai⁵	pʰɣai⁵	A	A	A	A	A	A	A	B	A
	340	快（走得快）	hwai⁵	wi⁵	A	A	A	A	A	A	A	A	A
	341	慢（走得慢）	ma:n⁶	ma:n⁶	A	A	A	A	A	A	A	A	A
	342	早(很早起来)	kʰɣam¹	kʰam¹	A	A	A	A	A	A	A	A	A
	343	晚、迟（很晚才睡）	tsi²	tsi²	A	A	A	C	B	A	A	A	A
	344	热（天气热）	net⁸	net⁸	A	A	A	A	A	A	A	A	A
	345	冷（天气冷）	ɲit⁷	ɲit⁷	A	A	A	A	A	A	A	A	A
	346	饱	kɣaŋ⁵	kɣaŋ⁵	A	A	A	A	A	A	A	A	A

续表

词性	序号	汉语词语	罗城东门	宜州良村	1	2	3	4	5	6	7	8	9
形容词	347	饿	ja:k^9	ja:k^9	A	A	A	C	A	A	A	A	A
	348	累	nɛ^5、loi^6	nɛ^5	A	A	B	A	A	A	A	A	A
	349	高兴	ʔa:ŋ^5	ʔa:ŋ^5	C	B	A	C	B	A	A	D	D
	350	瞎	kʰa^1	kʰa^1	A	A	A	A	A	A	A	A	A
	351	痒	ȵin^3	ȵin^3	A	B	A	C	A	A	A	A	A
	352	好	ʔi^1	ʔi^1	A	A	A	A	A	A	A	A	C
	353	坏	hwa:i^5	wa:i^6	A	A	A	A	A	A	A	A	A
	354	新	mai^5	mai^5	A	A	A	C	A	A	A	A	A
	355	生（生肉）	sɛ:ŋ^1	sɛ:ŋ^1	C	A	A	A	C	A	A	A	A
	356	熟（熟肉）	sɔk^8	sɔk^8	A	A	B	A	A	A	A	A	C
	357	乱（头发乱）	lon^6	lu:n^6	A	A	A	A	A	A	A	A	A
	358	年轻	njen^{2}tʰiŋ^1		A	B	A	C	A	A	A	A	D
	359	老（人老）	lo^4、ce^5	lo^4、ce^5	A	A	A	A	A	A	A	A	A
	360	胖	pi^2	pi^2	A	A	A	A	A	A	A	A	A
	361	瘦（人瘦）	ɣəm^1	ɣəm^1	A	A	A	C	A	A	A	A	C
数词	362	一	na:u^3	na:u^3	A	A	A	A	A	A	A	A	A
	363	二	ɣa^2、ȵi^6	ɣa^2、ȵi^6	A	A	A	A	A	A	A	A	A
	364	三	ta:m^1	ta:m^1	A	A	A	A	A	A	A	A	A
	365	四	ti^5	ti^5	A	A	A	A	A	A	A	A	A
	366	五	ŋɔ^4	ŋɔ^4	A	A	A	A	A	A	A	A	A
	367	六	lɔk^8	lɔk^8	A	A	A	A	A	A	A	A	A
	368	七	tʰət^7	tʰət^7	A	A	A	A	A	A	A	A	A
	369	八	pa:t^9	pa:t^9	A	A	A	A	A	A	A	A	A
	370	九	cəu^3	cəu^3	A	A	A	A	A	A	A	A	A
	371	十	səp^8	səp^8	A	A	A	A	A	A	A	A	A
	372	十一	səp^{8}ʔjət^7	səp^{8}ʔjət^7	A	A	A	A	A	A	A	A	A
	373	十二	səp^{8}ȵi^6	səp^{8}ȵi^6	A	A	A	A	A	A	A	A	A
量词	374	个（一个人）	mu^6	mɔ^6	A	A	A	C	C	A	A	A	A
	375	只（一只鸡）	tɔ^2	tɔ^2	A	A	A	A	A	A	A	D	A

续表

词性	序号	汉语词语	罗城东门	宜州良村	1	2	3	4	5	6	7	8	9
量词	376	棵（一棵树）	tɔŋ⁶	tɔŋ⁶	A	A	A	A	A	A	A	D	B
	377	粒（一粒米）	nɛn²	ŋwi⁶	A	A	A	C	A	A	A	A	B
	378	间(一间房子)	kʰɔːŋ⁵	kʰɔːŋ⁵	A	A	A	A	A	A	A	A	D
	379	件（一件衣服）	məi⁶	məi⁶	B	A	A	A	A	A	B	A	A
	380	件（一件事）	məi⁶	jaːŋ⁶	A	B	A	A	A	A	A	C	D
代词	381	我	həi²、əi²	hɛ²	A	A	A	A	B	A	A	A	A
	382	你	n̠a²	n̠a²	A	A	A	A	A	A	A	A	A
	383	他、她	mɔ⁶	mɔ⁶	A	A	A	A	B	A	A	A	A
	384	我们	niu²	ɣaːu¹	A	B	A	A	C	A	A	A	A
	385	咱们	hɣaːu¹、hɣəu¹	ɣaːu¹	B	B	A	C	C	A	A	A	A
	386	你们	saːu¹	saːu¹	C	A	A	A	A	A	C	A	A
	387	他们	mɔ⁶	waːtꟼkaⁱ⁶	A	A	A	A	A	A	A	A	C
	388	自己	tsi⁶ca¹	tsi⁶ca¹	A	A	A	A	A	A	A	A	A
	389	别人	leŋ⁶çən¹	leŋ⁶jən¹	A	A	A	A	A	A	A	D	A
	390	这	naːi⁶	naːi⁶	B	A	A	A	A	A	A	A	A
	391	这里	nin¹naːi⁶	niŋ⁵naːi⁶	A	A	A	C	A	A	A	A	A
	392	那	ka⁶	ka⁶	B	B	A	C	A	A	A	A	A
	393	哪里	kʰə⁵nau¹	kʰwa¹nau¹	B	B	A	A	A	A	A	A	A
	394	谁	nau²	nau²	A	A	A	A	A	A	A	A	A
	395	什么	ŋ⁵naːŋ²、ə⁵naːŋ²	ə⁵naːŋ²	A	B	A	A	A	A	A	A	A
副词	396	还(还没有来)	naŋ¹	naŋ¹	A	B	C	A	A	A	A	A	A
	397	都（大家都来了）	tu¹	piŋ³	A	B	A	D	A	A	B	D	D
	398	全（全村、全国）	tøn²、løn²	tsʰøn²	A	A	A	A	A	A	C	D	D
	399	不（他不来）	ŋ⁵	ŋ⁵	A	A	A	A	A	A	A	B	A
	400	别（别跑）	jəu⁵	ju⁵	B	A	A	A	A	A	A	A	C

第三节　四把镇访谈录

语言使用情况的调查，除了挨家挨户地对居民进行调查统计以外，还可选择各种类型的代表人物，作专题调查以获取语言使用的实际情况。

访谈一

访谈对象：周魁林，男，仫佬族，33岁，大专，支部副书记，四把镇四把社区铜匠屯，仫佬语熟练

访谈时间：2013年6月19日

访谈地点：四把镇四把社区村委会

采访人：李艮茜

（1）请介绍一下你们屯的民族成分和语言使用情况。

答：我们屯基本上都是仫佬族，外族很少，除非是外嫁过来的。一般都是说仫佬语，即使外嫁过来的其他民族也都会说仫佬语。大部分的人也会说桂柳话，有的人会说点壮语和客家话。

（2）请简单介绍一下你的家庭，包括他们的民族成分和语言情况。

答：我们家庭整个家族都是仫佬族，没有其他民族的，相互之间也都是说仫佬语。

（3）那你们家里的人准备跟你的孩子讲什么语言呢？

答：我的孩子从出生我们就是跟他讲仫佬语。

（4）你们这里的小孩上幼儿园吗，在幼儿园讲什么话？

答：上幼儿园，上课的时候老师都是讲普通话，下课之后学生之间都是讲仫佬语。

（5）你们这里的人普通话怎么样？是通过什么方式学会普通话的呢？

答：年轻人会说一些，一般都是通过学校教育或者外出打工学会，年长的可能通过电视广播稍微能听懂一点，但是不太能说。

（6）你们邻里、同事之间用什么话交流？

答：仫佬语，如果对方实在不会就用桂柳话。

（7）你们去镇里、县里赶集的时候一般说什么话？

答：如果是认识的人一般都是说仫佬语，如果不认识就说桂柳话。

（8）村里开会领导一般说什么话？

答：还是仫佬语，但是如果是县里领导开会，有实在不懂仫佬语的，我们会用桂柳话。

（9）你们在民俗节日或者丧葬礼上一般是用什么话？

答：仫佬语。

（10）你觉得你们的孩子学习普通话重要吗？为什么？

答：重要，因为现在出去打工或者读书呀，外面的人都是讲普通话。

（11）那你觉得你们的孩子学仫佬语重要吗？为什么？

答：当然重要，我们是仫佬族，学仫佬语是最基本的。

（12）如果有些村民在外面很多年，回来之后不讲仫佬语了，你怎么看这个事情？

答：不应该这样，这样等于是忘本了。

（13）那随着普通话的普及，仫佬族人大量外出务工、学习，这些人回来之后，仫佬语跟你们的差距很大吗？受外面的影响大吗？

答：影响不大，我们的仫佬语都是从小就会的。即使长大了出去了，也没那么容易改变。

（14）你觉得仫佬语会有消失的一天吗？你怎么看待这个事情？

答：不可能，至少在我们仫佬族群中这个是不可能的。因为我们世代都还是说这个语言，即使受外面的影响，会说一些外面的话，但是仫佬语还是我们最基本的交流工具。我很反对仫佬族人不会说仫佬语。

访谈二

访谈对象：吴才娜，女，仫佬族，16岁，初三，文艺委员，四把镇，仫佬语熟练

访谈时间：2013年6月21日

访谈地点：四把镇四把中学校长办公室

采访人：李艮茜

（1）请简单介绍一下你的家庭成员，包括他们的民族成分和语言情况。

答：我家里主要成员是爸爸、妈妈、姐姐和我，我和爸爸、姐姐是仫佬族，母语是仫佬语，妈妈是壮族，母语是壮语，因为外婆是壮族。还有姐夫是仫佬族人，母语是仫佬语。

（2）请问你和你的家人之间及你的家人相互之间说什么话呢？

答：我们家里的人都是讲仫佬语，虽然妈妈是壮族的，但是妈妈的仫佬语也特别好。不过妈妈和外婆会讲壮语。我们跟外婆交流的话也会用壮语，我们都会

说一点壮语，一般会迁就外婆。我的姐姐、姐夫常年在外面打工，他们之间讲桂柳话。回来跟我们还是讲仫佬语。

（3）那你觉得如果你姐姐和姐夫有了孩子，他们最先会教小孩子讲什么话呢？

答：我觉得应该是桂柳话吧，因为姐姐、姐夫本来就经常讲桂柳话，但是如果他们带小孩回家的话我们会教他仫佬语。

（4）你们这里的小孩上幼儿园吗？在幼儿园讲什么话？你们大概什么时候开始接触桂柳话或者普通话呢？

答：我们这里 2012 年开始有幼儿园，幼儿园就已经开始教普通话了。我觉得我们这里的孩子 3~5 岁就开始会懂桂柳话和普通话了，都是受周围环境和电视的影响。

（5）这里的孩子什么时候会说得比较流畅呢？

答：普通话大概六年级左右，桂柳话三四年级就比较流畅了。

（6）你们邻里之间用什么话交流？

答：仫佬语。

（7）在学校你们跟老师交流用什么话，同学之间呢？

答：我们上课用普通话，课后跟老师用普通话或者桂柳话交流，同学之间一般都用仫佬语或者桂柳话交流。

（8）如果在屯里碰上一个陌生人，你第一反应会跟他讲什么话？

答：桂柳话吧。

（9）你们去镇里、县里赶集的时候一般说什么话？

答：桂柳话说得比较多。

（10）镇上开会领导一般说什么话？

答：应该是桂柳话。

（11）你们在民俗节日或者丧葬礼上一般是用什么话？

答：仫佬语和桂柳话。

（12）你觉得你们的小孩子学习普通话重要吗？为什么？

答：重要，因为现在国家普及普通话，将来要出去的话必须是要会说普通话的。

（13）那你觉得你们的孩子学仫佬语重要吗？为什么？

答：也很重要，这是我们民族的语言，我们应该会说。

（14）你现在年轻，接受的教育会越来越高，你觉得如果你有了小孩，你最先会教他什么语言呢？

答：要看我生活在哪里，如果生活在县城或者更大的城市，我会先教普通话，但还是会教他仫佬语的。如果还是生活在我们的小镇上，我应该会先教他仫佬语再教他普通话。

（15）如果有些村民在外面很多年，回来之后不讲仫佬语了，你怎么看这个事情？

答：我反对这样，我觉得回到我们仫佬族就还是应该说仫佬语，不然会很怪异。

（16）那随着普通话的普及，仫佬族人大量外出务工、学习，这些人回来之后，仫佬语跟你们的差距很大吗？受外面的影响大吗？

答：我觉得还是有一定影响的，但是我觉得影响不大，交流还是没有问题的。

（17）你觉得仫佬语会有消失的一天吗？你怎么看这个事情？

答：可能会渐渐受到外来的影响，有一些词我们年轻人不太会说了，但是我觉得仫佬语还是不会消失的。如果真的消失了，我觉得作为仫佬族人会很伤心的，我反对仫佬族人不说仫佬语，希望我们的语言能流传下去。

第四章　罗城仫佬族自治县小长安镇仫佬语使用情况

第一节　社会概况[①]

小长安镇位于罗城仫佬自治县东部，武阳江畔。该镇镇政府驻小长安街，距县城22千米。该镇境内交通运输十分便利，枝柳铁路、罗融二级公路及长寺公路纵横穿过。该镇总面积37.8万亩，其中，耕地面积96 474亩（水田31 219亩，旱地65 255亩）；水域面积1.41万亩；石山面积12.38万亩。该镇有黄泥、上皇坪、琴底、燕山、九龙、西岩6座中小型水库，总库容1723.2万立方米。该镇东南部属丘陵地区，地势平坦，土壤肥沃；西北部多山地，地表岩层裂缝和溶洞较多。该镇辖1个社区、11个村委会、134个自然屯、250个村民小组，现有10 780户39 205人，其中农业人口37 124人。该镇境内聚居着汉族、仫佬族、壮族、苗族、瑶族、侗族等民族，其中汉族18 058人，仫佬族11 112人，壮族8393人。该镇以农业为经济基础，主要以糖蔗为主，林果业、畜牧业、渔业均有经营，2012年农民人均纯收入为3996元。

2012年该镇糖蔗种植面积6.5万亩，总产量27.5万吨，占全县糖蔗总产量的1/3多。2013年糖蔗新增种植面积2083亩。2012年，该镇响应市委号召，发展核桃1678亩，2013年继续发展1000亩。2012年，该镇发展毛葡萄种植面积2200亩，2013年发展1000亩。2014～2015年，该镇新增两性花毛葡萄种植1500亩，完成了毛葡萄现代特色农业（核心）示范区的规划。该镇武阳江两岸风光秀丽、景色迷人。2012年，县级新农村示范点崖宜屯新农村顺利开村，与武阳江景区、

[①] 相关资料由罗城仫佬自治县小长安镇政府提供。

水上相思林景区融合成为生态旅游圈，使该镇越来越受到游客的青睐。该镇镇内还有古栈道、于成龙石刻、汇源寺、丰安寺、龙台寺等名胜古迹。该镇年接待游客 2 万多人次。该镇集体林地面积 19.46 万亩，其中商品林地面积 4.63 万亩，公益林地面积 14.83 万亩。该镇水果种植面积 13 605 亩，其中柚子 4626 亩，柑桔 5200 亩，橙子 680 亩，其他水果梨、桃、柿等也有种植。

近年来，小长安镇强力推进城镇建设，先后投入 1000 多万元加快推进小城镇建设步伐，城镇面貌焕然一新。该镇完成了 9 个中心村、屯的村庄规划及"三线一圈"的村屯规划，为下一步城乡新貌新风建设工程奠定了良好基础；2012 年，完成牛毕火车站建设征地 200 多亩，并于 11 月举行开工仪式。县级新农村示范点崖宜屯新农村顺利开村，下一步将重点建设双合村新农村小康示范点。

该镇现有贫困村 6 个，分别为归安村、龙腾村、双合村（"十二五"规划广西壮族自治区整村推进贫困村）、罗东村、合北村、守善村；全镇贫困户 4330 户 17 573 人，2013 年开展"红卡进百企、千村、万户"活动，已落实机关干部结对帮扶 773 户。

2013 年 2188 户 4628 人享受农村最低生活保障，240 户 327 人享受城镇最低生活保障，232 人享受农村五保供养，另有老复员军人 28 人，参战人员 38 人，退职武警 6 人，孤儿 23 人，百岁老人 11 人。2012 年参加新型农村合作医疗保险 28 899 人，比率为 97%。2012 年参加新型农村社会养老保险 12 045 人，比率 82.3%。

镇辖区内大型企业有牛毕糖厂，小型企业有红砖厂 1 个（守善村红砖厂，年产量约 130 万块，年纳税约 5 万元）、水泥砖厂 4 个（年产砖 4 万块），采石场 3 个，小水电站 4 个、现代集约化规模养猪场 1 个，其他中小规模养殖场 20 个等。

该镇现有初级中学 1 所，在校学生 835 人；小学 12 所，教学点 14 个，在校学生有 2394 人。

第二节　语言使用情况

一、龙腾村语言使用情况

（一）社会概况

龙腾村位于小长安镇西部，罗融二级公路依村而建，交通十分便利，距县城

10 千米，距该镇镇政府所在地 12 千米，全村有 20 个自然屯，44 个村民小组，1505 户 5803 人，其中贫困户有 1285 户 4461 人。该村耕地面积 7103 亩，其中水田 5196 亩，旱地 1907 亩，种植业以水稻、玉米、黄豆、蔬菜为主，养殖业以养鱼、养猪为主，运输业和劳务输出是村民经济收入的重要来源，2012 年种甘蔗种植面积 550 亩，毛葡萄种植面积 602 亩。龙腾村党总支部有 106 名党员，其中男 89 名，女 17 名。

（二）语言使用的特点

1. 仫佬语是最主要交际工具

龙腾村的居民主要以仫佬语为交际工具。从调查的实际情况看，大部分龙腾村村民都能熟练掌握仫佬语，无论是在村里还是家庭内部，无论是在劳动中还是休息时，无论男女老少，该村居民都使用仫佬语来交流信息、表达感情。此次调查统计了该村共 465 人（仫佬族 386 人，侗族 1 人，汉族 9 人，苗族 1 人，壮族 65 人，6 岁以下 15 人，6 岁以上 450 人）的语言使用情况。表 4-1 将统计 371 个 6 岁以上不同年龄段龙腾村仫佬语语言使用情况。

表 4-1　龙腾村不同年龄段仫佬语语言能力统计表

年龄段	总人口/人	熟练 人口/人	熟练 百分比/%	一般 人口/人	一般 百分比/%	略懂 人口/人	略懂 百分比/%	不会 人口/人	不会 百分比/%
6～19 岁	66	66	100	0	0	0	0	0	0
20～50 岁	222	222	100	0	0	0	0	0	0
50 岁以上	83	83	100	0	0	0	0	0	0
合计	371	371	100	0	0	0	0	0	0

龙腾村是仫佬族和壮族杂居的村落，根据笔者对仫佬族进行的仫佬语能力统计，龙腾村 100% 的仫佬人仫佬语熟练，其中，有 16 人的母语是壮语，但是仫佬语也熟练。这种情况在笔者抽样调查中，属于少数的案例。

2. 桂柳话和普通话为龙腾村仫佬族村民普遍兼用

龙腾村村民在家庭里、村寨内及该族人之间多使用仫佬语进行交际，约 70% 的村民同时掌握桂柳话和普通话（含熟练掌握和一般掌握），不能使用桂柳话进行交际的仅占该村总人口的 1.4%，不能使用普通话交流的占该村总人口的 6.2%。由于有的仫佬族村民只掌握桂柳话或普通话，并且普通话和桂柳话的语言掌握程度不一样,故将桂柳话和普通话分别进行语言能力统计。从年龄段上看,6~50岁的仫佬族村民掌握桂柳话比50岁以上的仫佬族村民程度更高,而50岁以上掌握普通话的仫佬族村民仅占该村总人口的28.9%。一般情况下,小学高年级学生和初中生都能熟练地运用普通话进行交谈(表4-2和表4-3)。

表4-2 龙腾村不同年龄段桂柳话语言能力统计表

年龄段	总人口/人	熟练 人口/人	百分比/%	一般 人口/人	百分比/%	略懂 人口/人	百分比/%	不会 人口/人	百分比/%
6~19岁	66	51	77.3	8	12.1	6	9.1	1	1.5
20~50岁	222	200	90.1	16	7.2	6	2.7	0	0
50岁以上	83	53	63.9	19	22.9	7	8.4	3	4.8
合计	371	304	81.9	43	11.6	19	5.1	4	1.4

表4-3 龙腾村不同年龄段普通话语言能力统计表

年龄段	总人口/人	熟练 人口/人	百分比/%	一般 人口/人	百分比/%	略懂 人口/人	百分比/%	不会 人口/人	百分比/%
6~19岁	66	52	78.8	7	10.6	6	9.1	1	1.5
20~50岁	222	140	63.1	55	24.8	24	10.8	3	1.3
50岁以上	83	6	7.2	18	21.7	40	48.2	19	22.9
合计	371	198	53.4	80	21.5	70	18.9	23	6.2

龙腾村仫佬族村民兼用普通话和桂柳话的原因主要有两个:其一跟语言功能有关,在罗城仫佬族自治县,虽然仫佬语使用范围广,但是在镇上、县城内都以使用桂柳话为主,去政府、银行、邮局等场所办事普遍使用桂柳话,桂柳话的交际功能更强;其二跟语言的重要性有关,由于教育、社交等原因,年轻的仫佬族村民更倾向于早学普通话,多用普通话,以适应入学、外出务工的需要。该族人为求得自身在经济、教育、文化等方面的进一步发展,就必须兼用桂柳话和普通话。

(三)龙腾村家庭语言使用情况

龙腾村家庭语言使用情况如表4-4所示。

表 4-4 龙腾村家庭语言使用情况一览表

序号	家庭关系	姓名	年龄/岁	民族	文化程度	第一语言及水平	第二语言及水平	第三语言及水平	第四语言及水平
1	户主	欧其涛	47	仫佬	小学	仫佬语熟练	桂柳话一般	普通话略懂	—
	女儿	欧国姣	23	仫佬	初中	仫佬语熟练	桂柳话熟练	普通话一般	—
	父亲	欧广宣	67	仫佬	初中	仫佬语熟练	桂柳话熟练	普通话略懂	—
	母亲	罗万妹	61	仫佬	文盲	仫佬语熟练	桂柳话不会	普通话不会	—
2	户主	欧其胜	37	仫佬	小学	仫佬语熟练	桂柳话熟练	普通话熟练	—
	母亲	欧福花	67	仫佬	文盲	仫佬语熟练	桂柳话略懂	普通话不会	—
	儿子	欧昌帅	9	仫佬	小学	仫佬语熟练	桂柳话略懂	普通话一般	—
	女儿	欧丹红	5	仫佬	幼儿园	仫佬语熟练	桂柳话略懂	普通话一般	—
3	户主	刘秀初	77	壮	小学	壮语熟练	仫佬语一般	桂柳话熟练	—
	长子	欧广平	48	仫佬	高中	仫佬语熟练	桂柳话略懂	普通话略懂	—
	次子	欧广军	45	仫佬	高中	仫佬语熟练	桂柳话熟练	普通话熟练	—
4	户主	欧其能	43	仫佬	初中	仫佬语熟练	桂柳话熟练	普通话熟练	—
	妻子	卢春利	37	壮	初中	壮语熟练	仫佬语熟练	桂柳话熟练	普通话熟练
	父亲	欧广善	88	仫佬	小学	仫佬语熟练	桂柳话熟练	普通话略懂	—
	长子	欧昌谊	15	仫佬	初中	仫佬语熟练	桂柳话熟练	普通话熟练	—
	次子	欧昌豪	5	仫佬	小学	仫佬语熟练	桂柳话不会	普通话略懂	—
5	户主	欧其奎	50	仫佬	初中	仫佬语熟练	桂柳话熟练	普通话熟练	—
	妻子	韦荣利	48	壮	小学	壮语熟练	仫佬语一般	桂柳话略懂	普通话略懂
	女儿	欧昌柳	27	仫佬	初中	仫佬语熟练	桂柳话熟练	普通话熟练	—
	儿子	欧昌儒	25	仫佬	小学	仫佬语熟练	桂柳话熟练	普通话熟练	—
6	户主	欧昌花	41	仫佬	初中	仫佬语熟练	桂柳话熟练	普通话熟练	—
	父亲	欧其珍	73	仫佬	小学	仫佬语熟练	桂柳话熟练	普通话略懂	—
	儿子	欧显富	11	仫佬	小学	仫佬语熟练	桂柳话一般	普通话熟练	—
7	户主	欧昌钦	32	仫佬	小学	仫佬语熟练	桂柳话熟练	普通话一般	—
8	户主	欧其辉	59	仫佬	小学	仫佬语熟练	桂柳话一般	普通话略懂	—
	女儿	欧万琼	23	仫佬	初中	仫佬语熟练	桂柳话熟练	普通话熟练	—
	父亲	欧其璋	68	仫佬	小学	仫佬语熟练	桂柳话一般	普通话略懂	—
	母亲	欧社妹	69	仫佬	文盲	仫佬语熟练	桂柳话略懂	普通话略懂	—
9	户主	欧昌保	33	仫佬	小学	仫佬语熟练	桂柳话熟练	普通话一般	—
	妹妹	欧昌万	22	仫佬	高中	仫佬语熟练	桂柳话熟练	普通话熟练	—

续表

序号	家庭关系	姓名	年龄/岁	民族	文化程度	第一语言及水平	第二语言及水平	第三语言及水平	第四语言及水平
9	侄子	欧宇	15	仫佬	初中	仫佬语熟练	桂柳话熟练	普通话熟练	—
	侄女	欧秋云	19	仫佬	初中	仫佬语熟练	桂柳话熟练	普通话熟练	—
10	户主	欧昌荣	44	仫佬	小学	仫佬语熟练	桂柳话一般	普通话略懂	
	父亲	欧其兴	80	仫佬	文盲	仫佬语熟练	桂柳话一般	普通话略懂	
	女儿	欧秀芳	32	仫佬	小学	仫佬语熟练	桂柳话熟练	普通话一般	
	儿子	欧斌	30	仫佬	初中	仫佬语熟练	桂柳话熟练	普通话熟练	
	侄子	欧显儒	26	仫佬	初中	仫佬语熟练	桂柳话熟练	普通话熟练	
11	户主	欧广兰	63	仫佬	小学	仫佬语熟练	桂柳话熟练	普通话略懂	
	妻子	邓应枝	61	仫佬	文盲	仫佬语熟练	桂柳话略懂	普通话略懂	
	女儿	欧昌翠	23	仫佬	初中	仫佬语熟练	桂柳话熟练	普通话一般	
	儿子	欧昌亮	20	仫佬	小学	仫佬语熟练	桂柳话熟练	普通话一般	
12	户主	欧小花	48	仫佬	小学	仫佬语熟练	桂柳话熟练	普通话一般	
13	户主	梁开祥	69	仫佬	小学	仫佬语熟练	桂柳话熟练	普通话一般	
	妻子	覃喜妹	68	壮	小学	仫佬语熟练	桂柳话一般	普通话略懂	
	儿子	梁峰华	39	仫佬	小学	仫佬语熟练	桂柳话熟练	普通话一般	
	女儿	梁英枝	34	仫佬	小学	仫佬语熟练	桂柳话一般	普通话略懂	
	外孙	梁慧	13	仫佬	初中	仫佬语熟练	桂柳话熟练	普通话熟练	
14	户主	欧其成	47	仫佬	小学	仫佬语熟练	桂柳话熟练	普通话一般	
	妻子	欧秀群	35	仫佬	小学	仫佬语熟练	桂柳话熟练	普通话一般	
	长女	欧丽玉	17	仫佬	初中	仫佬语熟练	桂柳话熟练	普通话熟练	
	次女	欧丽燕	12	仫佬	小学	仫佬语熟练	桂柳话熟练	普通话熟练	
	母亲	梁雯花	85	仫佬	文盲	仫佬语熟练	桂柳话不会	普通话不会	
15	户主	欧其敏	56	仫佬	初中	仫佬语熟练	桂柳话熟练	普通话略懂	
	妻子	黄金芳	55	仫佬	小学	仫佬语熟练	桂柳话熟练	普通话略懂	
	长女	欧昌梅	29	仫佬	初中	仫佬语熟练	桂柳话熟练	普通话熟练	
	次女	欧小柳	25	仫佬	初中	仫佬语熟练	桂柳话熟练	普通话熟练	
	儿子	欧昌乐	19	仫佬	文盲	仫佬语熟练	桂柳话不会	普通话不会	
16	户主	欧其顺	54	仫佬	小学	仫佬语熟练	桂柳话熟练	普通话略懂	
	妻子	欧凤鸾	50	仫佬	小学	仫佬语熟练	桂柳话熟练	普通话略懂	
	儿子	欧昌飞	24	仫佬	初中	仫佬语熟练	桂柳话熟练	普通话熟练	
17	户主	欧广云	61	汉	小学	仫佬语熟练	桂柳话熟练	普通话一般	—
	长女	欧红英	30	仫佬	初中	仫佬语熟练	桂柳话熟练	普通话熟练	

续表

序号	家庭关系	姓名	年龄/岁	民族	文化程度	第一语言及水平	第二语言及水平	第三语言及水平	第四语言及水平
17	次女	欧红芳	28	仫佬	初中	仫佬语熟练	桂柳话熟练	普通话熟练	—
18	户主	欧其昌	63	仫佬	小学	仫佬语熟练	桂柳话熟练	普通话略懂	—
	妻子	邓归凤	62	汉	小学	客家话熟练	仫佬语熟练	桂柳话略懂	普通话略懂
	儿子	欧昌佑	39	仫佬	小学	仫佬语熟练	桂柳话熟练	普通话熟练	—
	长女	欧昌群	34	仫佬	小学	仫佬语熟练	桂柳话熟练	普通话一般	—
	次女	欧昌玉	30	仫佬	初中	仫佬语熟练	桂柳话熟练	普通话熟练	—
	三女	欧昌新	26	仫佬	初中	仫佬语熟练	桂柳话熟练	普通话熟练	—
	外孙	欧燕珍	4	仫佬	小学	桂柳话熟练	普通话熟练	仫佬语略懂	—
19	户主	欧其武	58	仫佬	初中	仫佬语熟练	桂柳话熟练	普通话一般	—
	妻子	欧其花	62	仫佬	小学	仫佬语熟练	桂柳话熟练	普通话略懂	—
	女儿	欧昌清	28	仫佬	初中	仫佬语熟练	桂柳话熟练	普通话熟练	—
	母亲	梁买銮	78	仫佬	文盲	仫佬语熟练	桂柳话一般	普通话略懂	—
20	户主	欧昌明	49	仫佬	初中	仫佬语熟练	桂柳话熟练	普通话熟练	—
	妻子	欧四英	50	仫佬	小学	仫佬语熟练	桂柳话熟练	普通话略懂	—
	女儿	欧孟春	24	仫佬	大学	仫佬语熟练	桂柳话熟练	普通话熟练	—
	儿子	欧显强	19	仫佬	初中	仫佬语熟练	桂柳话熟练	普通话熟练	—
21	户主	欧荣枝	37	仫佬	初中	仫佬语熟练	桂柳话熟练	普通话熟练	—
	儿子	欧昌源	5	仫佬	学前班	仫佬语熟练	桂柳话不会	普通话略懂	—
	女儿	欧丽娜	12	仫佬	小学	仫佬语熟练	桂柳话熟练	普通话熟练	—
	公公	欧广义	65	仫佬	小学	仫佬语熟练	桂柳话熟练	普通话一般	—
22	户主	欧其超	50	仫佬	初中	仫佬语熟练	桂柳话熟练	普通话一般	—
	妻子	潘春銮	49	仫佬	小学	仫佬语熟练	桂柳话熟练	普通话略懂	—
	女儿	欧秀春	25	仫佬	初中	仫佬语熟练	桂柳话熟练	普通话熟练	—
	儿子	欧玉	23	仫佬	小学	仫佬语熟练	桂柳话熟练	普通话熟练	—
23	户主	欧其波	38	仫佬	初中	仫佬语熟练	桂柳话熟练	普通话熟练	—
	母亲	欧记花	64	仫佬	小学	仫佬语熟练	桂柳话一般	普通话略懂	—
	妻子	覃四妹	32	仫佬	文盲	仫佬语熟练	桂柳话略懂	普通话略懂	—
	女儿	欧艳菊	9	仫佬	小学	仫佬语熟练	桂柳话略懂	普通话略懂	—
	儿子	欧建	6	仫佬	学前班	仫佬语熟练	桂柳话略懂	普通话略懂	—

续表

序号	家庭关系	姓名	年龄/岁	民族	文化程度	第一语言及水平	第二语言及水平	第三语言及水平	第四语言及水平
24	户主	欧广恩	65	仫佬	小学	仫佬语熟练	桂柳话熟练	普通话略懂	—
	妻子	祝华枝	61	汉	小学	仫佬语熟练	桂柳话熟练	普通话一般	—
	儿子	欧其品	35	仫佬	小学	仫佬语熟练	桂柳话熟练	普通话略懂	—
	长女	欧丽群	34	仫佬	小学	仫佬语熟练	桂柳话熟练	普通话略懂	—
	次女	欧丽英	33	仫佬	小学	仫佬语熟练	桂柳话熟练	普通话略懂	—
25	户主	欧其海	39	仫佬	小学	仫佬语熟练	桂柳话熟练	普通话熟练	—
	妻子	欧昌兰	36	仫佬	小学	仫佬语熟练	桂柳话熟练	普通话一般	—
	母亲	吴奇美	64	仫佬	文盲	仫佬语熟练	桂柳话一般	普通话略懂	—
	长子	欧昌达	14	仫佬	初中	仫佬语熟练	桂柳话熟练	普通话熟练	—
	次子	欧昌磊	7	仫佬	小学	仫佬语熟练	桂柳话略懂	普通话一般	—
26	户主	梁开武	61	仫佬	初中	仫佬语熟练	桂柳话熟练	普通话一般	—
27	户主	梁开生	64	仫佬	文盲	仫佬语熟练	桂柳话一般	普通话略懂	—
	妻子	卢启香	67	汉	文盲	仫佬语熟练	桂柳话略懂	普通话略懂	—
	儿子	梁丰平	37	仫佬	小学	仫佬语熟练	桂柳话熟练	普通话熟练	—
	儿媳	陈秀凤	30	仫佬	小学	仫佬语熟练	桂柳话熟练	普通话熟练	—
	女儿	梁英秀	23	仫佬	小学	仫佬语熟练	桂柳话熟练	普通话熟练	—
	孙子	梁彪	8	仫佬	小学	仫佬语熟练	桂柳话略懂	普通话略懂	—
	孙女	梁爱	4	仫佬	小学	仫佬语熟练	桂柳话略懂	普通话略懂	—
28	户主	欧广福	60	仫佬	文盲	仫佬语熟练	桂柳话一般	普通话略懂	—
	妻子	吴耀枝	61	仫佬	文盲	仫佬语熟练	桂柳话熟练	普通话略懂	—
	女儿	欧凤秀	33	仫佬	初中	仫佬语熟练	桂柳话熟练	普通话一般	—
	儿子	欧其腾	30	仫佬	小学	仫佬语熟练	桂柳话熟练	普通话熟练	—
	孙子	欧昌维	12	仫佬	小学	仫佬语熟练	桂柳话略懂	普通话略懂	—
	孙女	韦萍	7	仫佬	小学	仫佬语熟练	桂柳话略懂	普通话一般	—
29	户主	梁开光	63	仫佬	文盲	仫佬语熟练	桂柳话熟练	普通话略懂	—
	长子	梁恩胜	29	仫佬	小学	仫佬语熟练	桂柳话熟练	普通话熟练	—
	次子	梁恩强	25	仫佬	初中	仫佬语熟练	桂柳话熟练	普通话熟练	—
30	户主	罗仁万	48	仫佬	小学	仫佬语熟练	桂柳话熟练	普通话一般	粤语熟练
	妻子	潘秀娥	38	仫佬	小学	仫佬语熟练	桂柳话熟练	普通话一般	—

续表

序号	家庭关系	姓名	年龄/岁	民族	文化程度	第一语言及水平	第二语言及水平	第三语言及水平	第四语言及水平
30	母亲	吴其鸾	79	壮	文盲	壮语熟练	仫佬语熟练	普通话不会	—
31	户主	罗仁纯	38	仫佬	小学	仫佬语熟练	桂柳话熟练	普通话一般	粤语熟练
	女儿	罗荣爱	8	仫佬	小学	仫佬语熟练	普通话一般	桂柳话熟练	—
	儿子	罗日广	2	仫佬	学龄前	仫佬语熟练	普通话不会	桂柳话不会	—
32	户主	罗观	51	仫佬	初中	仫佬语熟练	桂柳话熟练	普通话一般	粤语熟练
	妻子	陈小英	49	汉	小学	羊山话熟练	仫佬语熟练	桂柳话熟练	—
	长女	罗日玲	23	仫佬	初中	仫佬语熟练	普通话一般	桂柳话熟练	—
	次女	罗日月	25	仫佬	小学	仫佬语熟练	桂柳话熟练	普通话一般	粤语一般
	三女	罗秀玲	21	仫佬	大专	仫佬语熟练	桂柳话熟练	普通话熟练	—
33	户主	覃照科	44	仫佬	小学	仫佬语熟练	桂柳话熟练	普通话不会	—
	妻子	吴枚椰	30	苗	小学	苗语熟练	桂柳话一般	仫佬语略懂	—
	儿子	覃万纯	7	仫佬	小学	仫佬语熟练	桂柳话一般	普通话一般	—
	女儿	覃丽娟	2	仫佬	学龄前	仫佬语熟练	桂柳话不会	普通话不会	—
34	户主	覃照标	47	仫佬	小学	仫佬语熟练	桂柳话熟练	普通话略懂	—
	妻子	韦金玉	47	壮	小学	壮语熟练	仫佬语熟练	普通话一般	—
	女儿	覃万秀	21	仫佬	初中	仫佬语熟练	普通话一般	桂柳话熟练	—
	儿子	覃万亮	23	仫佬	初中	仫佬语熟练	普通话一般	桂柳话熟练	—
35	户主	覃明才	59	仫佬	小学	仫佬语熟练	桂柳话熟练	普通话一般	—
	妻子	潘刚花	54	仫佬	小学	仫佬语熟练	桂柳话不会	普通话不会	—
	长女	覃照艳	32	仫佬	小学	仫佬语熟练	壮语熟练	桂柳话熟练	普通话一般
	次女	覃照美	29	仫佬	小学	仫佬语熟练	桂柳话熟练	普通话熟练	—
	儿子	覃照海	31	仫佬	小学	仫佬语熟练	桂柳话熟练	普通话熟练	—
36	户主	罗仁杰	54	仫佬	小学	仫佬语熟练	桂柳话熟练	普通话略懂	—
	长女	罗日翠	30	仫佬	初中	仫佬语熟练	桂柳话熟练	普通话熟练	—
	孙子	罗月雷	11	仫佬	小学	仫佬语熟练	桂柳话熟练	普通话熟练	—
	次女	罗日柳	26	仫佬	初中	仫佬语熟练	桂柳话熟练	普通话熟练	—
	外孙	罗月围	6	仫佬	小学	仫佬语熟练	桂柳话一般	普通话熟练	—
37	户主	罗日才	38	仫佬	小学	仫佬语熟练	桂柳话熟练	普通话一般	—
	妻子	梁秋枝	46	仫佬	小学	仫佬语熟练	桂柳话熟练	普通话一般	—

续表

序号	家庭关系	姓名	年龄/岁	民族	文化程度	第一语言及水平	第二语言及水平	第三语言及水平	第四语言及水平
37	长女	罗月枝	14	仫佬	初中	仫佬语熟练	桂柳话熟练	普通话熟练	—
	次女	罗兰香	10	仫佬	小学	仫佬语熟练	桂柳话熟练	普通话熟练	—
38	户主	罗仁山	43	仫佬	小学	仫佬语熟练	桂柳话熟练	普通话一般	—
	长子	罗日祥	26	仫佬	小学	仫佬语熟练	桂柳话熟练	普通话熟练	—
	次子	罗日东	24	仫佬	初中	仫佬语熟练	桂柳话一般	普通话熟练	—
39	户主	罗日新	49	仫佬	小学	仫佬语熟练	桂柳话熟练	普通话熟练	—
	妻子	韦秀红	45	壮	小学	壮语熟练	仫佬语熟练	桂柳话熟练	普通话一般
	儿子	罗月飞	22	仫佬	初中	仫佬语熟练	桂柳话熟练	普通话熟练	—
	女儿	罗月琴	24	仫佬	初中	仫佬语熟练	桂柳话熟练	普通话熟练	—
	母亲	梁红花	69	仫佬	初中	仫佬语熟练	桂柳话略懂	普通话不会	—
40	户主	罗仁林	45	仫佬	小学	仫佬语熟练	桂柳话熟练	普通话一般	—
	长子	罗日壮	29	仫佬	初中	仫佬语熟练	桂柳话熟练	普通话熟练	—
	次子	罗日晋	23	仫佬	小学	仫佬语熟练	桂柳话熟练	普通话一般	—
	女儿	罗秋月	26	仫佬	初中	仫佬语熟练	桂柳话熟练	普通话熟练	—
	三子	罗日远	20	仫佬	初中	仫佬语熟练	桂柳话熟练	普通话熟练	—
	孙子	罗文轩	1	仫佬	学龄前	仫佬语一般	桂柳话不会	普通话不会	—
	孙子	罗建佳	3	仫佬	学龄前	仫佬语熟练	桂柳话不会	普通话不会	—
41	户主	罗仁能	55	仫佬	小学	仫佬语熟练	桂柳话熟练	普通话略懂	—
	妻子	吴炳梅	52	仫佬	小学	仫佬语熟练	桂柳话一般	普通话略懂	—
42	户主	罗仁耀	58	仫佬	初中	仫佬语熟练	桂柳话熟练	普通话略懂	—
	妻子	潘贵凤	57	仫佬	小学	仫佬语熟练	桂柳话一般	普通话略懂	—
	长子	罗日明	27	仫佬	初中	仫佬语熟练	桂柳话熟练	普通话熟练	—
	次子	罗日应	24	仫佬	初中	仫佬语熟练	桂柳话熟练	普通话熟练	—
43	户主	罗荣	41	仫佬	初中	仫佬语熟练	桂柳话熟练	普通话熟练	—
	妻子	王凤姣	38	汉	初中	普通话熟练	仫佬语一般	—	—
	儿子	罗日彬	16	仫佬	小学	仫佬语熟练	桂柳话熟练	普通话熟练	—
	女儿	罗日晶	10	仫佬	小学	仫佬语熟练	桂柳话一般	普通话熟练	—
	母亲	覃荣珍	71	仫佬	文盲	仫佬语熟练	桂柳话熟练	普通话不会	—
44	户主	罗军	44	仫佬	初中	仫佬语熟练	桂柳话熟练	普通话熟练	—

续表

序号	家庭关系	姓名	年龄/岁	民族	文化程度	第一语言及水平	第二语言及水平	第三语言及水平	第四语言及水平
44	妻子	梁忠金	39	仫佬	小学	壮语熟练	仫佬语熟练	桂柳话一般	—
	长女	覃万宜	12	仫佬	小学	仫佬语熟练	普通话熟练	桂柳话熟练	—
	儿子	罗日满	6	仫佬	小学	仫佬语熟练	桂柳话一般	普通话熟练	—
	次女	罗月灿	4	仫佬	幼儿园	普通话一般	仫佬语一般	—	—
45	户主	覃照生	46	仫佬	小学	仫佬语熟练	桂柳话熟练	普通话略懂	—
	父亲	覃明耀	74	仫佬	初中	仫佬语熟练	桂柳话熟练	普通话不会	—
	女儿	覃万姣	18	仫佬	初中	仫佬语熟练	普通话熟练	桂柳话熟练	—
46	户主	罗日诚	45	仫佬	小学	仫佬语熟练	桂柳话熟练	普通话熟练	—
	长女	罗月香	19	仫佬	高中	仫佬语熟练	普通话熟练	桂柳话熟练	—
	次女	罗月秋	15	仫佬	初中	仫佬语熟练	普通话熟练	桂柳话熟练	—
	父亲	罗仁忠	74	仫佬	小学	仫佬语熟练	桂柳话熟练	普通话略懂	—
	母亲	周运荣	62	仫佬	小学	仫佬语熟练	桂柳话熟练	普通话不会	—
47	户主	罗仁丰	40	仫佬	初中	仫佬语熟练	桂柳话熟练	普通话一般	—
	弟弟	罗仁志	35	仫佬	小学	仫佬语熟练	桂柳话熟练	普通话熟练	—
48	户主	罗仁庄	38	仫佬	小学	仫佬语熟练	桂柳话熟练	普通话一般	—
	妹妹	罗凤青	32	仫佬	初中	仫佬语熟练	桂柳话熟练	普通话熟练	—
	长子	罗日旺	11	仫佬	小学	仫佬语熟练	普通话熟练	桂柳话熟练	—
	次子	罗日聪	4	仫佬	学龄前	仫佬语一般	普通话略懂	桂柳话不会	—
	母亲	谢美枝	64	汉	小学	客家话熟练	仫佬语熟练	桂柳话熟练	—
49	户主	罗日华	35	仫佬	初中	仫佬语熟练	桂柳话熟练	普通话一般	—
	妻子	欧昌兰	39	仫佬	小学	仫佬语熟练	桂柳话熟练	普通话熟练	—
	儿子	罗月龙	14	仫佬	小学	仫佬语熟练	普通话熟练	桂柳话熟练	—
	次子	罗月满	5	仫佬	小学	仫佬语熟练	普通话一般	桂柳话一般	—
	父亲	罗仁禄	65	仫佬	小学	仫佬语熟练	桂柳话熟练	普通话略懂	—
	母亲	谢章妹	65	汉	小学	客家话熟练	仫佬语熟练	桂柳话熟练	—
50	户主	罗日生	43	仫佬	初中	仫佬语熟练	桂柳话熟练	普通话熟练	—
	妻子	吴水凤	44	仫佬	小学	仫佬语熟练	桂柳话熟练	普通话一般	—
	长女	罗太菊	23	仫佬	初中	仫佬语熟练	普通话熟练	桂柳话熟练	—
	次女	罗爱月	18	仫佬	高中	仫佬语熟练	普通话熟练	桂柳话熟练	—

续表

序号	家庭关系	姓名	年龄/岁	民族	文化程度	第一语言及水平	第二语言及水平	第三语言及水平	第四语言及水平
50	儿子	罗月宁	16	仫佬	初中	仫佬语熟练	普通话熟练	桂柳话熟练	—
51	户主	罗日春	44	仫佬	初中	仫佬语熟练	桂柳话熟练	普通话熟练	—
	女儿	罗茜	20	仫佬	中专	仫佬语熟练	普通话熟练	桂柳话熟练	—
52	户主	罗仁超	44	仫佬	小学	仫佬语熟练	桂柳话熟练	普通话一般	—
	妻子	陆罗英	40	侗	小学	侗语熟练	桂柳话熟练	仫佬语熟练	—
	女儿	罗金秀	13	仫佬	小学	仫佬语熟练	普通话熟练	桂柳话熟练	—
53	户主	罗永留	62	仫佬	小学	仫佬语熟练	桂柳话熟练	普通话熟练	—
	儿子	罗仁贵	38	仫佬	小学	仫佬语熟练	桂柳话熟练	普通话熟练	—
	妻子	吴凤金	41	仫佬	初中	仫佬语熟练	桂柳话熟练	普通话一般	—
54	户主	覃照芸	39	仫佬	初中	仫佬语熟练	桂柳话熟练	普通话熟练	—
	妻子	覃爱芬	42	仫佬	初中	壮语熟练	桂柳话熟练	仫佬语熟练	—
	母亲	莫日香	64	仫佬	小学	羊山话熟练	桂柳话熟练	仫佬语熟练	—
	长女	覃琴媛	18	仫佬	高中	仫佬语熟练	普通话熟练	桂柳话熟练	—
	次女	覃佳佳	13	仫佬	小学	仫佬语熟练	普通话熟练	桂柳话熟练	—
55	户主	罗日平	39	仫佬	小学	仫佬语熟练	桂柳话熟练	普通话熟练	—
	女儿	罗月晓	15	仫佬	初中	仫佬语熟练	普通话熟练	桂柳话熟练	—
	儿子	罗月杨	11	仫佬	小学	仫佬语熟练	普通话熟练	桂柳话熟练	—
	父亲	罗仁初	61	仫佬	初中	仫佬语熟练	桂柳话熟练	普通话一般	—
56	户主	罗永德	54	仫佬	小学	仫佬语熟练	桂柳话熟练	普通话一般	—
	哥哥	罗永和	45	仫佬	小学	仫佬语熟练	桂柳话熟练	普通话熟练	—
	女儿	罗凤英	20	仫佬	初中	仫佬语熟练	普通话熟练	桂柳话熟练	—
	儿子	罗仁汝	18	仫佬	初中	仫佬语熟练	普通话熟练	桂柳话熟练	—
57	户主	罗仁甫	69	仫佬	小学	仫佬语熟练	桂柳话熟练	普通话略懂	—
	儿子	罗日红	47	仫佬	小学	仫佬语熟练	桂柳话熟练	普通话熟练	—
	儿媳	吴玉香	45	仫佬	小学	仫佬语熟练	桂柳话熟练	普通话略懂	—
	孙女	罗爱媚	21	仫佬	初中	仫佬语熟练	普通话熟练	桂柳话熟练	—
58	户主	罗月娥	30	仫佬	初中	仫佬语熟练	普通话熟练	桂柳话熟练	—
	弟弟	罗月同	28	仫佬	初中	仫佬语熟练	普通话熟练	桂柳话熟练	—
	儿子	罗日江	21	仫佬	初中	仫佬语熟练	普通话熟练	桂柳话熟练	—

续表

序号	家庭关系	姓名	年龄/岁	民族	文化程度	第一语言及水平	第二语言及水平	第三语言及水平	第四语言及水平
58	女儿	罗秀萍	23	仫佬	初中	仫佬语熟练	普通话熟练	桂柳话熟练	—
	孙子	罗月坤	1	仫佬	学龄前	仫佬语一般	普通话不会	桂柳话不会	—
59	户主	罗仁宏	46	仫佬	初中	仫佬语熟练	桂柳话熟练	普通话熟练	
	妻子	潘小凤	46	仫佬	小学	仫佬语熟练	桂柳话熟练	普通话略懂	
60	户主	吴绪云	25	仫佬	初中	仫佬语熟练	桂柳话熟练	普通话熟练	
	母亲	吴显花	48	仫佬	初中	仫佬语熟练	桂柳话一般	普通话一般	
	妻子	韦柳丹	23	壮	初中	仫佬语略懂	桂柳话熟练	普通话一般	壮语熟练
61	户主	吴绪成	29	仫佬	初中	仫佬语熟练	桂柳话熟练	普通话熟练	
	父亲	吴显芳	49	仫佬	小学	仫佬语熟练	桂柳话一般	普通话一般	
	妻子	黄秀娟	24	壮	初中	仫佬语略懂	桂柳话熟练	普通话熟练	壮语熟练
62	户主	吴光朝	48	仫佬	初中	仫佬语熟练	桂柳话熟练	普通话熟练	—
	父亲	吴章绪	70	仫佬	小学	仫佬语熟练	桂柳话熟练	普通话略懂	—
	妻子	吴社鸾	45	仫佬	小学	仫佬语熟练	桂柳话略懂	普通话一般	—
	儿子	吴立方	25	仫佬	初中	仫佬语熟练	桂柳话熟练	普通话熟练	—
	次子	吴立生	24	仫佬	初中	仫佬语熟练	桂柳话熟练	普通话熟练	—
	儿媳	覃小玲	22	壮	初中	仫佬语一般	桂柳话熟练	普通话熟练	壮语熟练
63	户主	吴绪能	33	仫佬	初中	仫佬语熟练	桂柳话熟练	普通话熟练	
	母亲	吴六妹	71	仫佬	小学	仫佬语熟练	桂柳话略懂	普通话略懂	
	妻子	潘秀琼	26	仫佬	初中	仫佬语熟练	桂柳话熟练	普通话一般	
64	户主	吴光杰	49	仫佬	小学	仫佬语熟练	桂柳话熟练	普通话熟练	
	妻子	卢爱姣	47	仫佬	小学	仫佬语熟练	桂柳话熟练	普通话熟练	壮语熟练
	儿子	吴明春	25	仫佬	大学	仫佬语熟练	桂柳话熟练	普通话熟练	—
	女儿	吴明运	24	仫佬	初中	仫佬语熟练	桂柳话熟练	普通话熟练	
65	户主	吴明辉	29	仫佬	初中	仫佬语熟练	桂柳话熟练	普通话熟练	
	母亲	覃三妹	56	仫佬	小学	仫佬语熟练	桂柳话一般	普通话略懂	
66	户主	吴光芬	47	仫佬	小学	仫佬语熟练	桂柳话熟练	普通话熟练	
	妻子	韦运金	46	仫佬	小学	仫佬语熟练	桂柳话熟练	普通话略懂	壮语熟练
	长子	吴明松	27	仫佬	初中	仫佬语熟练	桂柳话熟练	普通话熟练	
	次子	吴明昌	25	仫佬	小学	仫佬语熟练	桂柳话熟练	普通话熟练	

续表

序号	家庭关系	姓名	年龄/岁	民族	文化程度	第一语言及水平	第二语言及水平	第三语言及水平	第四语言及水平
67	户主	吴管花	45	仫佬	小学	仫佬语熟练	桂柳话一般	普通话一般	—
	儿子	吴帮田	26	仫佬	小学	仫佬语熟练	桂柳话熟练	普通话熟练	—
	儿媳	陈小文	33	汉	初中	仫佬语略懂	桂柳话熟练	普通话熟练	客家话熟练
	女儿	吴柳菊	25	仫佬	小学	仫佬语熟练	桂柳话熟练	普通话熟练	
68	户主	吴树奎	47	仫佬	初中	仫佬语熟练	桂柳话熟练	普通话熟练	
	妻子	吴明秋	49	仫佬	小学	仫佬语熟练	桂柳话熟练	普通话一般	
	长女	吴立秀	25	仫佬	初中	仫佬语熟练	桂柳话熟练	普通话熟练	
	次女	吴秀平	17	仫佬	初中	仫佬语熟练	桂柳话熟练	普通话熟练	
69	户主	吴光耀	46	仫佬	初中	仫佬语熟练	桂柳话熟练	普通话熟练	
	母亲	吴汝梅	78	仫佬	文盲	仫佬语熟练	桂柳话略懂	普通话略懂	—
	妻子	吴明花	42	仫佬	小学	仫佬语熟练	桂柳话略懂	普通话略懂	
	弟	吴光武	54	仫佬	初中	仫佬语熟练	桂柳话熟练	普通话熟练	
	长女	吴菊枝	19	仫佬	高中	仫佬语熟练	桂柳话熟练	普通话熟练	
	次女	吴菊万	17	仫佬	初中	仫佬语熟练	桂柳话熟练	普通话熟练	
	侄女	吴柳琼	27	仫佬	初中	仫佬语熟练	桂柳话熟练	普通话熟练	
70	户主	吴纯	54	仫佬	高中	仫佬语熟练	桂柳话熟练	普通话略懂	
	妻子	欧三凤	59	仫佬	高中	仫佬语熟练	桂柳话熟练	普通话一般	
	长女	吴加菊	30	仫佬	初中	仫佬语熟练	桂柳话熟练	普通话熟练	
	儿子	吴加兵	27	仫佬	初中	仫佬语熟练	桂柳话熟练	普通话熟练	
	次女	吴树荣	25	仫佬	初中	仫佬语熟练	桂柳话熟练	普通话熟练	
71	户主	吴章秀	51	仫佬	小学	仫佬语熟练	桂柳话略懂	普通话略懂	
	儿子	吴绪勇	25	仫佬	小学	仫佬语熟练	桂柳话熟练	普通话熟练	
	女儿	吴柳娟	24	仫佬	初中	仫佬语熟练	桂柳话熟练	普通话熟练	
72	户主	吴忠	51	仫佬	小学	仫佬语熟练	桂柳话熟练	普通话一般	
	女儿	吴燕春	17	仫佬	初中	仫佬语熟练	桂柳话熟练	普通话熟练	
	儿子	吴加细	14	仫佬	初中	仫佬语熟练	桂柳话熟练	普通话熟练	
73	户主	吴振德	38	仫佬	初中	仫佬语熟练	桂柳话熟练	普通话熟练	
	母亲	吴万花	70	仫佬	小学	仫佬语熟练	桂柳话一般	普通话不会	—
	妻子	吴社菊	39	仫佬	初中	仫佬语熟练	桂柳话略懂	普通话一般	—

续表

序号	家庭关系	姓名	年龄/岁	民族	文化程度	第一语言及水平	第二语言及水平	第三语言及水平	第四语言及水平
74	户主	吴秀菊	47	仫佬	小学	仫佬语熟练	桂柳话一般	普通话一般	—
	父亲	吴耀年	68	仫佬	小学	仫佬语熟练	桂柳话一般	普通话一般	—
	儿子	吴明东	22	仫佬	初中	仫佬语熟练	桂柳话熟练	普通话熟练	—
75	户主	吴耀山	59	仫佬	小学	仫佬语熟练	桂柳话熟练	普通话熟练	—
	长子	吴光茂	33	仫佬	初中	仫佬语熟练	桂柳话熟练	普通话熟练	—
	次子	吴光昌	31	仫佬	初中	仫佬语熟练	桂柳话熟练	普通话熟练	—
	孙子	吴明朗	6	仫佬	小学	仫佬语熟练	桂柳话一般	普通话熟练	—
76	户主	吴绪军	30	仫佬	小学	仫佬语熟练	桂柳话熟练	普通话略懂	—
	父亲	吴章凯	60	仫佬	小学	仫佬语熟练	桂柳话熟练	普通话不会	—
	姑母	吴开连	44	仫佬	小学	仫佬语熟练	桂柳话熟练	普通话熟练	—
77	户主	吴显光	55	仫佬	小学	仫佬语熟练	桂柳话熟练	普通话一般	壮语熟练
78	户主	吴显杰	60	仫佬	高中	仫佬语熟练	桂柳话熟练	普通话不会	—
	妻子	吴秀兰	60	仫佬	小学	仫佬语熟练	桂柳话一般	普通话一般	—
	长子	吴加星	34	仫佬	初中	仫佬语熟练	桂柳话熟练	普通话熟练	—
	次子	吴加纯	30	仫佬	初中	仫佬语熟练	桂柳话熟练	普通话熟练	—
	儿媳	吴明英	38	仫佬	小学	仫佬语熟练	桂柳话一般	普通话一般	—
	孙女	吴春娟	12	仫佬	小学	仫佬语熟练	桂柳话熟练	普通话熟练	—
79	户主	吴显成	67	仫佬	小学	仫佬语熟练	桂柳话熟练	普通话一般	—
	妻子	吴广花	66	仫佬	小学	仫佬语熟练	桂柳话一般	普通话一般	—
	长子	吴家福	50	仫佬	初中	仫佬语熟练	桂柳话熟练	普通话熟练	—
	女儿	吴乙銮	48	仫佬	小学	仫佬语熟练	桂柳话熟练	普通话熟练	—
	次子	吴家升	38	仫佬	初中	仫佬语熟练	桂柳话熟练	普通话熟练	—
80	户主	吴树茂	51	仫佬	小学	仫佬语熟练	桂柳话熟练	普通话熟练	—
	母亲	吴章汝	75	仫佬	文盲	仫佬语熟练	桂柳话不懂	普通话不会	—
	妻子	罗小湘	40	壮	初中	仫佬语一般	桂柳话熟练	普通话熟练	壮语熟练
	长子	吴立军	19	仫佬	初中	仫佬语熟练	桂柳话熟练	普通话熟练	壮语熟练
	次子	吴立维	12	仫佬	小学	仫佬语熟练	桂柳话熟练	普通话熟练	壮语熟练
81	户主	吴树生	46	仫佬	初中	仫佬语熟练	桂柳话熟练	普通话一般	—
	父亲	吴章烈	80	仫佬	小学	仫佬语熟练	桂柳话熟练	普通话不会	—

续表

序号	家庭关系	姓名	年龄/岁	民族	文化程度	第一语言及水平	第二语言及水平	第三语言及水平	第四语言及水平
81	母亲	吴秀枝	75	仫佬	小学	仫佬语熟练	桂柳话一般	普通话不会	—
	妻子	吴树妹	44	仫佬	小学	仫佬语熟练	桂柳话一般	普通话不会	—
	弟弟	吴树清	37	仫佬	小学	仫佬语熟练	桂柳话熟练	普通话一般	—
	长子	吴立全	20	仫佬	初中	仫佬语熟练	桂柳话熟练	普通话熟练	—
	次子	吴立江	17	仫佬	初中	仫佬语熟练	桂柳话熟练	普通话熟练	—
82	户主	吴三妹	41	仫佬	小学	仫佬语熟练	桂柳话熟练	普通话一般	—
	母亲	欧春秀	58	仫佬	高中	仫佬语熟练	桂柳话熟练	普通话一般	—
	姐姐	吴显妹	50	仫佬	初中	仫佬语熟练	桂柳话熟练	普通话略懂	壮语熟练
	儿子	吴家仁	33	仫佬	初中	仫佬语熟练	桂柳话熟练	普通话熟练	—
83	户主	欧梅	70	仫佬	小学	仫佬语熟练	桂柳话熟练	普通话不会	—
	长子	吴树福	47	仫佬	初中	仫佬语熟练	桂柳话熟练	普通话熟练	—
	次子	吴加祥	43	仫佬	初中	仫佬语熟练	桂柳话熟练	普通话熟练	—
	长孙	吴立永	28	仫佬	初中	仫佬语熟练	桂柳话熟练	普通话熟练	—
	次孙	吴立怀	25	仫佬	初中	仫佬语熟练	桂柳话熟练	普通话熟练	—
84	户主	吴炳生	68	仫佬	小学	仫佬语熟练	桂柳话熟练	普通话不会	—
	妻子	吴五妹	66	仫佬	小学	仫佬语熟练	桂柳话一般	普通话略懂	—
	儿子	吴加树	39	仫佬	小学	仫佬语熟练	桂柳话熟练	普通话熟练	—
85	户主	吴章光	64	仫佬	小学	仫佬语熟练	桂柳话熟练	普通话一般	—
	女儿	吴彩琼	37	仫佬	小学	仫佬语熟练	桂柳话一般	普通话熟练	—
	女婿	蒙增强	39	壮	小学	仫佬语熟练	桂柳话熟练	普通话熟练	壮语熟练
	孙子	吴加茂	14	仫佬	初中	仫佬语熟练	桂柳话熟练	普通话熟练	—
86	户主	吴显庭	47	仫佬	初中	仫佬语熟练	桂柳话熟练	普通话一般	—
	妻子	吴四妹	50	仫佬	小学	仫佬语熟练	桂柳话一般	普通话一般	—
	女儿	吴琼利	26	仫佬	初中	仫佬语熟练	桂柳话熟练	普通话熟练	—
87	户主	吴树克	47	仫佬	初中	仫佬语熟练	桂柳话熟练	普通话熟练	—
	妻子	吴树美	47	仫佬	小学	仫佬语熟练	桂柳话一般	普通话略懂	—
	儿子	吴立进	17	仫佬	初中	仫佬语熟练	桂柳话熟练	普通话熟练	—
	女儿	吴家玉	12	仫佬	高中	仫佬语熟练	桂柳话熟练	普通话熟练	—
88	户主	韦兰花	78	仫佬	小学	仫佬语熟练	桂柳话一般	普通话略懂	—

续表

序号	家庭关系	姓名	年龄/岁	民族	文化程度	第一语言及水平	第二语言及水平	第三语言及水平	第四语言及水平
88	儿子	吴松	48	仫佬	初中	仫佬语熟练	桂柳话熟练	普通话熟练	—
	儿媳	吴明凤	48	仫佬	小学	仫佬语熟练	桂柳话熟练	普通话略懂	—
	孙子	吴加林	26	仫佬	初中	仫佬语熟练	桂柳话熟练	普通话熟练	—
	孙女	吴美玲	24	仫佬	初中	仫佬语熟练	桂柳话熟练	普通话熟练	—
89	户主	吴树杰	45	仫佬	小学	仫佬语熟练	桂柳话熟练	普通话熟练	—
90	户主	吴显仁	34	仫佬	小学	仫佬语熟练	桂柳话熟练	普通话一般	—
	父亲	吴章业	77	仫佬	小学	仫佬语熟练	桂柳话熟练	普通话略懂	—
	母亲	欧其香	78	仫佬	小学	仫佬语熟练	桂柳话熟练	普通话不会	—
	妻子	吴凤鸾	30	仫佬	小学	仫佬语熟练	桂柳话一般	普通话略懂	—
	儿子	吴家昌	6	仫佬	小学	仫佬语熟练	桂柳话一般	普通话一般	—
91	户主	吴文富	29	仫佬	初中	仫佬语熟练	桂柳话熟练	普通话熟练	—
	祖母	吴光兰	80	仫佬	小学	仫佬语熟练	桂柳话一般	普通话不会	—
	母亲	吴善花	50	仫佬	小学	仫佬语熟练	桂柳话熟练	普通话略懂	—
	妹妹	吴小凤	25	仫佬	初中	仫佬语熟练	桂柳话熟练	普通话熟练	—
92	户主	吴朝军	55	壮	高中	壮语熟练	仫佬语熟练	普通话熟练	桂柳话熟练
	妻子	潘贵美	52	仫佬	小学	仫佬语熟练	壮语熟练	普通话熟练	桂柳话熟练
	女儿	吴柳芳	24	仫佬	本科	壮语熟练	仫佬语熟练	普通话熟练	桂柳话熟练
	儿子	吴昌锋	26	仫佬	初中	壮语熟练	仫佬语熟练	普通话熟练	桂柳话熟练
93	户主	吴昌军	41	壮	初中	壮语熟练	仫佬语熟练	普通话熟练	桂柳话熟练
	妻子	覃绍凤	41	壮	小学	壮语熟练	仫佬语熟练	普通话熟练	桂柳话熟练
	儿子	吴燕件	18	壮	高中	壮语熟练	仫佬语熟练	普通话熟练	桂柳话熟练
94	户主	吴现康	12	壮	小学	壮语熟练	仫佬语熟练	普通话熟练	桂柳话一般
	儿子	覃勇	39	壮	初中	壮语熟练	仫佬语熟练	普通话熟练	桂柳话熟练
	孙女	覃卓昀	13	仫佬	小学	壮语熟练	仫佬语熟练	普通话熟练	桂柳话熟练
95	户主	覃宝隆	68	壮	小学	壮语熟练	仫佬语熟练	普通话熟练	桂柳话熟练
	妻子	吴昌妹	67	壮	小学	壮语熟练	仫佬语熟练	普通话熟练	桂柳话熟练
	孙女	覃奕蓉	7	仫佬	小学	壮语熟练	仫佬语熟练	普通话熟练	桂柳话熟练
	孙女	覃锦畛	5	仫佬	小学	壮语熟练	仫佬语熟练	普通话略懂	—
	儿媳	吴奇英	39	仫佬	初中	仫佬语熟练	壮语熟练	普通话熟练	桂柳话熟练

续表

序号	家庭关系	姓名	年龄/岁	民族	文化程度	第一语言及水平	第二语言及水平	第三语言及水平	第四语言及水平
96	户主	吴献宏	50	壮	高中	壮语熟练	仫佬语熟练	普通话熟练	桂柳话熟练
	妻子	罗仁春	47	仫佬	初中	仫佬语熟练	壮语熟练	普通话熟练	桂柳话熟练
	父亲	吴昌华	70	壮	小学	壮语熟练	仫佬语熟练	普通话熟练	桂柳话熟练
	母亲	吴社花	76	壮	小学	壮语熟练	仫佬语熟练	普通话略懂	桂柳话熟练
	儿子	吴林	26	仫佬	高中	仫佬语熟练	壮语熟练	普通话熟练	桂柳话熟练
	女儿	吴玉芳	25	仫佬	中专	壮语熟练	仫佬语熟练	普通话熟练	桂柳话熟练
	哥哥	吴昌谋	50	壮	初中	壮语熟练	仫佬语熟练	普通话熟练	桂柳话熟练
	侄子	吴浩	26	仫佬	初中	壮语熟练	仫佬语熟练	普通话熟练	桂柳话熟练
97	户主	吴昌生	47	壮	初中	壮语熟练	仫佬语熟练	普通话熟练	桂柳话熟练
	妻子	吴启莲	46	仫佬	小学	仫佬语熟练	壮语熟练	普通话一般	桂柳话熟练
	儿子	吴现诗	24	仫佬	初中	壮语熟练	仫佬语熟练	普通话熟练	桂柳话熟练
	女儿	吴献爱	22	壮	中专	壮语熟练	仫佬语熟练	普通话熟练	桂柳话熟练
	母亲	吴招兵	83	壮	文盲	壮语熟练	仫佬语熟练	普通话不会	桂柳话熟练
98	户主	吴昌兴	44	仫佬	小学	仫佬语熟练	壮语熟练	普通话一般	桂柳话熟练
	妻子	罗代莲	59	仫佬	小学	仫佬语熟练	壮语熟练	普通话不会	桂柳话熟练
	儿子	吴献亮	13	壮	中专	壮语熟练	仫佬语熟练	普通话熟练	桂柳话熟练
	女儿	吴喜姣	27	仫佬	小学	仫佬语熟练	壮语熟练	普通话不会	桂柳话略懂
99	户主	吴昌舜	57	壮	初中	壮语熟练	仫佬语熟练	普通话熟练	桂柳话熟练
	长女	吴吉秋	36	壮	小学	壮语熟练	仫佬语熟练	普通话熟练	桂柳话熟练
	次女	吴小秋	33	壮	小学	壮语熟练	仫佬语熟练	普通话熟练	桂柳话熟练
	儿子	吴现华	30	壮	小学	壮语熟练	仫佬语熟练	普通话熟练	桂柳话熟练
	孙子	吴玉荣	16	仫佬	中专	壮语熟练	仫佬语熟练	普通话熟练	桂柳话熟练
	孙女	吴李柳	13	仫佬	初中	壮语熟练	仫佬语熟练	普通话熟练	桂柳话熟练
	孙子	吴彬	17	壮	小学	壮语熟练	仫佬语熟练	普通话熟练	桂柳话略懂
100	户主	吴昌荣	69	壮	小学	壮语熟练	仫佬语熟练	普通话一般	桂柳话熟练
	妻子	覃绍銮	68	壮	文盲	壮语熟练	仫佬语熟练	普通话略懂	桂柳话熟练
	长子	吴现国	37	壮	初中	壮语熟练	仫佬语熟练	普通话熟练	桂柳话熟练
	次子	吴献强	31	壮	初中	壮语熟练	仫佬语熟练	普通话熟练	桂柳话熟练
	侄子	吴现勇	25	仫佬	专科	壮语熟练	仫佬语熟练	普通话熟练	桂柳话熟练

续表

序号	家庭关系	姓名	年龄/岁	民族	文化程度	第一语言及水平	第二语言及水平	第三语言及水平	第四语言及水平
100	侄子	吴现杰	27	仫佬	初中	壮语熟练	仫佬语熟练	普通话熟练	桂柳话熟练
	弟弟	吴昌献	55	壮	初中	壮语熟练	仫佬语熟练	普通话熟练	桂柳话熟练
	弟媳	谢凤姣	51	汉族	小学	客家话熟练	壮语熟练	仫佬语熟练	普通话略懂
101	户主	吴昌凡	67	壮	小学	壮语熟练	仫佬语熟练	普通话熟练	桂柳话熟练
102	户主	吴昌能	46	壮	初中	壮语熟练	仫佬语熟练	普通话熟练	桂柳话熟练
	父亲	吴朝耀	73	壮	初中	壮语熟练	仫佬语熟练	普通话熟练	桂柳话熟练
	母亲	谢美雄	71	汉族	文盲	客家话熟练	壮语熟练	仫佬语熟练	普通话略懂
	长女	吴丽琼	14	壮	初中	壮语熟练	仫佬语熟练	普通话熟练	桂柳话一般
	次女	吴丽玲	25	仫佬	初中	壮语熟练	仫佬语熟练	普通话熟练	桂柳话熟练
103	户主	吴昌文	52	壮	高中	壮语熟练	仫佬语熟练	普通话熟练	桂柳话熟练
	妻子	罗秀菊	49	仫佬	小学	仫佬语熟练	壮语熟练	普通话一般	桂柳话熟练
	儿子	吴昌忠	39	壮	初中	壮语熟练	仫佬语熟练	普通话熟练	桂柳话熟练
	儿媳	吴新英	36	仫佬	初中	仫佬语熟练	壮语熟练	普通话熟练	桂柳话熟练
104	户主	吴朝坤	63	壮	小学	壮语熟练	仫佬语熟练	普通话熟练	桂柳话熟练
	妻子	吴显凤	62	仫佬	小学	仫佬语熟练	壮语熟练	普通话一般	桂柳话熟练
105	户主	覃绍菊	45	壮	初中	壮语熟练	仫佬语熟练	普通话熟练	桂柳话熟练
	父亲	覃宝庭	83	壮	小学	壮语熟练	仫佬语熟练	普通话略懂	桂柳话一般
	女儿	覃棚	21	壮	初中	壮语熟练	仫佬语熟练	普通话熟练	桂柳话熟练
	儿子	覃剑	28	仫佬	高中	壮语熟练	仫佬语熟练	普通话熟练	桂柳话熟练
	妹妹	覃小菊	40	壮	初中	壮语熟练	仫佬语熟练	普通话熟练	桂柳话熟练
106	户主	覃伟	50	壮	高中	壮语熟练	仫佬语熟练	普通话熟练	桂柳话熟练
	妻子	欧其娥	53	仫佬	初中	仫佬语熟练	壮语熟练	普通话熟练	桂柳话熟练
	女儿	覃青	23	仫佬	初中	壮语熟练	仫佬语熟练	普通话熟练	桂柳话熟练
	儿子	覃斌	29	仫佬	中专	壮语熟练	仫佬语熟练	普通话熟练	桂柳话熟练
107	户主	覃侦	41	壮	初中	壮语熟练	仫佬语熟练	普通话熟练	桂柳话熟练
	妻子	吴代梅	38	壮	高中	壮语熟练	仫佬语熟练	普通话熟练	桂柳话熟练
	女儿	覃静	14	壮	初中	壮语熟练	仫佬语熟练	普通话熟练	桂柳话一般
	女儿	覃俐思	16	壮	小学	壮语熟练	仫佬语熟练	普通话熟练	桂柳话略懂
	母亲	谢昌凤	75	汉族	文盲	客家话熟练	壮语熟练	仫佬语熟练	普通话略懂

续表

序号	家庭关系	姓名	年龄/岁	民族	文化程度	第一语言及水平	第二语言及水平	第三语言及水平	第四语言及水平
108	户主	覃绍良	48	壮	初中	壮语熟练	仫佬语熟练	普通话熟练	桂柳话熟练
	女儿	覃珍燕	20	仫佬	高中	壮语熟练	仫佬语熟练	普通话熟练	桂柳话熟练
	妻子	罗日香	43	仫佬	初中	仫佬语熟练	壮语熟练	普通话略懂	桂柳话熟练
	儿子	覃启权	15	仫佬	初中	壮语熟练	仫佬语熟练	普通话熟练	桂柳话熟练
	女儿	覃玲	13	壮	初中	壮语熟练	仫佬语熟练	普通话熟练	桂柳话熟练
109	户主	覃绍宣	43	壮	初中	壮语熟练	仫佬语熟练	普通话熟练	桂柳话熟练
	妻子	吴美群	42	仫佬	小学	仫佬语熟练	壮语熟练	普通话一般	桂柳话熟练
110	户主	覃绍学	47	壮	小学	壮语熟练	仫佬语熟练	普通话熟练	桂柳话熟练
	妻子	潘贵鸾	44	仫佬	初中	仫佬语熟练	壮语熟练	普通话一般	桂柳话一般
	长子	覃启健	17	仫佬	高中	壮语熟练	仫佬语熟练	普通话熟练	桂柳话熟练
	次子	覃海	8	仫佬	小学	壮语熟练	仫佬语熟练	普通话略懂	—
	女儿	吴玉叶	9	壮	小学	仫佬语熟练	壮语熟练	普通话一般	桂柳话一般
111	户主	吴献枝	47	壮	初中	壮语熟练	仫佬语熟练	普通话一般	桂柳话一般
	女儿	吴玉鲜	15	壮	初中	壮语熟练	仫佬语熟练	普通话熟练	桂柳话熟练
112	户主	吴昌茂	75	壮	初中	壮语熟练	仫佬语熟练	普通话熟练	桂柳话熟练
113	户主	吴燕辉	41	壮	大学	壮语熟练	仫佬语熟练	普通话熟练	桂柳话熟练

二、双合村语言使用情况

（一）社会概况

双合村位于小长安镇西南部，距罗城仫佬族自治县县城 13 千米，距该镇镇政府所在地 15 千米，已有通村水泥路。该村有 18 个自然屯，22 个村民小组，754 户 3209 人，其中贫困户 657 户 2447 人。村内耕地面积 3268 亩，其中水田 2490 亩，旱地 778 亩，种植业以水稻、玉米、黄豆为主，养殖业以养鱼、养猪为主，劳务输出是村民经济收入的重要来源，2012 年甘蔗种植面积 387.5 亩，毛葡萄种植面积 313 亩。双合村党总支部有 66 名党员，其中男 56 名，女 10 名。

（二）语言使用的基本特点

1. 仫佬语是民族间的主要交际工具

双合村现有 3556 人，布依族 1 人，侗族 6 人，汉族 434 人，毛南族 1 人，苗族 15 人，仫佬族 1734 人，水族 2 人，瑶族 25 人，壮族 1337 人。双合村多民族杂居，其中以壮族和仫佬族为主。为调查双合村仫佬语的语言使用情况，笔者抽样调查了 319 人，6 岁以下 9 人（4 人为仫佬族，5 人为壮族），6 岁以上 310 人（仫佬族 145 人，汉族 9 人，苗族 1 人，水族 1 人，瑶 3 人，壮族 151 人）。仫佬族的家庭内部都是以仫佬语为主要交际语。当仫佬族人遇到仫佬族的村民时，他们说仫佬语；当遇到壮族或其他民族的村民时，他们则说桂柳话和仫佬语。表 4-5 为分年龄段的 145 个仫佬族村民的语言能力统计表。

表 4-5 双合村不同年龄段仫佬语语言能力统计表

年龄段	总人口/人	熟练 人口/人	熟练 百分比/%	一般 人口/人	一般 百分比/%	略懂 人口/人	略懂 百分比/%	不会 人口/人	不会 百分比/%
6～19 岁	23	23	100	0	0	0	0	0	0
20～50 岁	87	87	100	0	0	0	0	0	0
50 岁以上	35	35	100	0	0	0	0	0	0
合计	145	145	100	0	0	0	0	0	0

2. 桂柳话和普通话为仫佬族村民普遍兼用

虽然双合村村民在家庭里、村寨内及与其他民族之间多使用仫佬语进行交际，约 67% 的村民同时掌握桂柳话和普通话（含熟练掌握和一般掌握），不能使用桂柳话进行交际的仅占该村总人口的 19.3%，不能使用普通话交流的占该村总人口的 32.4%。由于有的仫佬族村民只掌握桂柳话或普通话，并且普通话和桂柳话的语言掌握程度不一样，故将桂柳话和普通话语言能力分别进行统计。从年龄段上看，6～50 岁的仫佬族村民掌握桂柳话程度比 50 岁以上的程度更高，而 50 岁以上掌握普通话的仫佬村民仅占该村总人口的 37.1%。一般情况下，小学高年级学生和初中生都能熟练地运用普通话进行交谈（表 4-6 和表 4-7）。

表 4-6 双合村不同年龄段桂柳话语言能力统计表

年龄段	总人口/人	熟练 人口/人	熟练 百分比/%	一般 人口/人	一般 百分比/%	略懂 人口/人	略懂 百分比/%	不会 人口/人	不会 百分比/%
6～19 岁	23	4	17.4	13	56.5	6	26.1	0	0
20～50 岁	87	17	19.5	62	71.2	7	8.0	1	1.1
50 岁以上	35	2	5.7	19	54.3	11	31.4	3	8.6
合计	145	23	15.9	94	64.8	24	16.6	4	2.7

表 4-7　双合村不同年龄段普通话语言能力统计表

年龄段	总人口/人	熟练 人口/人	熟练 百分比/%	一般 人口/人	一般 百分比/%	略懂 人口/人	略懂 百分比/%	不会 人口/人	不会 百分比/%
6～19 岁	23	0	0	17	0	6	0	0	0
20～50 岁	87	3	3.4	65	74.9	16	18.3	3	3.4
50 岁以上	35	0	0	13	37.1	14	40.0	8	22.9
合计	145	3	2.1	95	65.5	36	24.8	11	7.6

双合村仫佬村民兼用普通话和桂柳话的原因主要有三个：其一跟双合村的民族成分有关，双合村村民是民族杂居村寨，为了与其他民族的村民沟通交流，要么学会村寨的主要民族语言——仫佬语，要么则使用当地的主要汉语方言——桂柳话；其二跟语言功能有关，虽然罗城仫佬族自治县的仫佬语使用范围广，但是在镇上、县城内都以使用桂柳话为主，去政府、银行、邮局等场所办事普遍使用桂柳话，桂柳话的交际功能更强；其三跟语言的重要性有关，由于教育、社交等原因，年轻的仫佬族村民更倾向于早学普通话，多用普通话，以适应入学、外出务工的需要。该族人为求得自身在经济、教育、文化等方面的进一步发展，就必须兼用桂柳话和普通话。

（三）双合村家庭语言使用情况

双合村家庭语言使用情况如表 4-8 所示。

表 4-8　双合村家庭语言使用情况一览表

序号	家庭关系	姓名	年龄/岁	民族	文化程度	第一语言及水平	第二语言及水平	第三语言及水平	第四语言及水平
1	户主	韦立余	49	壮	初中	壮语熟练	仫佬语一般	桂柳话一般	普通话略懂
	侄女	韦雅婷	3	壮	幼儿园	壮语略懂	仫佬语略懂	桂柳话略懂	普通话略懂
	儿子	韦永星	9	壮	小学	壮语熟练	仫佬语略懂	桂柳话一般	普通话一般
	长弟	韦立堂	45	壮	小学	壮语熟练	仫佬语熟练	桂柳话熟练	普通话一般
	次弟	韦立福	33	壮	初中	壮语熟练	仫佬语熟练	桂柳话熟练	普通话一般
2	户主	韦丽娟	40	壮	小学	壮语熟练	仫佬语熟练	桂柳话熟练	普通话一般
3	户主	周俊文	16	壮	初中	壮语一般	仫佬语一般	桂柳话熟练	普通话熟练
	姑母	韦丽群	42	壮	小学	壮语熟练	仫佬语熟练	桂柳话熟练	普通话一般
4	户主	韦永花	17	壮	高中	壮语熟练	仫佬语一般	桂柳话熟练	普通话熟练

续表

序号	家庭关系	姓名	年龄/岁	民族	文化程度	第一语言及水平	第二语言及水平	第三语言及水平	第四语言及水平
5	户主	韦天宏	79	壮	小学	壮语熟练	仫佬语熟练	桂柳话熟练	普通话一般
	长子	韦立晋	43	壮	初中	壮语熟练	仫佬语熟练	桂柳话熟练	普通话熟练
	次子	韦立孝	39	壮	小学	壮语熟练	仫佬语熟练	桂柳话熟练	普通话一般
	三子	韦立周	35	壮	初中	壮语熟练	仫佬语熟练	桂柳话熟练	普通话一般
	孙子	韦永超	7	壮	小学	壮语熟练	仫佬语一般	桂柳话熟练	普通话熟练
6	户主	韦天绪	60	壮	初中	壮语熟练	仫佬语熟练	桂柳话一般	普通话一般
	妻子	韦秀鸾	57	壮	小学	壮语熟练	仫佬语熟练	桂柳话一般	普通话略懂
	长女	韦美姣	35	壮	初中	壮语熟练	仫佬语熟练	桂柳话熟练	普通话一般
	儿子	韦立友	30	壮	初中	壮语熟练	仫佬语熟练	桂柳话熟练	普通话一般
	次女	韦美兰	28	壮	初中	壮语熟练	仫佬语熟练	桂柳话熟练	普通话熟练
	孙子	韦一泽	1	壮	幼儿	壮语略懂	仫佬语不会	桂柳话不会	普通话不会
	妹妹	韦梅枝	49	壮	小学	壮语熟练	仫佬语熟练	桂柳话熟练	普通话一般
	母亲	韦小凤	80	壮	文盲	壮语熟练	仫佬语熟练	桂柳话不会	普通话不会
7	户主	韦立伍	40	壮	小学	壮语熟练	仫佬语熟练	桂柳话熟练	普通话一般
	妻子	韦世英	28	壮	小学	壮语熟练	仫佬语熟练	桂柳话一般	普通话略懂
	女儿	韦柳丽	11	壮	小学	壮语熟练	仫佬语熟练	桂柳话熟练	普通话熟练
	儿子	韦永平	3	壮	幼儿园	壮语熟练	普通话一般	桂柳话略懂	仫佬语略懂
	母亲	邓凤花	80	汉	文盲	客家话熟练	壮语熟练	仫佬语熟练	普通话不会
8	户主	韦立刚	50	壮	初中	壮语熟练	仫佬语熟练	桂柳话熟练	普通话一般
	长子	韦永勤	14	壮	小学	壮语熟练	桂柳话熟练	普通话略懂	仫佬语略懂
	次子	韦永源	10	壮	小学	壮语熟练	桂柳话熟练	普通话一般	仫佬语一般
9	户主	韦立华	56	壮	小学	壮语熟练	仫佬语熟练	桂柳话一般	普通话略懂
	妻子	潘菊	48	仫佬	小学	仫佬语熟练	壮语熟练	桂柳话一般	普通话略懂
	长女	韦雪姣	22	仫佬	小学	仫佬语熟练	壮语熟练	桂柳话略懂	普通话略懂
	次女	韦雪柳	20	仫佬	小学	仫佬语熟练	壮语熟练	桂柳话略懂	普通话略懂
10	户主	韦桂兰	59	壮	高中	壮语熟练	仫佬语熟练	桂柳话熟练	普通话一般
	女儿	韦柳媛	15	壮	初中	壮语熟练	桂柳话熟练	普通话熟练	仫佬语不会
11	户主	韦金连	44	壮	小学	壮语熟练	仫佬语熟练	桂柳话熟练	普通话一般
12	户主	韦立奎	47	壮	小学	壮语熟练	仫佬语熟练	桂柳话熟练	普通话一般

续表

序号	家庭关系	姓名	年龄/岁	民族	文化程度	第一语言及水平	第二语言及水平	第三语言及水平	第四语言及水平
12	母亲	韦永兰	82	壮	小学	壮语熟练	仫佬语熟练	桂柳话一般	普通话略懂
13	户主	韦立坤	49	壮	初中	壮语熟练	仫佬语熟练	桂柳话熟练	普通话一般
	妻子	陆建月	49	壮	小学	壮语熟练	仫佬语熟练	桂柳话熟练	普通话略懂
	女儿	韦柳艳	22	壮	中专	壮语熟练	仫佬语熟练	桂柳话熟练	普通话熟练
	儿子	韦永龙	20	壮	初中	壮语熟练	仫佬语熟练	桂柳话熟练	普通话一般
	妹妹	韦秋鸾	44	壮	小学	壮语熟练	仫佬语熟练	桂柳话略懂	普通话略懂
	母亲	黄连花	80	仫佬	小学	仫佬语熟练	壮语熟练	桂柳话略懂	普通话略懂
	父亲	韦天顺	77	壮	小学	壮语熟练	仫佬语熟练	桂柳话一般	普通话略懂
14	户主	韦立江	42	壮	初中	壮语熟练	仫佬语熟练	桂柳话熟练	普通话一般
	长子	韦永培	9	壮	小学	壮语熟练	桂柳话熟练	普通话一般	仫佬语不会
	次子	韦永官	7	壮	小学	壮语熟练	桂柳话熟练	普通话一般	仫佬语不会
	长弟	韦立青	36	壮	初中	壮语熟练	仫佬语熟练	桂柳话熟练	普通话一般
	次弟	韦立平	34	壮	初中	壮语熟练	桂柳话熟练	普通话一般	仫佬语略懂
	妹妹	韦凤菊	38	壮	小学	壮语熟练	仫佬语熟练	桂柳话一般	普通话略懂
	姐姐	韦凤连	43	壮	小学	壮语熟练	仫佬语熟练	桂柳话一般	普通话略懂
	父亲	韦天才	68	壮	小学	壮语熟练	仫佬语熟练	桂柳话一般	普通话略懂
	母亲	韦玉花	68	壮	小学	壮语熟练	仫佬语熟练	桂柳话略懂	普通话不会
15	户主	韦建文	50	壮	高中	壮语熟练	仫佬语熟练	桂柳话熟练	普通话一般
	妻子	潘柳花	42	苗	初中	苗语熟练	壮语熟练	桂柳话熟练	普通话一般
	女儿	韦清燕	22	壮	大学	壮语熟练	桂柳话熟练	普通话熟练	仫佬语不会
	儿子	韦世洁	19	壮	初中	壮语熟练	桂柳话熟练	普通话熟练	仫佬语不会
	母亲	黄能英	80	壮	小学	壮语熟练	仫佬语熟练	桂柳话一般	普通话略懂
16	户主	韦宣	32	壮	小学	壮语熟练	仫佬语熟练	桂柳话熟练	普通话一般
	母亲	韦建枝	58	壮	小学	壮语熟练	仫佬语熟练	桂柳话一般	普通话略懂
	弟弟	韦财	29	壮	小学	壮语熟练	仫佬语熟练	桂柳话熟练	普通话一般
	姑母	韦建莲	46	壮	小学	壮语熟练	仫佬语熟练	桂柳话一般	普通话略懂
	哥哥	韦军	36	壮	小学	壮语熟练	仫佬语熟练	桂柳话一般	普通话略懂
17	户主	韦立强	31	壮	初中	壮语熟练	仫佬语熟练	桂柳话熟练	普通话一般
	长妹	韦秀菊	30	壮	小学	壮语熟练	仫佬语熟练	桂柳话熟练	普通话一般

续表

序号	家庭关系	姓名	年龄/岁	民族	文化程度	第一语言及水平	第二语言及水平	第三语言及水平	第四语言及水平
17	次妹	韦小菊	27	壮	小学	壮语熟练	仫佬语熟练	桂柳话熟练	普通话一般
18	户主	韦立全	47	壮	初中	壮语熟练	仫佬语熟练	桂柳话熟练	普通话一般
	妹妹	韦金梅	40	壮	小学	壮语熟练	仫佬语熟练	桂柳话一般	普通话略懂
19	户主	韦天禄	61	壮	小学	壮语熟练	仫佬语熟练	桂柳话熟练	普通话一般
	妻子	韦合鸾	60	壮	小学	壮语熟练	仫佬语熟练	桂柳话略懂	普通话不会
	长女	韦春爱	43	壮	小学	壮语熟练	仫佬语熟练	桂柳话一般	普通话略懂
	次女	韦春秀	33	壮	小学	壮语熟练	仫佬语熟练	桂柳话熟练	普通话一般
	长子	韦立勇	35	壮	初中	壮语熟练	仫佬语熟练	桂柳话熟练	普通话熟练
	次子	韦立养	31	壮	初中	壮语熟练	仫佬语熟练	桂柳话熟练	普通话熟练
	儿媳	蓝艳成	31	瑶	初中	瑶语熟练	桂柳话熟练	壮语一般	普通话一般
	外孙	韦土明	20	壮	初中	壮语熟练	仫佬语熟练	桂柳话熟练	普通话熟练
	孙女	韦翠凤	8	壮	小学	壮语熟练	仫佬语熟练	桂柳话略懂	普通话略懂
20	户主	黄玉琴	50	仫佬	小学	仫佬语熟练	桂柳话熟练	普通话一般	粤语一般
	儿子	黄明锋	27	仫佬	初中	仫佬语熟练	桂柳话熟练	普通话熟练	—
	女儿	黄柳翠	24	仫佬	本科	仫佬语熟练	桂柳话熟练	普通话熟练	—
21	户主	黄康英	62	仫佬	小学	仫佬语熟练	桂柳话略懂	普通话略懂	—
	妻子	韦四妹	60	壮	小学	壮语熟练	仫佬语熟练	桂柳话一般	普通话略懂
	儿子	黄玉杰	35	仫佬	初中	仫佬语熟练	桂柳话熟练	普通话一般	—
	女儿	黄玉梅	34	仫佬	初中	仫佬语熟练	桂柳话熟练	普通话一般	—
	孙女	黄思思	6	仫佬	学前班	仫佬语熟练	桂柳话一般	普通话一般	—
22	户主	黄玉祯	45	仫佬	小学	仫佬语熟练	桂柳话熟练	普通话一般	粤语一般
	妹妹	黄秀兰	44	仫佬	小学	仫佬语熟练	桂柳话熟练	普通话一般	—
	父	黄康乾	71	仫佬	初中	仫佬语熟练	桂柳话熟练	普通话一般	—
23	户主	黄小兰	50	仫佬	小学	仫佬语熟练	桂柳话熟练	普通话一般	—
	儿子	黄光海	25	仫佬	初中	仫佬语熟练	桂柳话熟练	普通话一般	—
24	户主	韦庆生	73	仫佬	小学	仫佬语熟练	桂柳话一般	普通话不会	壮语熟练
	妻子	黄殿花	70	仫佬	文盲	仫佬语熟练	桂柳话不会	普通话不会	—
	女儿	黄秀妹	41	仫佬	小学	仫佬语熟练	桂柳话略懂	普通话略懂	—
	孙子	黄玉良	23	仫佬	初中	仫佬语熟练	桂柳话熟练	普通话熟练	粤语一般

续表

序号	家庭关系	姓名	年龄/岁	民族	文化程度	第一语言及水平	第二语言及水平	第三语言及水平	第四语言及水平
24	孙子	黄玉满	18	仫佬	初中	仫佬语熟练	桂柳话一般	普通话一般	—
25	户主	黄忠良	55	仫佬	小学	仫佬语熟练	桂柳话一般	普通话略懂	—
	妻子	梁美莲	55	瑶	小学	壮语熟练	仫佬语熟练	桂柳话一般	普通话略懂
	儿子	黄子新	22	仫佬	初中	仫佬语熟练	桂柳话一般	普通话一般	—
	长女	黄记秋	30	仫佬	小学	仫佬语熟练	桂柳话一般	普通话一般	—
	次女	黄记花	26	仫佬	小学	仫佬语熟练	桂柳话一般	普通话不会	—
	外孙	黄江丽	8	仫佬	小学	仫佬语熟练	桂柳话熟练	普通话一般	—
26	户主	黄忠利	42	仫佬	小学	仫佬语熟练	桂柳话熟练	普通话一般	—
	妻子	郁玉梅	44	壮	小学	壮语熟练	桂柳话一般	普通话不会	仫佬语略懂
	儿子	黄子宁	19	仫佬	小学	仫佬语熟练	桂柳话熟练	普通话一般	—
	女儿	黄子群	16	仫佬	高中	仫佬语熟练	桂柳话熟练	普通话一般	—
	父	黄志宣	74	仫佬	小学	仫佬语熟练	桂柳话一般	普通话略懂	—
27	户主	黄康强	62	仫佬	小学	仫佬语熟练	桂柳话熟练	普通话一般	壮语略懂
	妻子	梁菊花	68	仫佬	小学	仫佬语熟练	桂柳话略懂	普通话不会	—
	长女	梁桂枝	33	仫佬	小学	仫佬语熟练	桂柳话一般	普通话一般	壮语略懂
	外孙	黄雪娇	4	仫佬	学龄前	仫佬语熟练	普通话不会	普通话不会	—
	次女	黄美娟	31	仫佬	小学	仫佬语熟练	桂柳话一般	普通话一般	—
	孙女	黄雪霜	11	仫佬	小学	仫佬语熟练	桂柳话略懂	普通话略懂	—
28	户主	黄康生	71	仫佬	小学	仫佬语熟练	桂柳话熟练	普通话一般	壮语略懂
	母亲	陆小凤	87	壮	文盲	壮语熟练	仫佬语熟练	桂柳话一般	普通话不会
	女婿	黄玉纯	46	仫佬	小学	仫佬语熟练	桂柳话熟练	普通话一般	壮语一般
	女儿	黄喜花	44	仫佬	小学	仫佬语熟练	桂柳话一般	普通话略懂	壮语略懂
	孙女	黄李燕	25	仫佬	高中	仫佬语熟练	桂柳话一般	普通话一般	壮语略懂
	孙女	黄彩云	22	仫佬	初中	仫佬语熟练	桂柳话一般	普通话一般	壮语略懂
29	户主	黄美群	37	仫佬	初中	仫佬语熟练	桂柳话一般	普通话一般	壮语略懂
	丈夫	黄代现	41	仫佬	小学	仫佬语熟练	桂柳话一般	普通话一般	壮语略懂
	长女	黄柳娟	12	仫佬	小学	仫佬语熟练	桂柳话略懂	普通话略懂	—
	次女	黄柳云	7	仫佬	小学	仫佬语熟练	桂柳话略懂	普通话略懂	—
	母亲	韦彩花	79	仫佬	小学	壮语熟练	仫佬语熟练	桂柳话略懂	普通话不会
30	户主	黄仁生	69	仫佬	文盲	仫佬语熟练	桂柳话不会	普通话不会	—

续表

序号	家庭关系	姓名	年龄/岁	民族	文化程度	第一语言及水平	第二语言及水平	第三语言及水平	第四语言及水平
31	户主	黄玉旺	45	仫佬	初中	仫佬语熟练	桂柳话一般	普通话一般	粤语略懂
	弟弟	黄玉茂	43	仫佬	初中	仫佬语熟练	桂柳话一般	普通话一般	—
	母亲	韦永鸾	74	壮	文盲	壮语熟练	仫佬语熟练	桂柳话略懂	普通话不会
32	户主	黄忠伍	38	仫佬	初中	仫佬语熟练	桂柳话一般	普通话一般	壮语略懂
	长子	黄韦杰	10	仫佬	小学	仫佬语熟练	桂柳话一般	普通话一般	壮语熟练
	次子	黄锦	6	仫佬	学前班	仫佬语熟练	桂柳话略懂	普通话略懂	—
33	户主	黄玉章	47	仫佬	小学	仫佬语熟练	桂柳话一般	普通话一般	粤语一般
	妻子	黄鸾秋	45	仫佬	小学	仫佬语熟练	桂柳话略懂	普通话略懂	壮语略懂
	长子	黄光周	20	仫佬	初中	仫佬语熟练	桂柳话一般	普通话一般	—
	次子	黄光友	18	仫佬	高中	仫佬语熟练	桂柳话一般	普通话一般	—
	女儿	黄柳媚	16	仫佬	初中	仫佬语熟练	桂柳话一般	普通话一般	—
34	户主	韦小秀	55	仫佬	小学	壮语熟练	仫佬语熟练	桂柳话略懂	普通话略懂
	儿媳	卢秀思	30	瑶	小学	壮语熟练	仫佬语略懂	桂柳话一般	普通话一般
	儿子	黄明福	28	仫佬	初中	仫佬语熟练	桂柳话一般	普通话一般	—
	女儿	黄柳鲜	21	仫佬	高中	仫佬语熟练	桂柳话一般	普通话一般	—
	孙子	黄磊	5	仫佬	学龄前	仫佬语熟练	桂柳话略懂	普通话略懂	—
35	户主	黄柳莉	23	仫佬	初中	仫佬语熟练	桂柳话一般	普通话一般	壮语略懂
	长子	黄助	4	仫佬	学龄前	仫佬语熟练	桂柳话略懂	普通话略懂	—
	次子	黄作	4	仫佬	学龄前	仫佬语熟练	桂柳话略懂	普通话略懂	—
36	户主	黄玉兴	51	仫佬	小学	仫佬语熟练	桂柳话一般	普通话一般	壮语略懂
	妻子	梁金凤	52	仫佬	小学	仫佬语熟练	桂柳话略懂	普通话略懂	壮语略懂
	长女	黄艳琼	27	仫佬	小学	仫佬语熟练	桂柳话一般	普通话一般	壮语略懂
	次女	黄小琼	25	仫佬	初中	仫佬语熟练	桂柳话一般	普通话一般	壮语略懂
37	户主	黄忠水	51	仫佬	初中	仫佬语熟练	桂柳话一般	普通话一般	壮语略懂
	妻子	黄春香	45	仫佬	小学	仫佬语熟练	桂柳话一般	普通话略懂	壮语略懂
	长女	黄小珍	22	仫佬	初中	仫佬语熟练	桂柳话一般	普通话一般	壮语略懂
	次女	黄云云	17	仫佬	高中	仫佬语熟练	桂柳话一般	普通话一般	壮语略懂
	母亲	黄秋妹	72	仫佬	文盲	仫佬语熟练	桂柳话不会	普通话不会	—
	妹妹	黄仁枝	40	仫佬	小学	仫佬语熟练	桂柳话略懂	普通话不会	壮语略懂

续表

序号	家庭关系	姓名	年龄/岁	民族	文化程度	第一语言及水平	第二语言及水平	第三语言及水平	第四语言及水平
38	户主	黄玉装	42	仫佬	小学	仫佬语熟练	桂柳话一般	普通话一般	壮语略懂
	女儿	黄柳梅	20	仫佬	初中	仫佬语熟练	桂柳话一般	普通话一般	壮语略懂
	儿子	黄光林	21	仫佬	初中	仫佬语熟练	桂柳话一般	普通话一般	壮语略懂
39	户主	黄忠社	36	仫佬	小学	仫佬语熟练	桂柳话一般	普通话略懂	壮语略懂
	长妹	黄桂枝	34	仫佬	小学	仫佬语熟练	桂柳话一般	普通话一般	壮语略懂
	次妹	黄桂美	29	仫佬	小学	仫佬语熟练	桂柳话一般	普通话略懂	壮语略懂
	母亲	黄其英	61	仫佬	小学	仫佬语熟练	桂柳话一般	普通话略懂	壮语略懂
40	户主	黄玉广	34	仫佬	小学	仫佬语熟练	桂柳话一般	普通话一般	壮语略懂
	母亲	覃妹	72	仫佬	小学	仫佬语熟练	桂柳话略懂	普通话略懂	壮语略懂
	长妹	黄美连	33	仫佬	小学	仫佬语熟练	桂柳话一般	普通话一般	壮语略懂
	次妹	黄美荣	30	仫佬	小学	仫佬语熟练	桂柳话一般	普通话一般	壮语略懂
41	户主	黄康能	51	仫佬	小学	仫佬语熟练	桂柳话一般	普通话一般	壮语略懂
	妻子	黄新柳	51	仫佬	初中	仫佬语熟练	桂柳话一般	普通话一般	壮语略懂
	母亲	韦三妹	81	壮	文盲	壮语熟练	仫佬语熟练	桂柳话略懂	普通话不会
	女儿	黄秀荣	30	仫佬	初中	仫佬语熟练	桂柳话一般	普通话一般	壮语略懂
	儿子	黄玉科	28	仫佬	初中	仫佬语熟练	桂柳话一般	普通话一般	壮语略懂
42	户主	黄康珍	57	仫佬	小学	仫佬语熟练	桂柳话一般	普通话一般	壮语略懂
	女儿	黄秀菊	41	仫佬	小学	仫佬语熟练	桂柳话略懂	普通话略懂	壮语略懂
	孙子	黄勇	15	仫佬	初中	仫佬语熟练	桂柳话一般	普通话一般	—
43	户主	黄康德	50	仫佬	小学	仫佬语熟练	桂柳话一般	普通话一般	壮语略懂
	妻子	黄二妹	47	仫佬	小学	仫佬语熟练	桂柳话略懂	普通话略懂	壮语略懂
	长子	黄玉刚	24	仫佬	高中	仫佬语熟练	桂柳话一般	普通话一般	壮语略懂
	次子	黄玉朋	24	仫佬	高中	仫佬语熟练	桂柳话一般	普通话一般	壮语略懂
	父亲	黄安山	79	仫佬	小学	仫佬语熟练	桂柳话一般	普通话略懂	壮语略懂
	母亲	廖氏	82	汉族	文盲	壮语熟练	仫佬语熟练	桂柳话熟练	普通话不会
	长弟	黄康财	45	仫佬	小学	仫佬语熟练	桂柳话一般	普通话一般	壮语略懂
	次弟	黄康政	50	仫佬	小学	仫佬语熟练	桂柳话一般	普通话一般	壮语略懂
44	户主	黄康勋	54	仫佬	初中	仫佬语熟练	桂柳话一般	普通话一般	壮语略懂
	弟弟	黄康义	48	仫佬	小学	仫佬语熟练	桂柳话一般	普通话一般	壮语略懂
45	户主	黄忠权	49	仫佬	小学	仫佬语熟练	桂柳话一般	普通话一般	壮语略懂

续表

序号	家庭关系	姓名	年龄/岁	民族	文化程度	第一语言及水平	第二语言及水平	第三语言及水平	第四语言及水平
45	妻子	黄美兰	51	仫佬	小学	仫佬语熟练	桂柳话一般	普通话一般	壮语略懂
	长女	黄素萍	23	仫佬	初中	仫佬语熟练	桂柳话一般	普通话一般	壮语略懂
	长女	黄素娟	17	仫佬	初中	仫佬语熟练	桂柳话一般	普通话一般	壮语略懂
46	户主	黄志钦	56	仫佬	小学	仫佬语熟练	桂柳话一般	普通话一般	壮语略懂
	妻子	黄美芝	57	仫佬	小学	仫佬语熟练	桂柳话略懂	普通话略懂	壮语略懂
	长女	黄桂英	38	仫佬	小学	仫佬语熟练	桂柳话一般	普通话一般	壮语略懂
	次女	黄桂香	31	仫佬	小学	仫佬语熟练	桂柳话一般	普通话一般	壮语略懂
	儿	黄忠强	29	仫佬	小学	仫佬语熟练	桂柳话一般	普通话一般	壮语略懂
	弟弟	黄志贤	48	仫佬	小学	仫佬语熟练	桂柳话一般	普通话一般	壮语略懂
47	户主	黄忠平	38	仫佬	初中	仫佬语熟练	桂柳话一般	普通话一般	壮语略懂
	妻子	韦相妹	41	壮	小学	壮语熟练	仫佬语一般	桂柳话略懂	普通话略懂
	女儿	黄化珍	16	仫佬	初中	仫佬语熟练	桂柳话一般	普通话一般	壮语略懂
	儿子	黄立锋	10	仫佬	小学	仫佬语熟练	桂柳话一般	普通话一般	壮语略懂
	父亲	黄志安	68	仫佬	小学	仫佬语熟练	桂柳话一般	普通话一般	壮语略懂
	母亲	欧其芝	67	仫佬	小学	仫佬语熟练	桂柳话一般	普通话略懂	壮语略懂
48	户主	黄忠豪	45	仫佬	小学	仫佬语熟练	桂柳话一般	普通话一般	壮语略懂
	妻子	韦秋鸾	41	壮	小学	壮语熟练	仫佬语熟练	桂柳一般	普通话一般
	长子	黄子红	23	仫佬	高中	仫佬语熟练	桂柳话一般	普通话一般	壮语略懂
	次子	黄子恒	18	仫佬	初中	仫佬语熟练	桂柳话一般	普通话一般	壮语略懂
49	户主	黄志财	67	仫佬	小学	仫佬语熟练	桂柳话一般	普通话略懂	壮语略懂
	儿子	黄忠贤	38	仫佬	小学	仫佬语熟练	桂柳话一般	普通话一般	壮语略懂
	长弟	黄玉荣	45	仫佬	小学	仫佬语熟练	桂柳话一般	普通话一般	壮语略懂
	次弟	黄玉坚	42	仫佬	小学	仫佬语熟练	桂柳话一般	普通话一般	壮语略懂
50	户主	黄忠干	58	仫佬	小学	仫佬语熟练	桂柳话一般	普通话一般	壮语略懂
	妻子	黄殿秀	57	仫佬	小学	仫佬语熟练	桂柳话略懂	普通话略懂	壮语略懂
	长女	黄桂花	31	仫佬	小学	仫佬语熟练	桂柳话一般	普通话一般	壮语略懂
	次女	黄小娟	28	仫佬	小学	仫佬语熟练	桂柳话一般	普通话一般	壮语略懂
	儿子	黄子军	22	仫佬	初中	仫佬语熟练	桂柳话一般	普通话一般	壮语略懂
	外孙	黄涛	8	仫佬	小学	仫佬语熟练	桂柳话略懂	普通话略懂	壮语略懂

续表

序号	家庭关系	姓名	年龄/岁	民族	文化程度	第一语言及水平	第二语言及水平	第三语言及水平	第四语言及水平
51	户主	黄忠改	45	仫佬	小学	仫佬语熟练	桂柳话一般	普通话一般	壮语略懂
	妻子	黄秀娥	39	仫佬	小学	仫佬语熟练	桂柳话一般	普通话一般	壮语略懂
	母亲	梁殿秀	84	仫佬	文盲	仫佬语熟练	桂柳话略懂	普通话不会	壮语略懂
	女儿	黄丽云	16	仫佬	高中	仫佬语熟练	桂柳话一般	普通话一般	壮语略懂
	儿子	黄子伟	7	仫佬	小学	仫佬语熟练	桂柳话略懂	普通话略懂	—
52	户主	黄代业	47	仫佬	小学	仫佬语熟练	桂柳话一般	普通话一般	壮语略懂
	妻子	梁春梅	45	仫佬	小学	仫佬语熟练	桂柳话一般	普通话一般	壮语略懂
	母亲	黄喜焕	72	仫佬	文盲	仫佬语熟练	桂柳话略懂	普通话不会	壮语略懂
	长女	梁丽香	22	仫佬	初中	仫佬语熟练	桂柳话一般	普通话一般	壮语略懂
	次女	梁丽群	17	仫佬	高中	仫佬语熟练	桂柳话一般	普通话一般	壮语略懂
53	户主	韦国斌	50	壮	初中	仫佬语熟练	桂柳话熟练	普通话略懂	壮语熟练
	妻子	谢桂凤	46	汉	小学	仫佬语熟练	桂柳话略懂	普通话一般	客家话熟练
	妹	韦三枝	48	壮	小学	仫佬语熟练	桂柳话一般	普通话略懂	壮语熟练
	长女	韦振梅	20	壮	初中	仫佬语熟练	桂柳话熟练	普通话一般	壮语熟练
	次女	韦振荣	25	壮	小学	仫佬语熟练	桂柳话熟练	普通话一般	壮语熟练
	三女	韦振鸾	25	壮	小学	仫佬语熟练	桂柳话熟练	普通话一般	壮语熟练
54	户主	韦国纯	60	壮	小学	仫佬语熟练	桂柳话一般	普通话略懂	壮语熟练
	妻子	梁玉梅	40	仫佬	小学	仫佬语熟练	桂柳话略懂	普通话略懂	—
55	户主	韦启梅	68	壮	小学	仫佬语熟练	桂柳话一般	普通话略懂	壮语熟练
	母亲	韦永花	85	壮	小学	仫佬语熟练	桂柳话一般	普通话略懂	壮语熟练
	长女	韦职丝	9	壮	小学	仫佬语一般	桂柳话一般	普通话一般	壮语熟练
	次女	韦春雨	15	壮	小学	仫佬语一般	桂柳话一般	普通话一般	壮语熟练
	三女	韦肖	47	壮	初中	仫佬语熟练	桂柳话熟练	普通话一般	壮语熟练
56	户主	韦启富	48	仫佬	小学	仫佬语熟练	桂柳话熟练	普通话一般	壮语熟练
	妻子	梁桂枝	23	仫佬	小学	仫佬语熟练	桂柳话熟练	普通话略懂	壮语熟练
	长女	韦积香	22	仫佬	初中	仫佬语熟练	桂柳话熟练	普通话一般	壮语熟练
	次女	韦小香	22	仫佬	初中	仫佬语熟练	桂柳话一般	普通话一般	壮语熟练
57	户主	韦绍勤	33	壮	小学	仫佬语熟练	桂柳话熟练	普通话略懂	壮语熟练
	妹妹	韦斯雨	24	壮	初中	仫佬语熟练	桂柳话熟练	普通话一般	壮语熟练
58	户主	韦绍林	30	壮	小学	仫佬语熟练	桂柳话一般	普通话略懂	壮语熟练

续表

序号	家庭关系	姓名	年龄/岁	民族	文化程度	第一语言及水平	第二语言及水平	第三语言及水平	第四语言及水平
59	户主	韦国军	42	壮	初中	仫佬语熟练	桂柳话熟练	普通话一般	壮语熟练
	母亲	廖宏妹	68	汉	小学	仫佬语熟练	桂柳话略懂	普通话略懂	壮语熟练
	妻子	邓彩菊	38	汉	小学	仫佬语熟练	桂柳话熟练	普通话略懂	壮语熟练
	儿子	韦振福	17	壮	初中	仫佬语熟练	桂柳话熟练	普通话略懂	壮语熟练
	女儿	韦媛媛	12	壮	小学	仫佬语熟练	桂柳话熟练	普通话一般	壮语熟练
60	户主	韦耀辉	43	壮	初中	仫佬语熟练	桂柳话熟练	普通话一般	壮语熟练
	父亲	韦映富	68	壮	小学	仫佬语熟练	桂柳话熟练	普通话略懂	壮语熟练
	妻子	吴广菊	42	仫佬	小学	仫佬语熟练	桂柳话熟练	普通话略懂	壮语熟练
	儿子	韦国振	21	壮	初中	仫佬语熟练	桂柳话熟练	普通话一般	壮语熟练
61	户主	韦耀丰	38	壮	小学	仫佬语熟练	桂柳话熟练	普通话一般	壮语熟练
	母亲	韦求花	66	壮	小学	仫佬语熟练	桂柳话一般	普通话略懂	壮语熟练
	妻子	韦相美	38	壮	小学	仫佬语熟练	桂柳话一般	普通话略懂	壮语熟练
	儿子	韦国涛	9	壮	小学	仫佬语略懂	桂柳话不会	普通话不会	壮语熟练
62	户主	韦耀群	57	壮	高中	仫佬语熟练	桂柳话熟练	普通话一般	壮语熟练
	妻子	谢美荣	56	汉	小学	仫佬语熟练	桂柳话一般	普通话略懂	壮语熟练
	长女	韦国娟	31	壮	初中	仫佬语熟练	桂柳话熟练	普通话一般	壮语熟练
	次女	韦国美	29	壮	初中	仫佬语熟练	桂柳话熟练	普通话一般	壮语熟练
	儿子	韦国富	24	壮	初中	仫佬语熟练	桂柳话熟练	普通话一般	壮语熟练
	外孙	韦晓	5	壮	学龄前	仫佬语略懂	桂柳话一般	普通话略懂	壮语熟练
63	户主	韦绍武	60	壮	小学	仫佬语熟练	桂柳话一般	普通话略懂	壮语熟练
	妻子	韦秀兰	60	壮	小学	仫佬语熟练	桂柳话一般	普通话略懂	壮语熟练
	儿子	韦启能	35	壮	初中	仫佬语熟练	桂柳话熟练	普通话一般	壮语熟练
	儿媳	韦相琼	37	壮	小学	仫佬语熟练	桂柳话熟练	普通话一般	壮语熟练
	女儿	韦启敏	28	壮	小学	仫佬语熟练	桂柳话熟练	普通话略懂	壮语熟练
	孙女	韦积秋	12	壮	小学	仫佬语熟练	桂柳话熟练	普通话一般	壮语熟练
	次孙	韦倩倩	7	壮	小学	仫佬语熟练	桂柳话一般	普通话一般	壮语熟练
	外孙	夏明欣	5	壮	学龄前	仫佬语略懂	桂柳话一般	普通话略懂	壮语熟练
64	户主	韦家文	50	壮	初中	仫佬语熟练	桂柳话熟练	普通话一般	壮语熟练
	妻子	梁玉琼	51	仫佬	小学	仫佬语熟练	桂柳话熟练	普通话略懂	壮语熟练

续表

序号	家庭关系	姓名	年龄/岁	民族	文化程度	第一语言及水平	第二语言及水平	第三语言及水平	第四语言及水平
64	女儿	韦邦玉	24	壮	初中	仫佬语熟练	桂柳话熟练	普通话一般	壮语熟练
	儿子	韦邦贵	26	壮	初中	仫佬语熟练	桂柳话熟练	普通话一般	壮语熟练
	次子	韦邦运	21	壮	高中	仫佬语熟练	桂柳话熟练	普通话熟练	壮语熟练
65	户主	韦家耀	34	壮	小学	仫佬语熟练	桂柳话熟练	普通话略懂	壮语熟练
	母亲	黄绍英	72	壮	小学	仫佬语熟练	桂柳话一般	普通话略懂	壮语熟练
	儿子	韦家平	38	壮	小学	仫佬语熟练	桂柳话熟练	普通话略懂	壮语熟练
66	户主	韦家义	45	壮	高中	仫佬语熟练	桂柳话熟练	普通话一般	壮语熟练
	妻子	胡自幼	36	汉	初中	仫佬语略懂	桂柳话熟练	普通话一般	壮语略懂
	儿子	韦帮宇	11	仫佬	小学	仫佬语熟练	桂柳话熟练	普通话一般	壮语熟练
67	户主	韦胜炳	52	壮	初中	仫佬语熟练	桂柳话一般	普通话略懂	壮语熟练
	妻子	潘华梅	47	仫佬	小学	仫佬语熟练	桂柳话一般	普通话略懂	壮语熟练
	儿子	韦家敏	21	壮	初中	仫佬语熟练	桂柳话熟练	普通话一般	壮语熟练
	女儿	韦家凤	16	壮	初中	仫佬语熟练	桂柳话熟练	普通话熟练	壮语熟练
68	户主	韦寿华	65	壮	小学	仫佬语熟练	桂柳话熟练	普通话略懂	壮语熟练
	儿子	韦家林	37	壮	小学	仫佬语熟练	桂柳话熟练	普通话略懂	壮语熟练
69	户主	韦寿荣	60	壮	小学	仫佬语熟练	桂柳话一般	普通话略懂	壮语熟练
70	户主	韦相枝	44	壮	小学	仫佬语熟练	桂柳话熟练	普通话一般	壮语熟练
	女儿	韦艳丽	22	汉	大学	仫佬语熟练	桂柳话熟练	普通话熟练	壮语熟练
	儿子	韦汉新	21	壮	大学	仫佬语熟练	桂柳话熟练	普通话熟练	壮语熟练
	妻子	韦爱菊	45	壮	小学	仫佬语熟练	桂柳话熟练	普通话一般	壮语熟练
71	户主	韦国新	44	壮	初中	仫佬语熟练	桂柳话熟练	普通话一般	壮语熟练
	母	韦三妹	64	壮	小学	仫佬语熟练	桂柳话一般	普通话略懂	壮语熟练
	女儿	韦振琼	22	壮	初中	仫佬语熟练	桂柳话熟练	普通话一般	壮语熟练
	儿子	韦正强	18	壮	初中	仫佬语熟练	桂柳话熟练	普通话一般	壮语熟练
72	户主	韦启才	44	壮	高中	仫佬语熟练	桂柳话熟练	普通话一般	壮语熟练
	父亲	韦绍图	68	壮	小学	仫佬语熟练	桂柳话熟练	普通话一般	壮语熟练
	妻子	韦兆鸾	43	壮	小学	仫佬语熟练	桂柳话熟练	普通话一般	壮语熟练
	女儿	韦职丽	19	壮	初中	仫佬语熟练	桂柳话熟练	普通话一般	壮语熟练
	儿子	韦积辉	15	壮	小学	仫佬语熟练	桂柳话熟练	普通话一般	壮语熟练
73	户主	韦国能	47	壮	初中	仫佬语熟练	桂柳话熟练	普通话一般	壮语熟练

续表

序号	家庭关系	姓名	年龄/岁	民族	文化程度	第一语言及水平	第二语言及水平	第三语言及水平	第四语言及水平
73	父亲	韦耀炳	65	壮	小学	仫佬语熟练	桂柳话一般	普通话略懂	壮语熟练
	妻子	邓秋娟	46	汉	小学	仫佬语熟练	桂柳话熟练	普通话一般	壮语熟练
	女儿	韦正姣	20	壮	初中	仫佬语熟练	桂柳话熟练	普通话一般	壮语熟练
	次女	韦振叶	15	壮	初中	仫佬语熟练	桂柳话熟练	普通话一般	壮语熟练
74	户主	韦耀武	45	壮	小学	仫佬语熟练	桂柳话一般	普通话略懂	壮语熟练
	母亲	罗永英	79	仫佬	小学	仫佬语熟练	桂柳话一般	普通话略懂	壮语熟练
	妻子	潘继醒	35	水	小学	仫佬语略懂	桂柳话一般	普通话一般	壮语熟练
	儿子	韦国青	14	壮	初中	仫佬语熟练	桂柳话熟练	普通话一般	壮语熟练
	女儿	韦国兰	8	壮	小学	仫佬语略懂	桂柳话一般	普通话一般	壮语熟练
75	户主	梁荣保	48	仫佬	—	仫佬语熟练	桂柳话不会	普通话不会	—
76	户主	韦国良	76	壮	初中	仫佬语熟练	桂柳话熟练	普通话熟练	壮语熟练
	父亲	韦耀志	76	壮	小学	仫佬语熟练	桂柳话熟练	普通话一般	壮语熟练
	妻子	韦媛梅	47	壮	小学	仫佬语熟练	桂柳话熟练	普通话一般	壮语熟练
	儿子	韦振华	25	壮	初中	仫佬语熟练	桂柳话熟练	普通话一般	壮语熟练
	女儿	韦振霜	23	壮	大学	仫佬语熟练	桂柳话熟练	普通话熟练	壮语熟练

三、对小长安镇仫佬族的语言测试

为了了解小长安镇仫佬族的仫佬语能力的情况，笔者选用 400 个基本词汇（表 4-9～表 4-13），选择不同类型的人进行语言能力测试[①]，语言能力的差异分为四级：A 级为熟练型，能脱口说出仫佬语词汇；B 级为亚熟练型，想一想能说出仫佬语词汇；C 级为非熟练型，要提示后才能说出仫佬语词汇；D 级为不会型，即便提示了也说不出仫佬语词汇（本章同）。

表 4-9 罗城仫佬族自治县东门仫佬语声调表

调类	1	2	3	4	5	6	7	8
调值	42	121	53	24	44	11	短 55 长 42	短 12 长 11
例字	ma^1 菜	ma^2 舌	ma^3 软	ma^4 马	ma^5 背	ta^6 过	pak^7 北 pa:k^8 嘴	mak^9 墨 pa:k^{10} 白

---

① 对小长安镇仫佬语族的语言测试的调查记录人为苏丹。韦天朝掌握仫佬语 A 级词汇 259 个，B 级词汇 17 个，C 级词汇 24 个，D 级词汇 0 个。

表 4-10　受访者信息登记表

姓名	性别	民族	出生年月	受教育程度	职业	村寨
韦天朝	男	仫佬族	1958.5	高中	农民	小长安镇双合村双板屯

表 4-11　韦天朝仫佬语 400 词测试表（A 级词汇 259 个）

词性	序号	词语	罗城东门	宜州良村	词汇等级
名词	1	天（地）	mən^1	mən^1	A
	2	太阳	tʰəu^{5}fan^1	tit^{7}kok^8	A
	3	月亮	kɣa:ŋ^{1}njen^2	kɣa:ŋ^{1}njen^2	A
	4	星星	la:k^{10}mɣət^7	—	A
	5	风	ləm^2、fəŋ^1	kɣa:ŋ^5	A
	6	雨	kwən^1	kwən^1	A
	7	山	pɣa^1	pwa^1	A
	8	（水）田	ɣa^5	ɣa^5	A
	9	石头	tui^2	kok^{8}tui^2	A
	10	火	fi^1	fi^1	A
	11	面前	mjen^{6}kun^5	mjen^{6}kun^5	A
	12	里面	ho^3	ho^3	A
	14	左	ce^4	cwe^4	A
	15	旁边	pjen^1	pjen^1	A
	16	从前	ti^{6}ma:t^9	ti^{6}ma:t^9	A
	17	年/岁	mɛ^1	mɛ^1	A
	18	今年	mɛ^{1}na:i^6	mɛ^{1}na:i^6	A
	20	去年	mɛ^{1}ce^1	mɛ^{1}ce^1	A
	21	一月	na:u^{6}ɳøt^8	na:u^{6}ɳøt^8	A
	22	二月	ɲi^{6}ɳøt^8	ɲi^{6}ɳøt^8	A
	23	天（日）	fan^1	fan^1	A
	24	今天	fan^{1}na:i^6	fan^{1}na:i^6	A
	25	昨天	fan^{1}ɳiu^1	fan^{1}ɳiu^1	A
	26	白天	tʰəu^{5}fan^1	tʰəu^{5}fan^1	A
	27	夜里	tʰəu^{5}mu^2	tʰəu^{5}mu^2	A

续表

词性	序号	词语	罗城东门	宜州良村	词汇等级
名词	28	早晨	$t^həu^5hət^7$	$t^həu^5jit^7$	A
	29	牛	wi^2	wi^2	A
	30	黄牛	$tən^2$	$tən^2$	A
	31	水牛	wi^2、hwi^2	wi^2	A
	32	羊	cwa^2	—	A
	33	猪	mu^5	mu^5	A
	34	公猪（一般的）	mu^5tak^8	mu^5tak^8	A
	35	狗	$ŋwa^1$	ma^1	A
	36	老虎	$məm^4$	$məm^4$	A
	37	猴儿子	$mu:n^6lau^2$	$mu:n^6lau^2$	A
	38	老鼠	$nɔ^3$	$nɔ^3$	A
	39	鸡	ci^1	ci^1	A
	40	公鸡	ci^1tai^3	—	A
	41	鸭儿子	$ja:p^9$、$jɛ:p^9$	$ja:p^9$	A
	42	鸟	$nɔk^8$	$nɔk^8$	A
	44	蛇	tui^2	tui^2	A
	45	虫	$kɣa^1$	$kɣa^1$	A
	46	蜘蛛	$tən^1ȵɔ:ŋ^2$	—	A
	48	蚂蚁	$mɣət^8$	$mət^8$	A
	49	蚱蜢	$çak^7$	—	A
	50	蚊儿子	$ȵuŋ^2$	$ȵuŋ^2$	A
	51	跳蚤	mat^7	mat^7	A
	52	虱儿子	nan^6	—	A
	53	蛙	$kwai^3$	$kwɛ^3$	A
	55	螺蛳（田螺）	lau^5	lau^5	A
	57	鱼	$məm^6$	$məm^6$	A
	58	毛	$tsən^1$	$tsən^1$	A
	60	尾巴	$k^hɣət^7$	$k^hɣət^7$	A
	61	树	mai^4	mai^4	A

续表

词性	序号	词语	罗城东门	宜州良村	词汇等级
名词	62	树枝	ŋa⁵mai⁴	ŋa⁵mai⁴	A
	63	树叶	fa⁵mai⁴	fa⁵mai⁴	A
	64	草	hɣɔk⁸、ɣɔk⁸	ɣɔk⁸	A
	66	竹儿子	kwan¹	kwan¹	A
	67	竹笋	na:ŋ²	na:ŋ²	A
	69	秧	kɣa³	kɣa³	A
	70	稻草	ma:ŋ¹	ma:ŋ¹	A
	71	花生	ti⁶tau⁶	ti⁶tau⁶	A
	72	蔬菜	ma¹	ma¹	A
	73	苦瓜	kʰu¹li⁵	kʰu³kwa⁵	A
	74	甘薯（红薯）	man²	man²	A
	75	芋头	ɣa:k⁹	ɣa:k⁹	A
	76	头	kɣo³	kɣo³	A
	77	头发	fja¹、pɣam¹kɣo³	fja¹	A
	78	脸	na³	na³	A
	79	额头	ŋə⁶pɣa:k⁹	—	A
	80	耳朵	khɣa¹	khɣa¹	A
	81	眼睛	la¹	la¹	A
	82	鼻儿子	naŋ¹	naŋ¹	A
	83	嘴	pa:k⁹	pa:k⁹	A
	84	牙齿	fan¹	fan¹	A
	85	舌头	ma²	ma²	A
	86	喉咙	tɛ³hu¹	tɛ³hu¹	A
	88	手	nja²	nja²	A
	89	拇指	nja²mai⁴	nja²mai⁴	A
	90	手指	nja²la:k¹⁰	nja²la:k¹⁰	A
	91	指甲	nja²nəp⁷	nja²ləp⁷	A
	92	拳头	cin⁶tsui²	—	A
	93	脚	tin¹	tin¹	A

续表

词性	序号	词语	罗城东门	宜州良村	词汇等级
名词	94	膝盖	pu⁶ko⁵	ku⁶ko⁵	A
	95	胳臂	nja²puŋ⁴	—	A
	96	鼻涕	muk⁸	muk⁸	A
	97	口水	ŋɣø²、ŋø²	mø²	A
	98	汗	ha:n⁶	ha:n⁶	A
	99	曾祖父	kɔŋ¹ma:ŋ⁶	kɔŋ¹ma:ŋ⁶	A
	100	曾祖母	pwa⁴ma:ŋ⁶	pwa⁴ma:ŋ⁶	A
	101	祖父	kɔŋ¹	kɔŋ¹	A
	102	祖母	pwa⁴	pwa⁴	A
	103	父母	pu⁴ni⁴	pu⁴ni⁴	A
	104	父	pu⁴	pu⁴	A
	105	母	ni⁴	ni⁴	A
	106	妻子	ma:i⁴	ma:i⁴	A
	107	哥哥	fa:i⁴	fa:i⁴	A
	108	嫂儿子	hɣa:u³、hɣə:u³	ɣa:u³	A
	109	弟弟	nuŋ⁴	nuŋ⁴	A
	110	姐姐	tsɛ²	tsɛ²	A
	111	儿子	la:k¹⁰	la:k¹⁰	A
	113	女儿	la:k¹⁰ja:k⁹	la:k¹⁰mja:k⁹	A
	114	孙子	la:k¹⁰kʰɣə:n¹	la:k¹⁰kʰɣa:n¹	A
	115	孙女	kʰɣə:n¹la:k¹⁰ja:k⁹	la:k¹⁰khɣa:n¹	A
	116	儿童	la:k¹⁰te⁵	la:k¹⁰te⁵	A
	117	哑巴	ŋa³	ŋa³	A
	118	驼儿子	kuŋ⁵	kuŋ⁵	A
	119	聋儿子	kʰɣa¹lak⁷	kʰɣa¹lak⁷	A
	120	家	ɣa:n²、hɣə:n²	ɣa:n²	A
	122	菜园	fjen¹	fjen¹	A
	123	门	tɔ¹	tɔ¹	A
	124	路	kʰwən¹	kʰwən¹	A

续表

词性	序号	词语	罗城东门	宜州良村	词汇等级
名词	125	布	ja¹	ja¹	A
	126	筷子	tsø⁶	tsø⁶	A
	127	锅	cʰik⁷	cʰik⁷	A
	128	刀	mit⁸	mit⁸	A
	129	桌子	kon²	puːn²	A
	130	凳子	taŋ⁵	taŋ⁵	A
	131	扫帚	naːŋ³pʰɣət⁷	jaːŋ⁵pʰɣət⁷	A
	132	梳儿子	cʰi¹	cʰi¹	A
	133	秤	tsʰiŋ⁵	tsʰiŋ⁵	A
	134	锄头	cok⁷ku¹	cok⁷	A
	135	扁担	lɔ⁵	lɔ⁵	A
	137	村	maːn⁶	maːn⁶	A
	138	仫佬族	lam¹	lam¹	A
	139	米;饭	hu³	hu³	A
	140	糍粑	ti²	ti²	A
	141	肉	sik⁸	sik⁸	A
	142	牛肉	sik⁸tən²	sik⁸wi²	A
	143	盐	cwa¹	cwa¹	A
	144	酒（烧酒）	kʰɣaːu³	kʰɣaːu³	A
	145	蛋	kɣəi⁵	kɣəi⁵	A
动词	148	倒（树倒了）	kʰam⁵	kʰam⁵	A
	149	塌（倒塌）	kɣø²	kɣø²	A
	151	烧（野火烧山）	taːu³	taːu⁶	A
	152	灭（灯灭了）	lap⁷	lap⁷	A
	153	溢（水溢）	puŋ⁴、pɣø⁶	pu⁴	A
	154	漏（水桶漏水）	lau⁶	lau⁶	A
	156	啃（啃骨头）	kəp⁷、kɣəp⁷	—	A
	157	叫（鸟叫）	tin³	tən³	A
	158	爬（蛇在地上爬）	la⁶	la⁶	A

续表

词性	序号	词语	罗城东门	宜州良村	词汇等级
动词	159	飞	fən³	fən³	A
	161	游（鱼游水）	jəu²	ju²	A
	162	脱（蛇脱皮）	tʰot⁷	tʰu:t⁹	A
	163	落（树叶落）	pɣø⁷	pɣø⁷	A
	164	烂（瓜果烂了）	la:n⁶	la:n⁶	A
	165	像（他像你）	tja:ŋ⁵	tja:ŋ⁵	A
	166	成（成为）	fən¹	fən¹	A
	167	有	mɛ²	mɛ²	A
	168	没有（我没有书）	ŋ⁵mɛ²	ŋ⁵mɛ²	A
	169	来	taŋ¹	taŋ¹	A
	170	去	pa:i¹	pa:i¹	A
	171	回	ma¹	ma¹	A
	172	回来	ma¹	ma¹	A
	173	回去	pa:i¹ma¹	pa:i¹ma¹	A
	174	出	ʔuk⁹	ʔuk⁹	A
	175	进	lɔ³	lɔ³	A
	176	上（上山）	tsha⁵	tsha⁵	A
	177	下（下楼）	lui⁶	lui⁶	A
	178	操心	tʰəu⁵təm¹	tsʰau⁵təm¹	A
	179	可怜	kʰɔ⁶ljen²	kʰɔ⁶ljen²	A
	180	可惜	kʰɔ⁶sik⁷	kʰɔ⁶sik⁷	A
	182	疼（痛）	cit⁷	cit⁷	A
	183	咳嗽	huk⁸	huk⁸	A
	184	呕吐	hɣøk⁸	ɣøk⁸	A
	185	死	tai¹	tai¹	A
	186	出（嫁）	uk⁷	uk⁷	A
	187	嫁	ca⁵	ca⁵	A
	188	娶	ʔa:u¹	ʔa:u¹	A
	190	生（生孩子）	sɛŋ¹	sɛŋ¹	A

续表

词性	序号	词语	罗城东门	宜州良村	词汇等级
动词	191	过年	ta⁶njen²	ta⁶njen²	A
	192	仰（头）	ŋa:ŋ³	ŋa:ŋ³	A
	193	低头	tsam³	tsam³	A
	194	点（头）	ŋwak⁷	—	A
	195	摇（头）	ŋəu⁶	ŋa:u²	A
	196	笑	ʔa:i⁵	ʔa:i⁵	A
	197	哭	ȵɛ³	ȵɛ³	A
	198	说	ca:ŋ³	ca:ŋ³	A
	199	问	sa:i³	sa:i³	A
	200	答	ta:p⁹	ta:p⁹	A
	201	喊	tin³	tən³	A
	202	唱（歌）	tsʰja:ŋ⁵	tsʰja:ŋ⁵	A
	204	哄（使小孩不哭）	luk⁸	luk⁸	A
	205	骗	pʰjen⁵	pʰjen⁵	A
	206	吵（架）	tsʰa:u³	tsɛ:ŋ³	A
	207	骂	ɣa⁵	ɣa⁵	A
	208	喝	hɣɔ:p⁷	tsa:n¹	A
	209	吃	tsa:n¹	tsa:n¹	A
	210	咬	kit⁸	kit⁸	A
	211	咽	lan³	lan³	A
	212	舔	lja:m⁵	lja:m⁵	A
	215	吹（口哨）	tsʰui¹	tsʰui¹	A
	216	看	kau⁵	kau⁵	A
	217	看见	kau⁵lən¹	kau⁵nən¹	A
	219	闭（闭眼）	kʰɣap⁷	kʰap⁷	A
	220	听	tʰɛŋ⁵	tʰɛŋ⁵	A
	221	闻（嗅）	nən⁴	ȵiu⁵	A
	222	坐	tui⁶	tui⁶	A
	224	睡、躺	nun²	nən²	A

续表

词性	序号	词语	罗城东门	宜州良村	词汇等级
动词	225	醒（睡醒）	hɣø¹	ɣø¹	A
	226	醉（酒醉）	kʰɣa:u³mɛ²	kʰɣa:u³mɛ²	A
	227	在	ȵa:u⁶	ȵa:u⁶	A
	228	等（人）	səu³	su³	A
	229	跑	fə³	—	A
	230	玩（耍）	fja:n³	fja:n³	A
	231	跌倒	kʰɣam⁵	kʰam⁵	A
	232	出汗	ʔuk⁹ha:n⁶	ʔuk⁹ha:n⁶	A
	233	招呼	tsjeu¹hu¹	—	A
	234	跟	nja:m¹	nja:m¹	A
	235	碰（桌子）	pʰoŋ⁵	pʰɔ:ŋ⁵	A
	236	陪（客）	poi²	poi²	A
	237	教	ca:u⁵	ca:u⁵	A
	238	找（找虱子）	la⁴	la⁴	A
	239	赶（走）	ka:n³	ka:n³	A
	240	挤（挤进去）	ŋap⁷	tsi³	A
	241	带（钱）	ta:i⁵	ta:i⁵	A
	242	穿（穿鞋）	tan³	tan³	A
	243	戴（戴头巾）	tan³	tan³	A
	244	扛	moi⁵、mwa:i⁵	moi⁵	A
	245	抬	kyŋ¹	kyŋ¹	A
	246	挑（挑谷子）	kɣa:p⁹	kɣa:p⁹	A
	247	背（背孩子）	ma⁵	ma⁵	A
	248	打架（孩子打架）	kui⁵ca⁵、kʰa:u¹ca⁵	kui⁵ca⁵	A
	249	烤（烤火）	pʰu¹fi¹	kʰa:ŋ⁵fi¹	A
	250	燃（火燃了）	fən¹	fən¹	A
	251	要（我要这个）	ʔa:u¹	ʔa:u¹	A
	252	给（给钱）	kʰɣe¹、lɔ⁶	lɔ⁶	A
	253	洗（洗脸）	suk⁹	suk⁹	A

续表

词性	序号	词语	罗城东门	宜州良村	词汇等级
动词	254	醒（睡醒）	hɣø¹	ɣø¹	A
	255	喂（用食具喂小孩）	sa¹	sa¹	A
	256	压（用石头压住）	tsam³	tsam³	A
	257	竖（把柱儿子竖起来）	sø²	sø²	A
	258	挂（挂在墙上）	kwa⁵	kwa⁵	A
	263	抱（抱小孩）	ʔum³	ʔum³	A
	264	握（握刀把）	ȵam¹	ȵam¹	A
	265	扔（扔掉）	pət⁸	pət⁸	A
	266	做（做工）	fɛ⁴	fɛ⁴	A
	267	拧（拧毛巾）	niu³	niu³	A
	268	孵（孵小鸡）	pʲam¹	—	A
	269	折断（折断树枝）	jeu⁵təu⁵	jaːu³tu⁵	A
	270	打（打人）	kui⁵	kui⁵	A
	271	捉（捉鸡）	tsok⁸	tsok⁸	A
	272	放（放盐）	tɔ⁴	tɔ⁴	A
	273	绑	tuk⁸	tuk⁸	A
	274	解（解绳结）	tsi⁵	tsi⁵	A
	275	砍（砍树）	tɛ⁵	tɛ⁵	A
	277	磨（磨刀）	kwan²	kwan²	A
	278	舂（舂米）	toi⁵	tsʰok⁷	A
	279	筛（筛米）	swaːi¹	swaːi¹	A
	280	量（量布）	hɣɔ¹	ɣɔ¹	A
	281	称（称东西）	tsʰiŋ⁵	tsʰiŋ⁵	A
	283	梳（梳头）	cʰi¹	cʰi¹	A
	284	剪	kat⁷	kat⁷	A
	285	走	tsʰaːm³	tsʰaːm³	A
	286	锄（锄地）	cok⁷	—	A
	287	犁（犁地）	kʰɣai¹	kʰɣai¹	A
	288	插（插秧）	l̥am¹、tsʰaːp⁹	lam¹	A

续表

词性	序号	词语	罗城东门	宜州良村	词汇等级
动词	289	浇（浇菜）	ləm²	kɣo⁵	A
	290	煮（煮饭）	tuŋ¹	tuŋ¹	A
	291	捡	tsəp⁷	tsəp⁷	A
	292	热（热饭）	ɣɔ³	ɣɔ³	A
	293	切（切菜）	tsep⁸	tsjep⁸	A
	294	烫（用开水烫）	la:i⁵	la:i⁵	A
	295	买	hɣai³、hɣəi³	ɣai³	A
	296	卖	cɛ¹	cɛ¹	A
	297	明白	ɣɔ⁴	ɣɔ⁴	A
	298	干活儿	fɛ⁴koŋ¹fu¹	fɛ⁴koŋ⁵fu¹	A
形容词	299	红	la:n³	la:n³	A
	300	黄	ŋa:n³	ŋa:n³	A
	301	白	pa:k¹⁰	pa:k¹⁰	A
	302	黑	nam¹	nam¹	A
	303	绿	həu¹	ju¹	A
	304	灰（颜色）	kʰa¹	—	A
	305	亮（屋儿子很亮）	kɣa:ŋ¹	kɣa:ŋ¹	A
	306	暗（屋儿子很暗）	lap⁷	lap⁷	A
	307	甜（糖很甜）	fja:n¹	fja:n¹	A
	308	酸	kʰɣəm³	kʰɣəm³	A
	309	苦	kam¹	kam¹	A
	310	辣	lja:n⁶	lja:n⁶	A
	312	淡（不咸）	ta:m⁶	ta:m⁶	A
	313	香（花香）	mɣa:ŋ¹	mɣa:ŋ¹	A
	314	臭	n.in¹	n.in¹	A
	315	大	lo⁴、la:u⁴	lo⁴	A
	316	小	te⁵、niŋ⁵	te⁵	A
	317	长	ɣəi³	ɣa:i³	A
	318	短	hɣən³	ɣən³	A

续表

词性	序号	词语	罗城东门	宜州良村	词汇等级
形容词	319	厚	na¹	na¹	A
	320	薄	wa:ŋ¹	ma:ŋ¹	A
	321	宽（路宽）	kʰwa:ŋ³	kʰwa:ŋ³	A
	322	窄（路窄）	ça:p⁷	ja:p⁷	A
	323	高	foŋ¹	foŋ¹	A
	324	低、矮	hɣam⁵	ɣam⁵	A
	325	稀（粥很稀）	ləu¹	lu¹	A
	326	滑（路很滑）	kyɔ¹	kyɔ¹	A
	328	歪（帽儿子戴歪了）	fe¹	—	A
	329	满（水满了）	pik⁹	pik⁹	A
	330	硬	kɣa³	kɣa³	A
	331	软	ma³	ma³	A
	332	脆	hɣum¹	—	A
	333	脏（衣服脏）	wa⁵	wa⁵	A
	334	深（水深）	jam¹	jam¹	A
	336	重	çan¹	çan¹	A
	337	多	kɣuŋ²	kuŋ²	A
	338	远	ce¹	ce¹	A
	339	近	pʰɣai⁵	pʰɣai⁵	A
	340	快（走得快）	hwai⁵	wi⁵	A
	341	慢（走得慢）	ma:n⁶	ma:n⁶	A
	343	晚、迟（很晚才睡）	tsi²	tsi²	A
	344	热（天气热）	net⁸	net⁸	A
	345	冷（天气冷）	ȵit⁷	ȵit⁷	A
	346	饱	kɣaŋ⁵	kɣaŋ⁵	A
	348	累	ȵɛ⁵、loi⁶	ȵɛ⁵	A
	350	瞎	kʰa¹	kʰa¹	A
	351	痒	ȵin³	ȵin³	A
	352	好	ʔi¹	ʔi¹	A

续表

词性	序号	词语	罗城东门	宜州良村	词汇等级
形容词	353	坏	hwa:i^5	wa:i^6	A
	354	新	mai^5	mai^5	A
	356	熟（熟肉）	sɔk^8	sɔk^8	A
	357	乱（头发乱）	lon^6	lu:n^6	A
	358	年轻	njen^{2}tʰiŋ^1	—	A
	359	老（人老）	lo^4、ce^5	lo^4、ce^5	A
	360	胖	pi^2	pi^2	A
	361	瘦（人瘦）	ɣəm^1	ɣəm^1	A
数词	362	一	na:u^3	na:u^3	A
	363	二	ɣa^2、n̪i^6	ɣa^2、n̪i^6	A
	364	三	ta:m^1	ta:m^1	A
	365	四	ti^5	ti^5	A
	366	五	ŋo^4	ŋo^4	A
	367	六	lɔk^8	lɔk^8	A
	368	七	tʰət^7	tʰət^7	A
	369	八	pa:t^9	pa:t^9	A
	370	九	cəu^3	cəu^3	A
	371	十	səp^8	səp^8	A
	372	十一	səp^{8}ʔjət^7	səp^{8}ʔjət^7	A
	373	十二	səp^{8}n̪i^6	səp^{8}n̪i^6	A
量词	374	个（一个人）	mu^6	mo^6	A
	375	只（一只鸡）	tɔ^2	tɔ^2	A
	376	棵（一棵树）	toŋ^6	toŋ^6	A
	377	粒（一粒米）	nən^2	ŋwi^6	A
	378	间（一间房儿子）	kʰɔ:ŋ^5	kʰɔ:ŋ^5	A
	379	件（一件衣服）	məi^6	məi^6	A
代词	381	我	həi^2、əi^2	hɛ^2	A
	382	你	na^2	na^2	A
	383	他、她	mo^6	mo^6	A

续表

词性	序号	词语	罗城东门	宜州良村	词汇等级
代词	384	我们	niu²	ɣa:u¹	A
	385	咱们	hɣa:u¹、hɣə:u¹	ɣa:u¹	A
	386	你们	sa:u¹	sa:u¹	A
	387	他们	mɔ⁶	wa:t⁹ka⁶	A
	390	这	na:i⁶	na:i⁶	A
	391	这里	nin¹na:i⁶	niŋ⁵na:i⁶	A
	392	那	ka⁶	ka⁶	A
	394	谁	nau²	nau²	A
	395	什么	ŋ⁵na:ŋ²、ə⁵na:ŋ²	ə⁵na:ŋ²	A
副词	396	还（还没有来）	naŋ¹	naŋ¹	A
	397	都（大家都来了）	tu¹	piŋ³	A
	398	全（全村、全国）	tøn²、løn²	tsʰøn²	A
	399	不（他不来）	ŋ⁵	ŋ⁵	A
	400	别（别跑）	jəu⁵	ju⁵	A

表 4-12　韦天朝仫佬语 400 词测试表（B 级词汇 17 个）

序号	词语	罗城东门	宜州良村	词汇等级
13	右	fa¹	fa¹	B
19	明年	mɛ¹lən²	mɛ¹lən²	B
56	水蛭	miŋ²	piŋ¹	B
65	茅草	ça¹	ja¹	B
87	脖儿子	lən³	tɛ³lən³	B
112	儿媳	la:k¹⁰ ma:i⁴	la:k¹⁰ ma:i⁴	B
146	断（扁担断了）	təu⁵	tu⁵	B
150	着（火着了）	fən¹	fən¹	B
189	怀孕	hɣak⁷la:k¹⁰	mɛ²la:k¹⁰	B
259	伸（伸手）	lø⁵	lø⁵	B
262	拿（拿书）	tsau⁴	tsau⁴	B
276	削（削果皮）	tʰjet⁷	tʰjet⁷	B
311	咸	naŋ⁵	naŋ⁵	B

续表

序号	词语	罗城东门	宣州良村	词汇等级
347	饿	ja:k^9	ja:k^9	B
349	高兴	ʔa:ŋ^5	ʔa:ŋ^5	B
355	生（生肉）	sɛːŋ^1	sɛːŋ^1	B
393	哪里	kʰɔ^{5}nau^1	kʰwa^{1}nau^1	B

表 4-13　韦天朝仫佬语 400 词测试表（C 级词汇 24 个）

序号	词语	罗城东门	宣州良村	词汇等级
43	猫头鹰	jeu^6	—	C
54	蝌蚪	ȵuk^7	—	C
59	翅膀	çi^{5}puɲ^4	çi^5	C
68	水稻	hu^{3}tɔŋ^6	hu^3	C
121	粮仓（谷仓）	kɣɔ^4	kɣɔ^4	C
136	歌	kɔ^5	kɔ^5	C
147	撞（车撞在墙上）	tsʰoŋ^5	tsʰoŋ^5	C
155	摆动（树枝摆动）	nai^1	nai^1	C
160	缠绕	cəu^5	—	C
181	发抖	ta:n^2、kʰɣəu^5	—	C
203	闹（小孩闹）	na:u^6	na:u^6	C
213	流（流口水）	lø^6、tʰoi^1	tʰoi^1	C
214	伸（伸舌头）	lø^5	lø^5	C
218	眨（眼）	çap^8	—	C
223	休息	çet^{7}nɛ^5	çet^{7}nɛ^5	C
260	挥（挥手）	hwak^1	—	C
261	举（举手）	fu^3	—	C
282	夹（用筷子夹菜吃）	njep^7	nja: p^9	C
327	尖（山很尖）	kʰya^1	—	C
335	轻	ça^3	ja^3	C
342	早（很早起来）	kʰyam^1	kʰam^1	C
380	件（一件事）	məi^6	ja:ŋ^6	C
388	自己	tsi^{6}ca^1	tsi^{6}ca^1	C
389	别人	leŋ^{6}çən^1	leŋ^{6}jən^1	C

第三节　小长安镇访谈录

语言使用情况的调查，除了挨家挨户地对居民进行调查统计之外，还可选择各种类型的代表人物，专题调查获取语言使用的实际情况。通过访谈，我们能够了解到语言使用者的语言态度、语言观念及语言使用的相关情况。访谈的过程是让语言使用者把自己的想法提供给调查者。因此，访谈法是语言使用情况调查的一个具有特殊价值的方法。

访谈一

访谈对象：欧广义，男，仫佬族，67岁，小学，农民，小长安镇龙腾村上洞屯，仫佬语熟练

访谈时间：2013年6月18日

访谈地点：小长安镇双合村村委会

采访人：苏丹

（1）请介绍一下你的家庭情况。

答：我们家十口人，我叫欧广义，今年67岁；我妻子吴奇美，今年67岁；我大儿子欧其海40岁；我大儿媳妇欧昌兰37岁；我的孙子欧昌达14岁、欧昌磊7岁半；我小儿子欧其禹37岁；我小儿媳妇欧荣枝37岁；我孙女欧丽娜11岁、小孙子欧昌源4岁半。

（2）请介绍一下你们平时在家说什么语言？

答：我们全家都是仫佬族，全部都说仫佬语。

（3）你的孙子、孙女最开始学会什么语言，然后又学会了什么语言呢？

答：我孙子欧昌达，他1岁多的时候就学会了一点儿仫佬语词汇，到3岁的时候仫佬语说得就很顺溜了。他没读过幼儿园，5岁多的时候进学前班，去学前班之前，他看电视听不懂电视的内容，只会看图像，进入学前班之前完全不会说普通话也不会说桂柳话，因为村里说桂柳话的人少，只有刚嫁入我们村的媳妇相互间才用桂柳话。孙子小时候和小朋友都是说仫佬语的。他到小学一二年级时会讲普通话了，放学后讲些普通话。电视看多了，普通话也学得快。我孙子现在在小长安镇中学读书，在学校课上课下都是讲普通话，小学则不一样，小学下课讲桂柳话，和老师也讲桂柳话，仫佬族之间就讲仫佬语。

我孙子欧昌磊，现在在龙腾小学读学前班。5岁半之前都只会讲仫佬语，不会

桂柳话和普通话。去了学前班才会桂柳话，因为学前班老师会用桂柳话来解释，一年级老师才用普通话。他和同班同学讲仫佬语，与老师讲桂柳话，回村里讲仫佬语。

我孙女欧丽娜，也在龙腾小学读书。她现在是五年级。她们上课必须用普通话，在村里遇到老师就说桂柳话。下课后讲桂柳话少，讲仫佬语多。

我小孙子欧昌源，现在4岁半，刚读学前班，他听不懂电视里的普通话，也不懂桂柳话，因为老师说普通话，我孙儿子去了学前班一年后，现在听得懂动画片，也能用普通话说简单的句子。

（4）你们家平时用什么语言交谈？

答：家里聊天、吃饭啊，都讲仫佬语。

（5）你觉得学习普通话好吗，仫佬语还有用吗？

答：学习普通话好啊，现在全国都在普及普通话。仫佬语也很有用，读书啊、买东西啊、集市上啊都用仫佬语，不会传不下去。因为仫佬语是自古流传下来的，永远不会消失。

（6）你希望儿子、孙子、孙女说什么语言？

答：希望他们最好是说普通话，因为这是全国统一的，说仫佬语，别人都听不懂，如果去外面读书、工作了，回来讲普通话也可以。

（7）你去其他地方办事、买东西说什么语言？

答：在集市街、长安镇买东西就说桂柳话，在邮政局、政府、银行办事也说桂柳话，干部进村开会也希望我们说桂柳话。事实上村干部也都是说桂柳话的。

（8）村里的学龄前儿童是说什么语言的呢？

答：这些孩子在家里都是说仫佬语的，现在我们村的年轻家长都把小孩送到三四里[①]外的私人办的幼儿园里，希望他们早点接受正规的教育，小孩去幼儿园之前不会说普通话，去了之后就能学会点普通话了。他们回到家还是说仫佬语，与小伙伴玩也是说仫佬语。我们希望政府多办点公立幼儿园，这样我们这儿的小孩就不用送到那么远的私人幼儿园了。

访谈二

访谈对象：覃伟，男，壮族，1963年4月，高中，农民，小长安镇龙腾村陈铺屯

---

① 1里=500米。

访谈时间：2013年6月18日

访谈地点：小长安镇龙腾村村委会

采访人：李艮茜

（1）请介绍一下你们屯的民族成分和语言使用情况。

答：我们屯以仫佬族和壮族为主，只要是在这里出生的人基本上一开始就会讲仫佬语和壮语，当然在特殊的情况下也会说桂柳话。

（2）请简单介绍一下你的家庭成员，包括他们的民族成分和语言情况。

答：我是壮族人，我的母亲和奶奶是仫佬族，我的民族成分随父亲，我的母语算是壮语，但是我一出生就会仫佬语。我的妻子是仫佬族，母语是仫佬语。我有5个孩子，年龄跨度是23~30岁，他们的民族成分都是仫佬族，母语是仫佬语。我还有3个姐妹，姐姐是仫佬族，两个妹妹跟我一样是壮族。还有一个小孙子，现在才6个月大，也是仫佬族，他是我二儿子的孩子，我的二儿媳妇是外面嫁过来的，壮族人，不过会讲桂柳话。

（3）请问你和你的家人及你的家人相互之间说什么话呢？

答：我跟我的妻子经常各讲各的话，我讲壮语她讲仫佬语，反正都听得懂。我跟我的父亲和孩子还有姐妹讲壮语，跟我的母亲讲仫佬语。我的妻子和母亲跟家里人都讲仫佬语。我的姐妹之间及我的几个孩子之间有的时候讲仫佬语，有的时候讲壮语。

（4）那你们家里的人准备跟你的孙子讲什么语言呢？

答：他跟父母常年在外面，他父母在家里跟他讲桂柳话，因为他妈妈讲桂柳话。但是他每次回来，我们都跟他讲仫佬语或者壮语。

（5）你们这里的小孩上幼儿园吗，在幼儿园讲什么话？

答：我们这里2012年开始有幼儿园，上课的时候老师都是讲普通话，下课之后学生之间都讲仫佬语或者壮语。

（6）你们这里的小孩接触普通话一般都是从上幼儿园开始的吗？你们在家里看电视吗？

答：是的，一般大一点的孩子看电视能看懂一些，但是说普通话应该就是从上幼儿园开始的。

（7）你们邻里之间用什么话交流？

答：仫佬语和壮语。

（8）如果一个平时说仫佬语的人和一个平时说壮语的人碰面，一般都是讲什么话呢？

答：仫佬语。

（9）这个与辈分有关系吗？如果说壮语的那个人更加年长呢？

答：没有关系，还是以仫佬语为主。

（10）如果在屯里碰到一个陌生人，你第一反应会跟他讲什么话？

答：桂柳话吧。

（11）你们去镇里、县里赶集的时候一般说什么话？

答：如果是认识的人一般都是说仫佬语，如果不认识就说桂柳话。

（12）村里开会领导一般说什么话？

答：还是仫佬语，即使有壮族人在也是仫佬语，因为我们屯的壮族人的仫佬语也都特别好。但是如果是县里领导开会，有实在不懂仫佬语的，我们会用桂柳话。

（13）你们在民俗节日或者丧葬礼上一般是用什么话？

答：仫佬语和壮语。

（14）你觉得你们的孩子学习普通话重要吗？为什么？

答：重要，因为现在出去打工或者读书呀，外面的人都是讲普通话。

（15）那你觉得你们的孩子学仫佬语重要吗？为什么？

答：当然重要，我们是仫佬族，这个是最基本的。

（16）如果有些村民在外面待了很多年，回来之后不讲仫佬语了，你怎么看这个事情？

答：不应该这样，这样等于是忘本了。

（17）那随着普通话的普及，仫佬族人大量外出务工、学习，这些人回来之后，仫佬语水平跟你们的差距很大吗？受外面的影响大吗？

答：影响不大，因为一般的都是读完初中才出去，那个时候仫佬语已经很好了，出去之后不会忘了。

（18）你觉得仫佬语会有消失的一天吗？你怎么看待这个事情？

答：不可能，在外面可能没有人说，但是在我们仫佬族我们肯定都是说仫佬语的。我反对仫佬族人不会说仫佬语，作为壮族，我也反对壮族人不会说壮语。

访谈三

访谈对象：吴光纯，男，仫佬族，1958 年 12 月生，高中，农民，小长安镇龙腾村大勒洞屯

访谈时间：2013 年 6 月 18 日

访谈地点：小长安镇龙腾村村委会

采访人：叶俐丹

（1）您好，请您谈谈您的家庭用语情况。

答：我今年 56 岁，从小说仫佬语，也会说桂柳话，普通话勉强可以交流。全家人都是仫佬族。爱人跟我一样会仫佬语跟桂柳话，普通话听得懂，不会说。儿子跟儿媳妇外出工作，会讲仫佬语、桂柳话和普通话。我孙子今年 7 岁，会讲仫佬语、桂柳话和普通话。

（2）您是如何学会桂柳话和普通话的？

答：桂柳话是上初中、高中时老师教的，同学间偶尔也会说。普通话是 20 世纪 80 年代后期开始接触电视时，从电视上学的，工作时也有需要，比如向上级领导汇报工作，有时候要说普通话。

（3）您上小学时在学校说什么话？

答：我们上课、下课都是说仫佬语。

（4）那您的孙子现在在学校说什么话？

答：上课说普通话，下课和他们同学说仫佬语和桂柳话。

（5）您会不会唱仫佬语的山歌？

答：我不会唱，但我们这边有人会，主要是老人，年轻人较少。一般是在办喜事的时候或者是在我们仫佬族的民族节日时唱我们的山歌。

（6）你们有哪些民族节日？

答：除春节外，我们最隆重的节日是依饭节，立冬后举行，三年一大庆、一年一小庆，有祈神驱邪、保安集福、贺五谷丰登之意。我们还过农历六月初二，九月十九，汉族的节日我们都过。

（7）您到当地的集市和政府部门办事说什么话？

答：都是说桂柳话。

（8）外出工作、学习的仫佬族人返乡后还说不说仫佬语？

答：肯定要说，也都会说。不说仫佬语那是忘本了，会被人戳脊梁骨的。

（9）你们村村民的桂柳话和普通话水平怎样？

答：桂柳话说得比较普遍，除了年纪太大和太小的人外，一般人都会说。年轻人的普通话说得比较好，我们上了年纪的人中大部分人都能听懂普通话，但不太会说。

（10）您认为仫佬语的发展趋势如何？

答：仫佬语是我们仫佬族自己的语言，是我们这个地区最主要的语言之一，会长期存在下去。

访谈四

访谈对象：韦相庭，男，壮族，1957年11月生，高中，农民，小长安镇双合村大歧山屯

访谈时间：2013年6月18日

访谈地点：小长安镇龙腾村村委会

采访人：叶俐丹

（1）您好！请您谈谈您的家庭用语情况。

答：我今年57岁，母语是壮语，仫佬语和桂柳话也很熟练。20世纪90年代初外出务工，跟工友学讲普通话，但说得不好。我家五口人，爱人是仫佬族人，母语是仫佬语，壮语和桂柳话都能说，普通话只会说很简单的句子。儿子和儿媳妇外出打工，所以普通话、桂柳话、壮语都说得很好，除此之外儿子还会说仫佬语，儿媳妇还会说白话。孙女今年8岁，会说壮语和普通话，桂柳话和仫佬语都听得懂，但不太会说。

（2）你们在家里一般用什么话交流？

答：一般说壮语，我跟爱人偶尔说仫佬语，她喜欢说仫佬语，我们偶尔会说，但是很少。跟孙女有时候也说普通话。

（3）您孙女是怎么学会普通话的？

答：一出生她妈妈就教她一些普通话，后来她看电视也学了一些，上学后就很熟练了。她从小就会说、爱说普通话，在村子里跟小朋友也是说普通话，只有跟长辈才说壮语。

（4）你们村子里还有没有其他语言或方言？

答：有少量说仫佬语的，所以我们村子里的人除了壮语外一般都会仫佬语；还有一些嫁进来的媳妇会说客家话。

（5）您觉得什么话对您来说比较重要？

答：最重要的肯定是壮语，这是我们每天主要的交流用语。桂柳话和普通话也很重要，在当地的集市和政府部门都是说桂柳话；普通话现在是普遍用语，外出工作、学习不会普通话根本就没法交流。仫佬语在当地也经常说。

访谈五

访谈对象：罗仁初，男，仫佬族，62岁，初中，农民，罗城小长安镇龙腾村地卡屯

访谈时间：2013年6月18日

访谈地点：小长安镇龙腾村村委会

采访人：韦馨

（1）你会多少种语言？你的母语是什么？你的兼用语是什么？和家里人交流用什么语言？和村里人交流用什么语言？和陌生人交流用什么语言？和其他民族的人交流用什么语言？

答：罗城仫佬族自治县小长安镇龙腾村地卡屯村的人都是讲仫佬语，我自己会说仫佬语、桂柳话、普通话和一点儿客家话，其中仫佬语熟练、桂柳话熟练、普通话一般、客家话一般。我的母语是仫佬语，7岁上学读书的时候开始学习说桂柳话，因为以前上课老师都是拿桂柳话来教的，普通话是13岁多上初中或出去打工的时候才学会说的，客家话大概在三四十岁的时候才会说一点儿，主要是需要和融水一带的人说客家话交往。平时和家里人交流都是讲仫佬语，和村里人交流也是仫佬语，和陌生人的话一开始是讲桂柳话，如果对方听不懂桂柳话那么就改用普通话交流。和其他民族的人多数是用桂柳话交流。

（2）赶集用什么语言？出去办事用什么语言？以前上学老师用什么语言上课？何时开始用普通话上课？

答：上街赶集是用桂柳话交流，出去办事也是讲桂柳话。7岁上学读书开始老师都是拿桂柳话来上课的，十三四岁上初中时老师上课开始用点普通话。

（3）现在的仫佬语和过去的仫佬语一样吗？有何区别？

答：基本上都一样，但是罗城仫佬族自治县小长安镇龙腾村地卡屯的仫佬语和四把镇的仫佬语稍微有些不一样，但是和东门镇的仫佬语一样，主要表现在词的发音上。

（4）你的小孩母语是什么，第二语言是什么，是否上学了才学会普通话？仫佬族的学生在学汉语的过程中是否受仫佬语的影响？

答：我一共有 3 个小孩，大儿子是 1972 年出生的，仫佬族，初中毕业；二儿子是 1974 年出生的，仫佬族，也是初中毕业；三儿子是 1978 年出生的，仫佬族，中专毕业。他们的母语都是仫佬语，除了仫佬语外，还会说桂柳话、普通话，他们是上学以后才学会的普通话，仫佬族的学生在学汉语的过程中受到仫佬语影响，表现在仫佬族学生的汉语发音上不同于正规标准的普通话发音。

（5）预测一下仫佬语的发展趋势，它会消失吗？

答：仫佬语不会消失，因为村里都是讲仫佬语，仫佬语是日常生活的主要交际用语，小孩子的父母一般都会教自己的孩子讲仫佬语，代代相传，除非是搬迁出去了，否则仫佬语是不会自然消失的。

（6）村里仫佬族主要过哪些节日？

答：基本上每个月都过节，比如正月春节、二月春社、三月初三、四月初八、五月初五、六月初二、七月十三送祖宗、八月十五中秋节、九月初九重阳节、十月立冬、十二月过冬节。村里现在不过依饭节了，以前是过的，因为几百年前地卡屯是从大罗村迁过来的，在过去每隔三年一家派一个代表去大罗村祠堂过依饭节，现在基本都不去了。

第五章 罗城仫佬族自治县稳定使用仫佬语的条件和因素

根据第六次全国人口普查，我国仫佬族总人口为216 257人，主要分布在罗城仫佬族自治县。笔者对该县仫佬族聚居的东门镇、四把镇和小长安镇居民的仫佬语使用情况进行了调查，调查对象共计2946人，全是6岁以上、具有正常语言能力的人。通过调查，笔者对罗城县仫佬族的语言使用情况及其原因有了一定的了解。本章将根据笔者实地调查的数据，描述仫佬语使用的现状，并分析形成这种使用现状的各种因素。

第一节 仫佬语是仫佬族重要的交际工具

根据笔者的实地调查，罗城仫佬族自治县仫佬族人基本都能掌握自己的母语，其使用母语的类型为全民使用母语型。其使用的基本特点如下：①仫佬语是仫佬族日常生活中重要的交际工具；②该县仫佬语具有较强的语言活力，但在不同村寨、不同年龄、不同场合的使用有一定差异；③仫佬语、普通话和汉语方言（桂柳话）互补地为满足仫佬族的交际需要服务。

一、仫佬语是仫佬族日常生活中重要的交际工具

（一）仫佬语使用现状分析

笔者选择了东门镇的中石村、凤梧村、永安村，四把镇的四把社区、石门村、大新村和小长安镇的龙腾村、双合村共计3个镇的7个行政村和一个社区抽样调查了2946人的姓名、性别、年龄、民族、文化程度，以及仫佬语、桂柳话和汉语普通话的语言能力。调查对象是6岁以上（含6岁）具有正常语言功能的人。具体情况如下：

（1）各村熟练使用仫佬语的比例都很高，平均值是94.7%，其中龙腾村、双合村达到了100%。绝大多数人熟练使用仫佬语是很明显的客观事实，这表明现阶段的仫佬语保持着强大的生命力。

（2）各村中仫佬语"不会"型的比例相当低，共13人，占统计总数的0.5%。完全不会仫佬语的这13人中主要是长期在外地生活的仫佬族或嫁入和入赘该县的非仫佬族。例如，从外地嫁入的汉族媳妇孔春凤，她的母语是客家话，嫁入当地并在当地生活的时间不长，因此还不会仫佬语。在所调查的8个点中，既不会听、也不会说仫佬语的人只是极少数。在语言使用情况中属于"略懂"型的也只有18人，占统计总数的0.6%。具体内容如表5-1所示。

表5-1 各行政村仫佬语语言能力统计表

调查点	总人口/人	熟练 人口/人	熟练 百分比/%	一般 人口/人	一般 百分比/%	略懂 人口/人	略懂 百分比/%	不会 人口/人	不会 百分比/%
龙腾村	371	371	100	0	0	0	0	0	0
双合村	145	145	100	0	0	0	0	0	0
石门村	380	371	97.6	3	0.8	5	1.3	1	0.3
中石村	170	165	97.1	4	2.4	0	0	1	0.5
大新村	321	311	96.9	3	0.9	1	0.3	6	1.9
凤梧村	500	483	96.6	10	2.0	6	1.2	1	0.2
四把社区	497	471	94.8	20	4.0	4	0.8	2	0.4
永安村	414	333	80.4	77	18.6	2	0.5	2	0.5
合计	2798	2650	94.7	117	4.2	18	0.6	13	0.5

总的来看，仫佬语在各村保留完好。笔者对表5-1的统计数据做了进一步分析。

（1）表5-1中属于语言能力"熟练"和"一般"型的，都能听懂也会说仫佬语，都能用仫佬语进行交流。把"熟练"和"一般"两种类型的人数相加所得到的和，就是会说仫佬语的人数。这个人数是2767人，占统计总数的98.9%。比例如此之高，说明仫佬族在日常生活中说得最多的语言是仫佬语，使用最频繁的语言也是仫佬语。

(2) 表 5-1 中，语言能力属"略懂"型的人，虽然不会说仫佬语，但能听懂简单的日常对话。所以，如果我们把"熟练""一般"和"略懂"三种类型的人数相加得到的和，即是能听懂仫佬语的人数。这个数字是 2785 人，占统计总数的 99.5%。

(3) 表 5-1 中，语言能力属"熟练"型的人，在日常生活中以仫佬语为主要的交际工具。根据笔者的实地调查，仫佬语水平属"一般"型和"略懂"型的人，日常生活中大多数时间说的是桂柳话、普通话或壮语（偶尔也说仫佬语）。另外还有 13 个人是既听不懂也不会说仫佬语。这三类人数相加所得的和，便是在日常生活中不说仫佬语，而是以桂柳话、普通话和壮语为主要交际语言的人。这部分人数是 148 人，占总人口的 5.3%。因此，可以判断，仫佬语是仫佬族人在日常生活中最主要的交际语言。

以上调查数据与笔者在各个村中调查的实际情况是一致的。无论田间地头还是家庭内外，大家都用仫佬语打招呼、自由交谈。虽然绝大多数的仫佬族都会说桂柳话，但他们却更乐意使用自己的母语——仫佬语。笔者与调查对象交谈时用的是桂柳话或普通话，但中途来了其他仫佬族老乡，他们之间就马上转用仫佬语交谈。仫佬语在仫佬族人生活中不可或缺，这里的社会生活和家庭生活要靠仫佬语来维系，仫佬族人之间的感情、信息要靠仫佬语来传递。

以上 6 个点仫佬语的使用情况虽然大体一致，但也存在细微的差异。在表 5-1 中，按照从上至下的排列顺序，各村寨"熟练"型的比例依次渐降，而"一般""略懂"和"不会"型的比例则依次渐升。这里要解释一下为什么中石村、凤梧村、永安村四把社区、石门村、龙腾共有 13 人仫佬语水平属"不会"型。他们是韦丽雯、孔春凤、银波、班洲、游程宇、覃振羽、罗慧妮、罗丹丹、潘仁芝、郁春荣、罗世宁、潘秀兰、黎健。经过调查，他们家庭成员的基本情况如表 5-2 所示。

表 5-2 仫佬语水平"不会"者家庭情况表

序号	家庭关系	姓名	年龄/岁	民族	文化程度	第一语言及水平	第二语言及水平	第三语言及水平	第四语言及水平
1	户主	银彩荣	61	仫佬	小学	仫佬语熟练	桂柳话熟练	普通话略懂	—
	丈夫	银德华	60	仫佬	小学	仫佬语熟练	桂柳话熟练	普通话一般	—

续表

序号	家庭关系	姓名	年龄/岁	民族	文化程度	第一语言及水平	第二语言及水平	第三语言及水平	第四语言及水平
1	长子	银世林	38	仫佬	初中	仫佬语熟练	桂柳话熟练	普通话熟练	—
	次子	银世江	34	仫佬	中专	仫佬语熟练	桂柳话熟练	普通话熟练	—
	女儿	银利翠	30	仫佬	初中	仫佬语熟练	桂柳话熟练	普通话一般	—
	儿媳	韦丽雯	30	壮	中专	壮语熟练	桂柳话熟练	普通话熟练	仫佬语不会
	孙女	银芷嫣	5	仫佬	学前班	仫佬语熟练	桂柳话熟练	普通话一般	—
2	户主	梅永明	58	汉	初中	客家话熟练	仫佬语熟练	桂柳话熟练	普通话略懂
	妻子	梁小凤	53	仫佬	小学	仫佬语熟练	客家话熟练	桂柳话熟练	普通话熟练
	长子	梅昌科	32	仫佬	小学	客家话熟练	仫佬语熟练	桂柳话熟练	普通话熟练
	次子	梅昌学	30	仫佬	初中	客家话熟练	仫佬语熟练	桂柳话熟练	普通话熟练
	儿媳	孔春凤	29	汉	初中	桂柳话熟练	普通话熟练	客家话略懂	仫佬语不会
	孙子	梅健一	6	仫佬	小学	客家话熟练	仫佬语熟练	桂柳话熟练	普通话熟练
3	户主	银邦琼	52	仫佬	小学	仫佬语熟练	桂柳话熟练	普通话熟练	—
	长子	银远兵	32	仫佬	大专	仫佬语略懂	桂柳话一般	普通话熟练	—
	次子	银波	23	仫佬	大学	仫佬语不会	桂柳话不会	普通话熟练	—
4	户主	银连凤	41	仫佬	初中	仫佬语熟练	桂柳话熟练	普通话熟练	—
	丈夫	班洲	43	壮	小学	仫佬语不会	桂柳话熟练	普通话熟练	壮语熟练
	长女	银芳燕	19	仫佬	初中	仫佬语熟练	桂柳话熟练	普通话熟练	—
	次女	银露	14	仫佬	小学	仫佬语熟练	桂柳话熟练	普通话熟练	—
	儿子	银汉强	11	仫佬	小学	仫佬语熟练	桂柳话熟练	普通话一般	—
5	户主	游献朋	30	仫佬	初中	仫佬语熟练	桂柳话熟练	普通话熟练	客家话熟练
	妻子	吴柳娟	28	仫佬	初中	仫佬语熟练	桂柳话熟练	普通话熟练	粤语一般
	妹妹	游利丽	28	仫佬	高中	仫佬语熟练	桂柳话熟练	普通话熟练	客家话一般
	儿子	游程宇	10	仫佬	小学	仫佬语不会	桂柳话不会	普通话熟练	粤语熟练
	女儿	游家琦	6	仫佬	学前班	仫佬语熟练	桂柳话熟练	普通话略懂	客家话一般
6	户主	吴桂花	52	仫佬	高中	仫佬语熟练	桂柳话熟练	普通话略懂	—
	女儿	吴娅媚	29	仫佬	初中	仫佬语熟练	桂柳话熟练	普通话熟练	—
	外孙子	覃振羽	7	仫佬	小学	仫佬语不会	桂柳话一般	普通话不会	—
7	户主	罗世乾	25	仫佬	初中	仫佬语熟练	客家话熟练	桂柳话熟练	普通话熟练

续表

序号	家庭关系	姓名	年龄/岁	民族	文化程度	第一语言及水平	第二语言及水平	第三语言及水平	第四语言及水平
7	妻子	李凤云	24	汉	初中	桂柳话熟练	普通话熟练	—	—
	女儿	罗慧妮	6	仫佬	幼儿园	客家话一般	桂柳话一般	普通话略懂	仫佬语不会
8	户主	罗付光	58	汉	文盲	客家话熟练	仫佬语熟练	桂柳话熟练	普通话熟练
	女儿	罗丹丹	20	汉	大学	客家话熟练	桂柳话熟练	普通话熟练	仫佬语不会
9	户主	罗贵强	41	仫佬	高中	仫佬语熟练	客家话熟练	桂柳话熟练	普通话熟练
	母亲	潘仁芝	83	汉	文盲	客家话熟练	桂柳话熟练	普通话熟练	仫佬语不会
	妻子	张万玉	38	仫佬	初中	仫佬语熟练	客家话熟练	桂柳话熟练	普通话熟练
	次女	罗善榕	14	仫佬	初中	仫佬语熟练	客家话熟练	桂柳话熟练	普通话熟练
	三女	罗媛方	5	仫佬	学前班	客家话熟练	仫佬语一般	桂柳话熟练	普通话一般
	长女	罗文雅	17	仫佬	初中	仫佬语熟练	客家话熟练	桂柳话熟练	普通话熟练
10	户主	张太杰	45	汉	初中	客家话熟练	仫佬语熟练	桂柳话熟练	普通话熟练
	母亲	吴秀枝	77	仫佬	文盲	仫佬语熟练	客家话熟练	桂柳话熟练	普通话熟练
	妻子	郁春荣	47	壮	初中	壮语熟练	桂柳话熟练	普通话熟练	仫佬语不会
	儿子	张成胜	20	壮	高中	客家话熟练	仫佬语熟练	壮语熟练	桂柳话熟练
11	户主	罗贵良	33	汉	初中	客家话熟练	仫佬语熟练	桂柳话熟练	普通话熟练
	妻子	潘秀兰	39	壮	初中	壮语熟练	桂柳话熟练	普通话熟练	仫佬语不会
	儿子	罗世宁	9	壮	小学	壮语熟练	桂柳话熟练	普通话熟练	仫佬语不会
12	户主	吴珍花	56	仫佬	小学	仫佬语熟练	桂柳话熟练	普通话熟练	壮语一般
	长夫	黎健	58	汉	—	桂柳话熟练	普通话一般	仫佬语不会	—
	女儿	吴月媚	24	仫佬	初中	仫佬语熟练	桂柳话熟练	普通话熟练	壮语一般

表 5-2 中仫佬语水平"不会"者主要有以下几种情况：①嫁入或入赘到当地的外族人，他们有自己的母语，很少使用仫佬语。这 13 人中的韦丽雯、孔春凤、班洲、潘仁芝、郁春荣、潘秀兰、黎健都属于这种情况；②随父母长期在外地生活。有些孩子虽然出生在罗城仫佬族自治县，但年幼的时候就随父母到外地生活，很少接触仫佬语。这 13 人中属于这种情况的是银波、游程宇、覃振羽、罗丹丹、罗世宁；③年纪尚幼，父母并未教其仫佬语，且还没有参与到社区活动中学习仫佬语，这种情况的只有罗慧妮 1 人。

（二）不同年龄段仫佬语的使用情况

笔者对这 7 个行政村和 1 个社区分 6~19 岁、20~50 岁、50 岁以上 3 个年龄段进行了考察，其仫佬语能力的具体情况如表 5-3 所示。

表 5-3　50 岁以上仫佬语语言能力统计表

调查点	50 岁以上总人口/人	熟练 人口/人	熟练 百分比/%	一般 人口/人	一般 百分比/%	略懂 人口/人	略懂 百分比/%	不会 人口/人	不会 百分比/%
中石村	47	46	97.9	1	2.1	0	0	0	0
凤梧村	101	99	91.7	2	8.3	0	0	0	0
永安村	91	72	79.1	19	20.9	0	0	0	0
四把社区	123	119	96.8	3	2.4	0	0	1	0.8
石门村	88	88	100	0	0	0	0	0	0
大新村	78	76	97.4	1	1.3	0	0	1	1.3
龙腾村	83	83	100	0	0	0	0	0	0
双合村	35	35	100	0	0	0	0	0	0
合计	646	618	95.7	26	4.0	0	0	2	0.3

根据抽样调查的数据显示，罗城县 50 岁以上仫佬语达到"熟练"水平的人数为 618 人，占总人数的 95.7%，是所有年龄段中比例最高的。"不会"级别只有 2 人，他们的情况在前文已经说明，此处不再赘述。

仫佬语世代相传，是当地仫佬族最主要的交际工具，所以年长的仫佬族人普遍能较好地掌握其母语。他们日常生活用语都是仫佬语，他们每天的生产劳动，生活起居都依赖于仫佬语。一些老人们还能用仫佬语唱本族民歌、讲故事。这一年龄段的老人文化程度多是小学，与外界接触不多，汉语水平相对罗城县的年轻人来说比较低，但大多数人也掌握两种或两种以上的语言或方言，普遍能听懂汉语。

表 5-4　20～50 岁仫佬语语言能力统计表

调查点	20～50 岁人口/人	熟练 人口/人	百分比/%	一般 人口/人	百分比/%	略懂 人口/人	百分比/%	不会 人口/人	百分比/%
中石村	98	95	96.9	2	2.0	0	0	1	1.0
凤梧村	315	306	97.1	5	1.6	3	1.0	1	0.3
永安村	247	202	81.8	42	17.0	1	0.4	2	0.8
四把社区	309	294	95.1	12	3.9	3	1	0	0
石门村	228	223	97.8	2	0.9	3	1.3	0	0
大新村	204	197	96.5	2	1.0	1	0.5	4	2.0
龙腾村	222	222	100	0	0	0	0	0	0
双合村	87	87	100	0	0	0	0	0	0
合计	1710	1626	95.1	65	3.8	11	0.6	8	0.5

从表 5-4 可以看出，这一年龄段的基本特点如下。

（1）"熟练"者比例占 95.1%，这说明该年龄段绝大多数人能说流利的仫佬语。

（2）有 3.8% 的人仫佬语水平一般，约有 0.6% 的人能听懂简单的仫佬语，但不会说。该年龄段没有完全不会仫佬语的人只有 0.5%。仫佬语属于"一般""略懂""不会"的人数加起来共有 84 人，占总人口的 4.9%。这说明在该年龄段中，只有很小的一部分人在日常生活中不说仫佬语。

（3）这一年龄段的人是仫佬语使用者的主体部分，他们的仫佬语水平和汉语水平都较高。

表 5-5　6～19 岁仫佬语语言能力统计表

调查点	6～19 岁人口/人	熟练 人口/人	百分比/%	一般 人口/人	百分比/%	略懂 人口/人	百分比/%	不会 人口/人	百分比/%
中石村	25	24	96.0	1	4.0	0	0	0	0
凤梧村	84	78	92.8	3	3.6	3	3.6	0	0
永安村	76	59	77.6	16	21.1	1	1.3	0	0

续表

调查点	6～19岁 人口/人	熟练 人口/人	熟练 百分比/%	一般 人口/人	一般 百分比/%	略懂 人口/人	略懂 百分比/%	不会 人口/人	不会 百分比/%
四把社区	65	58	89.3	5	7.7	1	1.5	1	1.5
石门村	64	60	93.7	1	1.6	2	3.1	1	1.6
大新村	39	38	97.4	0	0	0	0	1	2.6
龙腾村	66	66	100	0	0	0	0	0	0
双合村	23	23	100	0	0	0	0	0	0
合计	442	406	91.9	26	5.9	7	1.6	3	0.6

从表 5-5 中可以看出，在 6～19 岁仫佬族青少年中，"熟练"型的比例为 91.9%，大部分能自由运用母语与该族人交际，但相对于其他两个年龄段这一比例是最低的。在这一年龄段中，仫佬语水平属于"略懂"和"不会"型的有 10 人。由于普通话的推广，越来越多的仫佬族家庭重视子女的汉语教育，加之电视、电话、电脑的普及，青少年的普通话水平相对较高，甚至成了一些儿童的第一语言。

综上所述，3 个不同年龄段的仫佬语使用情况可以归纳为以下几点。

（1）不同年龄段的人之间，仫佬语使用情况比较一致，差异较小。在每个年龄段中，仫佬语使用水平为"熟练"型的都占很大比重，占比最高的是 50 岁以上的年龄段，达到 95.7%；最低的是 6～19 岁年龄段，达到 91.9%。仫佬语水平在"略懂"和"不会"型的人只是极少数。

（2）从整体上来看，仫佬语使用没有呈现出明显的代际性特征，即仫佬语水平的高低与年龄大小没有关系。6～19 岁年龄段中的仫佬语水平为"熟练"型的比重与 50 岁以上年龄段"熟练"型的比重只相差 3.1%，随着年龄的增长他们中很大一部分人会通过社会途径习得熟练的仫佬语。

（3）19～50 岁外族人的仫佬语水平，能由"不会"型逐渐过渡到"略懂"型、"一般"型，甚至"熟练"型，这说明仫佬语在罗城仫佬族自治县当地还是重要的交际工具。汉语普通话虽然有其重要的作用，但目前还不能替代仫佬语在仫佬族日常生活中的主导地位。

（三）不同场合仫佬语使用情况

在罗城仫佬族自治县这样一个全民稳定使用仫佬语的县，在各种不同的场合都能听到村民们熟练使用仫佬语进行日常交际，仫佬语是仫佬族沟通民族情感的重要桥梁。下面具体分析一些典型场合中的仫佬语使用情况。

1. 家庭内部

族内婚姻家庭和族际婚姻家庭语言的使用情况存在差异。具体有以下几种情况。

1）族内婚姻家庭以仫佬语为主

绝大部分仫佬族都能掌握仫佬语、桂柳话及普通话这3种或3种以上的语言，但在家庭中，他们都习惯使用仫佬语交流，很少说汉语或其他语言。在他们的家庭里，不管辈分尊卑，不管年龄大小，大家都习惯用仫佬语交流，仫佬语伴随着每一个家庭成员的生活。其成员之间（长辈之间、长辈与晚辈之间、晚辈之间），无论是说"吃饭""干活""天空""水牛"的简单的日常用语，还是比较深入的思想交流，家庭成员们都使用他们的母语——仫佬语。很多家庭几代同堂，例如，小长安镇的韦耀志家，四世同堂，孙子韦振华在外地打工回来仍然熟练地和大家说仫佬语。

如今，随着经济的发展，电话、电脑、手机等媒介和通讯工具在罗城仫佬族自治县已经普及，在每一个村寨随处可见仫佬族利用现代化的通讯手段互相联络，流利地说仫佬语。有的仫佬族姑娘远嫁他乡，虽然在日常生活中已改说其他语言，但在电话中与仫佬族的娘家人说的还是仫佬语。例如，东门镇凤梧村的李琼花，远嫁广东，平时都说粤语，但跟娘家人打电话时仍说流利的仫佬语。

2）族际婚姻仍以仫佬语为主，或兼用汉语方言桂柳话

嫁入或入赘到罗城县的外族人大部分都能用仫佬语与家人交际。仫佬族对在当地生活的该族人不说母语的人内心有抵触，但对外来人使用的语言则持宽容的态度。对一些暂时不会用仫佬语的家庭成员，他们通常用桂柳话、普通话或壮语与其交谈。例如，小长安镇龙腾村吴光朝的儿媳妇覃小玲，作为嫁入仫佬族家庭的壮族人，她也是经过半年才学会仫佬语。在刚嫁入时，家人与她用桂柳话交谈。受周围仫佬语语言环境的影响，在罗城仫佬族自治县生活了几年的外族人大部分都能说仫佬语，只是不同人由于性格不同，与仫佬族接触的频率不同，他们说仫

佬语的水平有一定的差异。性格外向的，敢于尝试使用仫佬语与家人邻居交流，渐渐地仫佬语就说得越来越流利。

以四把镇三堆屯为例，笔者抽样调查了 43 户，其中族际婚姻家庭共有 9 户，都是嫁入三堆屯的外族媳妇，有汉族 6 人，壮族 2 人，土家族 1 人。在这些非仫佬族的家庭成员中，能熟练使用仫佬语进行日常交流的有 4 人。他们家庭里所有的成员都说仫佬语，以仫佬语为主要的交际工具。具体情况如表 5-6 所示。

表 5-6　三堆屯非仫佬族成员表

姓名	年龄/岁	民族	文化程度	仫佬语水平
韦素梅	49	壮	小学	一般
谢鸾姣	60	汉	小学	熟练
文细兰	80	汉	小学	熟练
文秀枝	80	汉	小学	熟练
黄双琼	48	汉	初中	一般
廖玉花	48	壮	小学	一般
向莉	27	土家	初中	略懂
周淑萍	34	汉	初中	略懂
罗贵凤	44	汉	小学	熟练

表 5-6 中的向莉和周淑萍这两个人仫佬语水平为略懂，她们在三堆屯生活的时间不长，能听懂仫佬语的简单对话，但不好意思开口说，习惯使用汉语，家庭的日常交际使用"仫佬语—汉语"双语。

2. 学校

目前，罗城仫佬族自治县已经建立了较完善的九年制义务教育体系，包括学前教育（幼儿园、学前班）、小学教育和初中教育。学校开设的课程都是用汉语授课，没有开设过专门以学习和掌握仫佬语为目的语的课程。因此，在罗城仫佬族自治县各学校的课堂教学中（英语教学除外），教师及学生都使用汉语普通话。

在学前教育的课堂教学中，由于大多数仫佬族学生的第一语言都是仫佬语，上学之前汉语水平有限，如果直接使用普通话教学会有困难。为了教学的需要，有经验的老师采用仫佬语辅助汉语来组织课堂教学。

在进入小学和初中阶段，教师都使用普通话教学，学生也使用国家统一规定的教学教材。四把镇中心小学的覃黎老师告诉笔者,在她所在的学校,"学前班的同学有时候不能完全听懂普通话,需要用仫佬语进行解释,到了一年级以后全部采用普通话教学"。经过小学6年汉语的学习,升入初中的仫佬族学生,汉语都能说得很流利。

此外,老师与学生在课下说什么语言,与其民族成分有一定的关系。在中小学,不同民族的老师、同学之间一般都说普通话或桂柳话,同学之间主要说桂柳话,有些仫佬族的同学间说仫佬语。笔者以"教师家访时使用什么语言"为题进行了调查和询问,结论是汉族老师说桂柳话或普通话,仫佬族老师说仫佬语。

3. 机关单位

根据2013年的资料显示,在罗城仫佬族自治县共有仫佬族干部2699人,占干部总数的42.0%,另有其他民族如汉族、壮族、苗族等民族的干部。根据笔者的接触和实地调查,在罗城仫佬族自治县县一级和乡镇一级的政府部门中,在开会和上级领导视察时干部们一般说普通话,而在面对群众时为方便交流主要说桂柳话。这些干部彼此之间主要也用桂柳话交谈,即便是从外地到罗城县工作的同事也能在他们生活的环境中很快学会桂柳话,很少说普通话。

而在村一级的行政单位中,他们主要使用仫佬语和桂柳话。在笔者的调查过程中,接触了多位村委会主任、村寨的组长,例如,四把镇大新村的村委主任吴东强,他说,"如果有上级领导视察,为了方便沟通,我们村委开会一般说桂柳话;如果都是我们村的村委,我们更愿意说仫佬语"。对于村一级的基层干部而言,说仫佬语才更能被群众所接受,拉近与群众的情感,以便更好地开展工作。仫佬族聚居区的居民虽然都懂汉语,但更倾向于说仫佬语,部分常年生活在仫佬族村寨的人,特别是老年人,甚至听不懂汉语。我们以"你希望村干开会时使用什么语言"为题进行调查,答案一致是"仫佬语"。通过询问得知,村里用来通知事项的广播也根据实际需要使用两种语言:当传达上级指示或宣读文件时,使用桂柳话;当需要用广播召集义务工出工或者找人时,则使用仫佬语。

4. 商业场所

集市和商店是商品的集散地,人口流动性大,常常汇聚了不同的民族和语言。罗城仫佬族自治县的生意人多是本地的,也有部分外地商人,他们都会根据顾客的语言能力来选择交际语言。在市场的商业交际中,当地的群众主要使用桂柳话。

外地人为了尽快地融入仫佬族人的生活,也能很快地学会桂柳话,能听懂甚至熟练掌握仫佬语。一位从河南来的经营粉店的孙老板,熟练地用桂柳话招呼着往来的顾客,口音与当地人并无二致。

表 5-7　不同场合仫佬语使用情况表

使用场合		互补		重叠
		以仫佬语为主,以汉语为辅	以汉语为主,以仫佬语为辅	两种语言同时使用
家庭	族内婚姻	v		
	族际婚姻	v		
学校	幼儿园、学前班		v	
课堂教学	小学低年级		v	
	小学中高年级		v	
	初中		v	
	课下		v	
机关单位	县政府		v	v
	乡政府		v	
	村委	v		
集市、商店			v	

注:v 表示在小学中高年级课堂中使用汉语,一般不说仫佬语

综上所述,可得出不同场合仫佬语使用情况表(表 5-7)罗城仫佬族自治县仫佬族人的语言生活,母语和汉语两种语言同时使用,但在不同的场合中会有不同的侧重。总的看来,仫佬语和桂柳话的关系是和谐的。在家庭内部和仫佬族之间,仫佬语的应用价值和情感价值高于桂柳话,选用仫佬语成为第一选择。但在机关单位、学校里,在与非仫佬族人交际中,桂柳话的应用价值大于仫佬语,说桂柳话成为人们的第一选择。这就是说,仫佬语和桂柳话的应用价值是互补的。

第二节　仫佬族稳定使用仫佬语的原因

在经济全球化、世界一体化的大趋势下,语言作为交际工具的社会功能发生了迅速变化。强势语言的功能不断扩大,弱势语言的功能不断缩小甚至消失。仫佬语是一种有 13 万使用人口的语言,却作为重要的交际工具一直在罗城仫佬族自治县稳定使用,是什么原因使得仫佬语能够保存下来?本节将对此进行分析。

一、相对聚居是仫佬语稳定使用的客观条件

第六次全国人口普查结果显示,我国仫佬族总人口为 216 257 人,主要分布

在罗城仫佬族自治县，这为仫佬族的聚居提供了重要保障。根据该县政府的统计数字（2012年），该县共有37.61万人，其中仫佬族人口12.47万人，占该县总人口的33.16%。从该县的角度看，仫佬族处于大杂居、小聚居的居住现状，具体到各乡镇村落，小聚居的情况各不一样。以东门镇为例，在其所辖的21个行政村中，冲洞、大境、三家、燕塘、东勇、弄达、龙山、榕木、桥头、矿务局的仫佬族人口在每个村中的总人口中占比均在50%以内，大福、勒俄、德音、古耀、平洛、章罗、永安、凤梧、横岸、中石、佑洞、社区中仫佬族人口在每个村中的总人口中占比均在50%以上，其平均值达到66.8%，其中中石村达到87.3%。

高度聚居为母语的保留提供了良好的环境，使母语有了稳定保留的空间。仫佬族在该县仫佬族聚居的村寨里，每家每户、每天每人都在频繁地使用仫佬语。仫佬语的高频率使用，形成了一个很大的语言使用环境，处在这个环境中的人们不知不觉地就掌握了语言。

近年来，随着社会经济的发展，九年义务教育的普及，电视、电话等设备的普遍使用，仫佬族村寨与外界的接触更加密切。外出打工、族际婚姻、外地求学的仫佬族有逐渐增多的趋势，但与外界语言和经济文化的接触并没有影响仫佬语在仫佬族村寨的语言优势地位。在仫佬族聚居村寨，仫佬语的使用群体规模大，是在情感上为仫佬族所普遍接受的区域优势语，外来语言的社会交际功能往往受到制约。一些外来人口，例如，嫁入或入赘该县的非仫佬族人员，虽然熟练掌握其他的语言，但到了仫佬族聚居的村寨，受到当地环境的影响，他们逐渐学会仫佬语甚至达到"熟练"，平时也用仫佬语跟周围的人交流。聚居区是保护母语的天然屏障，为仫佬语的习得和传承提供了良好的客观环境。

二、国家政策是仫佬语稳定使用的保障

《中华人民共和国宪法》规定了"各民族都有使用和发展本民族语言文字的自由"的政策，这在根本上保障了各少数民族都可以根据自己的条件和意愿使用和发展本民族的语言和文字。仫佬语的情况也不例外。仫佬族虽然是一个人口较少的民族，但同全国其他少数民族一样享有国家民族语言政策所赋予的权利。

在仫佬族高度聚居的村寨的基层工作中，仫佬语仍是最通用的工作用语。据东门镇永安村潘泽林主任介绍："我们开会都使用桂柳话，但上级领导不在的时候，我们也用仫佬语讨论。当我们向下一级村小组长解释政策开展群众工作时，

也常使用仫佬语。"

　　四把镇的中小学主要使用汉语教学，但据笔者了解，针对大部分刚入学的仫佬族儿童母语水平高于汉语水平的状况，老师在上课的时候也会根据情况适当地采用仫佬语教学。四把镇中心小学的陈老师说："这些年随着国家对教育的重视和对教育的投入增加，以及我们当地经济的发展，我们镇的学前教育得到了很大的发展，大部分的儿童在进入义务教育前都接受过幼儿园的教育，具有一定程度的汉语水平。但是在他们进入小学后并不能完全适应全汉语教学，针对这一情况，我们在适当的时候会用仫佬语进行辅助教学。"

　　罗县的派出所、医院、邮局及银行等行政、事业单位的工作用语是汉语。政法司法机关的用语除了使用汉语外，根据实际需要也使用仫佬语。

　　国家民族语言政策是仫佬语得以广泛使用的有利保障，是仫佬语能够较完整保留下来的制度性前提。

三、家庭与社区的语言教育是仫佬语稳定使用的重要保障

　　语言的连续使用既要靠一代一代人的自然传承，还要靠家庭与社区的语言教育。仫佬族人很重视对下一代人的母语教育，不论是在家庭还是在社区，仫佬族人都在着力营造着母语使用的氛围。与汉语的有意识教育相比，罗城县仫佬族母语的保留更多地依靠自然习得。家庭语言氛围、整个村寨（社区）的语言环境对仫佬族儿童语言习得的影响是至关重要的。

　　学龄前儿童（0~6岁）母语的自然习得主要是在家庭内完成的。该阶段家庭成员（主要是父母）每日每时都对孩子说母语，孩子听到的也是自己的母语，这就使得孩子从学说话开始就熟悉自己的母语，为他们一生的母语习得奠定基础。据嫁入古耀村的汉族媳妇邓家红说，她是嫁入古耀村后才学的仫佬语，孩子出生的时候她教孩子既说仫佬语也说汉语方言桂柳话，但处在这样一个语言环境，孩子最先学会的还是仫佬语，长大后与同龄人交流也主要使用仫佬语。

　　社区语言教育指具有基本语言能力的母语习得者在社区的母语环境下，浸入式语言能力的获得、强化与提升过程，同时也是语言观念的萌生、形成与定型过程。社区教育是一种终生的教育，它主要包括家庭、村寨、校园及其他一切以使用仫佬语为主的各类场景，时间跨度向前能延伸至学龄前阶段，向后可绵延至仫佬族的一生。

随着年龄的增长，仫佬语社区对仫佬族儿童乃至青少年母语习得的影响，在某种程度上，甚至超过了仫佬族家庭对子女的母语教育。根据笔者的实地调查，一些 8 岁左右的儿童都表示，他们仫佬语水平的提高，得益于与他们一起玩的小伙伴。在仫佬族与其他民族杂居的村寨，笔者调查的一些孩子的父母也说，自己并没有刻意去教孩子仫佬语，他们是在与其他仫佬族儿童交流中学会的。仫佬族和壮族杂居的小长安镇双合村民韦启富说："笔者村大人小孩都会说仫佬语，只要出来跟大家一起玩，很快就能学会仫佬语。"在笔者对青少年儿童进行仫佬语 400 词测试时，很多次遇到过这样的情景：被测试的儿童周围挤满了其他儿童，这些平时一起玩耍的孩子都不停地想要代替其同伴回答测试词汇。在测试结束后，孩子们围在一起，热热闹闹地议论刚才测试中会说的或不会说的词。社区母语环境对儿童母语习得的影响是巨大的，正是从小对母语的耳濡目染，培养了仫佬族儿童对仫佬语的感情，形成了他们母语的自然习得。

从 20 世纪 80 年代末开始，虽然家庭内部的汉语教育受到重视，出现了少量以汉语方言桂柳话或者汉语普通话为第一语言的少年儿童，但是大多数家庭内部的用语依然是仫佬语。该县仫佬族对自己的母语都怀有深厚的感情，仫佬语不仅是仫佬族人重要的交际工具，它与民族心理、民族习惯、民族感情紧密地联系在一起。佬人热爱自己的民族，对同族人亲如一家。遇到什么大事，都会聚在一块儿商量解决的办法。农忙、婚丧嫁娶时，同族人都会互相帮忙。在这样一个身边人都说仫佬语的语言环境里，置身其中，并不需要多么刻意地去学，很自然地就能学会仫佬语。

综上所述，家庭语言教育中对母语的重视奠定了仫佬族人母语能力的基础，社区语言教育中母语环境又使母语能力得到提高、保持及全面提升，母语观念从萌生、形成到定型化，家庭与社区的语言教育无疑在仫佬语的稳定使用中起到了强劲的促进作用，成为仫佬语稳定使用的重要保障。

四、开放的语言观念有利于仫佬语的稳定使用

和大多数民族地区一样，随着经济的发展，人口流动性的增强，该县仫佬族外出打工人员有逐渐增多的趋势。但总的看来，外出打工者的总体数量仍然较少，仫佬语的使用主体基本保持不变。同时，仫佬族普遍热爱自己的语言，他们中的大多数都能熟练地掌握自己的母语。在笔者的实地调查中发现，无论是在田间地

头还是家庭村寨、集市商店都能听到人们用仫佬语交谈。

　　有着较强的母语意识的仫佬族也有着较开放的语言观念，他们对第二、第三语言的态度也很积极。仫佬族的整体人口相对较少，想要在竞争中生存延续，除了有较强的民族凝聚力和清醒的民族意识为系该族内部成员之间的情感外，还必须学会周边民族的语言。大部分仫佬族人都是双语甚至多语人，除了仫佬语外他们普遍都会说桂柳话和普通话。

　　同时，开放的语言观念使得仫佬语有较强的吸收外来语的能力，从别的语言中吸收养分以扩大自己的交际功能。仫佬语主要从桂柳话和普通话中吸收词汇，这大多数是一些新名词，而仫佬语的核心词汇基本保持不变。据该县民族局的游志华组长介绍："仫佬语的词汇不够丰富，一些新的词汇如手机、电脑、电视等词用仫佬语没法表达，这就需要借助汉语。还有些词语，用仫佬语表达没有用汉语来得方便，如'白切鸡'，用仫佬语说起来就很不方便，这时我们就会借用汉语。"这些借词进入仫佬语后都带上了仫佬语的语音特色，同时也受到仫佬语语法规则的支配。

　　综上，开放的语言观念使仫佬语能不断地从其他语言中吸收养分以扩大自身的交际功能，从而有利于仫佬语的稳定使用。

五、语言兼用有利于仫佬语的保存

　　满足交际需要是语言最重要的功能。一种语言由于交际功能的不足，使用者就会兼用另一种功能较强的语言，这就形成了语言功能上的互补，反而有利于语言的保存。仫佬族人普遍兼用汉语。母语仫佬语和兼用语汉语在不同的领域使用，形成一个系统，功能上各尽其职，结构上相互补充，共同服务于当地人的交际需要。

　　作为母语的仫佬语主要在家庭和村寨内使用，服务于日常交际和民族文化的传播。在仫佬族聚居的村寨，家庭成员之间、邻里之间都用仫佬语交流。尽管他们中的大部分人都会说两种或两种以上的语言，但彼此之间都习惯使用母语。东门镇中石村76岁的银城陆年轻时在柳州市当了几十年的工人，说了几十年的桂柳话，他退休后回老家，与左右邻里都是说仫佬语，即便大家都会说桂柳话。他说，"都回到我们自己家了，怎么还说桂柳话呢？大家都说仫佬语，你一个人说桂柳话很不合群啊"，用仫佬语交谈比较亲切也符合当地习惯。在仫佬族与其他民族杂居的村寨，例如，小长安镇双合村是一个仫佬族与壮族杂居的行政村，大部分壮族人也会说仫佬语，他们族际之间的交流也主要使用仫佬语同时兼用桂柳话。在一些村的小学中，学生在课下交谈也采用仫佬语。

仫佬语在家庭、学校、商店及政府机构都广泛使用，在各种社会场所都能听到仫佬语。仫佬语对仫佬族的生存、发展及经济建设和文化传承都有着重要的作用。但是由于经济的发展和时代的变迁，仫佬语不能完全满足当地人的实际生活和交际的需要，这就需要兼用其他语言。

（1）桂柳话是仫佬族的第一兼用语。汉语方言桂柳话曾作为西南官话为这一地区长期接受，同时汉族人口众多，经济文化的发展都是走在其他少数民族之前。一直以来，仫佬族的生产生活、经济文化都受到汉族的广泛影响。据小长安镇龙腾村55岁的吴光纯回忆，他在上小学、初中、高中时，学校都是用桂柳话教学。同学来自不同的民族，在课后也是用桂柳话交流。我们国家推广使用普通话，该县虽然响应国家号召，但仍然在许多场合保留着使用桂柳话的习惯。政府部门、企事业单位在办公时，常根据群众的需要用桂柳话交谈。乡镇一级的政府机构在开会时也会使用桂柳话。在县城、乡镇的街道，大部分人都在说桂柳话。在这样一个语言环境下，即便是上了年纪的老人和垂髫的儿童也普遍会说桂柳话。

（2）普通话是仫佬族的第二兼用语。1982年《中华人民共和国宪法》规定"国家推广全国通用的普通话"，推广普通话的工作正式纳入法定位置。此后，普通话作为该县施政、事务管理、推行义务教育、各种媒体传播的公务语言，在各族语言中逐步显示出其强势的功能。在学校，仫佬族除了学前班需要用仫佬语辅助教学外，其他年级均使用普通话教学。近年来，许多仫佬族人离开自己的家乡到全国各地寻求发展机遇，这也促使他们使用全国通用语——普通话。

综上所述，高度聚居为保留仫佬语创造了客观的条件，国家政策为保留仫佬语提供重要的保障，家庭和社区的语言教育为母语的继承和发展提供了良好的环境，开放的语言观念是保留母语的有利条件，兼语的使用是保留母语的重要原因。以上这些因素，使该县仫佬族的母语得到了较好的保留。

第六章　罗城仫佬族语言兼用的现状及成因

　　罗城仫佬族自治县仫佬族人除了使用该民族的语言——仫佬语之外，绝大多数人都能兼用汉语，还有一部分与壮族杂居的仫佬族兼用壮语。在调查中，笔者发现除了极少数的老人之外，男女老幼基本上都能说汉语，大部分地区的语言生活属于既保持母语又兼用汉语的双语类型。该县仫佬族人语言兼用的现状究竟如何？产生双语、多语现象的原因是什么？本章将主要论述这些问题。

第一节　汉语是罗城仫佬族重要的语言工具

　　笔者对罗城仫佬族自治县的东门镇、四把镇、小长安镇的 8 个村共计 2946 人进行了抽样调查，并根据不同年龄段和不同场合，考察了仫佬族汉语的使用情况。调查得出的结论是，该县仫佬族人普遍兼用桂柳话，大多数仫佬族人兼用普通话。该县仫佬族人语言兼用具有广泛性、差异性、兼用类型多样化等特点。

　　在具体的调查中，为了更好地体现出不同年龄、不同身份的仫佬族人语言使用情况的不同，而将汉语进行细致划分，分为普通话、桂柳话、客家话。

　　桂柳话是桂林、柳州一带的汉语方言，使用范围广，属于西南官话。由于桂柳话与普通话在当地的使用中存在不同情况。例如，有的人桂柳话熟练，而普通话略懂，或者有的人普通话熟练，桂柳话不懂，故有必要将其分开调查；客家话属于汉语方言，是当地一部分汉族人使用的语言，由于客家话与当地的桂柳话差异较大，且语言使用情况不同，故有必要将其分开调查。

　　该县仫佬族人语言兼用类型分为双语型、多语型两种。

　　双语，通常指个人或语音（方言）集团除了使用自己的母语外，还能够使用另一种语言进行日常交际。双语现象是随着民族接触、语言接触而产生的。该县双语一般是仫佬语兼用普通话、桂柳话或壮语等其中的一种。

多语，指个人或语言（方言）集团除了使用自己的母语外，还能够使用两种或两种以上的语言进行日常交际。该县多语一般是仫佬语兼用普通话、桂柳话，有的还兼用壮语、粤语、客家话等。

笔者把语言能力分为 4 个类型，即熟练、一般、略懂、不会。同时把语言能力属于熟练和一般的归为兼用语。而略懂或不会的语言，则视为非兼用语。

一、罗城仫佬族汉语使用情况

（一）东门镇仫佬族汉语使用情况

东门镇共抽查 775 人，其中仫佬族 632 人，汉族 116 人，瑶族 3 人，壮族 24 人。6 岁以上的仫佬族 604 人，东门镇桂柳话、普通话使用情况如表 6-1 和表 6-2 所示。

表 6-1　东门镇桂柳话能力统计表

年龄段	总人口/人 人口/人	百分比/%	熟练 人口/人	百分比/%	一般 人口/人	百分比/%	略懂 人口/人	百分比/%	不会 人口/人	百分比/%
6~19 岁	118	22.8	99	83.9	14	11.8	1	0.9	4	3.4
20~49 岁	345	66.9	338	98	6	1.7	0	0	1	0.3
50 岁以上	141	27.3	124	88	5	3.5	7	5	5	3.5
合计	604	100	561	93	25	4.1	8	1.3	10	1.6

由表 6-1 可以看出，东门镇的桂柳话在一般水平以上的达到 97.1%，只有个别的人不能运用桂柳话交流。这其中，又以 50 岁以上的仫佬族为主，这一小部分老人由于常年待在村寨，很少外出社会交流，故桂柳话水平较低。

表 6-2　东门镇普通话能力统计表

年龄段	总人口/人 人口/人	百分比/%	熟练 人口/人	百分比/%	一般 人口/人	百分比/%	略懂 人口/人	百分比/%	不会 人口/人	百分比/%
6~19 岁	118	22.8	81	68.6	27	22.9	5	4.2	5	4.3
20~49 岁	345	66.9	241	69.8	76	22	24	6.9	4	1.4
50 岁以上	141	27.3	19	13.4	35	24.8	53	37.6	34	24.1
合计	604	100	341	56.5	138	22.8	82	13.6	43	7.1

由表 6-2 可以看出，东门镇普通话在一般水平以上的占 79.3%，以 49 岁以下的中年、青少年为主，他们是普通话的主要使用人群。50 岁以上的仫佬族，61.7% 的人略懂或者不会普通话。

东门镇的仫佬族桂柳话水平比普通话水平更高。49 岁以下的仫佬族的汉语水平普遍比 50 岁以上的仫佬族汉语水平更高。

（二）四把镇仫佬族汉语使用情况

四把镇 528 人，其中仫佬族 454 人，汉族 59 人，土家族 1 人，壮族 14 人。6 岁以上仫佬族 425 人（表 6-3 和表 6-4）。

表 6-3 四把镇仫佬族桂柳话能力统计表

年龄段	总人口/人		熟练		一般		略懂		不会	
	人口/人	百分比/%	人口/人	百分比/%	人口/人	百分比/%	人口/人	百分比/%	人口/人	百分比/%
6～19 岁	60	14.1	51	85	8	13.3	0	0	1	1.7
20～49 岁	258	60.7	230	89.1	28	10.9	0	0	0	0
50 岁以上	107	25.2	75	70.1	29	27.1	2	1.9	1	0.9
合计	425	100	356	83.7	65	15.3	2	0.5	2	0.5

由表 6-3 可以看出，四把镇仫佬族桂柳话在一般以上水平的占 99%，只有极个别的人不会或略懂。72 岁的覃见生是文盲，桂柳话略懂，普通话不会。74 岁的覃开琼，桂柳话略懂，普通话不会。各个年龄段的桂柳话在一般以上水平的都占 97% 以上。6～19 岁年龄段人的桂柳话只有个别人略懂或不会。10 岁的游程宇，因为从小跟在父母身边在广东长大，没有学习仫佬语和桂柳话的语言环境，他不会仫佬语和桂柳话，普通话和粤语熟练。

表 6-4 四把镇仫佬族普通话能力统计表

年龄段	总人口/人		熟练		一般		略懂		不会	
	人口/人	百分比/%	人口/人	百分比/%	人口/人	百分比/%	人口/人	百分比/%	人口/人	百分比/%
6～19 岁	60	14.1	28	46.6	30	50	1	1.7	1	1.7
20～49 岁	258	60.7	154	59.7	84	32.5	13	5	7	3.8
50 岁以上	107	25.2	15	14	47	43.9	20	18.7	25	23.4
合计	425	100	197	46.3	161	37.9	34	8	33	7.8

由表6-4可以看出，四把镇仫佬族普通话在一般水平以上的占84.2%，6～19岁年龄段人的一般以上水平的占96.6%，20～49岁的占92.2%，50岁以上的占57.9%。49岁以下仫佬族的普通话水平明显比50岁以上仫佬族的普通话水平高。6～19岁年龄段人的普通话只有个别人略懂或不会。7岁的游家兴由于刚入学，普通话现在的水平是略懂。

（三）小长安镇仫佬族汉语使用情况

小长安镇784人，其中仫佬族535人，汉族21人，侗族1人，水族1人，瑶族3人，壮族221人，苗族2人。6岁以上仫佬族共计516人，桂柳话、普通话使用情况如表6-5和表6-6。

表6-5 小长安镇仫佬族桂柳话能力统计表

年龄段	总人口/人		熟练		一般		略懂		不会	
	人口/人	百分比/%	人口/人	百分比/%	人口/人	百分比/%	人口/人	百分比/%	人口/人	百分比/%
6～19岁	89	17.2	54	60.6	21	23.5	13	14.6	1	1.3
20～49岁	297	55.6	210	70.7	73	24.6	13	4.4	1	0.3
50岁以上	130	25.2	65	50	41	31.5	17	13.1	7	5.7
合计	516	100	319	61.8	135	26.2	43	8.3	9	1.7

表6-6 小长安镇仫佬族普通话能力统计表

年龄段	总人口/人		熟练		一般		略懂		不会	
	人口/人	百分比/%	人口/人	百分比/%	人口/人	百分比/%	人口/人	百分比/%	人口/人	百分比/%
6～19岁	89	17.2	52	60.6	24	23.5	12	14.6	1	1.3
20～49岁	297	55.6	142	69.7	114	25.4	35	4.6	6	0.3
50岁以上	130	25.2	8	50	38	31.5	57	13.1	27	5.7
合计	516	100	202	39.1	176	34.1	104	20.1	34	6.7

由表6-5可以看出，小长安镇仫佬族的桂柳话在一般以上水平的占89%，只有极少数的人不会或略懂。19岁的欧昌乐不会桂柳话，由于其智力障碍没上过学，是文盲。各个年龄段人的桂柳话在一般以上水平的都在80%以上，且年龄段差异不大。

由表6-6可以看出，小长安镇仫佬族普通话在一般以上水平的占88%，且年龄段差异不大。桂柳话一般以上水平的和普通话一般以上水平的差不多。

二、罗城仫佬族其他语言使用情况

罗城仫佬族自治县仫佬族人与其他民族杂居现象普遍。在笔者调查的小长安镇的784人，其中仫佬族535人，汉族21人，侗族1人，水族1人，瑶族3人，壮族221人，苗族2人。壮族、仫佬族人数占大部分，有相当一部分仫佬族兼用壮语，且壮语水平在一般以上。壮语也是他们与村子里其他壮族人沟通交流的工具。也有相当一部分壮族兼用仫佬语，且仫佬语熟练，他们能与仫佬族人用仫佬语聊天说笑。这与村子里的民族成分有关，仫佬族和壮族人口相当，所以这个村子使用壮语和仫佬语的频率差不多。笔者调查的仫佬族人表示，他们觉得多掌握一门语言有益无害，遇到壮族人说壮语，遇到仫佬族人说仫佬语，遇不会民族语的，他们就用桂柳话或者普通话。他们对待语言的态度非常开放。

三、罗城仫佬族语言兼用类型

（一）双语型

1. 仫佬语-桂柳话型

在抽查的6岁以上的仫佬族人中，东门镇98人属于仫佬语-桂柳话型，小长安镇71人属于这一类型（表6-7和表6-8）。桂柳话是当地的汉语方言，使用范围非常广。如果说仫佬语是仫佬族之间的交际语言，那桂柳话则是出门办事必备的语言。在笔者调查的过程中，与中年仫佬族交谈时，大多数人都用桂柳话与其沟通，中年仫佬族的桂柳话水平明显比普通话水平高。

这一类型的仫佬族人，以50岁以上的中老年为代表。在东门镇98人中，68人属于仫佬语-桂柳话双语型，占所调查人数的69.4%；小长安镇71人中，52人属于该双语型，占所调查人数的73.2%。这其中有时代和社会的原因，在普通话推广之前，该地区的官话是桂柳话，50岁以上的仫佬族人都能掌握仫佬语和桂柳话，在推行普通话之后，教育用普通话教学也是最近20多年的事，这个年龄段的仫佬族人只能通过电视、广播媒体接触到一些普通话，故普通话掌握水平只能是略懂（不算兼用语），年龄更大的六七十岁的老人不会说普通话，这种情况也很普遍。

表 6-7　东门镇仫佬语-桂柳话型

年龄段	总人口/人		仫佬语熟练或一般		桂柳话熟练		桂柳话一般	
	人口/人	百分比/%	人口/人	百分比/%	人口/人	百分比/%	人口/人	百分比/%
6～19 岁	5	5.2	5	100	1	20	4	80
20～49 岁	23	23.4	23	100	22	95.7	1	4.3
50 岁以上	68	69.4	68	100	52	76.5	16	23.5
合计	98	100	98	100	75	76.5	21	23.5

表 6-8　小长安镇仫佬语-桂柳话型

年龄段	总人口		仫佬语熟练或一般		桂柳话熟练		桂柳话一般	
	人口/人	百分比/%	人口/人	百分比/%	人口/人	百分比/%	人口/人	百分比/%
6～19 岁	1	1.4	1	100	1	100	0	0
20～49 岁	18	25.3	18	100	11	61.1	7	38.9
50 岁以上	52	73.2	34	100	34	65.4	18	34.6
合计	71	100	71	100	46	64.8	25	35.2

2. 仫佬语-普通话型

东门镇，在 6 岁以上的仫佬族 604 人中，585 人仫佬语熟练，3 人仫佬语一般。笔者在调查中试图找出仫佬语-普通话型的双语类型，却发现，在东门镇，仫佬语水平熟练或一般的 6 岁以上的仫佬族中，只要他的桂柳话为略懂或不会（不属于兼用语），那么他的普通话肯定是不会或者略懂（不属于兼用语）。符合这种情况的有 10 人，他们的年龄结构两极分化，分别是 6、8、54、57、59、68、73、78、79、93 岁。年龄较小的 6～8 岁，属于刚入学的儿童，还没有学习桂柳话的环境，普通话也刚开始学会。例如，6 岁的银俊翔，他的母语仫佬语水平一般，桂柳话不会，普通话不会。而年纪较长的老人，由于社会交往范围较小，不会桂柳话和普通话也很普遍。他们属于仫佬语单语人。

四把镇，笔者调查了 6 岁以上的仫佬族 425 人，其中，仫佬语熟练的 413 人，仫佬语一般的 10 人。在四把镇，也没有找到仫佬语-普通话型，只有 3 人仫佬语熟练或一般，但是在桂柳话略懂或不会的情况下，他们的普通话也是略懂或不会。他们分别是 85 岁的吴金秀、72 岁的覃见生、74 岁的覃开琼。他们都是仫佬语单语人。

小长安镇 6 岁以上的仫佬族 516 人，516 人仫佬语熟练。小长安镇存在仫佬语-普通话双语型。但是也是少数人，9 岁的欧昌帅、7 岁的欧昌磊、7 岁的韦萍，他们刚入学，仫佬语熟练，普通话水平一般，桂柳话略懂。在当地，笔者了解到，年轻的父母们为了让儿子女儿更好地接受教育，在孩子四五岁的时候送到别的镇上的私立幼儿园，幼儿园的老师都和孩子说普通话，孩子都是在幼儿园或者小学学会的普通话。桂柳话是当地官话，对于语言环境单纯的孩儿子来说，他们还没有环境学会桂柳话。45 岁的吴社鸾和 39 岁的吴社菊也是因为社交生活的原因，桂柳话略懂，普通话一般。

3. 仫佬语-壮语型

小长安镇 5 位仫佬族属于仫佬语-壮语型，分别是 22 岁的韦雪姣、20 岁韦雪柳、27 岁的吴喜姣、43 岁罗日香、59 岁罗代莲。她们都是仫佬族女性；由于生活圈子较小，社交范围较小，她们桂柳话略懂、普通话略懂；作为仫佬族，她们的母语熟练，壮语熟练。

（二）多语型

1. 仫佬语-桂柳话-普通话型

大多数仫佬族属于仫佬语-桂柳话-普通话型多语人，笔者抽样调查的东门镇 6 岁以上的 604 位仫佬族中，588 人仫佬语熟练或一般，464 人属于该类型。抽样调查的四把镇 6 岁以上的 425 位仫佬族中，185 人属于该型。

2. 仫佬语-桂柳话-五色话型

东门镇 79 岁的仫佬族潘小秀属于仫佬语-桂柳话-五色话型，她仫佬语熟练，桂柳话熟练，五色话一般，普通话不会。

3. 仫佬语-桂柳话-普通话-壮语型

在四把镇 6 岁以上的 425 位仫佬族中，181 位仫佬族属于仫佬语-桂柳话-普通话-壮语型。他们的母语是仫佬语，兼用普通话和桂柳话及壮语。这些人多数来自和壮族杂居的村屯，仫佬语和壮语都是重要的交际用语。

4. 仫佬语-桂柳话-普通话-客家话型

在四把镇 6 岁以上的 425 位仫佬族中，51 位属于仫佬语-桂柳话-普通话-客家话型，他们的母语是仫佬语，兼用桂柳话、普通话、客家话。他们多数都在与汉族杂居的村屯，当地的这些汉族说客家话，受社交语言的影响，这些仫佬族人的客家话熟练或一般。

5. 仫佬语-桂柳话-普通话-粤语型

东门镇的43岁仫佬族潘金荣属于仫佬语-桂柳话-普通话-粤语型，她仫佬语熟练、桂柳话熟练、普通话一般、粤语熟练，因为她早年就嫁入广东。

在四把镇6岁以上的425位仫佬族中，有10位仫佬族的母语是仫佬语，兼用桂柳话、普通话、粤语，他们都是20~40岁的青壮年，由于社会交往、外出务工等的需要，他们兼用桂柳话、普通话，由于在粤语方言区工作等原因，粤语熟练。

6. 客家话-桂柳话-仫佬语型

东门镇56岁的梅细荣、71岁的梅段娇、65岁的吴转娇、60岁的梅永琼、70岁的周太鸾属于客家话-桂柳话-仫佬语型。她们都是年纪较长的仫佬族，从说客家话的地方嫁入东门镇，她们的母语都是客家话，桂柳话都熟练或者一般，嫁入东门镇之后才学会仫佬语。由于年龄较长，她们的普通话水平都是略懂或不会。

7. 壮语-桂柳话-普通话-仫佬语型

东门镇40岁的覃章梅、42岁的周三香、39岁的覃美香，她们都是仫佬族，从其他说壮语的地区嫁入东门镇，她们已经转用了壮语。同时，她们尚属中年，比上一辈的学习能力更强，她们嫁入东门镇后学会了仫佬语，所以仫佬语也熟练，桂柳话熟练，普通话一般。

小长安镇27人属于壮语-桂柳话-普通话-仫佬语型，他们都是仫佬族，但是母语都转用了壮语，同时，他们兼用桂柳话、普通话和仫佬语。他们的仫佬语水平都是熟练。在这些仫佬族中，他们身上先发生了语言转用再到语言错序，都体现了语言母语传承和语言交际的规律。

8. 五色话-桂柳话-普通话-仫佬语型

东门镇14人属于五色话-桂柳话-普通话-仫佬语型，他们都是仫佬族，母语是五色话，由于所在村屯以说五色话为主的汉族人口占更大比例，所以这些仫佬族的语言受到强势语言的影响而转用为五色话，他们中只有9岁的宋联锋仫佬语略懂，其他人都是仫佬语一般；他们中的桂柳话都在一般以上，普通话只有3人略懂，其他都是一般或熟练。

四、罗城仫佬族语言兼用特点

（一）兼用的广泛性

该县仫佬族普遍兼用汉语，少数的仫佬族能兼用壮语、五色话、客家话、粤语。该县仫佬族语言兼用现象具有广泛性。

东门镇的仫佬族的桂柳话在一般以上水平的达到 97.1%，这意味着 97.1% 的仫佬族兼用桂柳话。四把镇仫佬族桂柳话在一般以上水平的占 99%，只有极个别的人不会或略懂。各个年龄段的桂柳话在一般以上水平的都在 97% 以上。小长安镇仫佬族桂柳话在一般以上水平的占 89%，只有极少数的人不会或略懂。

东门镇普通话的一般以上水平的占 79.3%，四把镇仫佬族的普通话在一般以上水平的占 84.2%，6~19 岁的一般以上水平的占 96.6%，20~49 岁的占 92.2%，50 岁以上的占 57.9%。小长安镇仫佬族的普通话一般以上水平的占 88%，且年龄段差异不大。

该县仫佬族语言兼用范围广，兼用汉语人数多。笔者调查了 6 岁以上的该县仫佬族共计 1545 人，桂柳话熟练或一般的达到 1461 人，占所调查人数的 94.6%；普通话熟练或一般的仫佬族达到 1215 人，占所调查人数的 78.6%。

少数的仫佬族能兼用壮语、五色话、客家话、粤语。详见本节第三部分该县仫佬族语言兼用类型。

（二）兼用的差异性

1. 年龄差异性

该县仫佬族语言兼用具有差异性，其中在年龄上差异性较大。

桂柳话和普通话相比，桂柳话使用范围更广，东门镇的仫佬族桂柳话水平比普通话水平更高。49 岁以下的仫佬族的汉语水平普遍比 50 岁以上的仫佬族汉语水平更高。东门镇的桂柳话在一般以上水平的达到 97.1%，只有个别的人不能运用桂柳话交流。四把镇仫佬族桂柳话在一般以上水平的占 99%。各个年龄段的桂柳话在一般水平以上的都在 97% 以上。

普通话的兼用情况与桂柳话不同。49岁以下的中青年普通话能力更强，熟练或一般的比例更大。东门镇普通话在一般以上水平的占79.3%，以49岁以下的中年、青少年为主，他们是普通话的主要使用人群。50岁以上的仫佬族，61.7%的人略懂或者不会普通话。这其中，又以50岁以上的仫佬族为主，这小部分老人由于常年待在村寨，很少外出社会交流，故其桂柳话水平较低。四把镇仫佬族普通话在一般以上水平的占84.2%，6~19岁的普通话在一般以上水平的占96.6%，20~49岁的占92.2%，50岁以上的占57.9%。49岁以下的仫佬族的普通话水平明显比50岁以上的仫佬族的普通话水平高。6~19岁的仫佬族普通话只有个别人略懂或不会。7岁的游家兴由于刚入学，其普通话水平是略懂。

2. 性别差异性

该县仫佬族大多数人都兼用汉语，只有少数年幼者或者年长者是仫佬语单语人。在兼语人中，双语人多数都是女性；在多语人中，男性比女性更多。由于社会交往、外出工作等的需要，男性的社会交际范围更广，男性仫佬族需要懂得更多的语言，他们除了自己的仫佬语之外，还掌握桂柳话、普通话，有的在粤语方言区工作甚至需要学会粤语。兼用客家话和壮语则与他们的生活环境有关，所居住的屯村周围或者该村有大量的汉族操客家话，或者有壮族人操壮语。村内的村民间的交际交往则需要彼此都会对方的语言。

（三）兼用的类型多样化

罗城仫佬族自治县共有仫佬族、壮族、汉族、苗族、瑶族、水族、侗族、毛南族等12个民族。民族间杂居现象普遍。故仫佬族人语言兼用类型呈现多样化的特点。

单语人极少，只有个别的学龄前儿童和年长的老人是仫佬语单语人。

在双语类型中，虽然仫佬族地区语言较复杂，但是双语人只有仫佬语-桂柳话型、仫佬语-普通话型、仫佬语-壮语型。其中，仫佬语-桂柳话型的人比其他两种类型多，可见桂柳话在该地区的重要性。在该地区，如果不会桂柳话，将很难与汉族沟通、交际。

在多语类型中，仫佬语-桂柳话-普通话的类型在所有兼语类型中，最普遍、人数最多。笔者抽样调查的东门镇6岁以上的604位仫佬族中，588人仫佬语熟练或一般，有464人属于该类型。在笔者抽样调查的四把镇6岁以上425位仫佬族中，185人属于该类型。在笔者抽样调查的小长安镇6岁以上的516位仫佬族中，有254人属于仫佬语-桂柳话-普通话型。

同时，该县仫佬族还有，仫佬语-桂柳话-五色话型、仫佬语-桂柳话-普通话-壮语型、仫佬语-桂柳话-普通话-客家话型。这些兼语类型发生在少数的仫佬族身上。

少数该县仫佬族首先发生了语言转用现象，再由于周围环境的影响，后来兼用仫佬语，仫佬语已不是他们的母语，他们身上已经发生了语言错序的现象。这些类型为客家话-桂柳话-仫佬语型、壮语-桂柳话-普通话-仫佬语、五色话-桂柳话-普通话-仫佬语。

五、仫佬族语言兼用的趋势

当下该县仫佬族的语言兼用呈现出语言兼用的广泛性、差异性、类型多样化的特点。由实地调查的情况，根据仫佬族语言兼用的现状，可以推测仫佬族兼用的趋势。

（1）仫佬族各个年龄段兼用桂林话的情况将会长时期延续下去。就现阶段，仫佬族各个年龄段，包括6～19岁的青少年，兼用桂柳话的情况非常稳定。

（2）仫佬族兼用普通话的程度和范围将会更广，更多年龄小的孩子将会熟练掌握普通话。四把镇和小长安镇的年轻仫佬族父母，为了孩子更好地接受教育，在孩子3岁甚至更小的时候将孩子送到镇上的私立幼儿园，幼儿园的老师都不说桂柳话，直接教孩子说普通话。一方面受到幼儿园老师的熏陶，另一方面受看电视节目的影响，仫佬族的孩子在语言单纯的环境下，很早就学会了普通话，一直到回到村子里上小学，仫佬族儿童主要是说仫佬语和普通话。只有到了县里、镇上，他们才会受到桂柳话的影响。

（3）语言兼用类型将从多样性走向单一性。该县仫佬族语言兼用类型多样，但是，仫佬语-桂柳话-普通话的类型人数较多，其他兼语类型人数较少。随着社会的发展，普通话应用的深入，桂柳话使用范围的稳定性，该县仫佬族语言兼用将逐步从多样性走向单一性，更多人的成为仫佬语-桂柳话-普通话的兼语类型。

六、罗城仫佬族语言兼用情况一览表

本书以东门镇中石村、永安村、四把镇、小长安镇等地为调查对象，研究语言兼用情况。

1. 东门镇中石村语言兼用情况

东门镇中石村语言兼用情况如表 6-9 所示。

表 6-9 东门镇中石村语言兼用情况表

序号	家庭关系	姓名	年龄/岁	民族	文化程度	母语水平	第二语言水平	第三语言水平	其他语言水平
1	户主	张琼荣	83	汉	文盲	仫佬语熟练	桂柳话熟练	普通话不会	—
2	户主	银世庭	50	仫佬	初中	仫佬语熟练	桂柳话熟练	普通话一般	—
	儿子	银联兴	26	仫佬	中专	仫佬语熟练	桂柳话熟练	普通话熟练	—
3	户主	银世朝	59	仫佬	初中	仫佬语熟练	桂柳话熟练	普通话一般	—
	母亲	雷秀珍	78	汉	文盲	仫佬语熟练	桂柳话一般	普通话略懂	—
	妻子	银菊花	59	仫佬	小学	仫佬语熟练	桂柳话熟练	普通话略懂	—
	儿子	银联庄	30	仫佬	大学	仫佬语熟练	桂柳话熟练	普通话熟练	—
4	户主	银联祖	45	仫佬	初中	仫佬语熟练	桂柳话熟练	普通话略懂	—
	母亲	谢秀荣	74	仫佬	小学	仫佬语熟练	桂柳话一般	普通话略懂	—
	妻子	罗炳姣	45	仫佬	小学	仫佬语熟练	桂柳话熟练	普通话略懂	—
	长女	银方爱	27	仫佬	初中	仫佬语熟练	桂柳话熟练	普通话一般	—
	次女	银方萍	23	仫佬	初中	仫佬语熟练	桂柳话熟练	普通话一般	—
	儿子	银方标	15	仫佬	初中	仫佬语熟练	桂柳话熟练	普通话一般	—
5	户主	银世义	56	仫佬	高中	仫佬语熟练	桂柳话熟练	普通话一般	—
	妻子	银小女	55	仫佬	小学	仫佬语熟练	桂柳话熟练	普通话一般	—
	长子	银联芬	31	仫佬	初中	仫佬语熟练	桂柳话熟练	普通话一般	—
	女儿	银联晓	30	仫佬	大专	仫佬语熟练	桂柳话熟练	普通话熟练	—
	次子	银联韬	28	仫佬	初中	仫佬语熟练	桂柳话熟练	普通话熟练	—
6	户主	银仔菊	51	仫佬	小学	仫佬语熟练	桂柳话熟练	普通话略懂	—
	儿子	银世超	27	仫佬	初中	仫佬语熟练	桂柳话熟练	普通话熟练	—
	次子	银世朗	26	仫佬	初中	仫佬语熟练	桂柳话熟练	普通话一般	—
7	户主	银联友	56	仫佬	高中	仫佬语熟练	桂柳话熟练	普通话熟练	—
	妻子	潘太姣	55	仫佬	小学	仫佬语熟练	桂柳话熟练	普通话一般	—
	儿子	银方汝	30	仫佬	中专	仫佬语熟练	桂柳话熟练	普通话熟练	—
	次子	银方淳	27	仫佬	中专	仫佬语熟练	桂柳话熟练	普通话熟练	—
	孙子	银美智	5	仫佬	学前班	仫佬语熟练	桂柳话熟练	普通话熟练	—
8	户主	银宣枝	65	仫佬	小学	仫佬语熟练	桂柳话熟练	普通话略懂	—
	儿子	银卫成	37	仫佬	小学	仫佬语熟练	桂柳话熟练	普通话一般	—

续表

序号	家庭关系	姓名	年龄/岁	民族	文化程度	母语水平	第二语言水平	第三语言水平	其他语言水平
8	孙子	银贵	12	仫佬	小学	仫佬语熟练	桂柳话一般	普通话略懂	—
	次孙	银助	7	仫佬	小学	仫佬语熟练	桂柳话一般	普通话一般	—
9	户主	杨光莲	71	汉	文盲	仫佬语熟练	桂柳话一般	普通话不会	—
	儿子	银志钧	33	仫佬	中专	仫佬语熟练	桂柳话熟练	普通话熟练	—
10	户主	银世平	53	仫佬	小学	仫佬语熟练	桂柳话熟练	普通话不会	—
	妻子	银六凤	50	仫佬	小学	仫佬语熟练	桂柳话熟练	普通话略懂	—
	儿子	银艳超	25	仫佬	初中	仫佬语熟练	桂柳话熟练	普通话熟练	—
11	户主	银世勇	51	仫佬	高中	仫佬语熟练	桂柳话熟练	普通话一般	—
	妻子	银三菊	46	仫佬	小学	仫佬语熟练	桂柳话熟练	普通话一般	—
12	户主	银世生	50	仫佬	初中	仫佬语熟练	桂柳话熟练	普通话一般	—
	母亲	银星娥	74	仫佬	文盲	仫佬语熟练	桂柳话熟练	普通话不会	—
	妻子	杨万枝	48	汉	初中	仫佬语熟练	桂柳话熟练	普通话一般	—
	女儿	银联渊	25	仫佬	初中	仫佬语熟练	桂柳话熟练	普通话熟练	—
	儿子	银联康	23	仫佬	初中	仫佬语熟练	桂柳话熟练	普通话熟练	—
13	户主	银卫方	41	仫佬	小学	仫佬语熟练	桂柳话熟练	普通话一般	—
	妻子	银三荣	37	仫佬	小学	仫佬语熟练	桂柳话熟练	普通话不会	—
	女儿	银晓秀	17	仫佬	初中	仫佬语熟练	桂柳话熟练	普通话一般	—
	儿子	银联富	15	仫佬	初中	仫佬语熟练	桂柳话熟练	普通话一般	—
14	户主	银小卫	43	仫佬	小学	仫佬语熟练	桂柳话熟练	普通话略懂	—
	父亲	银胜丰	70	仫佬	小学	仫佬语熟练	桂柳话熟练	普通话略懂	—
	母亲	梅太姣	72	汉	小学	桂柳话熟练	仫佬语熟练	普通话不会	—
	妻子	祝华英	44	仫佬	小学	仫佬语熟练	桂柳话熟练	普通话一般	—
	弟弟	银小强	35	仫佬	小学	仫佬语熟练	桂柳话熟练	普通话略懂	—
	妹妹	银小群	29	仫佬	小学	仫佬语熟练	桂柳话熟练	普通话不会	—
	儿子	银联宁	22	仫佬	小学	仫佬语熟练	桂柳话熟练	普通话一般	—
	女儿	银春宁	20	仫佬	小学	仫佬语熟练	桂柳话熟练	普通话一般	—
	侄女	银爽爽	8	仫佬	小学	仫佬语熟练	桂柳话不会	普通话不会	—
15	妻子	银小英	48	仫佬	小学	仫佬语熟练	桂柳话熟练	普通话不会	—
	儿子	银世归	25	仫佬	小学	仫佬语熟练	桂柳话熟练	普通话略懂	—
	女儿	银秋梅	23	仫佬	初中	仫佬语熟练	桂柳话熟练	普通话熟练	—
16	儿子	银展	22	仫佬	初中	仫佬语熟练	桂柳话熟练	普通话熟练	—
	叔父	银庆华	70	仫佬	文盲	仫佬语熟练	桂柳话不会	普通话不会	—
	妻子	银雪敏	50	仫佬	初中	仫佬语熟练	桂柳话熟练	普通话熟练	—
	儿子	银世旋	27	仫佬	初中	仫佬语熟练	桂柳话熟练	普通话熟练	—

续表

序号	家庭关系	姓名	年龄/岁	民族	文化程度	母语水平	第二语言水平	第三语言水平	其他语言水平
17	户主	银胜欢	34	仫佬	初中	仫佬语熟练	桂柳话熟练	普通话一般	—
	妻子	银香仁	30	仫佬	小学	仫佬语熟练	桂柳话熟练	普通话一般	—
	儿子	银俊翔	6	仫佬	小学	仫佬语一般	桂柳话不会	普通话不会	—
18	户主	银小梅	59	仫佬	小学	仫佬语熟练	桂柳话不会	普通话不会	—
	儿子	银芳龙	36	仫佬	初中	仫佬语熟练	桂柳话熟练	普通话熟练	—
	女儿	银芳想	28	仫佬	小学	仫佬语熟练	桂柳话熟练	普通话熟练	—
	次子	银芳艺	26	仫佬	初中	仫佬语熟练	桂柳话熟练	普通话熟练	—
19	户主	银掉凤	60	仫佬	小学	仫佬语熟练	桂柳话熟练	普通话略懂	—
	长子	银联纯	34	仫佬	初中	仫佬语熟练	桂柳话熟练	普通话熟练	—
	次子	欧昌义	30	仫佬	大专	仫佬语熟练	桂柳话熟练	普通话熟练	—
20	户主	银庆耀	55	仫佬	初中	仫佬语熟练	桂柳话熟练	普通话一般	—
	母亲	梅桂英	85	汉	文盲	仫佬语熟练	桂柳话熟练	普通话不会	—
	妻子	银珍萍	45	仫佬	小学	仫佬语熟练	桂柳话熟练	普通话一般	—
	弟	银庆辉	50	仫佬	高中	仫佬语熟练	桂柳话熟练	普通话熟练	—
	女儿	银春云	31	仫佬	初中	仫佬语熟练	桂柳话熟练	普通话一般	—
	长子	银胜速	29	仫佬	初中	仫佬语熟练	桂柳话熟练	普通话熟练	—
	次子	银胜哲	25	仫佬	初中	仫佬语熟练	桂柳话熟练	普通话熟练	—
21	户主	银联龙	35	仫佬	初中	仫佬语熟练	桂柳话熟练	普通话一般	—
	母亲	覃美娥	72	壮	文盲	壮语熟练	桂柳话熟练	仫佬语熟练	普通话不会
	姐姐	银燕娟	39	仫佬	小学	仫佬语熟练	桂柳话熟练	普通话一般	—
	儿子	银宇智	6	仫佬	小学	仫佬语熟练	桂柳话熟练	普通话略懂	—
22	户主	银彩荣	61	仫佬	小学	仫佬语熟练	桂柳话熟练	普通话略懂	—
	丈夫	银德华	60	仫佬	小学	仫佬语熟练	桂柳话熟练	普通话一般	—
	儿媳	韦丽雯	30	壮	中专	壮语熟练	桂柳话熟练	普通话熟练	仫佬语不会
	长子	银世林	38	仫佬	初中	仫佬语熟练	桂柳话熟练	普通话熟练	—
	次子	银世江	34	仫佬	中专	仫佬语熟练	桂柳话熟练	普通话熟练	—
	女儿	银利翠	30	仫佬	初中	仫佬语熟练	桂柳话熟练	普通话熟练	—
	孙女	银芷嫣	5	仫佬	学前班	仫佬语熟练	桂柳话熟练	普通话一般	—
23	户主	银秀莲	63	仫佬	小学	仫佬语熟练	桂柳话熟练	普通话一般	—
	长女	银贤香	42	仫佬	初中	仫佬语熟练	桂柳话熟练	普通话熟练	—
	女婿	黄宁强	43	壮	初中	壮语熟练	桂柳话熟练	普通话熟练	仫佬语一般
	次女	银爱香	37	仫佬	初中	仫佬语熟练	桂柳话熟练	普通话一般	—
	三女	银爱红	31	仫佬	小学	仫佬语熟练	桂柳话熟练	普通话一般	—
	四女	银满红	29	仫佬	初中	仫佬语熟练	桂柳话熟练	普通话一般	—

续表

序号	家庭关系	姓名	年龄/岁	民族	文化程度	母语水平	第二语言水平	第三语言水平	其他语言水平
24	户主	银胜光	63	仫佬	小学	仫佬语熟练	桂柳话熟练	普通话略懂	—
	妻子	梁彩梅	64	仫佬	文盲	仫佬语熟练	桂柳话熟练	普通话不会	—
	长女	银贤翠	33	仫佬	小学	仫佬语熟练	桂柳话熟练	普通话一般	—
	次女	银贤柳	30	仫佬	小学	仫佬语熟练	桂柳话熟练	普通话一般	—
	三女	银柳丽	27	仫佬	小学	仫佬语熟练	桂柳话熟练	普通话一般	—
25	户主	银家平	80	仫佬	小学	仫佬语熟练	桂柳话熟练	普通话不会	—
	妻子	王祥梅	74	汉	文盲	桂柳话熟练	仫佬语一般	普通话不会	—
	儿子	银世汉	38	仫佬	初中	仫佬语熟练	桂柳话熟练	普通话熟练	—
26	户主	银太仁	54	仫佬	小学	仫佬语熟练	桂柳话熟练	普通话一般	—
	妻子	吴写枝	54	仫佬	文盲	仫佬语熟练	桂柳话略懂	普通话不会	—
	长子	银世尤	29	仫佬	大学	仫佬语熟练	桂柳话熟练	普通话熟练	—
	次子	银世浩	26	仫佬	大学	仫佬语熟练	桂柳话熟练	普通话熟练	—
27	户主	银太贤	59	仫佬	小学	仫佬语熟练	桂柳话熟练	普通话略懂	—
	儿子	银世芬	29	仫佬	初中	仫佬语熟练	桂柳话熟练	普通话熟练	—
28	户主	银鸾枝	55	仫佬	初中	仫佬语熟练	桂柳话熟练	普通话一般	—
29	户主	银贤军	34	仫佬	中专	仫佬语熟练	桂柳话熟练	普通话熟练	—
	儿子	银凯	10	仫佬	小学	仫佬语熟练	桂柳话熟练	普通话一般	—
	侄女	银丹	24	仫佬	小学	仫佬语熟练	桂柳话熟练	普通话一般	—
	侄子	银诚	20	仫佬	初中	仫佬语熟练	桂柳话熟练	普通话熟练	—
30	户主	银联敢	47	仫佬	初中	仫佬语熟练	桂柳话熟练	普通话一般	—
	妻子	银翠菊	47	仫佬	小学	仫佬语熟练	桂柳话熟练	普通话略懂	—
	女儿	银芳娜	26	仫佬	中专	仫佬语熟练	桂柳话熟练	普通话熟练	—
	儿子	银芳琪	24	仫佬	中专	仫佬语熟练	桂柳话熟练	普通话熟练	—
31	户主	银胜江	38	仫佬	初中	仫佬语熟练	桂柳话熟练	普通话熟练	—
	母亲	银菊英	62	仫佬	小学	仫佬语熟练	桂柳话熟练	普通话略懂	—
	妻子	潘平娟	38	仫佬	初中	仫佬语熟练	桂柳话熟练	普通话一般	—
	女儿	银爽	17	仫佬	初中	仫佬语熟练	桂柳话熟练	普通话熟练	—
	儿子	银世强	6	仫佬	小学	仫佬语熟练	桂柳话略懂	普通话一般	—
32	户主	银太培	61	仫佬	小学	仫佬语熟练	桂柳话熟练	普通话略懂	—
	父亲	银记福	82	仫佬	小学	仫佬语熟练	桂柳话熟练	普通话不会	—
	妻子	梁修美	60	仫佬	小学	仫佬语熟练	桂柳话熟练	普通话略懂	—
	弟弟	银海	35	仫佬	初中	仫佬语熟练	桂柳话熟练	普通话熟练	—
	弟媳	银燕琼	33	仫佬	小学	仫佬语熟练	桂柳话熟练	普通话一般	—

续表

序号	家庭关系	姓名	年龄/岁	民族	文化程度	母语水平	第二语言水平	第三语言水平	其他语言水平
32	儿子	银世好	28	仫佬	中专	仫佬语熟练	桂柳话熟练	普通话熟练	—
	侄女	银雪娜	7	仫佬	小学	仫佬语熟练	桂柳话熟练	普通话一般	—
	侄子	银联政	5	仫佬	学前班	仫佬语熟练	桂柳话一般	普通话略懂	—
33	户主	银胜敏	39	仫佬	初中	仫佬语熟练	桂柳话熟练	普通话熟练	—
	母亲	梁桂鸾	59	仫佬	文盲	仫佬语熟练	桂柳话一般	普通话不会	—
	妻子	银邦琼	37	仫佬	小学	仫佬语熟练	桂柳话熟练	普通话略懂	—
	弟弟	银胜廷	31	仫佬	初中	仫佬语熟练	桂柳话熟练	普通话一般	—
	妹妹	银掉娟	30	仫佬	小学	仫佬语熟练	桂柳话熟练	普通话一般	—
	女儿	银卫丽	15	仫佬	小学	仫佬语熟练	桂柳话熟练	普通话一般	—
34	户主	银庆贤	63	仫佬	小学	仫佬语熟练	桂柳话熟练	普通话略懂	—
	妻子	罗桂香	63	壮	小学	壮语熟练	桂柳话熟练	仫佬语熟练	普通话不会
	长子	银胜春	33	仫佬	初中	仫佬语熟练	桂柳话熟练	普通话熟练	—
	儿媳	银汉婵	34	仫佬	小学	仫佬语熟练	桂柳话熟练	普通话一般	—
	次子	银胜平	31	仫佬	初中	仫佬语熟练	桂柳话熟练	普通话一般	—
	女儿	银丽玉	28	仫佬	小学	仫佬语熟练	桂柳话熟练	普通话一般	—
	孙女	银雅艳	7	仫佬	小学	仫佬语熟练	桂柳话一般	普通话不会	—
35	户主	银世彦	39	仫佬	初中	仫佬语熟练	桂柳话熟练	普通话熟练	—
	妻子	林家梅	38	汉	初中	桂柳话熟练	普通话熟练	仫佬语一般	—
	女儿	银鑫	16	仫佬	初中	仫佬语熟练	桂柳话熟练	普通话熟练	—
	儿子	银联灿	8	仫佬	学龄前	仫佬语熟练	桂柳话不会	普通话不会	—
36	户主	银世可	45	仫佬	初中	仫佬语熟练	桂柳话熟练	普通话一般	—
	妻子	银姣妹	45	仫佬	小学	仫佬语熟练	桂柳话熟练	普通话一般	—
	长子	银思宇	20	仫佬	高中	仫佬语熟练	桂柳话熟练	普通话熟练	—
	次子	银思彬	15	仫佬	初中	仫佬语熟练	桂柳话一般	普通话一般	—
37	户主	银书积	38	仫佬	中专	仫佬语熟练	桂柳话熟练	普通话一般	—
	母亲	吴国姣	66	仫佬	小学	仫佬语熟练	桂柳话熟练	普通话略懂	—
	妻子	彭良花	40	壮	中专	仫佬语熟练	桂柳话熟练	普通话熟练	壮语熟练
	女儿	银珺琳	19	仫佬	初中	仫佬语熟练	桂柳话熟练	普通话熟练	—
	儿子	银邦康	15	仫佬	初中	仫佬语熟练	桂柳话熟练	普通话熟练	—
38	户主	银彩玲	30	仫佬	小学	仫佬语熟练	桂柳话一般	普通话一般	—
39	户主	银群荣	39	仫佬	小学	仫佬语熟练	桂柳话一般	普通话一般	—
	儿子	吴银彬	6	仫佬	小学	仫佬语熟练	桂柳话不会	普通话不会	—
40	户主	潘金枝	88	仫佬	文盲	仫佬语熟练	桂柳话熟练	普通话不会	—
41	户主	吴连妹	79	仫佬	小学	仫佬语熟练	桂柳话略懂	普通话不会	—

续表

序号	家庭关系	姓名	年龄/岁	民族	文化程度	母语水平	第二语言水平	第三语言水平	其他语言水平
42	户主	银志华	32	仫佬	初中	仫佬语熟练	桂柳话熟练	普通话熟练	—
	妻子	梁太换	36	仫佬	初中	仫佬语熟练	桂柳话一般	普通话一般	—
	长女	银雪艳	10	仫佬	小学	仫佬语熟练	桂柳话一般	普通话一般	—
	次女	银金莹	3	仫佬	学龄前	仫佬语熟练	桂柳话不会	普通话不会	—
43	户主	银景夫	75	仫佬	小学	仫佬语熟练	桂柳话一般	普通话不会	—
44	户主	银景才	79	仫佬	小学	仫佬语熟练	桂柳话一般	普通话不会	—
45	户主	罗莲枝	78	仫佬	小学	仫佬语熟练	桂柳话略懂	普通话不会	—

2. 东门镇永安村语言兼用情况

东门镇永安村语言兼用情况如表6-10所示。

表6-10 东门镇永安村语言兼用情况表

序号	家庭关系	姓名	年龄/岁	民族	文化程度	母语水平	第二语言水平	第三语言水平	第四语言水平
1	户主	梁新梅	73	仫佬	文盲	仫佬语熟练	桂柳话略懂	普通话不会	—
	长子	吴显平	48	仫佬	小学	仫佬语熟练	桂柳话熟练	普通话一般	—
	次子	吴显良	43	仫佬	初中	仫佬语熟练	桂柳话熟练	普通话一般	—
	女儿	吴凤兰	42	仫佬	初中	仫佬语熟练	桂柳话熟练	普通话一般	—
2	户主	覃章梅	40	仫佬	初中	壮语熟练	桂柳话熟练	普通话略懂	仫佬语熟练
3	户主	吴耀二	50	仫佬	小学	仫佬语熟练	桂柳话熟练	普通话略懂	—
	妻子	韦兰妹	49	壮	小学	壮语熟练	仫佬语熟练	桂柳话熟练	普通话略懂
	儿子	吴锡磊	21	仫佬	初中	仫佬语熟练	桂柳话熟练	普通话熟练	—
	女儿	吴艳玲	19	仫佬	初中	仫佬语熟练	桂柳话熟练	普通话熟练	—
4	户主	吴耀儒	48	仫佬	小学	仫佬语熟练	桂柳话熟练	普通话略懂	—
	妻子	罗春利	35	壮	初中	仫佬语熟练	桂柳话熟练	普通话略懂	—
	妹妹	吴秀丽	44	仫佬	小学	仫佬语熟练	桂柳话熟练	普通话略懂	—
	儿子	吴锡诚	9	仫佬	小学	仫佬语熟练	桂柳话一般	普通话略懂	—
5	户主	李忠枝	68	仫佬	小学	仫佬语熟练	桂柳话略懂	普通话不会	—
	儿子	李正文	30	仫佬	初中	仫佬语熟练	桂柳话熟练	普通话熟练	—
6	户主	梁玉秋	45	仫佬	小学	仫佬语熟练	桂柳话熟练	普通话一般	—
	妻子	姚芝廷	43	汉	小学	壮语熟练	桂柳话熟练	仫佬语熟练	普通话略懂
	女儿	李莹	18	仫佬	初中	仫佬语熟练	桂柳话熟练	普通话一般	—
	儿子	李元斌	9	仫佬	小学	仫佬语熟练	桂柳话略懂	普通话一般	—
7	户主	吴耀丽	34	仫佬	初中	仫佬语熟练	桂柳话熟练	普通话熟练	—
	丈夫	潘仕友	33	仫佬	初中	仫佬语熟练	桂柳话熟练	普通话熟练	—

续表

序号	家庭关系	姓名	年龄/岁	民族	文化程度	母语水平	第二语言水平	第三语言水平	第四语言水平
7	女儿	吴锡俊	13	仫佬	初中	仫佬语熟练	桂柳话熟练	普通话熟练	—
8	户主	吴桂娥	50	仫佬	初中	仫佬语熟练	桂柳话熟练	普通话略懂	—
	长妹	吴耀珍	49	仫佬	初中	仫佬语熟练	桂柳话熟练	普通话一般	—
	二妹	吴小珍	43	仫佬	初中	仫佬语熟练	桂柳话熟练	普通话熟练	—
	弟弟	吴明鸿	42	仫佬	初中	仫佬语熟练	桂柳话熟练	普通话熟练	—
	大侄子	吴锡恒	29	仫佬	初中	仫佬语熟练	桂柳话熟练	普通话熟练	—
	二侄子	吴锡明	26	仫佬	初中	仫佬语熟练	桂柳话熟练	普通话熟练	—
9	户主	吴耀祖	76	仫佬	初中	仫佬语熟练	桂柳话熟练	普通话略懂	—
10	户主	吴庆秀	58	仫佬	小学	仫佬语熟练	桂柳话一般	普通话不会	—
	女儿	吴玉美	37	仫佬	初中	仫佬语熟练	桂柳话熟练	普通话熟练	—
	儿子	吴锡宏	27	仫佬	初中	仫佬语熟练	桂柳话熟练	普通话熟练	—
11	户主	潘德明	45	仫佬	小学	仫佬语熟练	桂柳话熟练	普通话略懂	—
	父亲	潘刚文	67	仫佬	小学	仫佬语熟练	桂柳话一般	普通话不会	—
	母亲	潘冬秀	67	仫佬	小学	仫佬语熟练	桂柳话一般	普通话略懂	—
	弟弟	潘德能	39	仫佬	初中	仫佬语熟练	桂柳话熟练	普通话熟练	—
	妹妹	潘贞梅	30	仫佬	初中	仫佬语熟练	桂柳话熟练	普通话熟练	—
	女儿	潘艳丹	20	仫佬	初中	仫佬语熟练	桂柳话熟练	普通话熟练	—
12	户主	潘广林	44	仫佬	初中	仫佬语熟练	桂柳话熟练	普通话熟练	—
	妻子	覃绍娟	46	壮	初中	壮语熟练	桂柳话熟练	普通话熟练	仫佬语熟练
	女儿	潘运利	13	仫佬	初中	仫佬语熟练	桂柳话熟练	普通话熟练	—
	儿子	潘运振	7	仫佬	小学	仫佬语熟练	桂柳话一般	普通话一般	—
13	户主	潘广鑫	34	仫佬	初中	仫佬语熟练	桂柳话熟练	普通话熟练	—
	父亲	潘泽耀	65	仫佬	小学	仫佬语熟练	桂柳话熟练	普通话略懂	—
	姐姐	潘玉金	36	仫佬	初中	仫佬语熟练	桂柳话熟练	普通话熟练	—
14	户主	范贻香	46	汉	初中	仫佬语熟练	桂柳话熟练	普通话熟练	—
	母亲	潘枝英	72	仫佬	小学	仫佬语熟练	桂柳话熟练	普通话略懂	—
15	户主	潘习	43	仫佬	初中	仫佬语熟练	桂柳话熟练	普通话熟练	—
	妻子	吴锡英	43	仫佬	初中	仫佬语熟练	桂柳话熟练	普通话熟练	—
	儿子	潘广明	22	仫佬	初中	仫佬语熟练	桂柳话熟练	普通话熟练	—
	次子	潘广纯	19	仫佬	初中	仫佬语熟练	桂柳话熟练	普通话熟练	—
16	户主	潘小亮	40	仫佬	初中	仫佬语熟练	桂柳话熟练	普通话熟练	—
	父亲	潘安义	70	仫佬	小学	仫佬语熟练	桂柳话熟练	普通话略懂	—
17	户主	潘邦荣	51	仫佬	初中	仫佬语熟练	桂柳话熟练	普通话熟练	—
	父亲	潘安仁	76	仫佬	小学	仫佬语熟练	桂柳话熟练	普通话略懂	—

续表

序号	家庭关系	姓名	年龄/岁	民族	文化程度	母语水平	第二语言水平	第三语言水平	第四语言水平
17	妻子	谢凤梅	44	仫佬	初中	仫佬语熟练	桂柳话熟练	普通话一般	
	长女	潘佳玉	16	仫佬	初中	仫佬语熟练	桂柳话熟练	普通话熟练	—
	次女	潘柳玉	11	仫佬	初中	仫佬语熟练	桂柳话熟练	普通话熟练	
18	户主	潘德业	72	仫佬	初中	仫佬语熟练	桂柳话熟练	普通话略懂	
	女儿	潘炳云	47	仫佬	小学	仫佬语熟练	桂柳话熟练	普通话一般	
	儿子	潘泽斌	44	仫佬	初中	仫佬语熟练	桂柳话熟练	普通话熟练	
	次女	潘桂云	38	仫佬	初中	仫佬语熟练	桂柳话熟练	普通话熟练	
19	户主	兰绍林	28	瑶	初中	仫佬语熟练	桂柳话熟练	普通话熟练	
	父亲	兰荣肖	51	瑶	初中	仫佬语熟练	桂柳话熟练	普通话一般	
	母亲	潘玉群	49	仫佬	小学	仫佬语熟练	桂柳话熟练	普通话一般	
	妹妹	兰秋华	26	瑶	初中	仫佬语熟练	桂柳话熟练	普通话熟练	
20	户主	冯小东	37	仫佬	初中	仫佬语熟练	桂柳话熟练	普通话熟练	—
	母亲	潘泽女	63	仫佬	小学	仫佬语熟练	桂柳话熟练	普通话略懂	
	弟弟	冯三东	29	仫佬	初中	仫佬语熟练	桂柳话熟练	普通话熟练	
	妹妹	冯芝娟	28	仫佬	初中	仫佬语熟练	桂柳话熟练	普通话熟练	
	儿子	冯万钱	11	仫佬	小学	仫佬语熟练	桂柳话熟练	普通话一般	
21	户主	冯华忠	46	仫佬	初中	仫佬语熟练	桂柳话熟练	普通话一般	
	妻子	梁玉梅	45	仫佬	初中	仫佬语熟练	桂柳话熟练	普通话熟练	
	儿子	冯万钫	19	仫佬	初中	仫佬语熟练	桂柳话熟练	普通话熟练	
22	户主	冯华四	40	仫佬	初中	仫佬语熟练	桂柳话熟练	普通话熟练	—
	妻子	周三香	42	仫佬	小学	壮语熟练	桂柳话熟练	普通话略懂	仫佬语熟练
	儿子	冯万富	16	仫佬	初中	仫佬语熟练	桂柳话熟练	普通话熟练	
	女儿	冯桃	10	仫佬	小学	仫佬语熟练	桂柳话一般	普通话一般	
23	户主	冯华星	51	仫佬	小学	仫佬语熟练	桂柳话熟练	普通话一般	
	长子	冯万林	25	仫佬	初中	仫佬语熟练	桂柳话熟练	普通话熟练	
	次子	冯万学	15	仫佬	初中	仫佬语熟练	桂柳话熟练	普通话熟练	
24	户主	潘刚鸾	77	仫佬	小学	仫佬语熟练	桂柳话熟练	普通话略懂	
	儿子	冯华亮	49	仫佬	小学	仫佬语熟练	桂柳话熟练	普通话一般	
	长女	冯枝菊	41	仫佬	初中	仫佬语熟练	桂柳话熟练	普通话熟练	
	次女	冯枝琼	39	仫佬	初中	仫佬语熟练	桂柳话熟练	普通话熟练	
25	户主	冯华兵	50	仫佬	小学	仫佬语熟练	桂柳话熟练	普通话一般	
	妻子	黄佩玉	46	壮	小学	壮语熟练	桂柳话熟练	普通话一般	仫佬语熟练
	长子	冯万波	23	仫佬	初中	仫佬语熟练	桂柳话熟练	普通话熟练	—
	次子	冯小波	19	仫佬	初中	仫佬语熟练	桂柳话熟练	普通话熟练	—
26	户主	冯荣兴	52	仫佬	初中	仫佬语熟练	桂柳话熟练	普通话一般	—

续表

序号	家庭关系	姓名	年龄/岁	民族	文化程度	母语水平	第二语言水平	第三语言水平	第四语言水平
26	妻子	梁玉群	49	壮	小学	壮语熟练	桂柳话熟练	普通话一般	仫佬语熟练
	儿子	冯建	24	仫佬	初中	仫佬语熟练	桂柳话熟练	普通话熟练	—
	女儿	冯燕	29	仫佬	初中	仫佬语熟练	桂柳话熟练	普通话熟练	—
27	户主	潘小群	47	仫佬	小学	仫佬语熟练	桂柳话熟练	普通话略懂	
	母亲	吴茴香	74	仫佬	小学	仫佬语熟练	桂柳话一般	普通话略懂	
	女儿	潘华芳	22	仫佬	初中	仫佬语熟练	桂柳话熟练	普通话熟练	
	儿子	潘广文	25	仫佬	初中	仫佬语熟练	桂柳话熟练	普通话熟练	
28	户主	潘安生	50	仫佬	初中	仫佬语熟练	桂柳话熟练	普通话一般	
	妻子	成吉莲	47	汉	初中	仫佬语熟练	桂柳话熟练	普通话一般	
	长女	潘邦枝	28	仫佬	高中	仫佬语熟练	桂柳话熟练	普通话熟练	
	次女	潘邦春	27	仫佬	中专	仫佬语熟练	桂柳话熟练	普通话熟练	
	三女	潘东东	23	仫佬	高中	仫佬语熟练	桂柳话熟练	普通话熟练	
29	户主	潘美琼	44	仫佬	初中	仫佬语熟练	桂柳话熟练	普通话熟练	
	妹妹	潘美宣	39	仫佬	初中	仫佬语熟练	桂柳话熟练	普通话熟练	
	儿子	潘静	19	仫佬	初中	仫佬语熟练	桂柳话熟练	普通话熟练	
	女儿	潘婵	15	仫佬	初中	仫佬语熟练	桂柳话熟练	普通话熟练	
	孙女	潘荟	8	仫佬	小学	仫佬语熟练	桂柳话熟练	普通话熟练	
30	户主	韦小英	95	壮	文盲	仫佬语熟练	桂柳话熟练	普通话一般	壮语熟练
31	户主	杨启华	71	汉	小学	仫佬语一般	桂柳话熟练	普通话一般	
32	户主	银邦琼	52	仫佬	小学	仫佬语熟练	桂柳话熟练	普通话一般	
	长子	银远兵	32	仫佬	大专	仫佬语略懂	桂柳话一般	普通话熟练	
	次子	银波	23	仫佬	大学	仫佬语不会	桂柳话不会	普通话熟练	
33	户主	简远由	56	汉	高中	仫佬语熟练	桂柳话熟练	普通话熟练	
	妻子	潘广梅	54	仫佬	小学	仫佬语熟练	桂柳话熟练	普通话一般	
	长女	简荣凤	29	仫佬	高中	仫佬语熟练	桂柳话熟练	普通话熟练	
	次女	简小凤	27	仫佬	高中	仫佬语熟练	桂柳话熟练	普通话熟练	
	儿子	简荣伟	25	仫佬	初中	仫佬语熟练	桂柳话熟练	普通话熟练	
34	户主	银秋美	64	仫佬	小学	仫佬语熟练	桂柳话熟练	普通话一般	
	女儿	银英	42	仫佬	小学	仫佬语熟练	桂柳话熟练	普通话熟练	
35	户主	杨启成	52	汉	初中	仫佬语熟练	桂柳话熟练	普通话熟练	
	女儿	杨金艳	28	仫佬	初中	仫佬语熟练	桂柳话熟练	普通话熟练	
	儿子	杨金泽	27	仫佬	初中	仫佬语熟练	桂柳话熟练	普通话熟练	
36	户主	简荣祥	48	仫佬	初中	仫佬语熟练	桂柳话熟练	普通话熟练	
	女儿	简梦兰	17	仫佬	小学	仫佬语一般	桂柳话熟练	普通话一般	
37	户主	潘广成	60	仫佬	高中	仫佬语熟练	桂柳话熟练	普通话熟练	

续表

序号	家庭关系	姓名	年龄/岁	民族	文化程度	母语水平	第二语言水平	第三语言水平	第四语言水平
37	儿子	潘科	24	仫佬	初中	仫佬语熟练	桂柳话一般	普通话熟练	—
38	户主	简琼兵	44	汉	小学	仫佬语一般	桂柳话会一点	普通话一般	—
39	户主	简上程	57	汉	高中	仫佬语熟练	桂柳话熟练	普通话熟练	—
	妻子	梁太菊	55	仫佬	小学	仫佬语熟练	桂柳话熟练	普通话熟练	—
40	户主	简荣方	34	仫佬	初中	仫佬语熟练	桂柳话熟练	普通话熟练	
	妻子	梁日枝	63	仫佬	小学	仫佬语熟练	桂柳话一般	普通话一般	
	儿子	简华剑	8	仫佬	小学	仫佬语熟练	桂柳话一般	普通话熟练	
41	户主	梁四兴	64	仫佬	初中	仫佬语熟练	桂柳话熟练	普通话一般	
42	户主	银景娥	63	仫佬	小学	仫佬语熟练	桂柳话熟练	普通话一般	
43	户主	简荣德	52	仫佬	初中	仫佬语熟练	桂柳话熟练	普通话熟练	
	妻子	韦凤梅	51	壮	初中	仫佬语熟练	桂柳话一般	普通话一般	壮语熟练
	儿子	简华波	23	仫佬	初中	仫佬语熟练	桂柳话一般	普通话一般	
44	户主	银星军	36	仫佬	初中	仫佬语熟练	桂柳话熟练	普通话熟练	
	妻子	李晓玲	38	仫佬	初中	仫佬语熟练	桂柳话熟练	普通话熟练	
	女儿	银方慧	9	仫佬	小学	仫佬语熟练	桂柳话熟练	普通话熟练	
	儿子	银国江	9	仫佬	小学	仫佬语熟练	桂柳话熟练	普通话熟练	
45	户主	银宏祥	40	仫佬	初中	仫佬语熟练	桂柳话熟练	普通话熟练	
	长子	杨文	28	仫佬	初中	仫佬语熟练	桂柳话熟练	普通话熟练	
	次子	银峰	15	仫佬	初中	仫佬语熟练	桂柳话熟练	普通话熟练	
46	户主	杨启宾	50	汉	初中	仫佬语熟练	桂柳话熟练	普通话熟练	
47	户主	简玉文	82	汉	初中	仫佬语熟练	桂柳话熟练	普通话熟练	
	女儿	简零零	17	仫佬	小学	仫佬语熟练	桂柳话熟练	普通话熟练	
48	户主	罗建美	33	壮	小学	仫佬语熟练	桂柳话熟练	普通话熟练	壮语熟练
	儿子	简荣涛	13	仫佬	小学	仫佬语熟练	桂柳话熟练	普通话熟练	
49	户主	简远祥	46	仫佬	小学	仫佬语熟练	桂柳话熟练	普通话熟练	
	妻子	范日鸾	47	汉	小学	仫佬语熟练	桂柳话熟练	普通话熟练	
	女儿	简云云	23	仫佬	小学	仫佬语熟练	桂柳话熟练	普通话熟练	
	儿子	简荣波	25	仫佬	初中	仫佬语熟练	桂柳话熟练	普通话熟练	
50	户主	简翠兰	76	仫佬	小学	仫佬语熟练	桂柳话熟练	普通话熟练	
	女儿	简燕枝	41	仫佬	初中	仫佬语熟练	桂柳话熟练	普通话熟练	
	孙女	简荣丹	28	仫佬	初中	仫佬语熟练	桂柳话熟练	普通话熟练	
	孙女	简莹莹	18	仫佬	小学	仫佬语熟练	桂柳话熟练	普通话熟练	
	外孙	梁霄	15	仫佬	小学	仫佬语熟练	桂柳话熟练	普通话熟练	
51	户主	张德山	75	汉	小学	仫佬语熟练	桂柳话熟练	普通话一般	
52	户主	简远光	61	汉	高中	仫佬语熟练	桂柳话熟练	普通话熟练	

续表

序号	家庭关系	姓名	年龄/岁	民族	文化程度	母语水平	第二语言水平	第三语言水平	第四语言水平
52	妻子	梁正梅	59	汉	小学	仫佬语熟练	桂柳话熟练	普通话一般	—
	女儿	简荣姣	35	汉	小学	仫佬语熟练	桂柳话熟练	普通话一般	—
	长子	简荣全	33	汉	初中	仫佬语熟练	桂柳话熟练	普通话熟练	—
	次子	简荣峰	31	汉	初中	仫佬语熟练	桂柳话熟练	普通话一般	—
53	户主	简远亮	43	仫佬	小学	仫佬语熟练	桂柳话熟练	普通话熟练	—
	妻子	廖素云	41	壮	小学	仫佬语熟练	桂柳话熟练	普通话一般	壮语熟练
	女儿	简荣慧	18	仫佬	初中	仫佬语熟练	桂柳话熟练	普通话熟练	—
	儿子	简荣勇	13	仫佬	小学	仫佬语熟练	桂柳话一般	普通话熟练	—
54	户主	银连凤	41	仫佬	初中	仫佬语熟练	桂柳话熟练	普通话熟练	—
	丈夫	班洲	43	壮	小学	仫佬语不会	桂柳话熟练	普通话熟练	壮语熟练
	长女	银芳燕	19	仫佬	初中	仫佬语熟练	桂柳话熟练	普通话熟练	—
	次女	银露	14	仫佬	小学	仫佬语熟练	桂柳话熟练	普通话熟练	—
	儿子	银汉强	11	仫佬	小学	仫佬语熟练	桂柳话熟练	普通话一般	—
55	户主	简远仁	55	汉	高中	仫佬语熟练	桂柳话熟练	普通话熟练	—
	长子	银连军	30	仫佬	初中	仫佬语熟练	桂柳话一般	普通话熟练	—
	次子	简荣益	19	汉	高中	仫佬语熟练	桂柳话一般	普通话熟练	—
56	户主	银维四	39	仫佬	初中	仫佬语熟练	桂柳话熟练	普通话一般	—
	女儿	银联荣	9	仫佬	小学	仫佬语熟练	桂柳话熟练	普通话熟练	—
	儿子	银联科	16	仫佬	初中	仫佬语熟练	桂柳话熟练	普通话熟练	—
57	户主	银维宏	50	仫佬	小学	仫佬语熟练	桂柳话熟练	普通话熟练	—
	女儿	简华梅	24	仫佬	初中	仫佬语熟练	桂柳话熟练	普通话熟练	—
	儿子	简华飞	25	仫佬	初中	仫佬语熟练	桂柳话熟练	普通话熟练	—
58	户主	简荣敏	45	汉	小学	仫佬语熟练	桂柳话熟练	普通话一般	—
	妻子	潘桂琼	44	仫佬	小学	仫佬语熟练	桂柳话熟练	普通话一般	—
59	户主	银连飞	35	仫佬	小学	仫佬语熟练	桂柳话熟练	普通话熟练	—
	父亲	银维青	62	汉	小学	仫佬语熟练	桂柳话熟练	普通话熟练	—
60	户主	银连秀	39	仫佬	初中	仫佬语熟练	桂柳话熟练	普通话熟练	—
	母亲	银太枝	61	仫佬	小学	仫佬语熟练	桂柳话熟练	普通话一般	—
61	户主	简凤明	39	汉	初中	仫佬语熟练	桂柳话熟练	普通话熟练	—
	长女	简荣纯	16	仫佬	小学	仫佬语熟练	桂柳话熟练	普通话熟练	—
	次女	简艳纯	11	仫佬	小学	仫佬语熟练	桂柳话熟练	普通话熟练	—
62	户主	银帮英	52	仫佬	初中	仫佬语熟练	桂柳话熟练	普通话熟练	—
	丈夫	黄家光	54	汉	初中	仫佬语熟练	桂柳话不会	普通话熟练	—
	长女	银燕萍	31	仫佬	初中	仫佬语熟练	桂柳话熟练	普通话熟练	—
	次女	银燕玲	28	仫佬	初中	仫佬语熟练	桂柳话熟练	普通话熟练	—

续表

序号	家庭关系	姓名	年龄/岁	民族	文化程度	母语水平	第二语言水平	第三语言水平	第四语言水平
62	长子	银泽	26	仫佬	初中	仫佬语熟练	桂柳话熟练	普通话熟练	—
	次子	银超	23	仫佬	初中	仫佬语熟练	桂柳话熟练	普通话熟练	—
63	户主	简远飞	38	仫佬	初中	仫佬语熟练	桂柳话熟练	普通话熟练	—
	儿子	简荣鑫	25	仫佬	初中	仫佬语熟练	桂柳话熟练	普通话熟练	—
64	户主	简琼姣	48	汉	初中	仫佬语熟练	桂柳话熟练	普通话熟练	—
	儿子	吴滨岭	24	仫佬	初中	仫佬语熟练	桂柳话熟练	普通话熟练	—
	女儿	简荣雪	31	仫佬	本科	仫佬语熟练	桂柳话熟练	普通话熟练	—
65	户主	简从福	59	汉	初中	仫佬语熟练	桂柳话熟练	普通话熟练	—
	儿子	简荣飞	35	仫佬	初中	仫佬语熟练	桂柳话熟练	普通话熟练	—
	长女	简荣燕	37	仫佬	初中	仫佬语熟练	桂柳话熟练	普通话熟练	—
	次女	简荣宣	24	汉	初中	仫佬语熟练	桂柳话熟练	普通话熟练	—
66	户主	吴显亮	42	仫佬	初中	仫佬语熟练	桂柳话熟练	普通话熟练	—
	儿子	吴立力	6	仫佬	学前班	仫佬语熟练	桂柳话一般	普通话略懂	—
	女儿	吴菲菲	18	仫佬	中专	仫佬语熟练	桂柳话熟练	普通话熟练	—
	妻子	欧太莺	40	仫佬	初中	仫佬语熟练	桂柳话熟练	普通话一般	壮语略懂
67	户主	潘刚智	54	仫佬	高中	仫佬语熟练	桂柳话熟练	普通话一般	—
	妻子	吴有秀	51	仫佬	小学	仫佬语熟练	桂柳话熟练	普通话一般	—
	儿子	潘常全	27	仫佬	初中	仫佬语熟练	桂柳话熟练	普通话熟练	—
	儿子	潘常明	31	仫佬	初中	仫佬语熟练	桂柳话熟练	普通话熟练	粤语
	妹妹	潘四美	48	仫佬	小学	仫佬语熟练	桂柳话熟练	普通话一般	—
	父亲	潘立坤	79	仫佬	小学	仫佬语熟练	桂柳话熟练	普通话略懂	—
	孙子	潘高远	7	仫佬	小学	仫佬语熟练	桂柳话熟练	普通话熟练	—
68	户主	吴有珍	48	仫佬	初中	仫佬语熟练	桂柳话熟练	普通话熟练	—
69	户主	吴常辉	47	仫佬	初中	仫佬语熟练	桂柳话熟练	普通话一般	—
	妻子	谢桂枝	42	仫佬	小学	仫佬语熟练	桂柳话熟练	普通话熟练	—
	儿子	吴有强	18	仫佬	初中	仫佬语熟练	桂柳话熟练	普通话熟练	—
70	户主	吴有亮	44	仫佬	初中	仫佬语熟练	桂柳话熟练	普通话熟练	—
	妻子	潘安玉	41	仫佬	初中	仫佬语熟练	桂柳话熟练	普通话熟练	—
	母亲	潘立花	70	仫佬	小学	仫佬语熟练	桂柳话熟练	普通话熟练	—
	长子	吴方壮	21	仫佬	初中	仫佬语熟练	桂柳话熟练	普通话熟练	—
	次子	吴方铠	15	仫佬	高中	仫佬语熟练	桂柳话熟练	普通话熟练	—
	弟弟	吴有东	37	仫佬	高中	仫佬语熟练	桂柳话熟练	普通话熟练	—
71	户主	吴有正	40	仫佬	初中	仫佬语熟练	桂柳话熟练	普通话熟练	—
	妻子	吴利娟	39	仫佬	初中	仫佬语熟练	桂柳话熟练	普通话熟练	—
	女儿	吴芳慧	16	仫佬	高中	仫佬语熟练	桂柳话熟练	普通话熟练	—

续表

序号	家庭关系	姓名	年龄/岁	民族	文化程度	母语水平	第二语言水平	第三语言水平	第四语言水平
71	孙女	潘晓婧	6	仫佬	学前班	仫佬语熟练	桂柳话熟练	普通话熟练	—
	儿媳	张凤珍	25	汉	初中	普通话熟练	桂柳话一般	仫佬语一般	河北嫁入
72	户主	潘永明	43	仫佬	初中	仫佬语熟练	桂柳话熟练	普通话熟练	
	妻子	潘新平	38	仫佬	初中	仫佬语熟练	桂柳话熟练	普通话熟练	
	女儿	潘利金	14	仫佬	初中	仫佬语熟练	桂柳话熟练	普通话熟练	
73	户主	吴覃华	64	仫佬	小学	仫佬语熟练	桂柳话熟练	普通话一般	
	妻子	罗仁枝	69	仫佬	小学	仫佬语熟练	桂柳话熟练	普通话熟练	
	长子	吴有辉	34	仫佬	初中	仫佬语熟练	桂柳话熟练	普通话熟练	
	次子	吴弟	32	仫佬	小学	仫佬语熟练	桂柳话熟练	普通话熟练	
	女儿	吴有菊	21	仫佬	初中	仫佬语熟练	桂柳话熟练	普通话熟练	
	孙子	吴晗	7	仫佬	小学	仫佬语熟练	桂柳话熟练	普通话熟练	
74	户主	吴有娥	43	仫佬	初中	仫佬语熟练	桂柳话熟练	普通话熟练	
	母亲	覃四女	76	仫佬	小学	仫佬语熟练	桂柳话熟练	普通话一般	—
	丈夫	韦成刚	47	壮	初中	壮语熟练	仫佬语熟练	普通话熟练	都安入赘
	妹妹	吴有琼	39	仫佬	初中	仫佬语熟练	桂柳话熟练	普通话熟练	—
	长女	吴芳丽	22	仫佬	初中	仫佬语熟练	桂柳话熟练	普通话熟练	
	次女	吴芳美	17	仫佬	初中	仫佬语熟练	桂柳话熟练	普通话熟练	
	三女儿	吴芳娟	13	仫佬	初中	仫佬语熟练	桂柳话熟练	普通话熟练	
75	户主	吴有学	44	仫佬	初中	仫佬语熟练	桂柳话熟练	普通话熟练	
	妻子	韦秀平	41	壮	初中	壮语熟练	仫佬语熟练	桂柳话熟练	普通话熟练
	儿子	吴芳忠	23	仫佬	初中	仫佬语熟练	桂柳话熟练	普通话熟练	
	儿子	吴方成	17	仫佬	初中	仫佬语熟练	桂柳话熟练	普通话熟练	
76	户主	潘永华	40	仫佬	初中	仫佬语熟练	桂柳话熟练	普通话熟练	
77	户主	潘立琪	54	仫佬	小学	仫佬语熟练	桂柳话熟练	普通话熟练	
78	户主	潘立杨	65	仫佬	小学	仫佬语熟练	桂柳话熟练	普通话一般	
	妻子	吴玉琼	64	仫佬	初中	仫佬语熟练	桂柳话熟练	普通话略懂	
	女儿	潘利春	29	仫佬	初中	仫佬语熟练	桂柳话熟练	普通话熟练	
79	户主	潘立芬	42	仫佬	初中	仫佬语熟练	桂柳话熟练	普通话一般	
	妻子	潘邦菊	43	仫佬	小学	仫佬语熟练	桂柳话熟练	普通话一般	
	女儿	潘柳薛	21	仫佬	初中	仫佬语熟练	桂柳话熟练	普通话一般	—
	儿子	潘刚成	14	仫佬	初中	仫佬语熟练	桂柳话熟练	普通话熟练	
80	户主	潘刚强	57	仫佬	初中	仫佬语熟练	桂柳话熟练	普通话一般	
	母亲	罗耐花	83	仫佬	小学	仫佬语熟练	桂柳话一般	普通话略懂	
	妻子	潘美秀	56	仫佬	小学	仫佬语熟练	桂柳话熟练	普通话略懂	

续表

序号	家庭关系	姓名	年龄/岁	民族	文化程度	母语水平	第二语言水平	第三语言水平	第四语言水平
80	女儿	潘常娟	26	仫佬	初中	仫佬语熟练	桂柳话熟练	普通话熟练	—
81	户主	覃华平	49	仫佬	初中	仫佬语熟练	桂柳话熟练	普通话熟练	—
	妻子	潘英枝	48	仫佬	小学	仫佬语熟练	桂柳话熟练	普通话略懂	—
	儿子	覃振生	23	仫佬	初中	仫佬语熟练	桂柳话熟练	普通话熟练	—
	女儿	覃振菊	26	仫佬	初中	仫佬语熟练	桂柳话熟练	普通话熟练	—
82	户主	吴有忠	41	仫佬	高中	仫佬语熟练	桂柳话熟练	普通话熟练	—
	妻子	覃美香	39	仫佬	初中	壮语熟练	仫佬语熟练	桂柳话熟练	普通话熟练
	长子	吴方鑫	17	仫佬	高中	仫佬语熟练	桂柳话熟练	普通话熟练	—
	次子	吴方颖	10	仫佬	小学	仫佬语熟练	桂柳话熟练	普通话熟练	—
83	户主	覃华堂	55	仫佬	初中	仫佬语熟练	桂柳话熟练	普通话一般	—
	妻子	银雪美	49	仫佬	小学	仫佬语熟练	桂柳话熟练	普通话略懂	—
	长子	覃振初	25	仫佬	初中	仫佬语熟练	桂柳话熟练	普通话熟练	—
	次子	覃振学	23	仫佬	高中	仫佬语熟练	桂柳话熟练	普通话熟练	—
84	户主	吴章能	65	仫佬	小学	仫佬语熟练	桂柳话熟练	普通话略懂	—
	妻子	吴永万	59	仫佬	小学	仫佬语熟练	桂柳话熟练	普通话略懂	—
	长子	吴显纯	36	仫佬	高中	仫佬语熟练	桂柳话熟练	普通话一般	—
	儿媳	黄艳玲	37	壮	初中	桂柳话熟练	仫佬语熟练	普通话熟练	柳州嫁入
	次子	吴显庆	31	仫佬	初中	仫佬语熟练	桂柳话熟练	普通话熟练	—
	长女	吴玉姣	33	仫佬	初中	仫佬语熟练	桂柳话熟练	普通话熟练	—
	次女	吴美玉	29	仫佬	初中	仫佬语熟练	桂柳话熟练	普通话熟练	—
	孙儿子	吴立伟	7	仫佬	小学	仫佬语熟练	桂柳话熟练	普通话熟练	—
85	户主	覃荣辉	63	仫佬	小学	仫佬语熟练	桂柳话熟练	普通话一般	—
	女儿	覃华阐	38	仫佬	初中	仫佬语熟练	桂柳话熟练	普通话熟练	—
	孙子	覃振新	17	仫佬	高中	仫佬语熟练	桂柳话熟练	普通话熟练	—
	孙子	覃振书	19	仫佬	大专	仫佬语熟练	桂柳话熟练	普通话熟练	—
86	户主	潘玉忠	45	仫佬	初中	仫佬语熟练	桂柳话熟练	普通话熟练	—
	母亲	覃荣枝	67	仫佬	初中	仫佬语熟练	桂柳话熟练	普通话一般	—
	妻子	罗仁利	41	仫佬	初中	仫佬语熟练	桂柳话熟练	普通话熟练	—
	儿子	潘常定	18	仫佬	高中	仫佬语熟练	桂柳话熟练	普通话熟练	—
	女儿	吴柳明	30	仫佬	大专	仫佬语熟练	桂柳话熟练	普通话熟练	—
87	户主	吴章勤	59	仫佬	高中	仫佬语熟练	桂柳话熟练	普通话熟练	—
	妻子	梁开秋	55	仫佬	高中	仫佬语熟练	桂柳话熟练	普通话熟练	—
	长女	吴柳建	27	仫佬	初中	仫佬语熟练	桂柳话熟练	普通话熟练	—
	次女	吴柳洁	22	仫佬	大专	仫佬语熟练	桂柳话熟练	普通话熟练	—
88	户主	吴章业	49	仫佬	初中	仫佬语熟练	桂柳话熟练	普通话熟练	—

续表

序号	家庭关系	姓名	年龄/岁	民族	文化程度	母语水平	第二语言水平	第三语言水平	第四语言水平
88	妻子	张安春	46	仫佬	初中	仫佬语熟练	桂柳话熟练	普通话熟练	—
	妹妹	吴章玉	42	仫佬	初中	仫佬语熟练	桂柳话熟练	普通话熟练	—
	儿子	吴显军	22	仫佬	初中	仫佬语熟练	桂柳话熟练	普通话熟练	—
	女儿	吴冬丽	24	仫佬	大专	仫佬语熟练	桂柳话熟练	普通话熟练	—
89	户主	潘秀荣	66	仫佬	小学	仫佬语熟练	桂柳话熟练	普通话熟练	—
	长女	覃华英	42	仫佬	小学	仫佬语熟练	桂柳话熟练	普通话一般	—
	次女	覃华妹	39	仫佬	初中	仫佬语熟练	桂柳话熟练	普通话熟练	—
	三女	覃华芳	28	仫佬	初中	仫佬语熟练	桂柳话熟练	普通话熟练	—
	儿子	覃正福	23	仫佬	大专	仫佬语熟练	桂柳话熟练	普通话熟练	—
90	户主	覃华忠	34	仫佬	初中	仫佬语熟练	桂柳话熟练	普通话熟练	—
	儿子	覃振涛	13	仫佬	小学	仫佬语熟练	桂柳话熟练	普通话熟练	—
91	户主	宋彩标	77	汉	小学	五色话熟练	桂柳话熟练	仫佬语熟练	普通话不会
	妻子	廖丽梅	77	汉	小学	五色话熟练	桂柳话熟练	仫佬语熟练	普通话不会
	女儿	邓正荣	45	汉	小学	五色话熟练	桂柳话熟练	仫佬语熟练	普通话一般
92	户主	冯万初	45	汉	初中	五色话熟练	桂柳话熟练	仫佬语熟练	普通话一般
93	户主	张家平	48	汉	初中	五色话熟练	桂柳话熟练	仫佬语熟练	普通话一般
94	户主	雷可光	49	汉	初中	五色话熟练	桂柳话熟练	仫佬语熟练	普通话一般
	妻子	罗长枝	50	仫佬	初中	仫佬语熟练	桂柳话熟练	普通话略懂	五色话一般
	女儿	雷珍惠	22	汉	初中	五色话熟练	桂柳话熟练	仫佬语熟练	普通话熟练
	儿子	雷发惠	24	仫佬	初中	仫佬语熟练	桂柳话熟练	仫佬语熟练	普通话熟练
95	户主	郑太光	85	汉	小学	五色话熟练	桂柳话一般	普通话不会	仫佬语一般
	妻子	潘秀荣	85	仫佬	文盲	仫佬语熟练	桂柳话熟练	普通话不会	仫佬语一般
96	户主	郑惠铭	63	汉	小学	五色话熟练	桂柳话熟练	普通话一般	仫佬语熟练
	妻子	邓炳枝	64	汉	文盲	五色话熟练	桂柳话熟练	普通话略懂	仫佬语一般
	外孙	郑覃鹏	7	壮	小学	五色话一般	桂柳话熟练	普通话一般	仫佬语一般
	儿子	郑帮皓	29	汉	初中	五色话熟练	桂柳话熟练	普通话熟练	仫佬语熟练
	女儿	郑爱群	35	汉	小学	五色话熟练	桂柳话熟练	普通话一般	仫佬语一般
	二弟	郑帮健	36	汉	初中	五色话熟练	桂柳话熟练	普通话熟练	仫佬语熟练
	三弟	郑帮雄	31	汉	初中	五色话熟练	桂柳话熟练	普通话熟练	仫佬语熟练
	侄子	郑良桂	4	壮	幼儿园	五色话一般	桂柳话一般	普通话一般	仫佬语不会
	侄女	郑双金	10	汉	小学	五色话熟练	桂柳话熟练	普通话一般	仫佬语一般
	侄女	郑双玉	10	汉	小学	五色话熟练	桂柳话熟练	普通话一般	仫佬语一般
97	户主	雷可平	27	汉	小学	五色话熟练	桂柳话熟练	普通话一般	仫佬语一般
	母亲	张换玉	67	汉	小学	五色话熟练	桂柳话熟练	普通话不会	仫佬语一般

续表

序号	家庭关系	姓名	年龄/岁	民族	文化程度	母语水平	第二语言水平	第三语言水平	第四语言水平
97	父亲	雷喜如	69	汉	小学	五色话熟练	桂柳话熟练	普通话不会	仫佬语一般
98	户主	郑锦耀	40	汉	初中	五色话熟练	桂柳话熟练	普通话略懂	仫佬语一般
	妻子	陈秀玲	44	汉	小学	客家话熟练	桂柳话熟练	普通话一般	仫佬语一般
	女儿	郑惠云	17	汉	初中	五色话熟练	桂柳话熟练	普通话一般	仫佬语一般
	儿子	郑惠旋	20	汉	初中	五色话熟练	桂柳话熟练	普通话一般	仫佬语一般
99	户主	郑喜标	39	汉	小学	五色话熟练	桂柳话熟练	普通话一般	仫佬语一般
	妻子	潘家美	35	仫佬	小学	仫佬语熟练	桂柳话熟练	普通话一般	五色话一般
	女儿	郑文进	17	仫佬	初中	五色话熟练	桂柳话熟练	普通话一般	仫佬语一般
	儿子	郑肖	9	仫佬	小学	五色话熟练	桂柳话熟练	普通话一般	仫佬语一般
	母亲	邓汉枝	80	汉	文盲	五色话熟练	桂柳话熟练	普通话略懂	仫佬语一般
100	户主	郑月辉	48	汉	小学	五色话熟练	桂柳话熟练	普通话略懂	仫佬语一般
	妻子	邓菊香	46	汉	小学	五色话熟练	桂柳话熟练	普通话略懂	仫佬语一般
	女儿	郑贤芬	27	汉	初中	五色话熟练	桂柳话熟练	普通话一般	仫佬语一般
	女儿	郑铭莉	26	汉	小学	五色话熟练	桂柳话熟练	普通话一般	仫佬语一般
	儿子	郑铭军	23	汉	小学	五色话熟练	桂柳话熟练	普通话一般	仫佬语一般
	外孙	郑良迪	6	汉	学前班	五色话熟练	桂柳话一般	普通话一般	仫佬语略懂
101	户主	张光凤	56	汉	小学	五色话熟练	桂柳话熟练	普通话略懂	仫佬语一般
	儿子	张敏	30	汉	初中	五色话熟练	桂柳话熟练	普通话一般	仫佬语一般
	女儿	张红	34	汉	初中	五色话熟练	桂柳话熟练	普通话一般	仫佬语一般
102	户主	郑锦光	57	汉	高中	五色话熟练	桂柳话熟练	普通话略懂	仫佬语一般
	妻子	梁彩美	51	汉	初中	五色话熟练	桂柳话熟练	普通话略懂	仫佬语一般
	儿子	郑惠勇	26	汉	初中	五色话熟练	桂柳话熟练	普通话一般	仫佬语一般
	长女	郑惠莎	30	汉	初中	五色话熟练	桂柳话熟练	普通话一般	仫佬语一般
	长女婿	黄忠义	34	壮	初中	壮话熟练	桂柳话熟练	普通话一般	五色话略懂
	次女	郑惠璐	28	汉	初中	五色话熟练	桂柳话熟练	普通话一般	仫佬语一般
103	户主	郑天奎	49	汉	小学	五色话熟练	桂柳话熟练	普通话一般	仫佬语一般
	妻子	潘世兰	48	仫佬	初中	仫佬语熟练	桂柳话熟练	普通话略懂	五色话一般
	儿子	郑惠好	20	汉	初中	五色话熟练	桂柳话熟练	普通话一般	仫佬语一般
	弟弟	郑天兴	41	汉	小学	五色话熟练	桂柳话熟练	普通话一般	仫佬语一般
	女儿	郑小燕	23	汉	初中	五色话熟练	桂柳话熟练	普通话一般	仫佬语一般
104	户主	郑惠兴	70	汉	小学	五色话熟练	桂柳话熟练	普通话略懂	仫佬语一般
	妻子	梁爱芳	43	汉	初中	五色话熟练	桂柳话熟练	普通话熟练	仫佬语一般
	长子	郑邦胜	43	汉	小学	五色话熟练	桂柳话熟练	普通话一般	仫佬语一般
	次子	郑良飞	20	汉	初中	五色话熟练	桂柳话熟练	普通话一般	仫佬语一般
	女儿	邓小凤	60	汉	小学	五色话熟练	桂柳话熟练	普通话不会	仫佬语一般

续表

序号	家庭关系	姓名	年龄/岁	民族	文化程度	母语水平	第二语言水平	第三语言水平	第四语言水平
104	女婿	陈善发	60	壮	小学	壮语熟练	桂柳话熟练	普通话略懂	五色话一般
	孙子	郑良升	11	汉	小学	五色话熟练	桂柳话熟练	普通话一般	仫佬语一般
	弟弟	郑邦辉	45	汉	小学	五色话熟练	桂柳话熟练	普通话熟练	仫佬语一般
	外孙	邓家暖	21	汉	初中	五色话熟练	桂柳话熟练	普通话一般	仫佬语一般
105	户主	郑凤梅	41	汉	小学	五色话熟练	桂柳话熟练	普通话一般	仫佬语一般
	儿子	郑铭靖	16	汉	初中	五色话熟练	桂柳话熟练	普通话一般	仫佬语一般
	女儿	郑铭燕	9	壮	小学	五色话熟练	桂柳话熟练	普通话一般	仫佬语一般
	母亲	罗彩万	62	仫佬	小学	五色话熟练	桂柳话熟练	普通话略懂	五色话一般
	妹妹	郑凤菊	33	汉	初中	五色话熟练	桂柳话熟练	普通话一般	仫佬语一般
106	户主	雷国光	41	汉	小学	五色话熟练	桂柳话熟练	普通话略懂	仫佬语一般
	妻子	廖桂红	41	仫佬	初中	五色话熟练	桂柳话熟练	普通话略懂	仫佬语一般
	儿子	雷财邝	9	仫佬	小学	五色话熟练	桂柳话熟练	普通话略懂	仫佬语一般
	儿子	雷财宇	17	仫佬	初中	五色话熟练	桂柳话熟练	普通话一般	仫佬语一般
107	户主	宋彩华	47	汉	小学	五色话熟练	桂柳话熟练	普通话略懂	仫佬语一般
	妻子	梁义銮	45	仫佬	小学	仫佬语熟练	桂柳话熟练	普通话略懂	五色话一般
	儿子	宋锦亮	26	汉	初中	五色话熟练	桂柳话熟练	普通话熟练	仫佬语一般
	女儿	宋锦桃	19	仫佬	初中	五色话熟练	桂柳话熟练	普通话一般	仫佬语一般
	女儿	宋红雪	16	仫佬	初中	五色话熟练	桂柳话熟练	普通话一般	仫佬语一般
	父亲	宋福珍	85	汉	小学	五色话熟练	桂柳话熟练	普通话不会	仫佬语一般
108	户主	宋彩凤	52	汉	小学	五色话熟练	桂柳话熟练	普通话略懂	仫佬语一般
	长女	宋锦娥	28	汉	小学	五色话熟练	桂柳话熟练	普通话一般	仫佬语一般
	次女	宋锦云	25	汉	小学	五色话熟练	桂柳话熟练	普通话一般	仫佬语一般
	三女	宋锦柳	21	汉	初中	五色话熟练	桂柳话熟练	普通话一般	仫佬语一般
109	户主	潘美花	91	仫佬	小学	仫佬语熟练	桂柳话熟练	普通话略懂	五色话熟练
	儿子	宋彩平	53	汉	小学	五色话熟练	桂柳话熟练	普通话略懂	仫佬语一般
	儿媳	张万菊	57	汉	小学	五色话熟练	桂柳话熟练	普通话略懂	仫佬语一般
	孙子	宋锦龙	27	汉	初中	五色话熟练	桂柳话熟练	普通话一般	仫佬语一般
110	户主	梁三红	40	仫佬	小学	五色话熟练	桂柳话熟练	普通话略懂	仫佬语一般
	妻子	谢玉梅	38	仫佬	小学	仫佬语熟练	桂柳话熟练	普通话一般	仫佬语一般
	长女	梁媚	14	仫佬	初中	五色话熟练	桂柳话熟练	普通话一般	仫佬语一般
	次女	梁莹	8	仫佬	小学	五色话一般	桂柳话一般	普通话一般	仫佬语一般
	母亲	吴勤荣	69	仫佬	初中	仫佬语熟练	桂柳话熟练	普通话略懂	仫佬语一般
111	户主	宋锦东	33	汉	小学	五色话熟练	桂柳话熟练	普通话一般	仫佬语一般

续表

序号	家庭关系	姓名	年龄/岁	民族	文化程度	母语水平	第二语言水平	第三语言水平	第四语言水平
112	妻子	黄勇玉	33	汉	小学	五色话熟练	桂柳话熟练	普通话一般	仫佬语一般
	母亲	韦彩连	56	壮	小学	壮语熟练	桂柳话熟练	普通话略懂	五色话一般
	弟弟	宋锦超	28	汉	初中	五色话熟练	桂柳话熟练	普通话一般	仫佬语一般
	儿子	宋联锋	9	仫佬	小学	五色话一般	桂柳话一般	普通话一般	仫佬语略懂

3. 四把镇语言兼用情况

四把镇语言兼用情况如表6-11所示。

表6-11 四把镇语言兼用情况表

序号	家庭关系	姓名	年龄/岁	民族	文化程度	母语水平	第二语言水平	第三语言水平	第四语言水平
1	户主	吴大平	55	仫佬	小学	仫佬语熟练	桂柳话熟练	普通话一般	—
	妻子	谢金荣	49	仫佬	小学	仫佬语熟练	桂柳话熟练	普通话一般	—
	长子	吴和波	30	仫佬	初中	仫佬语熟练	桂柳话熟练	普通话熟练	—
	次子	吴和浪	29	仫佬	初中	仫佬语熟练	桂柳话熟练	普通话熟练	—
2	户主	吴大建	43	仫佬	小学	仫佬语熟练	桂柳话熟练	普通话熟练	壮语一般
	妻子	吴利春	46	仫佬	初中	仫佬语熟练	桂柳话熟练	普通话一般	壮语一般
	儿子	吴和涛	19	仫佬	小学	仫佬语熟练	桂柳话熟练	普通话熟练	—
	女儿	吴柳莹	14	仫佬	初中	仫佬语熟练	桂柳话熟练	普通话一般	—
	父亲	吴美强	78	仫佬	小学	仫佬语熟练	桂柳话一般	普通话不会	壮语熟练
	母亲	陈清兰	78	汉	小学	客家话熟练	仫佬语熟练	普通话不会	—
3	户主	吴大福	56	仫佬	初中	仫佬语熟练	桂柳话熟练	普通话熟练	壮语熟练
	妻子	吴桂英	55	仫佬	初中	壮语熟练	桂柳话熟练	仫佬语熟练	普通话熟练
	长子	吴和永	29	仫佬	初中	仫佬语熟练	桂柳话熟练	普通话熟练	—
	次子	吴和远	26	仫佬	初中	仫佬语熟练	桂柳话熟练	普通话熟练	—
	孙子	吴韦逸	1	仫佬	学龄前	仫佬语一般	桂柳话一般	普通话不会	—
4	户主	吴大南	45	仫佬	初中	仫佬语熟练	桂柳话熟练	普通话熟练	壮语一般
	妻子	吴荣娥	40	仫佬	小学	仫佬语熟练	桂柳话熟练	普通话一般	—
	女儿	吴慧素	17	仫佬	小学	仫佬语熟练	桂柳话熟练	普通话熟练	—
	儿子	吴和兴	12	仫佬	小学	仫佬语熟练	桂柳话熟练	普通话一般	—
	弟弟	吴大节	42	仫佬	初中	仫佬语熟练	桂柳话熟练	普通话熟练	壮语熟练
5	户主	吴大宁	40	仫佬	初中	仫佬语熟练	桂柳话熟练	普通话熟练	壮语一般
	长子	吴和旺	9	仫佬	小学	仫佬语熟练	桂柳话熟练	普通话一般	—
	次子	吴和翰	8	仫佬	小学	仫佬语熟练	桂柳话熟练	普通话一般	—
	父亲	吴美彬	71	仫佬	小学	仫佬语熟练	桂柳话一般	普通话不会	—

续表

序号	家庭关系	姓名	年龄/岁	民族	文化程度	母语水平	第二语言水平	第三语言水平	第四语言水平
5	母亲	吴玉兰	76	仫佬	小学	仫佬语熟练	桂柳话一般	普通话不会	—
6	户主	吴美禄	75	仫佬	小学	仫佬语熟练	桂柳话一般	普通话一般	壮语一般
	长子	吴大文	48	仫佬	初中	仫佬语熟练	桂柳话熟练	普通话一般	壮语一般
	次子	吴大干	37	仫佬	初中	仫佬语熟练	桂柳话熟练	普通话熟练	壮语一般
	儿媳	吴珍翠	40	仫佬	小学	仫佬语熟练	桂柳话熟练	普通话一般	壮语一般
	孙女	吴婷婷	12	仫佬	小学	仫佬语熟练	桂柳话一般	普通话一般	—
	长孙	吴思思	6	仫佬	小学	仫佬语熟练	桂柳话一般	普通话一般	—
	次孙	吴和振堂	3	仫佬	幼儿园	仫佬语熟练	桂柳话一般	普通话一般	—
7	户主	吴大修	46	仫佬	初中	仫佬语熟练	桂柳话熟练	普通话一般	壮语一般
	妻子	莫柳平	39	壮	小学	壮语熟练	桂柳话熟练	仫佬语一般	—
	长子	吴和方	25	仫佬	初中	仫佬语熟练	桂柳话熟练	普通话熟练	—
	次子	吴和发	16	仫佬	初中	仫佬语熟练	桂柳话熟练	普通话一般	—
8	户主	吴大辉	57	仫佬	小学	仫佬语熟练	桂柳话熟练	普通话熟练	壮语熟练
	儿子	吴和田	31	仫佬	小学	仫佬语熟练	桂柳话熟练	普通话熟练	壮语熟练
9	户主	吴月秀	29	仫佬	小学	仫佬语熟练	桂柳话熟练	普通话熟练	壮语熟练
	女儿	吴蒙丽	4	仫佬	幼儿园	仫佬语一般	桂柳话熟练	普通话一般	—
10	户主	吴大华	59	仫佬	初中	仫佬语熟练	桂柳话熟练	普通话一般	壮语熟练
	妻子	谢秀梅	52	仫佬	初中	仫佬语熟练	桂柳话熟练	普通话一般	壮语熟练
	长子	吴和智	28	仫佬	大专	仫佬语熟练	桂柳话熟练	普通话熟练	壮语一般
	次子	吴和真	25	仫佬	初中	仫佬语熟练	桂柳话熟练	普通话熟练	壮语一般
11	户主	吴合凯	34	仫佬	初中	仫佬语熟练	桂柳话熟练	普通话熟练	壮语一般
	妻子	吴方梅	35	仫佬	初中	仫佬语熟练	桂柳话熟练	普通话熟练	壮语一般
	长女	吴曼秋	11	仫佬	小学	仫佬语熟练	桂柳话熟练	普通话一般	壮语一般
	次女	吴菲菲	10	仫佬	小学	仫佬语一般	桂柳话熟练	普通话熟练	—
	三女	吴曼怡	5	仫佬	小学	仫佬语熟练	桂柳话一般	普通话一般	—
	父亲	吴大恒	60	仫佬	初中	仫佬语熟练	桂柳话熟练	普通话一般	壮语一般
	母亲	吴爱英	60	仫佬	小学	仫佬语熟练	桂柳话熟练	普通话一般	壮语熟练
	哥哥	吴和会	35	仫佬	初中	仫佬语熟练	桂柳话熟练	普通话熟练	壮语一般
	妹妹	吴雅淑	32	仫佬	初中	仫佬语熟练	桂柳话熟练	普通话熟练	壮语熟练
12	户主	吴和明	45	仫佬	小学	仫佬语熟练	桂柳话熟练	普通话一般	壮语一般
	妻子	罗华梅	48	仫佬	小学	仫佬语熟练	桂柳话熟练	普通话一般	壮语一般
	长子	吴顺龙	25	仫佬	初中	仫佬语熟练	桂柳话熟练	普通话熟练	壮语一般
	次子	吴顺伍	23	仫佬	初中	仫佬语熟练	桂柳话熟练	普通话熟练	壮语一般
13	户主	吴大祝	42	仫佬	初中	仫佬语熟练	桂柳话熟练	普通话熟练	壮语一般

续表

序号	家庭关系	姓名	年龄/岁	民族	文化程度	母语水平	第二语言水平	第三语言水平	第四语言水平
13	妻子	韦日连	42	仫佬	小学	仫佬语熟练	桂柳话熟练	普通话熟练	壮语一般
	长子	吴欢	20	仫佬	初中	仫佬语熟练	桂柳话熟练	普通话熟练	壮语一般
	次子	吴乐	14	仫佬	初中	仫佬语熟练	桂柳话熟练	普通话熟练	壮语一般
	母亲	黄任枝	64	仫佬	小学	桂柳话熟练	仫佬语熟练	普通话不会	—
	长妹	吴爱芳	38	仫佬	初中	仫佬语熟练	桂柳话熟练	普通话熟练	壮语一般
	次妹	吴爱华	35	仫佬	初中	仫佬语熟练	桂柳话熟练	普通话熟练	壮语一般
14	户主	吴利荣	55	仫佬	小学	仫佬语熟练	桂柳话熟练	普通话熟练	壮语一般
	丈夫	朱永贵	52	汉	初中	桂柳话熟练	普通话熟练	仫佬语一般	—
	儿子	朱保龙	24	仫佬	初中	仫佬语熟练	桂柳话熟练	普通话熟练	壮语一般
15	户主	吴珍琼	64	仫佬	小学	仫佬语熟练	桂柳话熟练	普通话一般	壮语一般
	长女	吴银艳	32	仫佬	初中	仫佬语熟练	桂柳话熟练	普通话熟练	壮语一般
	次子	吴和敏	31	仫佬	初中	仫佬语熟练	桂柳话熟练	普通话熟练	壮语一般
16	户主	吴卫荣	61	仫佬	小学	仫佬语熟练	桂柳话熟练	普通话一般	壮语一般
17	户主	吴大庭	53	仫佬	小学	仫佬语熟练	桂柳话熟练	普通话一般	壮语一般
	儿子	吴和挺	27	仫佬	小学	仫佬语熟练	桂柳话熟练	普通话熟练	壮语一般
18	户主	吴大吉	47	仫佬	小学	仫佬语熟练	桂柳话熟练	普通话一般	壮语一般
	妻子	吴四菊	42	仫佬	小学	仫佬语熟练	桂柳话熟练	普通话一般	壮语一般
	长子	吴和谦	17	仫佬	初中	仫佬语熟练	桂柳话熟练	普通话熟练	壮语一般
	次子	吴和伟	12	仫佬	初中	仫佬语熟练	桂柳话熟练	普通话熟练	壮语一般
19	户主	吴顺新	28	仫佬	初中	仫佬语熟练	桂柳话熟练	普通话熟练	壮语一般
	父亲	吴和贤	50	仫佬	小学	仫佬语熟练	桂柳话熟练	普通话一般	壮语一般
	母亲	谢汉群	49	仫佬	小学	仫佬语熟练	桂柳话熟练	普通话一般	壮语一般
	姐姐	吴香萍	27	仫佬	初中	仫佬语熟练	桂柳话熟练	普通话熟练	壮语一般
	弟弟	吴顺册	24	仫佬	初中	仫佬语熟练	桂柳话熟练	普通话熟练	壮语一般
20	户主	吴合仕	39	仫佬	小学	仫佬语熟练	桂柳话熟练	普通话一般	壮语一般
	妻子	甘凤华	34	壮	初中	壮语熟练	桂柳话熟练	普通话一般	仫佬语熟练
	儿子	吴顺达	11	仫佬	小学	仫佬语熟练	桂柳话熟练	普通话熟练	壮语一般
	母亲	黄伍荣	74	汉	小学	桂柳话熟练	普通话一般	仫佬语一般	—
	姐姐	吴暖姣	42	仫佬	小学	仫佬语熟练	桂柳话熟练	普通话一般	壮语一般
21	户主	吴大利	50	仫佬	初中	仫佬语熟练	桂柳话熟练	普通话熟练	壮语一般
	妻子	廖桂凤	49	壮	小学	壮语熟练	桂柳话熟练	仫佬语熟练	—
	女儿	吴慧园	26	仫佬	初中	仫佬语熟练	桂柳话熟练	普通话熟练	壮语一般
	儿子	吴和宝	25	仫佬	初中	仫佬语熟练	桂柳话熟练	普通话熟练	壮语一般
22	户主	吴大政	62	仫佬	小学	仫佬语熟练	桂柳话熟练	普通话一般	壮语一般
	长女	甘凤连	33	壮	初中	壮语熟练	桂柳话熟练	仫佬语熟练	—

续表

序号	家庭关系	姓名	年龄/岁	民族	文化程度	母语水平	第二语言水平	第三语言水平	第四语言水平
22	次女	吴月丽	34	仫佬	初中	仫佬语熟练	桂柳话熟练	普通话一般	壮语一般
	三子	吴和江	30	仫佬	初中	仫佬语熟练	桂柳话熟练	普通话一般	壮语一般
	母亲	吴美金	85	仫佬	小学	仫佬语熟练	桂柳话熟练	普通话一般	壮语一般
	长孙	吴梅湘	8	仫佬	小学	仫佬语一般	桂柳话熟练	普通话一般	—
	次孙	吴顺琦	6	仫佬	小学	仫佬语一般	桂柳话熟练	普通话一般	—
	三孙	吴施颖	3	仫佬	幼儿园	仫佬语一般	桂柳话一般	普通话一般	—
23	户主	吴细密	38	仫佬	初中	仫佬语熟练	桂柳话熟练	普通话熟练	壮语一般
	长子	吴顺豪	10	仫佬	小学	仫佬语熟练	桂柳话熟练	普通话一般	壮语一般
	次子	吴顺超	7	仫佬	小学	仫佬语熟练	桂柳话熟练	普通话一般	壮语一般
	长女	覃宏婕	6	仫佬	小学	仫佬语熟练	桂柳话熟练	普通话一般	壮语一般
	次女	吴如意	4	仫佬	幼儿园	仫佬语一般	桂柳话熟练	普通话一般	—
	母亲	钟富香	72	汉	小学	桂柳话熟练	仫佬语熟练	普通话不会	—
	姐姐	吴细珍	45	仫佬	初中	仫佬语熟练	桂柳话熟练	普通话一般	壮语一般
	哥哥	吴和茂	40	仫佬	小学	仫佬语熟练	桂柳话熟练	普通话一般	壮语一般
24	户主	吴合周	36	仫佬	小学	仫佬语熟练	桂柳话熟练	普通话熟练	壮语一般
	妻子	吴暖菊	36	仫佬	小学	仫佬语熟练	桂柳话熟练	普通话熟练	壮语一般
	儿子	吴顺强	10	仫佬	小学	仫佬语熟练	桂柳话熟练	普通话一般	壮语略懂
25	户主	吴大刚	53	仫佬	小学	仫佬语熟练	桂柳话熟练	普通话熟练	壮语一般
	妻子	吴珍妹	53	仫佬	初中	仫佬语熟练	桂柳话熟练	普通话熟练	壮语一般
	长子	吴和留	29	仫佬	初中	仫佬语熟练	桂柳话熟练	普通话熟练	壮语一般
	次子	吴和念	27	仫佬	初中	仫佬语熟练	桂柳话熟练	普通话熟练	壮语一般
26	户主	吴大好	44	仫佬	初中	仫佬语熟练	桂柳话熟练	普通话熟练	壮语一般
	妻子	覃新姣	42	仫佬	初中	仫佬语熟练	桂柳话熟练	普通话熟练	壮语一般
	长女	吴苏妮	17	仫佬	初中	仫佬语熟练	桂柳话熟练	普通话熟练	壮语略懂
	次女	吴苏琪	12	仫佬	小学	仫佬语熟练	桂柳话熟练	普通话熟练	壮语略懂
	三女	吴雅怡	2	仫佬	幼儿园	仫佬语一般	桂柳话一般	普通话一般	—
	母亲	吴秀美	81	仫佬	小学	仫佬语熟练	桂柳话熟练	普通话不会	壮语一般
27	户主	吴大鹏	35	仫佬	初中	仫佬语熟练	桂柳话熟练	普通话熟练	壮语一般
	长女	吴娟	19	仫佬	高中	仫佬语熟练	桂柳话熟练	普通话熟练	壮语一般
	次女	吴慧轩	8	汉	小学	仫佬语熟练	桂柳话熟练	普通话一般	—
	父亲	吴美初	72	仫佬	初中	仫佬语熟练	桂柳话熟练	普通话一般	壮语一般
	姐姐	吴寿婵	40	仫佬	初中	仫佬语熟练	桂柳话熟练	普通话一般	壮语一般
28	户主	吴大庆	43	仫佬	初中	仫佬语熟练	桂柳话熟练	普通话一般	壮语一般
	妻子	银建红	41	仫佬	初中	仫佬语熟练	桂柳话熟练	普通话熟练	壮语一般
	长女	吴静	14	仫佬	初中	仫佬语熟练	桂柳话熟练	普通话熟练	壮语一般

续表

序号	家庭关系	姓名	年龄/岁	民族	文化程度	母语水平	第二语言水平	第三语言水平	第四语言水平
28	次女	吴雨莎	5	仫佬	小学	仫佬语一般	桂柳话熟练	普通话一般	—
29	户主	吴大标	46	仫佬	小学	仫佬语熟练	桂柳话熟练	普通话一般	壮语一般
	妻子	罗少菊	48	仫佬	小学	仫佬语熟练	桂柳话熟练	普通话熟练	壮语一般
	女儿	吴雪	24	仫佬	大学	仫佬语熟练	桂柳话熟练	普通话熟练	壮语一般
	儿子	吴和宇	22	仫佬	小学	仫佬语熟练	桂柳话熟练	普通话熟练	壮语一般
30	户主	吴珍花	55	仫佬	小学	仫佬语熟练	桂柳话熟练	普通话一般	壮语一般
	丈夫	黎健	57	汉	—	桂柳话熟练	仫佬语不会	普通话一般	—
	长女	黎维维	31	仫佬	初中	仫佬语熟练	桂柳话熟练	普通话熟练	壮语一般
	次女	吴月媚	24	仫佬	初中	仫佬语熟练	桂柳话熟练	普通话熟练	壮语一般
31	户主	吴利枝	61	仫佬	初中	仫佬语熟练	桂柳话熟练	普通话熟练	壮语一般
	儿子	吴小弟	24	仫佬	初中	仫佬语熟练	桂柳话熟练	普通话熟练	壮语一般
32	户主	吴大山	50	仫佬	小学	仫佬语熟练	桂柳话熟练	普通话熟练	壮语一般
33	户主	吴大克	44	仫佬	高中	仫佬语熟练	桂柳话熟练	普通话熟练	壮语熟练
	儿子	吴和礼	22	仫佬	大专	仫佬语熟练	桂柳话熟练	普通话熟练	壮语一般
	母亲	袁美琼	80	仫佬	小学	仫佬语熟练	桂柳话熟练	普通话一般	壮语一般
34	户主	吴大清	60	仫佬	小学	仫佬语熟练	桂柳话熟练	普通话一般	壮语一般
	妻子	吴暖花	58	仫佬	小学	仫佬语熟练	桂柳话熟练	普通话熟练	壮语一般
	儿子	吴和良	32	仫佬	初中	仫佬语熟练	桂柳话熟练	普通话熟练	壮语熟练
	长女	吴红梅	30	仫佬	初中	仫佬语熟练	桂柳话熟练	普通话熟练	壮语一般
	次女	吴桂梅	27	仫佬	初中	仫佬语熟练	桂柳话熟练	普通话熟练	壮语一般
35	户主	吴大荣	66	仫佬	初中	仫佬语熟练	桂柳话熟练	普通话一般	壮语一般
	妻子	吴桂荣	65	仫佬	小学	仫佬语熟练	桂柳话熟练	普通话熟练	壮语一般
	长子	吴和回	34	仫佬	初中	仫佬语熟练	桂柳话熟练	普通话熟练	壮语一般
	次子	吴和家	33	仫佬	初中	仫佬语熟练	桂柳话熟练	普通话熟练	壮语一般
	三子	吴和启	32	仫佬	初中	仫佬语熟练	桂柳话熟练	普通话熟练	壮语一般
	孙女	吴柳莺	5	仫佬	小学	仫佬语一般	桂柳话一般	普通话一般	—
	孙女	吴柳儒	5	仫佬	小学	仫佬语一般	桂柳话一般	普通话一般	—
	孙子	吴星宏	4	仫佬	小学	仫佬语一般	桂柳话一般	普通话一般	—
36	户主	吴美朝	70	仫佬	小学	仫佬语熟练	桂柳话熟练	普通话一般	壮语一般
	妻子	陈玉花	73	仫佬	小学	仫佬语熟练	桂柳话熟练	普通话一般	壮语一般
	长女	吴利英	49	仫佬	初中	仫佬语熟练	桂柳话熟练	普通话熟练	壮语一般
	次女	吴利娟	46	仫佬	初中	仫佬语熟练	桂柳话熟练	普通话熟练	壮语一般
	三子	吴大纯	41	仫佬	初中	仫佬语熟练	桂柳话熟练	普通话熟练	壮语一般
37	户主	吴昌高	56	仫佬	初中	仫佬语熟练	桂柳话熟练	普通话一般	—
	妻子	谢翠娥	56	仫佬	初中	仫佬语熟练	桂柳话熟练	普通话一般	—

续表

序号	家庭关系	姓名	年龄/岁	民族	文化程度	母语水平	第二语言水平	第三语言水平	第四语言水平
38	户主	吴仁杰	30	仫佬	初中	仫佬语熟练	桂柳话熟练	普通话熟练	—
39	户主	吴才养	52	仫佬	初中	仫佬语熟练	桂柳话熟练	普通话一般	—
	妻子	吴汉枝	50	仫佬	初中	仫佬语熟练	桂柳话熟练	普通话一般	—
	长女	吴珍媚	27	仫佬	本科	仫佬语熟练	桂柳话熟练	普通话熟练	—
	次女	吴小媚	26	仫佬	中专	仫佬语熟练	桂柳话熟练	普通话熟练	—
	三女	吴小霞	24	仫佬	高中	仫佬语熟练	桂柳话熟练	普通话熟练	—
40	户主	吴珍白	49	仫佬	初中	仫佬语熟练	桂柳话熟练	普通话熟练	—
	妻子	韦素梅	47	壮	小学	仫佬语一般	桂柳话熟练	普通话一般	壮语熟练
	女儿	吴广萍	23	仫佬	初中	仫佬语熟练	桂柳话熟练	普通话熟练	—
41	户主	吴才放	60	仫佬	小学	仫佬语熟练	桂柳话熟练	普通话一般	—
	妻子	谢秀妹	55	仫佬	小学	仫佬语熟练	桂柳话熟练	普通话略懂	—
	女儿	吴丽珍	23	仫佬	初中	仫佬语熟练	桂柳话熟练	普通话熟练	—
42	户主	吴珍琼	34	仫佬	小学	仫佬语熟练	桂柳话熟练	普通话一般	—
43	户主	吴珍焕	32	仫佬	初中	仫佬语熟练	桂柳话熟练	普通话熟练	—
44	户主	吴昌勤	60	仫佬	小学	仫佬语熟练	桂柳话熟练	普通话一般	—
	妻子	谢鸾姣	59	汉	小学	仫佬语熟练	桂柳话熟练	普通话一般	客家话熟练
	儿子	吴仁宇	31	仫佬	初中	仫佬语熟练	桂柳话熟练	普通话一般	—
	女儿	吴秋丽	29	仫佬	中专	仫佬语熟练	桂柳话熟练	普通话熟练	—
	孙子	吴俊霖	5	仫佬	学龄前	仫佬语熟练	桂柳话一般	普通话略懂	—
45	户主	吴昌权	40	仫佬	初中	仫佬语熟练	桂柳话熟练	普通话熟练	—
	妻子	吴友香	38	仫佬	小学	仫佬语熟练	桂柳话熟练	普通话一般	—
	儿子	吴佳峰	11	仫佬	小学	仫佬语熟练	桂柳话熟练	普通话熟练	—
46	户主	吴珍杰	30	仫佬	初中	仫佬语熟练	桂柳话熟练	普通话熟练	—
	儿子	吴朝骏	4	仫佬	学龄前	仫佬语熟练	桂柳话熟练	普通话一般	—
47	户主	吴才培	56	仫佬	小学	仫佬语熟练	桂柳话熟练	普通话略懂	—
	妻子	吴雪花	55	仫佬	小学	仫佬语熟练	桂柳话一般	普通话略懂	—
	长子	吴珍国	28	仫佬	初中	仫佬语熟练	桂柳话熟练	普通话熟练	—
	次子	吴珍田	25	仫佬	初中	仫佬语熟练	桂柳话熟练	普通话熟练	—
48	户主	吴昌启	51	仫佬	小学	仫佬语熟练	桂柳话熟练	普通话略懂	—
	妻子	莫冬云	47	仫佬	小学	仫佬语熟练	桂柳话熟练	普通话略懂	—
	女儿	吴燕子	24	仫佬	初中	仫佬语熟练	桂柳话熟练	普通话熟练	—
49	户主	吴昌桃	39	仫佬	初中	仫佬语熟练	桂柳话熟练	普通话一般	—
	妻子	吴耐香	35	仫佬	文盲	仫佬语熟练	桂柳话一般	普通话略懂	—
	儿子	吴人锦	11	仫佬	小学	仫佬语熟练	桂柳话熟练	普通话熟练	—

续表

序号	家庭关系	姓名	年龄/岁	民族	文化程度	母语水平	第二语言水平	第三语言水平	第四语言水平
49	长女	吴咏萍	9	仫佬	小学	仫佬语熟练	桂柳话熟练	普通话一般	—
	次女	吴艳芳	6	仫佬	小学	仫佬语熟练	桂柳话熟练	普通话一般	—
	母亲	文细兰	79	汉	小学	仫佬语熟练	桂柳话熟练	普通话不会	—
50	户主	吴昌辉	48	仫佬	小学	仫佬语熟练	桂柳话熟练	普通话一般	—
	妻子	谢利娟	47	仫佬	小学	仫佬语熟练	桂柳话熟练	普通话略懂	壮语熟练
	儿子	吴仁斌	27	仫佬	小学	仫佬语熟练	桂柳话熟练	普通话一般	—
	女儿	吴佩玉	24	仫佬	中专	仫佬语熟练	桂柳话熟练	普通话熟练	—
51	户主	吴才满	61	仫佬	小学	仫佬语熟练	桂柳话熟练	普通话略懂	—
	妻子	吴大枝	62	仫佬	小学	仫佬语熟练	桂柳话熟练	普通话略懂	—
	儿子	吴珍勇	33	仫佬	初中	仫佬语熟练	桂柳话熟练	普通话一般	—
	长女	吴珍秀	30	仫佬	中专	仫佬语熟练	桂柳话熟练	普通话一般	—
	次女	吴咏璐	14	仫佬	小学	仫佬语熟练	桂柳话熟练	普通话熟练	—
52	户主	吴佩华	28	仫佬	中专	仫佬语熟练	桂柳话熟练	普通话熟练	—
53	户主	吴珍汉	51	仫佬	初中	仫佬语熟练	桂柳话熟练	普通话略懂	—
	母亲	吴美花	84	仫佬	小学	仫佬语熟练	桂柳话一般	普通话不会	—
54	户主	吴昌敏	49	仫佬	初中	仫佬语熟练	桂柳话熟练	普通话熟练	—
	妻子	罗华柳	48	仫佬	小学	仫佬语熟练	桂柳话熟练	普通话一般	—
	长子	吴仁成	29	仫佬	初中	仫佬语熟练	桂柳话熟练	普通话熟练	—
	次子	吴希超	27	仫佬	初中	仫佬语熟练	桂柳话熟练	普通话熟练	—
55	户主	吴飞	40	仫佬	初中	仫佬语熟练	桂柳话熟练	普通话熟练	—
	妻子	吴秋琼	34	仫佬	初中	仫佬语熟练	桂柳话熟练	普通话熟练	—
	儿子	吴亿	9	仫佬	小学	仫佬语熟练	桂柳话熟练	普通话熟练	—
	母亲	文秀枝	79	汉	小学	仫佬语熟练	桂柳话熟练	普通话不会	—
56	户主	吴昌能	54	仫佬	小学	仫佬语熟练	桂柳话熟练	普通话略懂	—
	妻子	吴记月	50	仫佬	初中	仫佬语熟练	桂柳话熟练	普通话略懂	壮语熟练
	长女	吴春柳	30	仫佬	中专	仫佬语熟练	桂柳话熟练	普通话熟练	—
	次女	吴梦春	24	仫佬	初中	仫佬语熟练	桂柳话熟练	普通话熟练	—
	三女	吴梦莲	22	仫佬	初中	仫佬语熟练	桂柳话熟练	普通话熟练	—
57	户主	吴小干	47	仫佬	小学	仫佬语熟练	桂柳话熟练	普通话一般	—
	妻子	黄双琼	47	汉	初中	仫佬语一般	桂柳话熟练	普通话略懂	客家话熟练
	长子	吴佳恒	26	仫佬	小学	仫佬语熟练	桂柳话熟练	普通话熟练	—
	次子	吴梦婷	23	仫佬	大专	仫佬语一般	桂柳话熟练	普通话熟练	—
58	户主	吴仁涛	31	仫佬	初中	仫佬语熟练	桂柳话熟练	普通话一般	—
	女儿	吴羽菲	7	仫佬	小学	仫佬语熟练	桂柳话熟练	普通话一般	—
59	户主	吴仁张	29	仫佬	初中	仫佬语熟练	桂柳话熟练	普通话一般	—

续表

序号	家庭关系	姓名	年龄/岁	民族	文化程度	母语水平	第二语言水平	第三语言水平	第四语言水平
59	儿子	吴诗琪	6	仫佬	学龄前	仫佬语熟练	桂柳话略懂	普通话不会	—
60	户主	吴细云	43	仫佬	初中	仫佬语熟练	桂柳话熟练	普通话熟练	—
61	户主	周金香	65	仫佬	小学	仫佬语熟练	桂柳话熟练	普通话略懂	—
61	儿子	吴珍海	39	仫佬	中专	仫佬语熟练	桂柳话熟练	普通话熟练	—
62	户主	吴珍龙	45	仫佬	小学	仫佬语熟练	桂柳话熟练	普通话略懂	—
62	妻子	廖玉花	47	壮	小学	仫佬语一般	桂柳话一般	普通话略懂	壮语熟练
62	女儿	吴婷婷	27	仫佬	初中	仫佬语熟练	桂柳话熟练	普通话熟练	—
62	儿子	吴广富	24	仫佬	中专	仫佬语熟练	桂柳话熟练	普通话熟练	—
63	户主	邱有梅	65	仫佬	小学	仫佬语熟练	桂柳话熟练	普通话熟练	—
63	长子	吴仁积	39	仫佬	初中	仫佬语熟练	桂柳话熟练	普通话熟练	—
63	次子	吴仁健	36	仫佬	初中	仫佬语熟练	桂柳话熟练	普通话略懂	—
63	孙子	吴才涛	7	仫佬	小学	仫佬语熟练	桂柳话熟练	普通话熟练	—
64	户主	吴仁广	41	仫佬	小学	仫佬语熟练	桂柳话熟练	普通话略懂	—
64	妻子	吴桂秀	45	仫佬	小学	仫佬语熟练	桂柳话熟练	普通话一般	—
64	女儿	吴丽芳	16	仫佬	初中	仫佬语熟练	桂柳话熟练	普通话熟练	—
64	儿子	吴才俊	13	仫佬	小学	仫佬语熟练	桂柳话熟练	普通话熟练	—
65	户主	吴仁国	32	仫佬	初中	仫佬语熟练	桂柳话熟练	普通话略懂	—
65	女儿	吴丽飞	4	仫佬	学龄前	仫佬语熟练	桂柳话一般	普通话略懂	—
66	户主	吴才其	53	仫佬	初中	仫佬语熟练	桂柳话熟练	普通话一般	—
66	儿子	吴珍友	30	仫佬	初中	仫佬语熟练	桂柳话熟练	普通话熟练	—
66	女儿	吴珍媛	28	仫佬	初中	仫佬语熟练	桂柳话熟练	普通话熟练	—
67	户主	吴兰英	58	仫佬	小学	仫佬语熟练	桂柳话熟练	普通话一般	—
67	儿子	吴孟周	35	仫佬	中专	仫佬语熟练	桂柳话熟练	普通话熟练	—
68	户主	吴孟江	33	仫佬	初中	仫佬语熟练	桂柳话熟练	普通话熟练	—
68	儿子	吴志鹏	3	仫佬	学龄前	仫佬语熟练	桂柳话熟练	普通话略懂	—
69	户主	吴孟海	28	仫佬	初中	仫佬语熟练	桂柳话熟练	普通话熟练	—
70	户主	吴孟和	31	仫佬	初中	仫佬语熟练	桂柳话熟练	普通话熟练	—
70	妻子	向莉	26	土家	初中	仫佬语略懂	桂柳话熟练	普通话熟练	湘语熟练
70	女儿	吴肖璇	2	仫佬	学龄前	仫佬语略懂	桂柳话略懂	普通话略懂	—
71	户主	吴珍南	34	仫佬	初中	仫佬语熟练	桂柳话熟练	普通话一般	—
71	妻子	周淑萍	33	汉	初中	仫佬语略懂	桂柳话一般	普通话熟练	壮语熟练
71	女儿	吴金金	8	仫佬	小学	仫佬语熟练	桂柳话熟练	普通话一般	—
72	户主	吴珍福	31	仫佬	小学	仫佬语熟练	桂柳话一般	普通话略懂	—
73	户主	吴仁锋	45	仫佬	小学	仫佬语熟练	桂柳话熟练	普通话一般	—
73	妻子	罗贵凤	43	汉	小学	仫佬语熟练	桂柳话熟练	普通话略懂	客家话熟练

续表

序号	家庭关系	姓名	年龄/岁	民族	文化程度	母语水平	第二语言水平	第三语言水平	第四语言水平
73	儿子	吴才松	21	仫佬	中专	仫佬语熟练	桂柳话熟练	普通话熟练	—
	女儿	吴丽玲	20	仫佬	初中	仫佬语熟练	桂柳话熟练	普通话熟练	—
	母亲	周美枝	72	仫佬	小学	仫佬语熟练	桂柳话熟练	普通话略懂	—
74	户主	吴仁庄	47	仫佬	初中	仫佬语熟练	桂柳话熟练	普通话熟练	—
	妻子	吴小姿	47	仫佬	初中	仫佬语熟练	桂柳话熟练	普通话一般	—
	女儿	吴丽思	24	仫佬	中专	仫佬语熟练	桂柳话熟练	普通话熟练	—
	儿子	吴才念	21	仫佬	中专	仫佬语熟练	桂柳话熟练	普通话熟练	—
	父亲	吴昌业	72	仫佬	初中	仫佬语熟练	桂柳话熟练	普通话一般	—
75	户主	吴广强	33	仫佬	初中	仫佬语熟练	桂柳话熟练	普通话熟练	—
	妻子	吴献梅	27	仫佬	小学	仫佬语熟练	桂柳话熟练	普通话熟练	—
	女儿	吴婧妮	10	仫佬	小学	仫佬语一般	桂柳话熟练	普通话熟练	—
76	户主	覃续琼	43	仫佬	初中	仫佬语熟练	桂柳话一般	普通话一般	—
77	户主	覃宏芳	32	仫佬	初中	仫佬语熟练	桂柳话熟练	普通话一般	—
	儿子	王啸宇	11	仫佬	小学	普通话熟练	桂柳话一般	仫佬语略懂	—
78	户主	张玉英	74	仫佬	小学	桂柳话熟练	仫佬语一般	普通话不会	—
79	户主	覃忠权	55	仫佬	初中	仫佬语熟练	桂柳话熟练	普通话略懂	—
	妻子	沈仁妹	55	汉	小学	仫佬语熟练	桂柳话一般	普通话不会	—
80	户主	覃宏桃	31	仫佬	初中	仫佬语熟练	桂柳话熟练	普通话一般	—
	妻子	廖秀玉	31	仫佬	初中	壮语熟练	仫佬语一般	桂柳话一般	普通话不会
	女儿	覃基娅	11	仫佬	初中	仫佬语熟练	桂柳话熟练	普通话熟练	—
	儿子	覃基立	6	仫佬	学前班	仫佬语熟练	桂柳话熟练	普通话一般	—
81	户主	覃新花	61	仫佬	小学	仫佬语熟练	桂柳话一般	普通话不会	—
	长女	覃红雪	37	仫佬	初中	仫佬语一般	桂柳话熟练	普通话一般	—
	次女	覃宏已	27	仫佬	初中	仫佬语熟练	桂柳话熟练	普通话一般	—
	儿子	覃宏命	25	仫佬	中专	仫佬语熟练	桂柳话熟练	普通话熟练	—
	孙子	覃基欢	4	仫佬	幼儿园	仫佬语一般	桂柳话一般	普通话不会	—
82	户主	覃富庭	55	仫佬	小学	仫佬语熟练	桂柳话熟练	普通话一般	—
	妻子	吴汉菊	43	仫佬	小学	仫佬语熟练	桂柳话一般	普通话不会	—
	长女	覃从利	26	仫佬	初中	仫佬语熟练	桂柳话熟练	普通话熟练	—
	次子	覃从飞	23	仫佬	初中	仫佬语熟练	桂柳话熟练	普通话一般	—
	三女	覃从晶	17	仫佬	初中	仫佬语熟练	桂柳话熟练	普通话熟练	—
83	户主	覃荣琼	68	仫佬	小学	仫佬语熟练	桂柳话一般	普通话不会	—
	女儿	覃珍云	31	仫佬	初中	仫佬语熟练	桂柳话熟练	普通话熟练	—
	儿子	覃宏俊	8	仫佬	小学	仫佬语一般	桂柳话熟练	普通话一般	—

续表

序号	家庭关系	姓名	年龄/岁	民族	文化程度	母语水平	第二语言水平	第三语言水平	第四语言水平
84	户主	覃启晓	34	仫佬	高中	仫佬语熟练	桂柳话熟练	普通话熟练	—
85	户主	覃建枝	54	仫佬	小学	仫佬语熟练	桂柳话一般	普通话略懂	壮语一般
	长女	覃冬雪	30	仫佬	初中	仫佬语熟练	桂柳话熟练	普通话一般	壮语一般
	次女	覃寒雪	27	仫佬	初中	仫佬语熟练	桂柳话熟练	普通话一般	—
86	户主	覃文献	47	仫佬	初中	仫佬语熟练	桂柳话一般	普通话一般	—
	妹妹	覃玉凤	39	仫佬	初中	仫佬语熟练	桂柳话熟练	普通话一般	—
87	户主	覃建斌	76	仫佬	小学	仫佬语熟练	桂柳话一般	普通话不会	—
	妻子	吴氏	75	仫佬	小学	仫佬语熟练	桂柳话一般	普通话不会	—
	儿子	覃启锋	43	仫佬	初中	仫佬语熟练	桂柳话一般	普通话一般	—
88	户主	唐彩枝	77	仫佬	小学	仫佬语熟练	桂柳话熟练	普通话不会	—
89	户主	覃启友	39	仫佬	初中	仫佬语熟练	桂柳话一般	普通话一般	—
90	户主	覃光汉	44	仫佬	初中	仫佬语熟练	桂柳话一般	普通话一般	—
	妻子	谢爱菊	41	仫佬	初中	仫佬语熟练	桂柳话一般	普通话略懂	—
	长女	覃冬艳	20	仫佬	初中	仫佬语熟练	桂柳话熟练	普通话一般	—
	次女	覃艳娟	15	仫佬	初中	仫佬语熟练	桂柳话熟练	普通话熟练	—
	三女	覃春念	5	仫佬	学前班	仫佬语熟练	桂柳话一般	普通话略懂	—
	母亲	吴金秀	85	仫佬	小学	仫佬语熟练	桂柳话不会	普通话不会	—
91	户主	覃学奎	63	仫佬	初中	仫佬语熟练	桂柳话一般	普通话不会	—
	妻子	谢纯花	60	仫佬	小学	仫佬语熟练	桂柳话一般	普通话不会	—
	女儿	覃爱莲	34	仫佬	初中	仫佬语熟练	桂柳话熟练	普通话一般	—
	女婿	邱朝光	35	汉	初中	桂柳话熟练	普通话熟练	仫佬语略懂	—
	孙子	覃邱俊	7	仫佬	小学	仫佬语熟练	桂柳话一般	普通话一般	—
	父亲	覃见生	72	仫佬	小学	仫佬语熟练	桂柳话略懂	普通话不会	—
92	户主	谢淳明	53	仫佬	初中	仫佬语熟练	桂柳话熟练	普通话一般	—
	妻子	张先梅	50	汉族	小学	桂柳话熟练	仫佬语一般	普通话不会	—
	女儿	谢丽姣	25	仫佬	小学	仫佬语熟练	桂柳话一般	普通话不会	—
	儿子	覃源	22	仫佬	高中	仫佬语熟练	桂柳话熟练	普通话熟练	—
93	户主	覃启强	37	仫佬	初中	仫佬语熟练	桂柳话一般	普通话一般	—
	母亲	吴宣枝	77	仫佬	小学	仫佬语熟练	桂柳话一般	普通话不会	—
94	户主	覃建梅	72	仫佬	小学	仫佬语熟练	桂柳话一般	普通话一般	—
95	户主	覃建球	39	仫佬	初中	仫佬语熟练	桂柳话一般	普通话一般	—
	父亲	覃开琼	74	仫佬	小学	仫佬语熟练	桂柳话略懂	普通话不会	—
96	户主	覃建高	32	仫佬	初中	仫佬语熟练	桂柳话一般	普通话一般	—
	妻子	吴才荣	30	仫佬	初中	仫佬语熟练	桂柳话一般	普通话一般	—

续表

序号	家庭关系	姓名	年龄/岁	民族	文化程度	母语水平	第二语言水平	第三语言水平	第四语言水平
96	女儿	覃丽鲜	7	仫佬	小学	仫佬语熟练	桂柳话一般	普通话一般	—
97	户主	覃建辉	47	仫佬	初中	仫佬语熟练	桂柳话一般	普通话一般	—
97	妻子	张凤玲	49	汉	小学	桂柳话熟练	仫佬语一般	普通话不会	—
97	长子	覃宏江	24	仫佬	初中	仫佬语熟练	桂柳话一般	普通话一般	—
97	女儿	覃丽平	20	仫佬	小学	仫佬语熟练	桂柳话一般	普通话一般	—
97	次子	覃鸿海	18	仫佬	小学	仫佬语熟练	桂柳话一般	普通话不会	—
97	母亲	吴彩凤	75	仫佬	小学	仫佬语熟练	桂柳话一般	普通话不会	—
98	户主	覃启祥	49	仫佬	初中	仫佬语熟练	桂柳话熟练	普通话一般	—
98	儿子	覃宏静	25	仫佬	初中	仫佬语熟练	桂柳话熟练	普通话一般	—
99	户主	韦美枝	54	壮	初中	壮语熟练	仫佬语熟练	桂柳话一般	普通话略懂
100	户主	覃建敏	73	仫佬	初中	仫佬语熟练	桂柳话一般	普通话一般	—
100	妻子	银柱凤	72	仫佬	小学	仫佬语熟练	桂柳话一般	普通话一般	—
100	儿子	覃波	38	仫佬	高中	仫佬语熟练	桂柳话熟练	普通话熟练	—
100	孙女	覃芳密	11	仫佬	初中	仫佬语熟练	桂柳话熟练	普通话熟练	—
101	户主	覃启权	58	仫佬	初中	仫佬语熟练	桂柳话一般	普通话一般	—
101	妻子	谢掉秀	57	仫佬	小学	仫佬语熟练	桂柳话一般	普通话不会	—
101	女儿	覃宏果	30	仫佬	初中	仫佬语熟练	桂柳话熟练	普通话一般	—
101	儿子	覃宏钱	24	仫佬	初中	仫佬语熟练	桂柳话一般	普通话一般	—
102	户主	覃启安	47	仫佬	高中	仫佬语熟练	桂柳话熟练	普通话一般	—
102	妻子	黄小琼	49	仫佬	初中	仫佬语熟练	桂柳话熟练	普通话略懂	—
102	长女	覃宏红	25	仫佬	小学	仫佬语熟练	桂柳话一般	普通话不会	—
102	次女	覃宏伟	23	仫佬	初中	仫佬语熟练	桂柳话熟练	普通话熟练	—
103	户主	覃宏树	27	仫佬	初中	仫佬语熟练	桂柳话熟练	普通话一般	—
103	儿子	覃基俊	3	仫佬	幼儿	仫佬语一般	桂柳话一般	普通话不会	—
104	户主	覃启革	46	仫佬	初中	仫佬语熟练	桂柳话一般	普通话一般	—
104	妻子	覃菊香	45	仫佬	初中	仫佬语熟练	桂柳话熟练	普通话一般	—
104	长子	覃冠中	24	仫佬	初中	仫佬语熟练	桂柳话一般	普通话一般	—
104	次子	覃冠双	22	仫佬	初中	仫佬语熟练	桂柳话熟练	普通话熟练	—
105	户主	覃启昌	42	仫佬	初中	仫佬语熟练	桂柳话熟练	普通话一般	—
105	妻子	覃翠金	42	仫佬	初中	仫佬语熟练	桂柳话一般	普通话略懂	—
105	长女	覃晓慧	14	仫佬	初中	仫佬语熟练	桂柳话熟练	普通话熟练	—
105	次女	覃晓燕	7	仫佬	小学	仫佬语熟练	桂柳话一般	普通话一般	—
106	户主	覃素娟	51	仫佬	小学	仫佬语熟练	桂柳话一般	普通话一般	—
106	长妹	覃孝娟	50	仫佬	小学	仫佬语熟练	桂柳话一般	普通话一般	—

续表

序号	家庭关系	姓名	年龄/岁	民族	文化程度	母语水平	第二语言水平	第三语言水平	第四语言水平
106	次妹	覃利娟	48	仫佬	初中	仫佬语熟练	桂柳话一般	普通话不会	—
107	户主	覃孝婵	30	仫佬	初中	仫佬语熟练	桂柳话熟练	普通话一般	
	丈夫	韦春华	38	壮	初中	壮语熟练	仫佬语一般	普通话不会	
	女儿	覃韦粒	7	仫佬	小学	仫佬语熟练	桂柳话一般	普通话一般	
108	户主	覃利婵	28	仫佬	高中	仫佬语熟练	桂柳话熟练	普通话熟练	
109	户主	覃建亮	57	仫佬	高中	仫佬语熟练	桂柳话熟练	普通话一般	
110	户主	覃爱香	54	仫佬	初中	仫佬语熟练	桂柳话一般	普通话略懂	
	儿子	覃琪	26	仫佬	中专	仫佬语熟练	桂柳话熟练	普通话一般	
111	户主	覃启胜	58	仫佬	初中	仫佬语熟练	桂柳话一般	普通话略懂	
	妻子	谢小连	60	仫佬	小学	仫佬语熟练	桂柳话一般	普通话不会	
	长女	覃春香	31	仫佬	初中	仫佬语熟练	桂柳话一般	普通话一般	
	次女	覃春玲	29	仫佬	初中	仫佬语熟练	桂柳话一般	普通话熟练	
	三女	覃四利	25	仫佬	初中	仫佬语熟练	桂柳话一般	普通话一般	
	孙女	覃陈奕	5	仫佬	学前班	仫佬语熟练	桂柳话一般	普通话一般	
112	户主	覃启球	46	仫佬	初中	仫佬语熟练	桂柳话一般	普通话不会	
	妻子	廖彩连	44	仫佬	小学	壮语熟练	仫佬语一般	普通话不会	
	女儿	覃宏廷	24	仫佬	初中	仫佬语熟练	桂柳话一般	普通话一般	
113	户主	谢秀花	76	仫佬	小学	仫佬语熟练	桂柳话熟练	普通话一般	
114	户主	覃启欢	38	仫佬	初中	仫佬语熟练	桂柳话熟练	普通话一般	
	妻子	张荣梅	33	汉	初中	客家话熟练	仫佬语一般	桂柳话一般	普通话一般
	女儿	覃靖岚	4	仫佬	学前班	仫佬语熟练	桂柳话一般	普通话一般	
115	户主	覃永昌	31	仫佬	初中	仫佬语熟练	桂柳话一般	普通话一般	
	母亲	吴秀琼	78	仫佬	小学	仫佬语熟练	桂柳话一般	普通话不会	
	长姐	覃翠枝	42	仫佬	初中	仫佬语熟练	桂柳话一般	普通话一般	
	次姐	覃喜春	38	仫佬	初中	仫佬语熟练	桂柳话一般	普通话一般	
116	户主	邱平琼	59	仫佬	小学	桂柳话熟练	仫佬语熟练	普通话一般	
	儿子	覃启优	28	仫佬	高中	仫佬语熟练	桂柳话一般	普通话熟练	
	长女	覃雪梅	26	仫佬	初中	仫佬语熟练	桂柳话一般	普通话一般	
	次女	覃雪美	24	仫佬	初中	仫佬语熟练	桂柳话一般	普通话一般	
	次子	覃启令	20	仫佬	初中	仫佬语熟练	桂柳话一般	普通话不会	
117	户主	覃仁生	58	仫佬	初中	仫佬语熟练	桂柳话一般	普通话一般	
	妻子	银玉英	59	仫佬	小学	仫佬语熟练	桂柳话一般	普通话不会	—
118	户主	周魁果	28	仫佬	初中	仫佬语熟练	桂柳话熟练	普通话一般	粤语一般
	母亲	谢连珍	61	仫佬	小学	仫佬语熟练	桂柳话一般	普通话略懂	—
119	户主	游瑞能	48	汉	初中	仫佬语熟练	桂柳话熟练	普通话一般	客家话熟练

续表

序号	家庭关系	姓名	年龄/岁	民族	文化程度	母语水平	第二语言水平	第三语言水平	第四语言水平
119	妻子	周孝香	51	仫佬	初中	仫佬语熟练	桂柳话熟练	普通话一般	客家话一般
	长妹	游细燕	45	汉	高中	仫佬语熟练	桂柳话熟练	普通话熟练	客家话熟练
	次妹	游春燕	42	汉	初中	仫佬语熟练	桂柳话熟练	普通话一般	客家话熟练
	三妹	游芳燕	33	仫佬	初中	仫佬语熟练	桂柳话熟练	普通话熟练	粤语熟练
120	户主	游献朋	30	仫佬	初中	仫佬语熟练	桂柳话熟练	普通话熟练	客家话熟练
	妻子	吴柳娟	28	仫佬	初中	仫佬语熟练	桂柳话熟练	普通话熟练	粤语一般
	儿子	游程宇	10	仫佬	小学	仫佬语不会	桂柳话不会	普通话熟练	粤语熟练
	女儿	游家琦	5	仫佬	学前班	仫佬语熟练	桂柳话熟练	普通话略懂	客家话一般
	妹妹	游利丽	28	仫佬	高中	仫佬语熟练	桂柳话熟练	普通话熟练	客家话一般
121	户主	游献保	30	仫佬	初中	仫佬语熟练	桂柳话熟练	普通话熟练	客家话熟练
	儿子	游家勇	2	仫佬	学龄前	仫佬语略懂	桂柳话略懂	普通话不会	—
	妹妹	游十月	29	仫佬	高中	仫佬语熟练	桂柳话熟练	普通话熟练	客家话熟练
122	户主	游见太	35	仫佬	小学	仫佬语熟练	桂柳话熟练	普通话略懂	客家话熟练
	女儿	游嘉珍	13	仫佬	小学	仫佬语熟练	桂柳话熟练	普通话略懂	客家话熟练
	儿子	游家兴	7	仫佬	小学	仫佬语熟练	桂柳话熟练	普通话略懂	客家话熟练
	母亲	吴小琼	59	仫佬	小学	仫佬语熟练	桂柳话熟练	普通话略懂	客家话熟练
123	户主	游贵胜	44	汉	初中	仫佬语熟练	桂柳话熟练	普通话熟练	客家话熟练
	母亲	吴金焕	72	仫佬	小学	仫佬语熟练	桂柳话熟练	普通话略懂	—
	妹妹	游贵娥	36	仫佬	高中	仫佬语熟练	桂柳话熟练	普通话熟练	客家话熟练
124	户主	游瑞敏	48	仫佬	初中	仫佬语熟练	桂柳话熟练	普通话熟练	客家话熟练
	妻子	彭爱花	46	壮	初中	仫佬语熟练	桂柳话熟练	普通话熟练	客家话熟练
	长子	游献文	26	仫佬	初中	仫佬语熟练	桂柳话熟练	普通话熟练	客家话熟练
	次子	游献武	24	仫佬	初中	仫佬语熟练	桂柳话熟练	普通话熟练	客家话熟练
	父亲	游兆东	78	汉	小学	仫佬语熟练	桂柳话熟练	普通话熟练	客家话熟练
125	户主	游兆强	70	仫佬	高中	仫佬语熟练	桂柳话熟练	普通话熟练	客家话熟练
	妻子	谢姣云	70	仫佬	小学	仫佬语熟练	桂柳话熟练	普通话一般	客家话熟练
	儿子	游瑞斌	41	仫佬	初中	仫佬语熟练	桂柳话熟练	普通话熟练	客家话熟练
	儿媳	韦丽	32	壮	初中	仫佬语熟练	桂柳话熟练	普通话熟练	壮语熟练
	孙子	游献双	16	仫佬	高中	仫佬语熟练	桂柳话熟练	普通话熟练	客家话熟练
126	户主	游瑞云	56	汉	初中	仫佬语熟练	桂柳话熟练	普通话一般	客家话熟练
	妻子	周四妹	56	仫佬	小学	仫佬语熟练	桂柳话熟练	普通话一般	客家话熟练
127	户主	周魁恒	27	仫佬	高中	仫佬语熟练	桂柳话熟练	普通话熟练	粤语熟练
	母亲	游春妹	51	汉	初中	仫佬语熟练	桂柳话熟练	普通话熟练	客家话熟练
	姐姐	周丽玲	28	仫佬	初中	仫佬语熟练	桂柳话熟练	普通话熟练	客家话一般
128	户主	游献暖	31	仫佬	初中	仫佬语熟练	桂柳话熟练	普通话熟练	客家话熟练

续表

序号	家庭关系	姓名	年龄/岁	民族	文化程度	母语水平	第二语言水平	第三语言水平	第四语言水平
128	女儿	游谢欢	4	仫佬	幼儿园	仫佬语熟练	桂柳话熟练	普通话略懂	—
	妹妹	游献梅	26	仫佬	初中	仫佬语熟练	桂柳话熟练	普通话熟练	客家话熟练
129	户主	游兆明	61	汉	小学	仫佬语熟练	桂柳话熟练	普通话一般	客家话熟练
	妻子	郁香梅	60	壮	小学	仫佬语熟练	桂柳话熟练	普通话略懂	壮语熟练
	长子	游见家	33	汉	初中	仫佬语熟练	桂柳话熟练	普通话熟练	客家话熟练
	次子	游见望	32	汉	初中	仫佬语熟练	桂柳话熟练	普通话熟练	客家话熟练
	三子	游见谋	29	汉	初中	仫佬语熟练	桂柳话熟练	普通话一般	客家话熟练
	母亲	张妹	93	汉	小学	仫佬语熟练	桂柳话熟练	普通话不会	—
	孙女	游芯慧	2	汉	学龄前	仫佬语略懂	桂柳话略懂	普通话不会	—
130	户主	游兆光	63	汉	小学	仫佬语熟练	桂柳话熟练	普通话一般	客家话熟练
	妻子	吴冬秀	60	仫佬	小学	仫佬语熟练	桂柳话熟练	普通话一般	客家话熟练
	儿子	游瑞法	27	仫佬	高中	仫佬语熟练	桂柳话熟练	普通话熟练	客家话熟练
131	户主	刘莫忠	39	仫佬	初中	仫佬语熟练	桂柳话熟练	普通话熟练	客家话熟练
	妻子	吴雪梅	42	仫佬	初中	仫佬语熟练	桂柳话熟练	普通话熟练	—
	长女	刘宇	17	仫佬	初中	仫佬语熟练	桂柳话熟练	普通话熟练	客家话熟练
	次女	刘诗	11	仫佬	初中	仫佬语熟练	桂柳话熟练	普通话熟练	客家话熟练
132	户主	游瑞同	39	汉	小学	仫佬语熟练	桂柳话熟练	普通话熟练	客家话熟练
	妻子	杨素芳	44	壮	初中	仫佬语熟练	桂柳话熟练	普通话一般	—
	儿子	游献凯	10	汉	小学	仫佬语熟练	桂柳话熟练	普通话一般	客家话熟练
	母亲	吴美荣	79	仫佬	小学	仫佬语熟练	桂柳话熟练	普通话略懂	客家话熟练
133	户主	游瑞光	48	汉	初中	仫佬语熟练	桂柳话熟练	普通话熟练	客家话熟练
	妻子	黄照兰	48	壮	小学	仫佬语熟练	桂柳话熟练	普通话一般	壮语熟练
	女儿	游献珍	27	壮	初中	仫佬语熟练	桂柳话熟练	普通话熟练	客家话熟练
	儿子	游献兵	25	壮	高中	仫佬语熟练	桂柳话熟练	普通话熟练	客家话熟练
	弟弟	游见窕	33	仫佬	大专	仫佬语熟练	桂柳话熟练	普通话熟练	客家话熟练
134	户主	刘莫军	41	仫佬	小学	仫佬语熟练	桂柳话熟练	普通话熟练	客家话熟练
	妻子	谢珍菊	39	仫佬	初中	仫佬语熟练	桂柳话熟练	普通话熟练	客家话熟练
	长子	刘万勇	24	仫佬	初中	仫佬语熟练	桂柳话熟练	普通话熟练	客家话熟练
	次子	刘万康	20	仫佬	初中	仫佬语熟练	桂柳话熟练	普通话熟练	客家话熟练
	母亲	周美琼	74	仫佬	小学	仫佬语熟练	桂柳话熟练	普通话熟练	客家话熟练
135	户主	刘三平	36	汉	初中	仫佬语熟练	桂柳话熟练	普通话熟练	客家话熟练
	妻子	游献红	37	汉	初中	仫佬语熟练	桂柳话熟练	普通话熟练	客家话熟练
	儿子	刘磊	11	汉	小学	仫佬语熟练	桂柳话熟练	普通话熟练	客家话熟练
	母亲	周桂英	75	仫佬	小学	仫佬语熟练	桂柳话熟练	普通话一般	客家话熟练
136	户主	刘冠平	42	汉	初中	仫佬语熟练	桂柳话熟练	普通话熟练	客家话熟练

续表

序号	家庭关系	姓名	年龄/岁	民族	文化程度	母语水平	第二语言水平	第三语言水平	第四语言水平
136	妻子	文尚梅	43	汉	小学	仫佬语熟练	桂柳话熟练	普通话熟练	客家话熟练
	女儿	刘芳芳	22	仫佬	中专	仫佬语熟练	桂柳话熟练	普通话熟练	客家话熟练
	儿子	刘万林	17	汉	中专	仫佬语熟练	桂柳话熟练	普通话熟练	客家话熟练
137	户主	刘冠德	60	汉	小学	仫佬语熟练	桂柳话熟练	普通话一般	客家话熟练
	儿子	刘万能	35	仫佬	初中	仫佬语熟练	桂柳话熟练	普通话熟练	客家话熟练
	儿媳	游汉枝	34	汉	初中	仫佬语熟练	桂柳话熟练	普通话熟练	客家话熟练
	孙子	刘喜靖	4	仫佬	小学	仫佬语熟练	桂柳话熟练	普通话一般	客家话熟练
	孙女	刘喜珍	9	仫佬	初中	仫佬语熟练	桂柳话熟练	普通话熟练	客家话熟练
138	户主	周殿会	56	仫佬	小学	仫佬语熟练	桂柳话熟练	普通话一般	客家话熟练
	儿子	刘万金	32	仫佬	初中	仫佬语熟练	桂柳话熟练	普通话熟练	客家话熟练
139	户主	游兆乐	71	汉	小学	仫佬语熟练	桂柳话熟练	普通话不会	客家话熟练
	妻子	周桂莲	69	仫佬	小学	仫佬语熟练	桂柳话熟练	普通话不会	客家话熟练
	儿子	游胜文	43	汉	小学	仫佬语熟练	桂柳话熟练	普通话熟练	客家话熟练
140	户主	游胜球	46	汉	小学	仫佬语熟练	桂柳话熟练	普通话熟练	客家话熟练
	妻子	刘掉枝	45	汉	小学	仫佬语熟练	桂柳话熟练	普通话熟练	客家话熟练
	女儿	游献姣	24	汉	初中	仫佬语熟练	桂柳话熟练	普通话熟练	客家话熟练
	儿子	游献勇	22	仫佬	初中	仫佬语熟练	桂柳话熟练	普通话熟练	客家话熟练
141	户主	游瑞志	38	汉	初中	仫佬语熟练	桂柳话熟练	普通话熟练	客家话熟练
	妻子	吴彩枝	36	仫佬	初中	仫佬语熟练	桂柳话熟练	普通话熟练	壮语熟练
	儿子	游献敏	14	仫佬	小学	仫佬语熟练	桂柳话熟练	普通话一般	—
	女儿	游婷婷	5	仫佬	小学	仫佬语熟练	桂柳话熟练	普通话一般	客家话熟练
142	户主	游兆德	64	汉	小学	仫佬语熟练	桂柳话熟练	普通话一般	客家话熟练
	妻子	文朝菊	64	汉	小学	仫佬语熟练	桂柳话熟练	普通话一般	客家话熟练
143	户主	游胜斌	35	汉	初中	仫佬语熟练	桂柳话熟练	普通话熟练	客家话熟练
	妻子	银帮凤	38	仫佬	初中	仫佬语熟练	桂柳话熟练	普通话熟练	—
	女儿	游殿宁	5	仫佬	小学	仫佬语熟练	桂柳话熟练	普通话一般	客家话熟练
144	户主	游胜奎	44	汉	小学	仫佬语熟练	桂柳话熟练	普通话熟练	客家话熟练
	妻子	周胜菊	43	仫佬	小学	仫佬语熟练	桂柳话熟练	普通话熟练	粤语熟练
	长女	游献东	23	仫佬	初中	仫佬语熟练	桂柳话熟练	普通话熟练	粤语熟练
	次女	游东玲	21	仫佬	初中	仫佬语熟练	桂柳话熟练	普通话熟练	粤语熟练
145	户主	周细鸾	56	仫佬	小学	仫佬语熟练	桂柳话熟练	普通话一般	客家话熟练
	儿子	游献发	30	仫佬	初中	仫佬语熟练	桂柳话熟练	普通话熟练	客家话熟练
	长女	游献雪	28	仫佬	初中	仫佬语熟练	桂柳话熟练	普通话熟练	客家话熟练
	次女	游献芳	33	仫佬	初中	仫佬语熟练	桂柳话熟练	普通话熟练	客家话熟练

续表

序号	家庭关系	姓名	年龄/岁	民族	文化程度	母语水平	第二语言水平	第三语言水平	第四语言水平
145	孙女	游欣怡	3	仫佬	学龄前	仫佬语一般	桂柳话一般	普通话略懂	—
146	户主	游瑞荣	64	汉	小学	仫佬语熟练	桂柳话熟练	普通话熟练	客家话熟练
	妻子	周细凤	63	仫佬	小学	仫佬语熟练	桂柳话熟练	普通话一般	客家话熟练
	女儿	游献林	35	汉	初中	仫佬语熟练	桂柳话熟练	普通话熟练	客家话熟练
147	户主	游双球	32	汉	初中	仫佬语熟练	桂柳话熟练	普通话熟练	客家话熟练
	妻子	杨雪萍	29	汉	初中	仫佬语熟练	桂柳话熟练	普通话熟练	粤语熟练
	长子	游家豪	7	汉	小学	仫佬语熟练	桂柳话熟练	普通话一般	粤语熟练
	次子	游家童	3	汉	学龄前	仫佬语一般	桂柳话不会	普通话一般	粤语一般
148	户主	游瑞军	41	汉	小学	仫佬语熟练	桂柳话熟练	普通话熟练	客家话熟练
	妻子	谢金秀	41	仫佬	小学	仫佬语熟练	桂柳话熟练	普通话熟练	客家话熟练
	女儿	游献丹	12	仫佬	初中	仫佬语熟练	桂柳话熟练	普通话熟练	客家话熟练
149	户主	谢秀兰	35	仫佬	中专	仫佬语熟练	桂柳话熟练	普通话熟练	—
	丈夫	周扬光	32	仫佬	中专	仫佬语熟练	桂柳话熟练	普通话熟练	客家话熟练
	儿子	周曲威	6	仫佬	小学	仫佬语熟练	桂柳话熟练	普通话一般	—
	母亲	莫先姣	57	仫佬	小学	仫佬语熟练	桂柳话熟练	普通话熟练	—
150	户主	周武涛	25	仫佬	初中	仫佬语熟练	桂柳话熟练	普通话熟练	客家话熟练
	父亲	周伦	58	仫佬	初中	仫佬语熟练	桂柳话熟练	普通话熟练	客家话熟练
	弟弟	周武陶	29	仫佬	初中	仫佬语熟练	桂柳话熟练	普通话熟练	粤语熟练
	哥哥	周武飞	33	仫佬	初中	仫佬语熟练	桂柳话熟练	普通话熟练	粤语熟练
	妹妹	周武群	31	仫佬	初中	仫佬语熟练	桂柳话熟练	普通话熟练	粤语熟练

4. 小长安镇语言兼用情况

小长安镇语言兼用情况如表 6-12 所示。

表 6-12 小长安镇语言兼用情况表

序号	家庭关系	姓名	年龄/岁	民族	文化程度	母语水平	第二语言水平	第三语言水平	第四语言水平
1	户主	欧其涛	47	仫佬	小学	仫佬语熟练	桂柳话一般	普通话略懂	—
	女儿	欧国姣	23	仫佬	初中	仫佬语熟练	桂柳话熟练	普通话一般	—
	父亲	欧广宣	67	仫佬	初中	仫佬语熟练	桂柳话熟练	普通话略懂	—
	母亲	罗万妹	61	仫佬	文盲	仫佬语熟练	桂柳话不会	普通话不会	—
2	户主	欧其胜	37	仫佬	小学	仫佬语熟练	桂柳话熟练	普通话熟练	—
	母亲	欧福花	67	仫佬	文盲	仫佬语熟练	桂柳话略懂	普通话不会	—
	儿子	欧昌帅	9	仫佬	小学	仫佬语熟练	桂柳话略懂	普通话一般	—
	女儿	欧丹红	5	仫佬	幼儿园	仫佬语熟练	桂柳话略懂	普通话一般	—

续表

序号	家庭关系	姓名	年龄/岁	民族	文化程度	母语水平	第二语言水平	第三语言水平	第四语言水平
3	户主	刘秀初	77	壮	小学	壮语熟练	仫佬语一般	桂柳话熟练	—
	长子	欧广平	48	仫佬	高中	仫佬语熟练	桂柳话略懂	普通话略懂	—
	次子	欧广军	45	仫佬	高中	仫佬语熟练	桂柳话熟练	普通话熟练	—
4	户主	欧其能	43	仫佬	初中	仫佬语熟练	桂柳话熟练	普通话熟练	—
	妻子	卢春利	37	壮	初中	壮语熟练	仫佬语熟练	桂柳话熟练	普通话熟练
	父亲	欧广善	88	仫佬	小学	仫佬语熟练	桂柳话熟练	普通话略懂	—
	长子	欧昌谊	15	仫佬	初中	仫佬语熟练	桂柳话熟练	普通话熟练	—
	次子	欧昌豪	5	仫佬	小学	仫佬语熟练	桂柳话不会	普通话略懂	—
5	户主	欧其奎	50	仫佬	初中	仫佬语熟练	桂柳话熟练	普通话熟练	—
	妻子	韦荣利	48	壮	小学	壮语熟练	仫佬语一般	桂柳话略懂	普通话略懂
	女儿	欧昌柳	27	仫佬	初中	仫佬语熟练	桂柳话熟练	普通话熟练	—
	儿子	欧昌儒	25	仫佬	小学	仫佬语熟练	桂柳话熟练	普通话熟练	—
6	户主	欧昌花	41	仫佬	初中	仫佬语熟练	桂柳话熟练	普通话熟练	—
	父亲	欧其珍	73	仫佬	小学	仫佬语熟练	桂柳话熟练	普通话熟练	—
	儿子	欧显富	11	仫佬	小学	仫佬语熟练	桂柳话一般	普通话熟练	—
7	户主	欧昌钦	32	仫佬	小学	仫佬语熟练	桂柳话熟练	普通话一般	—
8	户主	欧其辉	59	仫佬	小学	仫佬语熟练	桂柳话一般	普通话略懂	—
	女儿	欧万琼	23	仫佬	初中	仫佬语熟练	桂柳话熟练	普通话熟练	—
	父亲	欧其璋	68	仫佬	小学	仫佬语熟练	桂柳话一般	普通话略懂	—
	母亲	欧社妹	69	仫佬	文盲	仫佬语熟练	桂柳话略懂	普通话略懂	—
9	户主	欧昌保	33	仫佬	小学	仫佬语熟练	桂柳话熟练	普通话一般	—
	妹妹	欧昌万	22	仫佬	高中	仫佬语熟练	桂柳话熟练	普通话熟练	—
	侄子	欧宇	15	仫佬	初中	仫佬语熟练	桂柳话熟练	普通话熟练	—
	侄女	欧秋云	19	仫佬	初中	仫佬语熟练	桂柳话熟练	普通话熟练	—
10	户主	欧昌荣	44	仫佬	小学	仫佬语熟练	桂柳话一般	普通话略懂	—
	父亲	欧其兴	80	仫佬	文盲	仫佬语熟练	桂柳话一般	普通话略懂	—
	女儿	欧秀芳	32	仫佬	小学	仫佬语熟练	桂柳话熟练	普通话一般	—
	儿子	欧斌	30	仫佬	初中	仫佬语熟练	桂柳话熟练	普通话熟练	—
	侄子	欧显儒	26	仫佬	初中	仫佬语熟练	桂柳话熟练	普通话熟练	—
11	户主	欧广兰	63	仫佬	小学	仫佬语熟练	桂柳话熟练	普通话略懂	—
	妻子	邓应枝	61	仫佬	文盲	仫佬语熟练	桂柳话略懂	普通话略懂	—
	女儿	欧昌翠	23	仫佬	初中	仫佬语熟练	桂柳话熟练	普通话一般	—
	儿子	欧昌亮	20	仫佬	小学	仫佬语熟练	桂柳话熟练	普通话一般	—

续表

序号	家庭关系	姓名	年龄/岁	民族	文化程度	母语水平	第二语言水平	第三语言水平	第四语言水平
12	户主	欧小花	48	仫佬	小学	仫佬语熟练	桂柳话熟练	普通话一般	—
13	户主	梁开祥	69	仫佬	小学	仫佬语熟练	桂柳话熟练	普通话一般	—
	妻子	覃喜妹	68	壮	小学	仫佬语熟练	桂柳话一般	普通话略懂	
	儿子	梁峰华	39	仫佬	小学	仫佬语熟练	桂柳话熟练	普通话一般	
	女儿	梁英枝	34	仫佬	小学	仫佬语熟练	桂柳话一般	普通话略懂	
	外孙	梁慧	13	仫佬	初中	仫佬语熟练	桂柳话熟练	普通话熟练	
14	户主	欧其成	47	仫佬	小学	仫佬语熟练	桂柳话熟练	普通话一般	
	妻子	欧秀群	35	仫佬	小学	仫佬语熟练	桂柳话熟练	普通话一般	
	长女	欧丽玉	17	仫佬	初中	仫佬语熟练	桂柳话熟练	普通话熟练	
	次女	欧丽燕	12	仫佬	小学	仫佬语熟练	桂柳话熟练	普通话熟练	
	母亲	梁雯花	85	仫佬	文盲	仫佬语熟练	桂柳话不会	普通话不会	
15	户主	欧其敏	56	仫佬	初中	仫佬语熟练	桂柳话熟练	普通话略懂	
	妻子	黄金芳	55	仫佬	小学	仫佬语熟练	桂柳话熟练	普通话略懂	
	长女	欧昌梅	29	仫佬	初中	仫佬语熟练	桂柳话熟练	普通话熟练	
	次女	欧小柳	25	仫佬	初中	仫佬语熟练	桂柳话熟练	普通话熟练	
	儿子	欧昌乐	19	仫佬	文盲	仫佬语熟练	桂柳话不会	普通话不会	
16	户主	欧其顺	54	仫佬	小学	仫佬语熟练	桂柳话熟练	普通话略懂	
	妻子	欧凤鸾	50	仫佬	初中	仫佬语熟练	桂柳话熟练	普通话略懂	
	儿子	欧昌飞	24	仫佬	初中	仫佬语熟练	桂柳话熟练	普通话熟练	
17	户主	欧广云	61	汉	小学	仫佬语熟练	桂柳话熟练	普通话一般	
	长女	欧红英	30	仫佬	初中	仫佬语熟练	桂柳话熟练	普通话熟练	
	次女	欧红芳	28	仫佬	初中	仫佬语熟练	桂柳话熟练	普通话熟练	
	外孙	欧毛成勇	1	仫佬	幼儿	—		—	
18	户主	欧其昌	63	仫佬	小学	仫佬语熟练	桂柳话熟练	普通话略懂	
	妻子	邓归凤	62	汉	小学	客家话熟练	仫佬语熟练	桂柳话略懂	普通话略懂
	长子	欧昌佑	39	仫佬	小学	仫佬语熟练	桂柳话熟练	普通话熟练	
	次女	欧昌群	34	仫佬	小学	仫佬语熟练	桂柳话熟练	普通话熟练	
	三儿子	欧昌玉	30	仫佬	初中	仫佬语熟练	桂柳话熟练	普通话熟练	
	四女儿	欧昌新	26	仫佬	初中	仫佬语熟练	桂柳话熟练	普通话熟练	
	外孙	欧燕珍	4	仫佬	小学	桂柳话熟练	普通话熟练	仫佬语略懂	
19	户主	欧其武	58	仫佬	初中	仫佬语熟练	桂柳话熟练	普通话一般	
	妻子	欧其花	62	仫佬	小学	仫佬语熟练	桂柳话熟练	普通话略懂	
	女儿	欧昌清	28	仫佬	初中	仫佬语熟练	桂柳话熟练	普通话熟练	
	母亲	梁买銮	78	仫佬	文盲	仫佬语熟练	桂柳话一般	普通话略懂	

续表

序号	家庭关系	姓名	年龄/岁	民族	文化程度	母语水平	第二语言水平	第三语言水平	第四语言水平
20	户主	欧昌明	49	仫佬	初中	仫佬语熟练	桂柳话熟练	普通话熟练	—
	妻子	欧四英	50	仫佬	小学	仫佬语熟练	桂柳话熟练	普通话略懂	—
	女儿	欧孟春	24	仫佬	大学	仫佬语熟练	桂柳话熟练	普通话熟练	—
	儿子	欧显强	19	仫佬	初中	仫佬语熟练	桂柳话熟练	普通话熟练	—
21	户主	欧荣枝	37	仫佬	初中	仫佬语熟练	桂柳话熟练	普通话熟练	—
	儿子	欧昌源	5	仫佬	学前班	仫佬语熟练	桂柳话不会	普通话略懂	—
	女儿	欧丽娜	12	仫佬	小学	仫佬语熟练	桂柳话熟练	普通话熟练	—
	公公	欧广义	65	仫佬	小学	仫佬语熟练	桂柳话熟练	普通话一般	—
22	户主	欧其超	50	仫佬	初中	仫佬语熟练	桂柳话熟练	普通话一般	—
	妻子	潘春銮	49	仫佬	小学	仫佬语熟练	桂柳话熟练	普通话略懂	—
	女儿	欧秀春	25	仫佬	初中	仫佬语熟练	桂柳话熟练	普通话熟练	—
	儿子	欧玉	23	仫佬	小学	仫佬语熟练	桂柳话熟练	普通话熟练	—
23	户主	欧其波	38	仫佬	初中	仫佬语熟练	桂柳话熟练	普通话熟练	—
	母亲	欧记花	64	仫佬	小学	仫佬语熟练	桂柳话一般	普通话略懂	—
	妻子	覃四妹	32	仫佬	文盲	仫佬语熟练	桂柳话略懂	普通话略懂	—
	女儿	欧艳菊	9	仫佬	小学	仫佬语熟练	桂柳话略懂	普通话略懂	—
	儿子	欧建	6	仫佬	学前班	仫佬语熟练	桂柳话略懂	普通话略懂	—
24	户主	欧广恩	65	仫佬	小学	仫佬语熟练	桂柳话熟练	普通话略懂	—
	妻子	祝华枝	61	汉	小学	仫佬语熟练	桂柳话熟练	普通话一般	—
	儿子	欧其品	35	仫佬	小学	仫佬语熟练	桂柳话熟练	普通话略懂	—
	长女	欧丽群	34	仫佬	小学	仫佬语熟练	桂柳话熟练	普通话略懂	—
	次女	欧丽英	33	仫佬	小学	仫佬语熟练	桂柳话熟练	普通话略懂	—
25	户主	欧其海	39	仫佬	小学	仫佬语熟练	桂柳话熟练	普通话熟练	—
	妻子	欧昌兰	36	仫佬	小学	仫佬语熟练	桂柳话熟练	普通话一般	—
	母亲	吴奇美	64	仫佬	文盲	仫佬语熟练	桂柳话一般	普通话略懂	—
	长子	欧昌达	14	仫佬	初中	仫佬语熟练	桂柳话熟练	普通话熟练	—
	次子	欧昌磊	7	仫佬	小学	仫佬语熟练	桂柳话略懂	普通话一般	—
26	户主	梁开武	61	仫佬	初中	仫佬语熟练	桂柳话熟练	普通话一般	—
27	户主	梁开生	64	仫佬	文盲	仫佬语熟练	桂柳话一般	普通话略懂	—
	妻子	卢启香	67	汉	文盲	仫佬语熟练	桂柳话略懂	普通话略懂	—
	儿子	梁丰平	37	仫佬	小学	仫佬语熟练	桂柳话熟练	普通话熟练	—
	儿媳	陈秀凤	30	仫佬	小学	仫佬语熟练	桂柳话熟练	普通话熟练	—
	女儿	梁英秀	23	仫佬	小学	仫佬语熟练	桂柳话熟练	普通话熟练	—
	孙子	梁彪	8	仫佬	小学	仫佬语熟练	桂柳话略懂	普通话略懂	—
	孙女	梁爱	4	仫佬	小学	仫佬语熟练	桂柳话略懂	普通话略懂	—

续表

序号	家庭关系	姓名	年龄/岁	民族	文化程度	母语水平	第二语言水平	第三语言水平	第四语言水平
28	户主	欧广福	60	仫佬	文盲	仫佬语熟练	桂柳话一般	普通话略懂	—
	妻子	吴耀枝	61	仫佬	文盲	仫佬语熟练	桂柳话熟练	普通话略懂	—
	女儿	欧凤秀	33	仫佬	初中	仫佬语熟练	桂柳话熟练	普通话一般	—
	儿子	欧其腾	30	仫佬	小学	仫佬语熟练	桂柳话熟练	普通话熟练	—
	孙子	欧昌维	12	仫佬	小学	仫佬语熟练	桂柳话熟练	普通话略懂	—
	孙女	韦萍	7	仫佬	小学	仫佬语熟练	桂柳话略懂	普通话一般	—
29	户主	梁开光	63	仫佬	文盲	仫佬语熟练	桂柳话熟练	普通话略懂	—
	长子	梁恩胜	29	仫佬	小学	仫佬语熟练	桂柳话熟练	普通话一般	—
	次子	梁恩强	25	仫佬	初中	仫佬语熟练	桂柳话熟练	普通话熟练	—
30	户主	罗仁万	48	仫佬	小学	仫佬语熟练	桂柳话熟练	普通话一般	粤语熟练
	妻子	潘秀娥	38	仫佬	小学	仫佬语熟练	桂柳话熟练	普通话一般	—
	母亲	吴其鸾	79	壮	文盲	壮语熟练	仫佬语熟练	普通话不会	—
31	户主	罗仁纯	38	仫佬	小学	仫佬语熟练	桂柳话熟练	普通话一般	粤语熟练
	女儿	罗荣爱	8	仫佬	小学	仫佬语熟练	普通话一般	桂柳话熟练	—
	儿子	罗日广	2	仫佬	学龄前	仫佬语熟练	普通话不会	桂柳话不会	—
32	户主	罗观	51	仫佬	初中	仫佬语熟练	桂柳话熟练	普通话一般	粤语熟练
	妻子	陈小英	49	汉	小学	羊山话熟练	仫佬语熟练	桂柳话熟练	—
	长女	罗日玲	23	仫佬	初中	仫佬语熟练	普通话一般	桂柳话熟练	—
	次女	罗日月	25	仫佬	小学	仫佬语熟练	桂柳话熟练	普通话一般	粤语一般
	三女	罗秀玲	21	仫佬	大专	仫佬语熟练	桂柳话熟练	普通话熟练	—
33	户主	覃照科	44	仫佬	小学	仫佬语熟练	桂柳话熟练	普通话不会	—
	妻子	吴枚椰	30	苗	小学	苗语熟练	桂柳话一般	仫佬语略懂	—
	儿子	覃万纯	7	仫佬	小学	仫佬语熟练	桂柳话一般	普通话一般	—
	女儿	覃丽娟	2	仫佬	学龄前	仫佬语熟练	桂柳话不会	普通话不会	—
34	户主	覃照标	47	仫佬	小学	仫佬语熟练	桂柳话熟练	普通话略懂	—
	妻子	韦金玉	47	壮	小学	壮语熟练	仫佬语熟练	普通话一般	—
	女儿	覃万秀	21	仫佬	初中	仫佬语熟练	普通话一般	桂柳话熟练	—
	儿子	覃万亮	23	仫佬	初中	仫佬语熟练	普通话一般	桂柳话熟练	—
35	户主	覃明才	59	仫佬	小学	仫佬语熟练	桂柳话熟练	普通话一般	—
	妻子	潘刚花	54	仫佬	小学	仫佬语熟练	桂柳话不会	普通话不会	—
	长女	覃照艳	32	仫佬	小学	仫佬语熟练	壮语熟练	桂柳话熟练	普通话一般
	次女	覃照美	29	仫佬	小学	仫佬语熟练	桂柳话熟练	普通话熟练	—
	儿子	覃照海	31	仫佬	小学	仫佬语熟练	桂柳话熟练	普通话熟练	—
36	户主	罗仁杰	54	仫佬	小学	仫佬语熟练	桂柳话熟练	普通话略懂	—
	长女	罗日翠	30	仫佬	初中	仫佬语熟练	桂柳话熟练	普通话熟练	—

续表

序号	家庭关系	姓名	年龄/岁	民族	文化程度	母语水平	第二语言水平	第三语言水平	第四语言水平
36	孙子	罗月雷	11	仫佬	小学	仫佬语熟练	桂柳话熟练	普通话熟练	—
	次女	罗日柳	26	仫佬	初中	仫佬语熟练	桂柳话熟练	普通话熟练	—
	外孙	罗月围	6	仫佬	小学	仫佬语熟练	桂柳话一般	普通话熟练	—
37	户主	罗日才	38	仫佬	小学	仫佬语熟练	桂柳话熟练	普通话一般	—
	妻子	梁秋枝	46	仫佬	小学	仫佬语熟练	桂柳话熟练	普通话一般	—
	长女	罗月枝	14	仫佬	初中	仫佬语熟练	桂柳话熟练	普通话熟练	—
	次女	罗兰香	10	仫佬	小学	仫佬语熟练	桂柳话熟练	普通话熟练	—
38	户主	罗仁山	43	仫佬	小学	仫佬语熟练	桂柳话熟练	普通话一般	—
	长子	罗日祥	26	仫佬	小学	仫佬语熟练	桂柳话熟练	普通话熟练	—
	次子	罗日东	24	仫佬	初中	仫佬语熟练	桂柳话一般	普通话熟练	—
39	户主	罗日新	49	仫佬	小学	仫佬语熟练	桂柳话熟练	普通话熟练	—
	妻子	韦秀红	45	壮	小学	壮语熟练	仫佬语熟练	桂柳话熟练	普通话一般
	儿子	罗月飞	22	仫佬	初中	仫佬语熟练	桂柳话熟练	普通话熟练	—
	女儿	罗月琴	24	仫佬	初中	仫佬语熟练	桂柳话熟练	普通话熟练	—
	母亲	梁红花	69	仫佬	初中	仫佬语熟练	桂柳话略懂	普通话不会	—
40	户主	罗仁林	45	仫佬	小学	仫佬语熟练	桂柳话熟练	普通话一般	—
	长子	罗日壮	29	仫佬	初中	仫佬语熟练	桂柳话熟练	普通话熟练	—
	次子	罗日晋	23	仫佬	小学	仫佬语熟练	桂柳话熟练	普通话一般	—
	女儿	罗秋月	26	仫佬	初中	仫佬语熟练	桂柳话熟练	普通话熟练	—
	三子	罗日远	20	仫佬	初中	仫佬语熟练	桂柳话熟练	普通话熟练	—
	孙子	罗文轩	1	仫佬	学龄前	仫佬语一般	桂柳话不会	普通话不会	—
	孙子	罗建佳	3	仫佬	学龄前	仫佬语熟练	桂柳话不会	普通话不会	—
41	户主	罗仁能	55	仫佬	小学	仫佬语熟练	桂柳话熟练	普通话略懂	—
	妻子	吴炳梅	52	仫佬	小学	仫佬语熟练	桂柳话一般	普通话略懂	—
42	户主	罗仁耀	58	仫佬	初中	仫佬语熟练	桂柳话熟练	普通话熟练	—
	妻子	潘贵凤	57	仫佬	小学	仫佬语熟练	桂柳话一般	普通话略懂	—
	长子	罗日明	27	仫佬	初中	仫佬语熟练	桂柳话熟练	普通话熟练	—
	次子	罗日应	24	仫佬	初中	仫佬语熟练	桂柳话熟练	普通话熟练	—
43	户主	罗荣	41	仫佬	初中	仫佬语熟练	桂柳话熟练	普通话熟练	—
	妻子	王凤姣	38	汉	初中	普通话熟练	仫佬语一般	—	—
	儿子	罗日彬	16	仫佬	小学	仫佬语熟练	桂柳话熟练	普通话熟练	—
	女儿	罗日晶	10	仫佬	小学	仫佬语熟练	桂柳话熟练	普通话熟练	—
	母亲	覃荣珍	71	仫佬	文盲	仫佬语熟练	桂柳话熟练	普通话不会	—
44	户主	罗军	44	仫佬	初中	仫佬语熟练	桂柳话熟练	普通话熟练	—
	妻子	梁忠金	39	仫佬	小学	壮语熟练	仫佬语熟练	桂柳话一般	—

续表

序号	家庭关系	姓名	年龄/岁	民族	文化程度	母语水平	第二语言水平	第三语言水平	第四语言水平
44	长女	覃万宣	12	仫佬	小学	仫佬语熟练	普通话熟练	桂柳话熟练	—
	儿子	罗日满	6	仫佬	小学	仫佬语熟练	桂柳话一般	普通话熟练	—
	次女	罗月灿	4	仫佬	幼儿园	普通话一般	仫佬语一般	—	—
45	户主	覃照生	46	仫佬	小学	仫佬语熟练	桂柳话熟练	普通话略懂	—
	父亲	覃明耀	74	仫佬	初中	仫佬语熟练	桂柳话熟练	普通话不会	—
	女儿	覃万姣	18	仫佬	初中	仫佬语熟练	普通话熟练	桂柳话熟练	—
46	户主	罗日诚	45	仫佬	小学	仫佬语熟练	桂柳话熟练	普通话一般	—
	长女	罗月香	19	仫佬	高中	仫佬语熟练	普通话熟练	桂柳话熟练	—
	次女	罗月秋	15	仫佬	初中	仫佬语熟练	普通话熟练	桂柳话熟练	—
	父亲	罗仁忠	74	仫佬	小学	仫佬语熟练	桂柳话熟练	普通话略懂	—
	母亲	周运荣	62	仫佬	小学	仫佬语熟练	桂柳话熟练	普通话不会	—
47	户主	罗仁丰	40	仫佬	初中	仫佬语熟练	桂柳话熟练	普通话一般	—
	弟弟	罗仁志	35	仫佬	小学	仫佬语熟练	桂柳话熟练	普通话一般	—
48	户主	罗仁庄	38	仫佬	小学	仫佬语熟练	桂柳话熟练	普通话一般	—
	妹妹	罗凤青	32	仫佬	初中	仫佬语熟练	桂柳话熟练	普通话一般	—
	长子	罗日旺	11	仫佬	小学	仫佬语熟练	普通话熟练	桂柳话熟练	—
	次子	罗日聪	4	仫佬	学龄前	仫佬语一般	普通话略懂	桂柳话不会	—
	母亲	谢美枝	64	汉	小学	普通话熟练	仫佬语熟练	桂柳话熟练	—
49	户主	罗日华	35	仫佬	初中	仫佬语熟练	桂柳话熟练	普通话一般	—
	妻子	欧昌兰	39	仫佬	小学	仫佬语熟练	桂柳话熟练	普通话一般	—
	儿子	罗月龙	14	仫佬	小学	仫佬语熟练	普通话熟练	桂柳话熟练	—
	次子	罗月满	5	仫佬	小学	仫佬语熟练	普通话一般	桂柳话一般	—
	父亲	罗仁禄	65	仫佬	小学	仫佬语熟练	桂柳话熟练	普通话略懂	—
	母亲	谢章妹	65	汉	小学	普通话熟练	仫佬语熟练	桂柳话熟练	—
50	户主	罗日生	43	仫佬	初中	仫佬语熟练	桂柳话熟练	普通话一般	—
	妻子	吴水凤	44	仫佬	小学	仫佬语熟练	桂柳话熟练	普通话一般	—
	长女	罗太菊	23	仫佬	初中	仫佬语熟练	普通话熟练	桂柳话熟练	—
	次女	罗爱月	18	仫佬	高中	仫佬语熟练	普通话熟练	桂柳话熟练	—
	儿子	罗月宁	16	仫佬	初中	仫佬语熟练	普通话熟练	桂柳话熟练	—
51	户主	罗日春	44	仫佬	初中	仫佬语熟练	桂柳话熟练	普通话一般	—
	女儿	罗茜	20	仫佬	中专	仫佬语熟练	普通话熟练	桂柳话熟练	—
52	户主	罗仁超	44	仫佬	小学	仫佬语熟练	桂柳话熟练	普通话一般	—
	妻子	陆罗英	40	侗	小学	侗语熟练	桂柳话熟练	仫佬语熟练	—
	女儿	罗金秀	13	仫佬	小学	仫佬语熟练	普通话熟练	桂柳话熟练	—

续表

序号	家庭关系	姓名	年龄/岁	民族	文化程度	母语水平	第二语言水平	第三语言水平	第四语言水平
53	户主	罗永留	62	仫佬	小学	仫佬语熟练	桂柳话熟练	普通话熟练	—
	儿子	罗仁贵	38	仫佬	小学	仫佬语熟练	桂柳话熟练	普通话熟练	—
	妻子	吴凤金	41	仫佬	初中	仫佬语熟练	桂柳话熟练	普通话一般	—
54	户主	覃照芸	39	仫佬	初中	仫佬语熟练	桂柳话熟练	普通话熟练	—
	妻子	覃爱芬	42	仫佬	初中	壮语熟练	桂柳话熟练	仫佬语熟练	—
	母亲	莫日香	64	仫佬	小学	羊山话A	桂柳话熟练	仫佬语熟练	—
	长女	覃琴媛	18	仫佬	高中	仫佬语熟练	普通话熟练	桂柳话熟练	—
	次女	覃佳佳	13	仫佬	小学	仫佬语熟练	普通话熟练	桂柳话熟练	—
55	户主	罗日平	39	仫佬	小学	仫佬语熟练	桂柳话熟练	普通话一般	—
	女儿	罗月晓	15	仫佬	初中	仫佬语熟练	普通话熟练	桂柳话熟练	—
	儿子	罗月杨	11	仫佬	小学	仫佬语熟练	普通话熟练	桂柳话熟练	—
	父亲	罗仁初	61	仫佬	初中	仫佬语熟练	桂柳话熟练	普通话一般	—
56	户主	罗永德	54	仫佬	小学	仫佬语熟练	桂柳话熟练	普通话一般	—
	哥哥	罗永和	45	仫佬	小学	仫佬语熟练	桂柳话熟练	普通话熟练	—
	女儿	罗凤英	20	仫佬	初中	仫佬语熟练	普通话熟练	桂柳话熟练	—
	儿子	罗仁汝	18	仫佬	初中	仫佬语熟练	普通话熟练	桂柳话熟练	—
57	户主	罗仁甫	69	仫佬	小学	仫佬语熟练	桂柳话熟练	普通话略懂	—
	儿子	罗日红	47	仫佬	小学	仫佬语熟练	桂柳话熟练	普通话熟练	—
	儿媳	吴玉香	45	仫佬	小学	仫佬语熟练	桂柳话熟练	普通话略懂	—
	孙女	罗爱媚	21	仫佬	初中	仫佬语熟练	普通话熟练	桂柳话熟练	—
58	户主	罗月娥	30	仫佬	初中	仫佬语熟练	普通话熟练	桂柳话熟练	—
	弟弟	罗月同	28	仫佬	初中	仫佬语熟练	普通话熟练	桂柳话熟练	—
	儿子	罗日江	21	仫佬	初中	仫佬语熟练	普通话熟练	桂柳话熟练	—
	女儿	罗秀萍	23	仫佬	初中	仫佬语熟练	普通话熟练	桂柳话熟练	—
	孙子	罗月坤	1	仫佬	学龄前	仫佬语一般	普通话不会	桂柳话不会	—
59	户主	罗仁宏	46	仫佬	初中	仫佬语熟练	桂柳话熟练	普通话熟练	—
	妻子	潘小凤	46	仫佬	小学	仫佬语熟练	桂柳话熟练	普通话略懂	—
60	户主	吴绪云	25	仫佬	初中	仫佬语熟练	桂柳话熟练	普通话熟练	—
	母亲	吴显花	48	仫佬	初中	仫佬语熟练	桂柳话一般	普通话一般	—
	妻子	韦柳丹	23	壮	初中	仫佬语略懂	桂柳话熟练	普通话一般	壮语熟练
61	户主	吴绪成	29	仫佬	初中	仫佬语熟练	桂柳话熟练	普通话熟练	—
	父亲	吴显芳	49	仫佬	小学	仫佬语熟练	桂柳话一般	普通话一般	—
	妻子	黄秀娟	24	壮	初中	仫佬语略懂	桂柳话熟练	普通话熟练	壮语熟练
62	户主	吴光朝	48	仫佬	初中	仫佬语熟练	桂柳话熟练	普通话熟练	—
	父亲	吴章绪	70	仫佬	小学	仫佬语熟练	桂柳话熟练	普通话略懂	—

续表

序号	家庭关系	姓名	年龄/岁	民族	文化程度	母语水平	第二语言水平	第三语言水平	第四语言水平
62	妻子	吴社鸾	45	仫佬	小学	仫佬语熟练	桂柳话略懂	普通话一般	—
	儿子	吴立方	25	仫佬	初中	仫佬语熟练	桂柳话熟练	普通话熟练	—
	次子	吴立生	24	仫佬	初中	仫佬语熟练	桂柳话熟练	普通话熟练	—
	儿媳	覃小玲	22	壮	初中	仫佬语一般	桂柳话熟练	普通话熟练	壮语熟练
63	户主	吴绪能	33	仫佬	初中	仫佬语熟练	桂柳话熟练	普通话熟练	—
	母亲	吴六妹	71	仫佬	小学	仫佬语熟练	桂柳话略懂	普通话略懂	—
	妻子	潘秀琼	26	仫佬	初中	仫佬语熟练	桂柳话熟练	普通话一般	—
64	户主	吴光杰	49	仫佬	小学	仫佬语熟练	桂柳话熟练	普通话熟练	—
	妻子	卢爱姣	47	仫佬	小学	仫佬语熟练	桂柳话熟练	普通话熟练	壮语熟练
	儿子	吴明春	25	仫佬	大学	仫佬语熟练	桂柳话熟练	普通话熟练	—
	女儿	吴明运	24	仫佬	初中	仫佬语熟练	桂柳话熟练	普通话熟练	—
65	户主	吴明辉	29	仫佬	初中	仫佬语熟练	桂柳话熟练	普通话熟练	—
	母亲	覃三妹	56	仫佬	小学	仫佬语熟练	桂柳话一般	普通话略懂	—
66	户主	吴光芬	47	仫佬	小学	仫佬语熟练	桂柳话熟练	普通话熟练	—
	妻子	韦运金	46	仫佬	小学	仫佬语熟练	桂柳话熟练	普通话略懂	壮语熟练
	长子	吴明松	27	仫佬	初中	仫佬语熟练	桂柳话熟练	普通话熟练	—
	次子	吴明昌	25	仫佬	小学	仫佬语熟练	桂柳话熟练	普通话熟练	—
67	户主	吴管花	45	仫佬	小学	仫佬语熟练	桂柳话一般	普通话一般	—
	儿子	吴帮田	26	仫佬	小学	仫佬语熟练	桂柳话熟练	普通话熟练	—
	儿媳	陈小文	33	汉	初中	仫佬语略懂	桂柳话熟练	普通话熟练	客家话熟练
	女儿	吴柳菊	25	仫佬	小学	仫佬语熟练	桂柳话熟练	普通话熟练	—
68	户主	吴树奎	47	仫佬	初中	仫佬语熟练	桂柳话熟练	普通话熟练	—
	妻子	吴明秋	49	仫佬	小学	仫佬语熟练	桂柳话熟练	普通话一般	—
	长女	吴立秀	25	仫佬	初中	仫佬语熟练	桂柳话熟练	普通话熟练	—
	次女	吴秀平	17	仫佬	初中	仫佬语熟练	桂柳话熟练	普通话熟练	—
69	户主	吴光耀	46	仫佬	初中	仫佬语熟练	桂柳话熟练	普通话熟练	—
	母亲	吴汝梅	78	仫佬	文盲	仫佬语熟练	桂柳话略懂	普通话略懂	—
	妻子	吴明花	42	仫佬	小学	仫佬语熟练	桂柳话略懂	普通话略懂	—
	弟	吴光武	54	仫佬	初中	仫佬语熟练	桂柳话熟练	普通话熟练	—
	长女	吴菊枝	19	仫佬	高中	仫佬语熟练	桂柳话熟练	普通话熟练	—
	次女	吴菊万	17	仫佬	初中	仫佬语熟练	桂柳话熟练	普通话熟练	—
	侄女	吴柳琼	27	仫佬	初中	仫佬语熟练	桂柳话熟练	普通话熟练	—
70	户主	吴纯	54	仫佬	高中	仫佬语熟练	桂柳话熟练	普通话略懂	—
	妻子	欧三凤	59	仫佬	高中	仫佬语熟练	桂柳话熟练	普通话一般	—
	长女	吴加菊	30	仫佬	初中	仫佬语熟练	桂柳话熟练	普通话熟练	—

续表

序号	家庭关系	姓名	年龄/岁	民族	文化程度	母语水平	第二语言水平	第三语言水平	第四语言水平
70	儿子	吴加兵	27	仫佬	初中	仫佬语熟练	桂柳话熟练	普通话熟练	—
	次女	吴树荣	25	仫佬	初中	仫佬语熟练	桂柳话熟练	普通话熟练	—
71	户主	吴章秀	51	仫佬	小学	仫佬语熟练	桂柳话略懂	普通话略懂	—
	儿子	吴绪勇	25	仫佬	小学	仫佬语熟练	桂柳话熟练	普通话熟练	—
	女儿	吴柳娟	24	仫佬	初中	仫佬语熟练	桂柳话熟练	普通话熟练	—
72	户主	吴忠	51	仫佬	小学	仫佬语熟练	桂柳话熟练	普通话一般	—
	女儿	吴燕春	17	仫佬	初中	仫佬语熟练	桂柳话熟练	普通话熟练	—
	儿子	吴加细	14	仫佬	初中	仫佬语熟练	桂柳话熟练	普通话熟练	—
73	户主	吴振德	38	仫佬	初中	仫佬语熟练	桂柳话熟练	普通话熟练	—
	母亲	吴万花	70	仫佬	小学	仫佬语熟练	桂柳话一般	普通话不会	—
	妻子	吴社菊	39	仫佬	初中	仫佬语熟练	桂柳话略懂	普通话一般	—
74	户主	吴秀菊	47	仫佬	小学	仫佬语熟练	桂柳话一般	普通话一般	—
	父亲	吴耀年	68	仫佬	小学	仫佬语熟练	桂柳话一般	普通话一般	—
	儿子	吴明东	22	仫佬	初中	仫佬语熟练	桂柳话熟练	普通话熟练	—
75	户主	吴耀山	59	仫佬	小学	仫佬语熟练	桂柳话熟练	普通话熟练	—

第二节　罗城仫佬族语言兼用的成因及条件[①]

罗城仫佬族自治县仫佬族全民兼用汉语有多种原因，包括地理条件、学校教育、语言态度、对汉族的亲和力、大量吸收汉语成分等因素，这些因素有主有次，各有其作用。

一、地理条件是罗城仫佬族兼用汉语的重要条件

该县位于广西壮族自治区西北部，河池市东部，地处云贵高原苗岭山脉九万大山南沿地带。虽然该县境内高山连绵，交通事业的发展将不利的地理条件变成了有利的条件。

在自治县成立前的1983年，该县公路总里程572.3千米，含经过县境的省道1条、县道4条、地方公路19条、乡村公路75条，初步形成了一个以县城所在地东门镇为起点辐射全县乡镇的内环形公路网。

[①] 本章节相关资料摘自潘琦. 2012. 仫佬族通史. 北京：民族出版社.

自治县成立后，交通事业发展迅速。2004年，该县公路通车里程数达1409.9千米，比1983年增长了1.5倍。2001年年底建成了第一条连接广西中心城市柳州的高等级公路——罗城至宜州二级公路。2008年建成罗城至融水二级公路，并建成乔善至宝坛、东门至黄金、东门至龙岸的三级柏油路，建成罗城至柳城、罗城至金环江两条通往县外的高标准等级公路。该县道路交通覆盖率达到90%以上。

20世纪90年代末，仫佬族地区还有相当部分山区村屯未通公路。至1999年年底，该县共投入资金1238.2万元，仫佬族地区各族人民投工投劳54.2万个工日，修建了21条共157.21千米的村级公路。各乡镇之间、乡镇与县城之间的交通已十分便利。2010年，全县11个乡镇已全部通了油路，达到等级以上公路的里程由2005年的240千米增至2010年的690千米。

在笔者调查的东门镇、四把镇、小长安镇。东门镇是该县县城所在地，从四把镇和小长安镇坐汽车到该县县政府所在地，仅二三十分钟，交通十分方便。距离县城较近，且交通便利是该县仫佬族兼用汉语的重要条件。

二、民族杂居是罗城仫佬族语言兼用的客观条件

罗城仫佬族自治县是一个多民族杂居的自治县，该县境内除聚居全国80%以上的仫佬族以外，还有壮族、汉族、苗族、瑶族、水族、侗族、毛南族等12个民族。该县的人口虽然以仫佬族居多，但属于多元的族群结构，仫佬族与壮族、汉族等民族混杂居住，各民族居住地没有明显地域界限，各民族之间来往密切，互相联姻，平等和谐共处。

仫佬族聚居而居，有血亲关系的同一宗族往往居住在同一村寨内，例如，东门镇、四把镇的大小罗村、大小潘村、大银村、谢村、吴村等均为同一宗族居住，一些乡镇和较大的村寨，才与别的民族或姓氏杂居。在聚居的村屯，多以说仫佬语为主。

在长期的生活和生产劳动中，仫佬族和汉族、壮族、苗族等民族建立了友好关系。有的互结兄弟、"打老庚"（同年同月同日生的一种说法）、"认义子"（认干儿子的说法）、相互通婚。在长期的交往中，落籍于仫佬村寨的汉族人不少已入乡随俗演变为仫佬族。

民族杂居的屯村，民族间相互交融，语言上也相互学习。仫佬族人既有学习他族语言的环境，又有传承该民族母语的环境。仫佬族在文化上与汉族紧密的渊源与联系，又使汉语方言比其他民族语言更通行。与其他民族杂居的仫佬族人也

学会壮语、客家话等，仫佬语就吸收了而不少汉词、壮语词汇。同时，那些与仫佬族杂居在一起的壮族、汉族、苗族群众会促进仫佬语的不断增加。

三、重视教育是罗城仫佬族兼用汉语的重要推动力

学校教育是该县仫佬族学习汉语的重要场所。历史上，该县仫佬族就重视学校教育，该县仫佬族除了看电视，受电视传媒文化的熏陶之外，其汉语就是在接受学校教育的过程中学会的。

改革开放30年来，该县在学校发展规划、实施素质教育、教育科研、师资培训等方面都取得了较好的成绩。尤其是农村中小学校基础设施建设不断得到完善，教学质量稳步提高。1992年该县实现了基本普及初等义务教育。1998年该县被评为全国普及初等义务教育先进县；2004年，该县顺利通过了广西壮族自治区区级"普实""普九"的验收；2006年春季学期起，该县义务教育阶段学习全部免除学杂费；2006年秋季学期起，该县义务教育阶段不再收取寄宿生住宿费。

学前教育是提高教育水平和少数民族汉语文水平的重要环节。截止到2007年，该县有各类幼儿园25所，各种形式的幼儿班169个。该县城区学前1~3年教育入学率92%，农村学前1年幼儿教育入学率95.5%。2010年，该县幼儿学前教育共有254个班，其中，公立幼儿学前教育171个班，私立幼儿园27所，63个班。在笔者调查的乡镇，年轻父母都愿意将自己的孩子送到镇上的幼儿园，让孩子接受学前教育，孩子在幼儿园阶段逐渐学会了普通话。

罗城仫佬族自治县注重少数民族少年儿童的入学问题，相继开办寄宿制民族班、民族小学、民族中学。目前，该县有民族寄宿制学校4所，每年100名少数民族小学生将被安排在四把镇中心小学寄宿就读；罗城中学每学年面向该县招收50名少数民族初中寄宿生；罗城高中每学年面向该县招收50名少数民族高中寄宿生。把原来分散的少数民族学生相对集中起来教学，有力地为少数民族优秀学生的教育提供保证。寄宿制民族班的学生也有相应的生活补助。该县政府对于考取北京大学、清华大学等名校的学生给予10万元的奖金奖励，鼓励该县学生勤奋读书。

四、罗城仫佬语大量吸收汉语成分为语言兼用创造了有利条件

仫佬语是仫佬族人内部交往的重要工具，绝大多数仫佬族人兼用汉语，因此，仫佬语是壮侗语族中受汉语影响较深的一个语言。

语音方面，仫佬语的语音系统，本来声韵母都比较复杂，现在大多数地区的仫佬语系统都趋向于简化。例如，浊塞音声母除个别点外都已消失，清化鼻音、边音和后腭化音声母在不少地区已经消失；就连保留这些音的地区，这类声母的某些语词读音也有不太稳定的情况。

词汇方面，除本民族固有词（包括相当数量和本语族同源的词）外，汉语借词占很大的比重。例如，石门村良谢屯的张光耀表示，在亲属称谓词中 kɔŋ¹maːŋ⁶（曾祖父）、pwa⁴maːŋ⁶（曾祖母）、pu⁴（父亲）、ni²⁴（母亲），张姓、刘姓的仫佬族称 thai²⁴gong³³（太公）、thai²⁴pia³⁵（太婆）；不说 hɣaːu³（嫂子），而说 saːu²⁴（嫂子）。这些都是明显的汉语借词。

词序方面，该县仫佬语正显示出语言转变的发生期。在一些基本词汇中，例如，很多仫佬族不说 kɔŋ⁴²maːŋ¹¹（曾祖父）、pwa²⁴ maːŋ¹¹（曾祖母），而说 maːŋ¹¹kɔŋ⁴²（曾祖父）、pwa²⁴ maːŋ¹¹（曾祖母）；mai²⁴（树枝）、fa⁴⁴mai²⁴（树叶）说成 mai²⁴ŋa⁴⁴（树枝）、mai²⁴fa⁴⁴（树叶），这些基本词汇的词序调换，已经失去了壮侗语族语言的中心语在后的特点，而是受汉语影响调换词序，中心语在前，仫佬族语言发生这种变化已经很久，仫佬族人对于这样的词序变化都能接受也都能听得懂，他们认为这两种词序的词都是仫佬语，可见仫佬语受汉语影响很深。

语法方面，由于大多数仫佬族熟练地掌握仫佬语和汉语，于是他们往往会在说仫佬语时很自然地使用一些汉语的语法，就像使用该民族语一样，自然而然地搬用了汉语。借用的虚词主要包括副词、连词和介词。借用的副词主要有 tu¹（都）、len²（另外）、tʰaːi⁵（太）、tswai⁴（最）等；借用的连词主要有 jy⁶kɔ³（如果）、swəi⁵jen²（虽然）、jin⁵wəi⁴（因为）等；借用的介词主要有 pi³（比）、pa³（把）、ljen²（连）等。仫佬语还借用了汉语的复句格式，丰富了仫佬语的复句格式和表达方式。例如：

məi⁶ kuk⁷naːi⁶ swəi⁵jen2 i1 kau⁵, taːn⁶si⁶ ɣaːi ⁵niŋ⁵.
件　衣服　这　虽然　　好看，但是　长　　些
这件衣服虽然好看，但是长了些。①

仫佬语受汉语影响深远，正因为如此，仫佬族在兼用汉语的时候，不自觉地在仫佬语和汉语之间转换，由于仫佬语从语言、词汇、语法上受汉语影响，汉语从语言功能上弥补了仫佬语的不足，为仫佬族兼用汉语提供了有利条件。

---

① 使用汉语的复句格式，也借用了汉语的连词。

第七章　罗城仫佬族青少年语言使用状况

某一种民族语言使用功能的发展与变化在青少年阶段反映得最明显、最迅速，可以说，青少年的语言变化是语言使用情况的"晴雨表"，所以，在研究语言的使用情况时，要特别重视研究、分析青少年阶段的语言状况。

本章主要是以罗城东门镇3个村、四把镇1个社区2个村和小长安镇3个村共444位6~19岁（1994~2007年出生）的青少年语言使用情况为考察对象，指出青少年语言使用现状，并结合仫佬语400词测试和语法例句对其语言特点进行分析说明，以期更全面地了解和掌握青少年使用仫佬语的最新变化情况和发展趋势，根据其变化规律并有针对性地提出应对策略，为21世纪中国少数民族青少年的语言使用和发展演变规律提供一些新的线索。

第一节　罗城仫佬族青少年语言生活概况

在此次调查中，笔者对东门镇的中石村、凤梧村、永安村和四把镇的四把社区、石门村、大新村及小长安镇的龙腾村、双合村这3个镇8个调查点的仫佬族青少年的语言使用情况进行了全面的调查，共统计了444名6~19岁的青少年的仫佬语、普通话、桂柳话等的语言能力，并对他们进行了400词、语法20句例句测试，发现罗城仫佬族自治县大多数仫佬族青少年的第一语言是仫佬语，并且他们能掌握仫佬语的常用词汇和基本的语法规则，在日常生活中能够熟练、稳定地使用仫佬语进行交际。

一、稳定性

母语指的是一个民族使用的该民族语言，在一般情况下，第一习得语言即母语。通过对罗城仫佬族自治县东门镇的中石村、凤梧村、永安村和四把镇的四把社区、石门村、大新村，以及小长安镇的龙腾村、双合村共 444 位 6~19 岁的青少年的语言使用情况进行统计分析，笔者发现，仫佬族青少年的母语使用具有稳定性（91.9%熟练使用仫佬语）、兼用性（除了使用仫佬语外，还兼用普通话、桂柳话或客家话）、差异性（个体差异）等。

（一）青少年仫佬语使用具有稳定性

根据实地调查结果显示，罗城仫佬族自治县东门镇 3 个村、四把镇 1 社区 2 个村和小长安镇 2 个村 444 名 6~19 岁的青少年的语言使用情况为：444 位青少年中有 408 人熟练使用仫佬语，26 人使用仫佬语一般。熟练使用仫佬语和仫佬语能力一般的比例占青少年总人数的 91.9%，这说明仫佬族青少年绝大多数稳定地使用仫佬语，仫佬语仍是他们日常生活中重要的交际用语。其语言使用情况具体如表 7-1 所示。

表 7-1　东门镇 3 个村、四把镇 1 个社区 2 个村和小长安镇 3 个村 444 名 6~19 岁青少年仫佬语使用情况

调查点		青少年人数/人	仫佬语熟练		仫佬语一般		仫佬语略懂		仫佬语不会	
			人数/人	百分比/%	人数/人	百分比/%	人数/人	百分比/%	人数/人	百分比/%
四把镇	四把社区	65	58	89.3	5	7.7	1	1.5	1	1.5
	石门村	64	60	93.7	1	1.6	2	3.1	1	1.6
	大新村	39	38	97.4	0	0	0	0	1	2.6
小长安镇	龙腾村	72	72	100	0	0	0	0	0	0
	双合村	23	23	100	0	0	0	0	0	0
东门镇	中石村	21	20	95.2	1	4.8	0	0	0	0
	凤梧村	84	78	92.8	3	3.6	3	3.6	0	0
	永安村	76	59	77.6	16	21.1	1	1.3	0	0
总计		444	408	91.9	26	5.9	7	1.6	3	0.6

（二）仫佬语在青少年中稳定使用的原因

该县是仫佬族的聚居区，仫佬语是仫佬族人进行交际的最重要的工具，是民族凝聚力的体现之一。在调查中笔者发现，当地的仫佬族人普遍用仫佬语交流，几乎没有例外。即使在各民族杂居的村屯，仫佬语也处于强势地位，其他民族在与当地仫佬族交流时多也使用仫佬语，除此之外，外嫁过来的媳妇或者女婿也在长期的生活中学会使用仫佬语。即使是外出学习或者务工多年的仫佬族人，在回

到故乡之后也还是说仫佬语，不然会被族人认为是忘本。

可以通过对当地人的访谈佐证以上观点，见表 7-2。

表 7-2　访谈录相关抽样

受访者信息： 周魁林，男，仫佬族，1980 年出生，学历大专，四把镇四把社区铜匠屯支部副书记
（1）请简单介绍一下你的家庭，包括他们的民族成分和语言情况。 答：我们整个家族都是仫佬族，没有其他民族的，相互之间也都是说仫佬语。 （2）那你们家里的人准备跟你的孩子讲什么语言呢？ 答：我的孩子出生后我们都是跟他讲仫佬语。 （3）那你觉得你们的孩子学仫佬语重要吗？为什么？ 答：当然重要，我们是仫佬族，这个是最基本的。 （4）如果有些村民在外面很多年，回来之后不讲仫佬语了，你怎么看这个事情？ 答：不应该这样，这样等于是忘本了。 （5）你觉得仫佬语会有消失的一天吗？你怎么看这个事情？ 答：不可能，至少在我们仫佬语群中这个是不可能的。因为我们世代都还是说这个语言，即使受外面的影响，会说一些外面的话，但是仫佬语还是我们最基本的。我很反对仫佬族人不会说仫佬语。
受访者信息： 覃伟，男，壮族，1963 年出生，学历高中，小长安镇龙腾村陈铺屯村民
（1）请介绍一下你们屯的民族成分和语言使用情况。 答：我们屯以仫佬族和壮族为主，只要是在这里出生的人都基本上一开始就会讲仫佬语和壮语。 （2）如果一个平时说仫佬语的人和一个平时说壮话的人碰面，一般都是讲什么话呢？ 答：仫佬语。 （3）这个与辈分有关系吗？意思是如果说壮话的那个人更加年长呢？ 答：没有关系，还是以仫佬话为主。 （4）村里开会领导一般说什么话？ 答：还是说仫佬话，即使有壮族人在也是仫佬话，因为我们屯的壮族仫佬语也都特别好。 （5）那随着普通话的普及，仫佬族人大量外出务工、学习，这些人回来之后，他们说的仫佬语与你们的差距大吗？受外面的影响大吗？ 答：影响不大，因为一般都是读完初中才会出去，那个时候仫佬语已经很好了。而且我们一般也不同意出去之后就忘了自己原本说的话。 （6）你觉得仫佬语会有消失的一天吗？对这个事情的态度怎么样？ 答：不可能，在外面可能没有人说，但是在我们仫佬族都肯定是说仫佬话的。我反对仫佬族人不会说仫佬话，作为壮族，我也反对壮族人不会说壮语。
受访者信息： 吴才娜，女，仫佬族，1997 年出生，初三在读，四把镇中学文娱委员
（1）你觉得你们的孩子学仫佬语重要吗？为什么？ 答：也很重要，这是我们民族的语言，我们应该会说。 （2）你现在年轻，接受的教育会越来越高，你觉得如果你有小孩，你最先会教他什么语言呢？ 答：要看我生活在哪里，如果生活在县城或者更大的城市，我会先教他普通话，但是还是会教仫佬语的。如果还是生活在我们的小镇上，我应该会先教他仫佬语再教他普通话。 （3）如果有些村民在外面很多年，回来之后不讲仫佬语了，你怎么看这个事情？ 答：我反对这样，我觉得回到我们仫佬族还是应该说仫佬话，不然会很怪异。 （4）你觉得仫佬语会有消失的一天吗？你怎么看这个事情？ 答：可能会渐渐受到外来的影响，有一些词什么的我们年轻的不太会说了，但是我觉得还是不会消失的，如果真的消失了我觉得作为仫佬族人会很伤心的，我反对仫佬族人不说仫佬话，希望我们的语言能流传下去。

根据表 7-2，第一位受访者仫佬族人周魁林认为，小孩学习仫佬语非常重要，外出回来的人不说仫佬语是忘本，而且仫佬语会永远传承下去；

第二位受访者壮族人覃伟认为，在仫佬族和壮族的杂居区，仫佬语的地位相对而言更强势，不管是生活还是正式场合，而且也反对仫佬族人不说仫佬语或者壮族人不说壮语，并且他同样认为仫佬语不会消失；

第三位受访者仫佬族青少年吴才娜认为，本民族语言习得很重要，外出返乡的仫佬族人不说仫佬语很奇怪，是忘本的表现。虽然她明白仫佬语受其他语言影响有所削弱，但是仍旧认为仫佬语不会消失。

二、兼用性

仫佬族青少年除了使用仫佬语进行交际之外，还普遍兼用其他语言。罗城仫佬族自治县仫佬族青少年的语言兼用类型主要是仫佬语兼用汉语普通话、仫佬语兼用桂柳话、仫佬语兼用普通话和桂柳话、仫佬语兼用普通话和桂柳话及壮语、仫佬语兼用普通话和桂柳话及客家话、仫佬语兼用普通话和桂柳话及五色话 6 种。

（一）仫佬语兼用普通话类型

青少年兼用仫佬语和普通话的情况是，在 444 位青少年中，仫佬语熟练或一般且普通话熟练的有 267 人，仫佬语熟练或一般且普通话一般的有 132 人，仫佬语熟练或一般且普通话熟练、仫佬语熟练或一般且普通话一般这两者的比例占青少年总人数的 89.8%，因此，在 444 位青少年中，能同时兼用仫佬语和普通话的比例是 89.8%。青少年接受教育、看电视、上网、外出打工谋生等社会活动，都是以普通话作为桥梁来实现的（表 7-3）。

表 7-3　东门镇 3 个村、四把镇 1 个社区 2 个村和小长安镇 3 个村 444 名 6～19 岁青少年兼用仫佬语和普通话情况

调查点		人数/人	仫佬语熟练或一般、普通话熟练		仫佬语熟练或一般、普通话一般		仫佬语熟练或一般、普通话略懂		仫佬语熟练或一般、普通话不会	
			人数/人	百分比/%	人数/人	百分比/%	人数/人	百分比/%	人数/人	百分比/%
四把镇	四把社区	65	30	46.2	33	50.8	1	1.5	1	1.5
	石门村	64	29	45.3	21	32.8	8	12.5	6	9.4
	大新村	39	21	53.8	12	30.8	6	15.4	0	0
小长安镇	龙腾村	72	59	81.9	7	9.7	5	6.9	1	1.4
	双合村	23	0	0	17	73.9	6	26.1	0	0

续表

调查点		人数/人	仫佬语熟练或一般、普通话熟练		仫佬语熟练或一般、普通话一般		仫佬语熟练或一般、普通话略懂		仫佬语熟练或一般、普通话不会	
			人数/人	百分比/%	人数/人	百分比/%	人数/人	百分比/%	人数/人	百分比/%
东门镇	中石村	21	4	19.1	10	47.6	2	9.5	5	23.8
	凤梧村	84	74	88.1	9	10.7	1	1.2	0	0
	永安村	76	50	65.8	23	30.3	3	3.9	0	0
合计		444	267	60.1	132	29.7	32	7.2	13	2.9

（二）仫佬语兼用桂柳话类型

青少年兼用仫佬语和桂柳话的情况是，在444位青少年中仫佬语熟练或一般且桂柳话熟练的有331人，仫佬语熟练或一般且桂柳话一般的有80人，仫佬语熟练或一般且桂柳话熟练、仫佬语熟练或一般且桂柳话一般这两者的比例占青少年总人数的92.6%，因此，在444位青少年中，能同时兼用仫佬语和桂柳话的比例是92.6%（表7-4）。

表7-4　东门镇3个村、四把镇1个社区2个村和小长安镇3个村444名6~19岁青少年兼用仫佬语和桂柳话情况

调查点		人数/人	仫佬语熟练或一般、桂柳话熟练		仫佬语熟练或一般、桂柳话一般		仫佬语熟练或一般、桂柳话略懂		仫佬语熟练或一般、桂柳话不会	
			人数/人	百分比/%	人数/人	百分比/%	人数/人	百分比/%	人数/人	百分比/%
四把镇	四把社区	65	56	86.2	8	12.3	0	0	1	1.5
	石门村	64	34	53.1	23	35.9	6	9.4	1	1.6
	大新村	39	28	71.8	8	20.5	3	7.7	0	0
小长安镇	龙腾村	72	51	70.8	11	15.3	8	11.1	2	2.8
	双合村	23	4	17.4	13	56.5	6	26.1	0	0
	中石村	21	11	53.4	5	23.8	1	4.8	4	19
东门镇	凤梧村	84	82	97.6	2	2.4	0	0	0	0
	永安村	76	65	85.5	10	13.2	1	1.3	0	0
合计		444	331	74.5	80	18.1	25	5.6	8	1.8

（三）仫佬语兼用普通话和桂柳话类型

青少年兼用仫佬语、普通话和桂柳话的情况是，在444位青少年中，仫佬语熟练或一般、普通话熟练且桂柳话熟练的比例占55.4%，仫佬语熟练或一般、普通话熟练且桂柳话一般的比例占2.9%，仫佬语熟练或一般、普通话一般且桂柳话熟练的比例占14.4%，仫佬语熟练或一般、普通话一般且桂柳话一般的比例占

13.3%。因此，在 444 位青少年中，能同时兼用仫佬语、普通话和桂柳话的比例是 86%（表 7-5）。

表 7-5　东门镇 3 个村、四把镇 1 个社区 2 个村和小长安镇 3 个村 444 名 6～19 岁青少年兼用仫佬语、普通话和桂柳话情况

调查点		人数/人	仫佬语熟练或一般、普通话熟练、桂柳话熟练		仫佬语熟练或一般、普通话熟练、桂柳话一般		仫佬语熟练或一般、普通话一般、桂柳话熟练		仫佬语熟练或一般、普通话一般、桂柳话一般	
			人数/人	百分比/%	人数/人	百分比/%	人数/人	百分比/%	人数/人	百分比/%
四把镇	四把社区	65	28	43.1	0	0	27	41.5	6	9.2
	石门村	64	27	42.2	2	3.1	5	7.8	15	23.4
	大新村	39	19	48.7	0	0	6	15.4	5	12.8
小长安镇	龙腾村	72	50	69.4	8	11.1	1	1.4	2	2.8
	双合村	23	0	0	0	0	4	17.4	13	56.5
	中石村	21	4	19.1	0	0	6	28.6	3	14.3
东门镇	凤梧村	84	71	84.5	0	0	8	9.5	1	1.2
	永安村	76	47	61.8	3	3.9	7	9.2	14	18.4
合计		444	246	55.4	13	2.9	64	14.4	59	13.3

（四）仫佬语兼用普通话、桂柳话和壮语类型

青少年兼用仫佬语、普通话、桂柳话和壮语的情况是，在 444 位青少年中，仫佬语熟练或一般、普通话熟练或一般且桂柳话熟练及壮语熟练的有 13 人，占 2.9%；仫佬语熟练或一般、普通话熟练或一般且桂柳话熟练及壮语一般的有 8 人，占 1.8%；仫佬语熟练或一般、普通话熟练或一般且桂柳话一般及壮语熟练的有 5 人，占 1.1%；以上这三者的比例占青少年总人数的 5.8%。因此，在 444 位青少年中，能同时兼用仫佬语、桂柳话、普通话和壮语的比例是 5.8%（表 7-6）。

表 7-6　东门镇 3 个村、四把镇 1 个社区 2 个村和小长安镇 3 个村 444 名 6～19 岁青少年兼用仫佬语、普通话、桂柳话和壮语情况

调查点		人数/人	仫佬语熟练或一般、普通话熟练或一般、桂柳话熟练、壮语熟练		仫佬语熟练或一般、普通话熟练或一般、桂柳话熟练、壮语一般		仫佬语熟练或一般、普通话熟练或一般、桂柳话一般、壮语熟练		仫佬语熟练或一般、普通话熟练或一般、桂柳话一般、壮语一般	
			人数/人	百分比/%	人数/人	百分比/%	人数/人	百分比/%	人数/人	百分比/%
四把镇	四把社区	65	0	0	8	12.3	0	0	0	0
	石门村	64	0	0	0	0	0	0	0	0
	大新村	39	0	0	0	0	0	0	0	0

续表

调查点		人数/人	仫佬语熟练或一般、普通话熟练或一般、桂柳话熟练、壮语熟练		仫佬语熟练或一般、普通话熟练或一般、桂柳话熟练、壮语一般		仫佬语熟练或一般、普通话熟练或一般、桂柳语一般、壮语熟练		仫佬语熟练或一般、普通话熟练或一般、桂柳话一般、壮语一般	
			人数/人	百分比/%	人数/人	百分比/%	人数/人	百分比/%	人数/人	百分比/%
小长安镇	龙腾村	72	12	16.7	0	0	4	5.6	0	0
	双合村	23	1	4.3	0	0	1	4.3	0	0
	中石村	21	0	0	0	0	0	0	0	0
东门镇	凤梧村	84	0	0	0	0	0	0	0	0
	永安村	76	0	0	0	0	0	0	0	0
合计		444	13	2.9	8	1.8	5	1.1	0	0

（五）仫佬语兼用普通话、桂柳话和客家话类型

青少年兼用仫佬语、普通话、桂柳话和客家话的情况是，在444位青少年中，仫佬语熟练或一般、普通话熟练或一般且桂柳话熟练及客家话熟练的有40人，占9%；仫佬语熟练或一般、普通话熟练或一般且桂柳话一般及客家话熟练的有1人，占0.2%；这两者的比例占青少年总人数的9.2%。因此，在444位青少年中，能同时兼用仫佬语、桂柳话、普通话和客家话的比例是9.2%（表7-7）。

表7-7 东门镇3个村、四把镇1个社区2个村和小长安镇3个村444名6～19岁青少年兼用仫佬语、普通话、桂柳话和客家话情况

调查点		人数/人	仫佬语熟练或一般、普通话熟练或一般、桂柳话熟练、客家话熟练		仫佬语熟练或一般、普通话熟练或一般、桂柳话一般、客家话熟练		仫佬语熟练或一般、普通话熟练或一般、桂柳话熟练、客家话一般		仫佬语熟练或一般、普通话熟练或一般、桂柳话一般、客家话一般	
			人数/人	百分比/%	人数/人	百分比/%	人数/人	百分比/%	人数/人	百分比/%
四把镇	四把社区	65	9	13.8	0	0	0	0	0	0
	石门村	64	0	0	0	0	0	0	0	0
	大新村	39	11	28.2	1	2.6	0	0	0	0
小长安镇	龙腾村	72	0	0	0	0	0	0	0	0
	双合村	23	0	0	0	0	0	0	0	0
	中石村	21	0	0	0	0	0	0	0	0
东门镇	凤梧村	84	20	23.8	0	0	0	0	0	0
	永安村	76	0	0	0	0	0	0	0	0
合计		444	40	9	1	0.2	0	0	0	0

（六）仫佬语兼用普通话、桂柳话和五色话类型

青少年兼用仫佬语、普通话、桂柳话和五色话的情况是，在 444 位青少年中，仫佬语熟练或一般、普通话熟练或一般且桂柳话熟练及五色话熟练的有 12 人，占 2.7%；仫佬语熟练或一般、普通话熟练或一般且桂柳话熟练及五色话一般的有 1 人，占 0.2%；仫佬语熟练或一般、普通话熟练或一般且桂柳话一般及五色话一般的有 1 人，占 0.2%；这两者的比例占青少年总人数的 3.1%。因此，在 444 位青少年中，能同时兼用仫佬语、桂柳话、普通话和五色话的比例是 3.1%（表 7-8）。

表 7-8 东门镇 3 个村、四把镇 1 个社区 2 个村和小长安镇 3 个村 444 名 6~19 岁青少年兼用仫佬语、普通话、桂柳话和五色话情况

调查点		人数/人	仫佬语熟练或一般、普通话熟练或一般、桂柳话熟练、五色话熟练		仫佬语熟练或一般、普通话熟练或一般、桂柳话一般、五色话熟练		仫佬语熟练或一般、普通话熟练或一般、桂柳话熟练、五色话一般		仫佬语熟练或一般、普通话熟练或一般、桂柳话一般、五色话一般	
			人数/人	百分比/%	人数/人	百分比/%	人数/人	百分比/%	人数/人	百分比/%
四把镇	四把社区	65	0	0	0	0	0	0	0	0
	石门村	64	0	0	0	0	0	0	0	0
	大新村	39	0	0	0	0	0	0	0	0
小长安镇	龙腾村	72	0	0	0	0	0	0	0	0
	双合村	23	0	0	0	0	0	0	0	0
东门镇	中石村	21	0	0	0	0	0	0	0	0
	凤梧村	84	0	0	0	0	0	0	0	0
	永安村	76	12	15.8	0	0	1	1.3	1	1.3
合计		444	12	2.7	0	0	1	0.2	1	0.2

虽然该县青少年语言使用普遍具有兼用性，但是各自语言的使用能力大有不同。在日常生活中，仫佬语作为他们的母语，无疑是最熟悉的。从熟练上看，仫佬语熟练人数最多，占青少年总人数的 91.9%；桂柳话次之，占 77.8%；普通话相对最少，只占到了 59.0%。而略懂或不会的情况正好相反，仫佬语略懂或不会的人只占 2.2%，桂柳话略懂或不会的人占 5.7%，普通话略懂或不会的人占 10.9%。当遇到仫佬语无法交流的情况，他们则会自觉地使用桂柳话，所以桂柳话是除仫佬语以外仫佬族人最熟悉的语言之一。其次就是普通话了，普通话使用的时候比

较少，只有当对话双方有一方连桂柳话都不会时才会选用。因此，该县青少年三种语言的能力由强到弱依次是仫佬语、桂柳话和普通话（表7-9）。

表7-9 青少年各语言使用情况对比汇总

青少年总人数/人	语言	熟练 人数/人	熟练 百分比/%	一般 人数/人	一般 百分比/%	略懂 人数/人	略懂 百分比/%	不会 人数/人	不会 百分比/%
444	仫佬语	408	91.9	26	5.9	7	1.5	3	0.7
	桂柳话	346	77.8	73	16.5	22	5.0	3	0.7
	普通话	263	59.0	133	30.1	34	7.7	14	3.2

三、差异性

仫佬族青少年的语言差异主要表现在个体差异上，包括母语能力、年龄和性别的差异。本书将仫佬族青少年的母语能力划分为"熟练""一般""略懂""不会"四个类型，通过对罗城仫佬族自治县东门镇3个村、四把镇1个社区2个村和小长安镇3个村共444位6~19岁青少年进行统计，仫佬语熟练的408人，占统计总人数的91.9%；仫佬语一般的26人，占统计总人数的5.9%；仫佬语略懂的7人，占统计总人数的1.6%；仫佬语不会的3人，占统计总人数的0.6%。

从仫佬族青少年的400词测试结果看，在不同的年龄段上，8名测试对象中16岁以下（3人）青少年的母语词汇量最低是269个，最高是321个，占被测词总数的比例在67.2%~79.2%，掌握母语词汇量的平均比例是74.9%；8名测试对象中16岁以上（包括16岁，5人）青少年的母语词汇量最低是385个，最高是393个，占被测词总数的比例在96.2%~98.3%，掌握母语词汇量的平均比例是97.2%，因此，仫佬语青少年的母语能力与年龄层次基本上是呈正比的，在多数情况下，年龄越大其掌握的词汇量相对较多，但也有例外的情况。从不同性别上看，8名测试对象中女性（5人）青少年的母语词汇量最低是269个，最高是391个，占被测词总数的比例在67.2%~97.7%，掌握母语词汇量的平均比例是83.9%；男性（3人）青少年的母语词汇量最低是385个，最高是393个，占被测词总数的比例在96.2%~98.3%，掌握母语词汇量的平均比例是97.1%。

第二节　罗城仫佬族青少年语言特点

一、青少年的母语能力整体有所下降

（一）青少年词汇量下降

一个人语言发展水平和表达能力的高低，在词汇上表现得最为明显。所以，某个年龄段词汇量的统计，对说明该年龄阶段的语言发展状况具有十分重要的意义。此次调查采用基本词汇测试法，即从基本词汇中抽选 400 个基本词，通过随机的抽样测试，对不同年龄段的人进行母语能力水平测试来分析其年龄段母语能力的高低，尤其是针对青少年的母语能力与语言特点。

针对"仫佬语 400 词常用词表"调查过程中的特点，仫佬语词汇测试是将调查对象对每个词的掌握情况划分为 4 个等级，用 A、B、C、D 四级标准评判被测试人掌握词汇的基本情况。

A 级表示的是熟练，即听到测试人读出汉语词后，被测试人能自由、迅速地听说出相应的仫佬语词；

B 级表示的是一般，即听到测试人读出汉语词后，被测试人不能迅速说出仫佬语词，要经过思考一会儿之后才能说出；

C 级表示的是略懂，即听到测试人读出汉语词后，被测试人自己想不出仫佬语词是怎么说的，但经过提示之后才能听懂，并表示是这么说；

D 级表示的是不会，经过提示之后也听不懂、不会说。

此次调查随机抽样了 8 位不同年龄段的人，利用仫佬语 400 个基本词汇来测试他们的母语词汇量（表 7-10）。

8 位测试对象的基本信息如下所示：

（1）张洁瑜，女，仫佬族，8，小学在读，四把镇中心小学；

（2）谢春慧，女，仫佬族，14 岁，初一在读，四把镇四把社区；

（3）张倩，女，仫佬族，14 岁，初二在读，四把镇石门村；

（4）吴才娜，女，仫佬族，16 岁，初三在读，四把镇石门村；

（5）张光耀，男，仫佬族，27 岁，初中，四把镇石门村；

（6）银红云，女，仫佬族，37 岁，初中，东门镇凤梧村；

（7）周卫东，男，仫佬族，48岁，初中，四把镇四把社区；

（8）银联友，男，仫佬族，56岁，高中，东门镇中石村。

表7-10　各年龄段抽样400词测试结果

姓名	性别	年龄/岁	A级词汇 个数/人	A级词汇 百分比/%	B级词汇 个数/人	B级词汇 百分比/%	C级词汇 个数/人	C级词汇 百分比/%	D级词汇 个数/人	D级词汇 百分比/%	A+B之和 个数/人	A+B之和 百分比/%
张洁瑜	女	8	285	71.2	28	7.0	41	10.3	46	11.5	313	78.2
谢春慧	女	14	235	58.7	34	8.5	97	24.3	34	8.5	269	67.2
张倩	女	14	307	75.7	14	3.5	34	8.5	45	11.3	321	79.2
吴才娜	女	16	325	80.2	66	16.5	5	1.3	4	1.0	391	97.7
张光耀	男	27	379	94.7	8	2.0	13	3.3	0	0	387	96.7
银红云	女	37	374	93.5	15	3.7	9	2.3	2	0.5	389	97.2
周卫东	男	48	365	91.3	28	7.0	7	1.7	0	0	393	98.3
银联友	男	56	350	87.5	35	8.7	13	3.3	2	0.5	385	96.2

虽然仫佬语在青少年中使用稳定，但是随着社会的进步，该县仫佬族的教育水平和对外交流水平越来越高，该县的孩子从进入幼儿园开始就学习普通话，然后在中学毕业后，大量的居民外出务工，其中不乏青少年，常年的非仫佬语环境生活，他们的仫佬语水平相对于稳定生活在该县仫佬族的居民来说有所下降，这种情况在对仫佬语日常词汇的生熟程度上有明显体现。通过表7-10可以看到，青少年的A级词汇量在58.7%~80.2%，而其他两个年龄段的则在87.5%~94.7%，可见青少年对仫佬语日常词汇的熟悉度大幅度下降了；然而D级词汇量正好相反，青少年的D级词汇量比其他两个年龄段明显增多，最高达46个，然而其他两个年龄段最高的才2个。由此可见，青少年的母语水平相对于仫佬族其他两个年龄段来说下降了很多。

（二）青少年母语能力下降的原因

下面将通过个案访谈的具体情况，分析该县青少年母语下降的程度和原因。

四把镇四把社区，吴才娜，女，1997年出生。在与她的交流中我们发现，她的姐姐和姐夫虽然都是仫佬族人，但是常年在外务工，互相之间讲普通话，他们的孩子也就是吴才娜的外甥的第一语言是普通话，仫佬语只是回到家乡才稍微接触一点。

小长安镇龙腾村大勒洞屯，吴光纯，男，1958年出生。在与他的交流中我们了解到，他的孙辈上幼儿园开始就学习普通话，而且他也希望他的子孙从小就能熟练使用普通话，以便以后能够有更好的发展。

东门镇中石村，银景际，男。在与他的交流中我们得知，他是仫佬族，他的妻子是汉族，而且是教师，夫妻之间用普通话交流，他们的女儿18岁，从小妻子就培养她的普通话的能力，第一语言是普通话。

由上可见，罗城县青少年仫佬语能力下降的原因主要有以下三点：

（1）父母在外务工，青少年跟随在外，缺乏仫佬语交流环境；

（2）教育水平提高，从幼儿园或者学前班开始就在校学习普通话，对仫佬语的习得有影响；

（3）长辈眼光日益长远，为了孩子的将来能更好地发展，甚至将普通话作为第一语言教育孩子。

第三节　罗城仫佬族青少年母语习得过程中的问题及成因

一、青少年母语习得过程的问题

罗城仫佬族自治县青少年母语习得过程中最显著的问题就是母语能力存在一定的差异。

该县442名青少年母语能力的测试结果是，熟练的有408人，占91.9%；一般的有26人，占5.9%；略懂的有7人，不会的有3人，分别占1.6%和0.6%。由此可以看出，该县青少年的母语能力虽然整体较好，但是存在一定的差异。

通过抽样对比发现，青少年的母语能力与聚居区的仫佬族密度有一定的关系。一般来说，高度聚居区的仫佬语环境相对于杂居区的仫佬语环境更加纯粹，青少年接触其他语言的条件缺乏。所以聚居区仫佬族人口越多，青少年的母语能力越强。

二、青少年母语能力差异的成因

（一）仫佬族高度聚居区的青少年的母语能力强于非高度聚居区

通过抽样对比发现，青少年的母语能力与聚居区的仫佬族密度有一定的关系。一般来说，高度聚居区的仫佬语环境相对于杂居区的仫佬语环境更加纯粹，青少年接触其他语言的条件缺乏，所以聚居区仫佬族人口越多，青少年的母语能力越强。

例如，小长安镇的龙腾村，抽样调查465人，其中仫佬族就有386人，占83.0%，青少年的母语熟练程度是100%。而东门镇的永安村，抽样调查418人，仫佬族人只占到61.9%，青少年的母语熟练程度是77.6%。

（二）在外务工人员子女的母语能力弱于常年生活在仫佬族地区的族人的子女

在外务工多年的夫妻，多会将子女从小带到打工地去生活，久而久之这些孩子失去了母语环境，他们或许还能用仫佬语沟通交流，但是其仫佬语能力相对于土生土长的仫佬族孩子来说弱了很多。

三、青少年普通话对仫佬语的影响

在400词和语法例句的测试中，笔者发现青少年由于学习生活中以普通话为主，很多仫佬语词汇遗忘，当日常生活中遇到这些词时多借用汉语拼音拼读（表7-11）。

表7-11　青少年词汇拼音化例证

被测人：
吴才娜，女，仫佬族，14岁，初三在读，四把镇四把社区

汉义	仫佬语发音	被测人发音
稻草	ma:ŋ^1	tau^4 tsʰau^1
花生	ti^{6}tau^6	hua^{6}sən^6
胳臂	nja^{2}puŋ^4	kə^{1}pe^5
仫佬族	lam^1	mɔ^{5}lau^{5}tsu^6
怀孕	hɣak^{7}la:k^{10}、mɛ^{2}la:k^{10}	huai^{6}yn^4
哄（使小孩不哭）	luk^8	hoŋ^1
歪（帽子戴歪了）	fe^1	uai^1

被测人：
谢春慧，女，仫佬族，14岁，初一在读，四把镇四把社区

汉义	仫佬语发音	被测人发音
梯子	kɔ^{5}kwɛ^3、ti^{5}kwɛ^3	tʰi^{5}tsɿ^3
勤劳	can^2、hɣak^7	kin^{2}lau^4

在母语习得过程中，除了词汇、发音受到影响以外，语法也受到了一定的影响。例如，在用"把"字句造句时，仫佬语本是没有"把"字的，有些青少年则加上了"把"字，这是明显受到普通话的影响。例如：

把字句：tɔk⁷lən²mɔ⁶pa³lɛ² tsəp⁷lɔk⁷taŋ¹tɔŋ⁵u¹kon²
　　　　后来　他　把　书　捡　起来　放　上　桌

后来她把书捡起来放桌上。

（1）谢春慧：tɔk⁷ lən² mɔ⁶ pa³ lɛ² tsəp⁷ lɔk⁷ taŋ¹ tɔŋ⁵ ŋa:u⁶ u¹ kon².
　　　　　　后　来　他 把 书 捡 起 来 放 在 上 桌

（2）张倩：tɔk⁷ lən² mɔ⁶　pa³　lɛ²　tsəp⁷　lɔk⁷ taŋ¹ tɔŋ⁵ u¹ kon².
　　　　　　后　来　他　把　书　捡　　起来 放 上 桌

（3）周武敬：tɔk⁷lən² mɔ⁶ tsəp⁷ lɛ² lɔk⁷taŋ¹tɔŋ⁵ tɔ⁴u¹kon².
　　　　　　后　来　他　捡　书　起来　放　置上桌

（4）吴艳海：tɔk⁷ lən² mɔ⁶　tsəp⁷ lɛ² tɔ⁴　u¹ kon².
　　　　　　后　来　他　　捡　书 放置上 桌

（5）李福果：tɔk⁷ lən²　mɔ⁶　tsəp⁷ lɛ²　　tɔŋ⁵　ŋa:u⁶　u¹　kon².
　　　　　　后　来　他　　捡　书　　放　　在　上　桌

（6）龙远辰：tɔk⁷lən² mɔ⁶　　tsəp⁷lɛ² lɔk⁷taŋ¹tɔŋ⁵u¹kon².
　　　　　　后　来　他　　捡　书　起　来　放　上　桌

（7）游秋平：tɔk⁷lən² mɔ⁶ tsəp⁷ na:u⁶　pən³lɛ² tsʰa⁵u¹kon².
　　　　　　后　来　他　捡　一　　本　书　上　上桌

受访者信息如下所示：

（1）谢春慧，女，仫佬族，14岁，初一在读，四把镇四把社区；

（2）张倩，女，仫佬族，15岁，初二在读，四把镇石门村良谢屯；

（3）周武敬，男，仫佬族，16岁，初二在读，四把镇铜匠屯；

（4）吴艳海，女，仫佬族，24岁，高中，四把镇大新村大梧屯；

（5）李福果，男，汉族，27岁，中专，东门镇公园路；

（6）龙远辰，男，仫佬族，39岁，大学，东门镇粮食局；

（7）游秋平，女，仫佬族，54岁，小学，四把镇铜匠屯。

第八章　仫佬语受汉语影响引起的变化

随着我国少数民族地区政治、经济、文化等各方面条件的逐步改善、义务教育的普及，仫佬族与汉族的接触和交流不断加强，兼用汉语的人数也越来越多。尤其是改革开放 30 年来，仫佬族与当地汉族长期交往，接触频繁，仫佬族普遍兼用汉语，其母语也受到了汉语较大的影响。因此，汉语的影响在仫佬语的发展和演变过程中是一个不可忽略的重要因素。

本章以语言接触背景下仫佬语受到汉语的影响为研究对象，主要从仫佬语中的汉语借词、语音、语法受汉语影响引起的变化、仫佬语受汉语影响的主要特点等方面分析仫佬语受汉语影响的特点及其规律。

第一节　仫佬语中的汉语借词

一、汉语借词的类别

词汇借用是语言接触中语言影响最直接、最明显的现象。仫佬语在与汉语的长期接触中，从汉语中吸收了许多汉语词汇。

根据这次调查记录的统计，笔者在所收集到的 2871 个仫佬语基本词汇中，汉语借词一共有 439 个，占统计总数比例的 15.3%。这些汉语借词的吸收极大地丰富了仫佬语的表达，已成为仫佬语词汇中不可分割的一部分。

仫佬语中的汉语借词既有实词，又有虚词。实词包括名词、动词、形容词、量词、副词等；虚词包括连词、介词。

（一）名词

仫佬语中名词的汉语借词数量最多，具体如下所示。

1. 天文地理（表 8-1）

表 8-1　仫佬语中天文地理方面的汉语借词

仫佬语	汉语	仫佬语	汉语
tjen¹ho¹	天河	sa¹	沙子
cʰi⁵	空气	toŋ²	铜
po⁵la:ŋ⁴	波浪	ka:ŋ¹	钢
ti⁶	天地	ly³	铝
kʰwa:ŋ⁴	矿	tʰi⁵	锑
moi⁶	煤	fa:n²	明矾
hai³	海	cəm¹	金
hu²	湖	ŋan²	银
ta:n²	潭	sui³jin⁶	水银
pu⁵pu⁴	瀑布	sa¹tʰa:n⁵	沙滩
ma⁴tau²	码头		

2. 时间方位（表 8-2）

表 8-2　仫佬语中时间方位方面的汉语借词

仫佬语	汉语	仫佬语	汉语
tsʰən¹	春	toŋ¹	东
toŋ¹	冬	na:m²	南
ha⁵	夏	te¹	西
tʰəu¹	秋	pak⁷	北
tjem³	点		
fən¹	分	ca³	甲
mjeu³	秒	pin³	丙
si² hau⁵	时候	tin⁵	丁
njen²	年	wu⁴	戊
li³pa:i⁴	星期	ci³	己
li³pa:i⁴ti⁵	星期四	tsʰəu³	丑
li³pa:i⁴ŋ⁴	星期五	kən⁵	庚
si⁴	时间	sin⁵	辛
tsɔŋ¹tau²	小时	jin⁴	壬
tsʰɔ¹ti⁵	初四	tsŋ¹	子
tsʰɔ¹ŋ⁴	初五	ma:u³	卯
tsʰɔ¹səp⁸	初十	wu³	午（天干地支）
wəi⁴	未	sən⁵	申
jau⁶	酉	sy⁶	戌
ha:i⁴	亥	tsʰən¹fən¹	春分
ma:ŋ²tsɔ:ŋ⁵	芒种	ha⁵tsi⁵	夏至
ta⁴sy³	大暑	tsy⁴sy³	处暑
swa:ŋ⁵ca:ŋ⁴	霜降	toŋ¹tsi⁵	冬至
ta⁴ha:n⁶	大寒	—	—

3. 动物植物（表 8-3）

表 8-3　仫佬语中动物植物方面的汉语借词

仫佬语	汉语	仫佬语	汉语
tʰu⁵	兔子	tau⁶	豆子
lɔŋ²	龙	kwa¹	瓜
la:ŋ⁶	狼	tsʰɔŋ¹	葱
tsʰa:n⁶	蚕	hwa¹	花
kwai³	青蛙（小）	pa:t⁷kak⁷	八角
ci¹	鸡	mai⁴liu³	柳树
ma⁴	马	tɔŋ⁶jəu²	桐油
tʰø¹	蛆	pin⁵la:ŋ²	槟榔
ko³tsi³li⁶	果子狸	hwa:ŋ² pʰi²kɔ³	黄皮果
tsʰən⁵sa:n⁵ca⁶	穿山甲	ka:n³la:n³	橄榄
pa:k⁸lu²	白鹭	po⁵tsʰa:i⁴	菠菜
jen¹ja:ŋ¹	鸳鸯	si⁵kwa⁵	西瓜
fuŋ⁴wa:ŋ²	凤凰	ma³liŋ⁵sy⁶	马铃薯
pi⁶hu³	壁虎	ŋau⁴	藕
u⁵kwəi⁵	乌龟	tsa²	茶
liŋ⁶jy⁶	鲮鱼	hwa:ŋ²ma²	黄麻
mu²kwa⁵	木瓜	mjen²	棉花
fu²lu¹	葫芦	lu⁶wəi⁶	芦苇
ka:i⁴la:n²	芥蓝	tɔŋ⁵ha:u⁵	茼蒿

4. 身体器官（表 8-4）

表 8-4　仫佬语中身体器官方面的汉语借词

仫佬语	汉语	仫佬语	汉语
tu²	胃	tau⁶	痘
swa:ŋ⁵jen³pi⁶	双眼皮	ha:n⁶	汗
ta:n⁵jen³pi⁶	单眼皮	tsi⁵	痣
ha:n⁶pa:n⁵	汗斑	tsʰɔŋ¹	疮

5. 人的称谓（表 8-5）

表 8-5　仫佬语中人的称谓方面的汉语借词

仫佬语	汉语	仫佬语	汉语
ku¹	姑	ha:k⁷se:ŋ¹	学生
tsy³çən¹	主人	pɔŋ²jau⁶	朋友
la:u³sɿ⁵	老师	ka:n³pu⁴	干部
tsy³sɿ⁵	厨师	ko⁵sau³	歌手
ta:u⁴sɿ⁵	道士	pʰjen⁵	骗子

续表

仫佬语	汉语	仫佬语	汉语
ti⁴tsy³	地主	tʰuŋ⁶tsi⁴	同志
toi⁵tsa:ŋ³	队长	cʰyn⁶tsuŋ⁴	群众
ja:u⁴tsa:ŋ³	校长	ti⁶jin⁶	敌人
tsy³si⁶	主席	kuŋ⁶jin⁶	工人
pu⁴tsa:ŋ³	部长	ta:i⁴pja:u³	代表
sən³tsa:ŋ³	省长	mɔ⁶fa:n⁴	模范
jen⁴tsa:ŋ³	县长	jin⁵juŋ⁶	英雄
sy³ci⁴	书记	kʰy³tsa:ŋ³	区长
tsuŋ³li³	总理	ja:ŋ⁵tsa:ŋ³	乡长
se⁴jøn⁶	社员	ta:ŋ³jøn⁶	党员
tsy³jin⁴	主任	pa:n⁵tsa:ŋ³	班长
tsu³tsa:ŋ³	组长	tsʰa:ŋ³tsa:ŋ³	厂长
cin⁵li³	经理	mi⁴sy⁵	秘书
tsøn⁵ca⁵	专家	tso³ca⁵	作家

6. 饮食服饰（表 8-6）

表 8-6　仫佬语中饮食服饰方面的汉语借词

仫佬语	汉语	仫佬语	汉语
ta:ŋ²	糖	ça:i¹	鞋子
fən³	米粉	tsau²	绸
tau⁶fu⁶	豆腐	mɔ⁶	帽子
jəu²	油	kwən²	裙子
mjen²	面条	kʰau⁵	扣子
tsja:ŋ¹jəu⁶	酱油	pu³	补丁
tau⁶fu⁶tsa¹	豆腐渣	pʰi⁶ha:i⁶	皮鞋
tau⁶fu⁶jy³	豆腐乳	sui³ha:i⁶	水鞋
lja:ŋ²	口粮	səu³tʰa:u⁶	手套
kwəi⁶hwa⁵jəu⁶	葵花油	sa⁵pu⁴	纱布
ma:n⁴tʰau⁶	馒头	fa:n⁵pu⁴	帆布
pɔ¹	包子	jəu³pu⁴	油布
lja:ŋ⁴fən³	凉粉	ma²pu⁴	麻布
tau⁶fu⁶pʰi⁶	腐竹、豆皮	ni⁵tsɿ³	呢子
jəu⁶tʰjeu⁶	油条	tʰa:n³	毯子
tai⁶	袋子	wəi⁶cin⁵	围巾
wəi⁶kwən²	围裙	səu³pje:u³	手表
jen¹	烟	—	—

7. 生活用具（表 8-7）

表 8-7　仫佬语中生活用具方面的汉语借词

仫佬语	汉语	仫佬语	汉语
tʰa:n⁵	木炭	tsi³	纸
tʰoŋ³	桶	tjen⁴tən⁵	电灯
pət⁷	笔	tsɔŋ¹	钟
taŋ¹lɔŋ²	灯笼	tek⁸	草席
ci⁵kwa:n⁵tsʰa:ŋ⁵	机关枪	fəi⁶ljeu⁴	肥料
tjen²hwa⁴	电话	tiŋ¹	钉子
taŋ⁵	凳子	lu²	炉子
cɔŋ¹	弓	ta:n²	坛子
tsa⁴jɔ²	炸药	la⁵pa⁵	喇叭
pa:u⁴tsi³	报纸	ku³	鼓
lau⁴sa:u⁶	漏勺	ljem⁴	镰刀
kɔ⁵tsʰa:n³	锅铲	la:n⁵	提篮
ly³kɔ⁵	铝锅	ma⁶ta:i⁴	麻袋
tʰi⁵kɔ⁵	锑锅	ja:ŋ⁵tsa:u⁴	香皂
kʰəu⁴tsən⁵	扣针	la:p⁸	蜡烛
tjen⁴tʰuŋ⁵	电筒	tʰa:n⁶kuŋ⁵	弹弓

8. 交通建筑（表 8-8）

表 8-8　仫佬语中交通建筑方面的汉语借词

仫佬语	汉语	仫佬语	汉语
tsʰja¹	车	lja:ŋ⁴	梁
søn²	船	tsʰoŋ¹	窗户
fai⁵ci⁵	飞机	lau²	楼
kuŋ⁵lu⁴	公路	ŋwa⁴	瓦
tʰe⁶lu⁴	铁路	tsja:ŋ²	墙
hɔ³tsʰe⁵	火车	ceu²	桥
ci⁴tsʰe⁵	汽车	sui³ni⁶	水泥
tʰo⁵la⁵ci⁵	拖拉机	ja⁶mən⁶	衙门
ma⁴tsʰja¹	马车	mən⁶ka:n³	门槛
tsja:ŋ¹	船桨	tsøn¹	砖
fa:n⁵	帆	to⁴	舵

9. 经济文化（表 8-9）

表 8-9　仫佬语中经济文化方面的汉语借词

仫佬语	汉语	仫佬语	汉语
tjen²	钱	sjeu³jɔ²	小学
kɔŋ¹tjen²	工钱	tsuŋ⁵jɔ²	中学
jɔ²ja:u⁴	学校	ta⁴jɔ²	大学
ca:u⁴sɿ⁶	教室	jəu⁴ə²jøn⁶	幼儿园
hə⁶pa:n³	黑板	ca⁶tjen²	价钱
ti⁶tʰu⁶	地图	jin⁶ha:ŋ⁶	银行
kɔŋ¹fən¹	工分	li⁴si⁶	利息
jøn²tsy⁵pi⁶	圆珠笔	sui⁵	税
fən³pi⁶	粉笔	ma⁶tsja:ŋ⁴	麻将
sa:ŋ⁵pʰin³	商品	ci²	旗子
wəntsja:ŋ⁵	文章	sa:ŋ⁵pja:u⁵	商标
tsja:ŋ⁴hu⁶	浆糊	pa:u⁴tsi³	报纸
ca:u⁵sui³	胶水	—	—

10. 宗教娱乐（表 8-10）

表 8-10　仫佬语中宗教娱乐方面的汉语借词

仫佬语	汉语	仫佬语	汉语
fuŋ⁵tsan⁵	风筝	tjen²jin³	电影
la²	锣	kɔ¹	歌
jin⁵jɔ⁶	音乐	lu⁶sən⁵	芦笙
sən²	神	mjeu⁴	庙
tʰu³ti⁴sən²	土地神	hɔ³tsa:ŋ⁴tsʰa:ŋ⁶	火葬场

11. 地域民族（表 8-11）

表 8-11　仫佬语中宗教娱乐方面的汉语借词

仫佬语	汉语	仫佬语	汉语
sən³	省	cʰy⁵	区
ja:ŋ¹	乡	tsɿ⁴tsi⁴jen⁴	自治县
min⁶tsu⁶	民族	pu⁴i⁵tsu⁶	布依族
tuŋ⁴tsu⁶	侗族	sui³tsu⁶	水族
ma:u⁶na:n⁶tsu⁶	毛南族	ta:i³tsu⁶	傣族
li⁶tsu⁶	黎族	kɔ⁵la:u³tsu⁶	仡佬族
ciŋ⁵tsu⁶	京族	ji⁴tsu⁶	彝族
tsɿ⁴tsi⁴tsəu⁵	自治州	—	—

12. 抽象意义（表 8-12）

表 8-12　仫佬语中抽象意义方面的汉语借词

仫佬语	汉语	仫佬语	汉语
kok⁷ca⁵	国家	ca:u⁴sun⁴	教训
si⁵sja:ŋ³	思想	sən⁵ho⁶	生活
ci⁴sy⁶	技术	wəi⁴ta:u⁴	味道
li³ma:u⁴	礼貌	—	—

13. 新名词（表 8-13）

表 8-13　仫佬语中新名词方面的汉语借词

仫佬语	汉语	仫佬语	汉语
kuŋ⁴tsʰa:n³ta:ŋ³	共产党	se⁴wəi⁴tsy³ȵi⁴	社会主义
kuŋ⁴tsʰin⁵tʰwon⁶	共青团	tsʅ⁵pon³tsy³ȵi⁴	资本主义
min⁴tsy³	民主	tsən⁴tsʰə⁶	政策
tsən⁴tsʅ⁴	政治	cin⁵tsʅ⁴	经济
wən⁶hwa⁴	文化	ca:u⁴ju⁶	教育
wəi⁴sin⁵	卫星	tsən⁴fu³	政府
tsʅ⁴jəu⁶	自由	kə⁴min⁴	革命
jyn⁴tuŋ⁴	运动	hɔ⁶pʰin⁶	和平
tjen²sʅ⁴	电视机?	pʰin⁶tən³	平等
pən²sja:ŋ⁵	冰箱	li⁴i⁶	利益
kuŋ⁵tsʰa:ŋ³	工厂	tsən³fuŋ⁵	整风
ci⁴hwa⁴	计划	i⁴cen⁴	意见
jin⁴wu⁴	任务	tsən⁴cy⁴	证据

由表 8-1～表 8-13 可以看出，仫佬语中借用汉语的名词涵盖了天文地理、动植物名称、饮食服饰、生活用品及工具、建筑交通工具、人物称谓、宗教文化、抽象概念等范围，这些都是与人民群众的衣食住行密切相关的词汇。新中国成立 60 多年以来，人民当家做主，各族人民在政治、经济、文化、教育等方面都享有平等的权利。随着仫佬族政治地位和生活水平的不断提高，在贯彻落实党和国家法律法规的过程中，接受了一批与政治、文化生活密切相关的新概念、新词汇，一些关于农用物资、家用电器、现代交通工具的新词术语也逐渐进入仫佬语词汇系统中。这些新事物、新名词与仫佬族老百姓的日常生活紧紧相连，已经融入并极大地丰富了仫佬语的词汇系统。

（二）动词（表8-14）

表8-14　仫佬语中一些动词的汉语借词

仫佬语	汉语	仫佬语	汉语
ca:u^5	教	ka:i^3	改正
kwən^3	滚	tsʰa:i^1	猜
tsʰa:u^3	炒	pa:i^6	失败
twa^3	锁	tʰe^5	剃
tja^3	写	tsʰa:p^9	插
kwi^6	跪	tʰjeu^5	跳
tsui^2	锤	fa:t^7	发
tʰot^7	脱	poŋ^1	帮
wa:t^7	挖	tsoŋ^1	装
fa:n^1	翻	təm^5	浸泡
ca:ŋ^3	讲	ton^5	算
swa:t^7	刷	kʰai^1	开
tsʰwa:i^3	踩	kwa^5	挂
han^5	恨	la:n^6	烂
lau^6	漏	cen^{5}se^6	建设
pjen^5	变	sən^{5}tsʰa:n^3	生产
tʰwon^{6}ce^6	团结	søn^{5}tsʰøn^6	宣传
tʰa:u^{6}lən^4	讨论	tsʰui^1	吹
ka:i^{3}fa:ŋ^4	解放	lin^{3}ta:u^3	领导

（三）形容词（表8-15）

表8-15　仫佬语中一些形容词的汉语借词

仫佬语	汉语	仫佬语	汉语
ku^{3}kwa:i^5	古怪	sjeu^3	少
kwa:i^5	怪	hwa:i^5	坏
jɔ:ŋ^{6}i^6	容易	tau^3	陡
juŋ^{3}ka:n^3	勇敢	ɲet^8	热
wəi^{3}ta^4	伟大	sɔk^8	熟
sin^{4}fu^6	幸福	na:n^2	难
tsi^{6}ci^6	积极	cɔŋ^2	穷
kwa:ŋ^{5}min^2	光明	noŋ^2	浓
ma:n^6	慢	fu^5	富
la:n^4	懒	—	—

（四）数词量词（表 8-16）

表 8-16　仫佬语中一些数词量词的汉语借词

仫佬语	汉语	仫佬语	汉语
ti⁶	四	pən³	本
ŋɔ⁴	五	tjeu²	条
paːt⁹	八	waːn⁶	万
tsjaːŋ⁴	丈	fən¹	分
tsʰek⁷	尺	tau³	斗
pən²	盆	mau³	亩
siŋ¹	升	kʰwaːi⁵	块
can¹	斤	—	—

（五）副词（表 8-17）

表 8-17　仫佬语中一些副词的汉语借词

仫佬语	汉语	仫佬语	汉语
tu¹	都	jəu⁶	又
ko³jen⁴	果然	pi³jaːu⁴	比较
leŋ²	另外	tsaːn⁴si⁶	暂时
tʰaːi⁵	太	tswəi⁴	最

（六）连词（表 8-18）

表 8-18　仫佬语中一些连词的汉语借词

仫佬语	汉语	仫佬语	汉语
jy⁶kɔ³	如果	swəi⁵jen²	虽然
taːn⁴si⁶	但是	jin⁵wəi⁴	因为
so³ji³	所以	hɔ⁶tse³	或者
i³cin⁵	已经	—	—

（七）介词（表 8-19）

表 8-19　仫佬语中一些介词的汉语借词

仫佬语	汉语	仫佬语	汉语
pi³	比	tsɔŋ²	从
pa³	把	ŋan⁴tsau⁵	按照
ljen²	连	—	—

二、仫佬语中汉语借词的使用

(1) 仫佬语中存在汉语借词和表达同一概念的民族固有词并存的情况，汉语借词的使用频率通常比本民族固有词的使用频率更高（表 8-20）。

表 8-20　仫佬语中汉借词与表达同一概念的民族固有词并存的情况

汉语借词	民族固有词	汉义
tʰø¹	nyn¹	蛆
sən¹tʰe³	hɣən¹	身体
taːn³ljaːŋ⁶	mɣɔ⁵	胆量
tʰan¹	lan¹	吞
sa³	hɣɔk⁷	撒
hɣak⁷	can²	勤快
tjen⁵	pɣaːn⁶	线
tja⁵	pɛːŋ⁵	射

(2) 仫佬语的汉语借词中也存在着四音格词和固定短语。举例如下。

jəu⁴……jəu⁴　又……又　　　　jəu⁴caːŋ³jəu⁴aːi⁵ 又说又笑

jet⁶……jet⁶　越……越　　　　jet⁶fɛ⁴jet⁶hwai⁵ 越做越快

(3) 汉语影响深及仫佬语的构词法，汉语借词进入仫佬语后，有一部分词汇由汉语借词与固有词语义加合构成，并为本族人所广泛认同与接受。举例如下。

tau⁶　nam¹　　黑豆　　　　　mai⁴　　liu³　柳树
豆（汉）黑（本）　　　　　　　树（本）柳（汉）

tʰɔŋ³　　mai⁴　　木桶　　　　ɣa²　　fən¹tsɔn¹　两分钟
桶（汉）　树（本）　　　　　　二（本）分钟（汉）

mɣa²　hwa¹ 眼花
眼（本）花（汉）

本节所统计的数据针对仫佬族人在日常生活中经常使用的基本词汇而言，但实际上随着现代化进程的不断推进，各种新事物、新观念层出不穷，仫佬语不断从汉语中借入大量的新术语，因此做出完全穷尽的统计是不可能的，本节所统计的数据也并不能完全反映出仫佬语汉语借词的全部面貌与实际比例。

第二节　仫佬语语音受汉语影响引起的变化

仫佬语和汉语同属于汉藏语系，音节结构均有声母、韵母、声调三个部分组成。仫佬族人除了会说仫佬语，还会说汉语普通话和汉语方言桂柳话。因此，仫佬族人能够根据自己的交际需要自如地转换三套语音系统。

仫佬语的语音系统中，一共有 62 个声母，其中单音声母 29 个，唇化声母 15 个，前腭化声母 11 个，后腭化声母 7 个。本小节以东门镇的语音为例，将对仫佬语的语音特点分析如下所示（表 8-21 和表 8-22）。

一、声母

表 8-21　仫佬语中的声母

/p/	/pʰ/	/m/	/m̥/			/f/	/w/	
/ts/	/tsʰ/					/s/		
/t/	/tʰ/	/n/	/n̥/	/l/		/l̥/		
		/ɲ/	/ɲ̥/				/j/	
/c/	/cʰ/					/ç/		
/k/	/kʰ/	/ŋ/	/ŋ̥/				/ɣ/	
/ʔ/						/h/		
/pj/	/pʰj/	/mj/				/fj/		
/tj/	/tʰj/	/nj/						/lj/
/tsj/	tsʰj					/sj/		
/pɣ/	/pʰɣ/	/mɣ/	/m̥ɣ/					
/kɣ/	/kʰɣ/	/ŋɣ/				/hɣ/		
/pw/	/pʰw/	/mw/						
/tsw/	/tsʰw/			/sw/				
/tw/	/tʰw/							/lw/
/cw/		/nw/						
/kw/	/kʰw/	/ŋw/		/hw/				

表 8-22　仫佬语中的声母例字

声母	例字 1	例字 2	例字 3
/p/	peŋ²瓶子	pu³补	pa:i⁶败
/pʰ/	pʰuŋ⁵碰	pʰa¹灰	pʰo⁵床
/m/	mən¹天	miŋ²蚂蝗	me²有

续表

声母	例字 1	例字 2	例字 3
/m̥/	m̥a¹ 回来	m̥at⁷ 跳蚤	m̥u⁵ 猪
/f/	fa¹ 右	fən¹ 分	fe⁴ 做
/w/	wa⁵ 脏	wa:t⁷ 挖	wa³ 蝴蝶
/t/	tau³ 斗	ti⁶（天）地	tɔŋ² 铜
/tʰ/	tʰa:n³ 毯子	tʰɔŋ¹ 通	tʰan¹ 吞
/n/	nɔŋ² 浓	nɛ⁵ 累	na:m² 南
/n̥/	n̥ɔ³ 老鼠	n̥a:i⁵ 嚼	n̥ai⁴ 动
/l/	la:i⁴ 鬼	la:k⁸ 儿	ləm² 风
/l̥/	l̥a¹ 睛	l̥a:n³	l̥yn¹
/ts/	tsa:ŋ⁴ 象	tsəŋ¹ 钟	tsən¹ 真
/tsʰ/	tsʰa:n⁶ 蚕	tsʰɔŋ¹ 葱	tsʰɔ¹ 初
/s/	sa¹ 沙子	sən³ 省	sən² 神
/ɲ/	ɲøn⁶ 愿意	ɲan² 银	ɲa² 你
/j/	jəu² 油	jəu² 游	jəu⁶ 又
/c/	cəm¹ 金子	ci¹ 鸡	cɔŋ² 穷
/cʰ/	cʰi⁵ 空气	cʰi¹ 梳子	cʰen¹ 牵
/ç/	ça:i¹ 鞋子	ça¹ 茅草	çap⁸ 眨（眼）
/k/	kən⁵ 庚	kam¹ 苦	kau⁵ 够
/kʰ/	kʰai⁵ 开	kʰa¹ 瞎	kʰu¹li⁵ 苦瓜
/ŋ/	ŋam¹ 想念	ŋa² 树芽	ŋɔ⁴ 五
/ŋ̊/	ŋ̊a¹ 菌	ŋ̊a:n³ 黄	ŋ̊am⁵ 口（一口）
/ɣ/	ɣa⁵ 水田	ɣə:p⁹ 蟑螂	ɣa⁵ 骂
/ʔ/	ʔuk⁹ 出	ʔa:u⁵ 要	ʔa:i⁵ 笑
/h/	hai³ 海	hu³ 米	hɔ:p⁸ 盒子
/pj/	pjeu³ 手表	pjen⁵ 变	pjen¹ 旁边
/pʰj/	pʰjen⁵ 骗	pʰjeu⁵ 票	—
/mj/	mjeu⁵ 秒	mjen⁶ 面	mjen² 棉
/fj/	fjen¹ 菜园	fja:n³ 玩	fja:n¹ 甜
/tj/	tjem⁶ 点（灯）	tjeu² 条	tja:ŋ⁵ 像
/tʰj/	tʰjep⁷ 贴(贴标语)	tʰjeu⁵ 跳	tʰja:ŋ³ 抢
/nj/	njen² 年	nja² 手	nja:m¹ 跟
/lj/	ljem⁴ 镰刀	lja:ŋ² 梁	ljen² 连
/tsj/	tsja:ŋ⁴ 丈	tsja:ŋ⁵ 帐	tsja:ŋ⁴hu⁶ 浆糊
/tsʰj/	tsʰjen¹ 千	tsʰja¹ 车（水）	tsʰja:ŋ⁵ 唱歌
/sj/	sjeu³ 少	sja²（做）社	sja³lai³ 舍得
/pɣ/	pɣa¹ 山	pɣam¹kɣo³ 头发	pɣø¹ 落

续表

声母	例字1	例字2	例字3
/pʰɣ/	na:ŋ³pʰɣət⁷扫帚	—	—
/mɣ/	mɣɔ⁵胆量	la:k⁸mɣət⁷星星	mɣa:ŋ¹香
/m̥ɣ/	m̥ya:ŋ¹香	—	—
/kɣ/	kɣa¹虫	kɣa³秧	kɣo³头
/kʰɣ/	kʰɣa:u³酒	kʰɣa¹耳朵	kʰɣət⁷尾巴
/ŋɣ/	ŋɣø²口水	ŋa²皮	
/pw/	pwa⁴祖母	—	
/pʰw/	pʰwa⁵破（竹）	—	
/mw/	mwa:i⁵扛	mwa⁶磨	
/hɣ/	hɣən¹身体	hɣɔk⁷撒	hɣɔk⁸草
/tsw/	tswəi⁴最(大)	tswa¹抓	
/tsʰw/	tsʰwa:t³踩	—	
/sw/	swa:i¹筛米	swa³撒	
/tw/	twa⁶驮（东西）	twa³锁	
/tʰw/	tʰwon⁶ce⁶团结	—	
/lw/	lwa²骡子	—	
/cw/	cwa¹盐	cwa²羊	
/nw/	nwa¹搓		
/kw/	kwa:i⁵怪	kwai³小青蛙	kwi⁶跪
/kʰw/	kʰwa:ŋ⁴矿物	kʰwa:i⁵块	kʰwən¹路
/ŋw/	ŋwa⁴瓦	ŋwa:i⁶外婆	ŋwa¹狗
/hw/	hwa¹花	hwak¹挥手	hwai⁵快

关于表 8-20 和表 8-21 中的声母说明如下。

（1）/tsj/、/tsʰj/、/tsw/、/tsʰw/这 4 个腭化、唇化声母只出现在汉语借词的音节里。

（2）从声母发音部位看，有唇音、舌尖音、舌面音、舌根音和喉音；从发音方法看，清擦音和塞擦音分为送气和不送气；有一套前腭化声母（/pj/、/pʰj/、/tj/、/tsj/），一套后腭化声母（/pɣ/、/pʰɣ/、/kɣ/、/kʰɣ/），一套唇化声母（/kw/、/kʰw/、/tw/、/sw/、/lw/）等。

（3）声母读音特点。/c/、/cʰ/、/ç/可以认为是/k/、/kʰ/、/h/的腭化，也可以写成/kj/、/kʰj/、/hj/，在前高元音前时读作舌面前音——/tɕ/、/tɕʰ/、/ɕ/，由于还有同部位其他声母（/ŋ/、/j/），所以其读音仍保留为/c/、/cʰ/、/ç/。

（4）仫佬语内部语音基本一致，但有少数词念法不太一致，主要表现在，舌尖塞擦音声母与舌尖擦音声母相混。例如，有的人将"葱"念成 tsʰɔŋ¹，有的人念成 tʰɔŋ¹。

（5）/ŋ/可以独立成音节。

二、韵母

仫佬语的韵母一共有 78 个，其中单元音韵母有 11 个，复元音韵母有 67 个（表 8-23 和表 8-24）。

表 8-23 仫佬语中的韵母

/a/	/o/	/ɔ/	/e/	/ɛ/	/ə/	/i/	/u/	/ø/	/ɤ/	/y/
/ai/	/a:i/	/oi/				/əi/		/ui/			
/au/	/a:u/		/eu/			/əu/		/iu/			
/am/	/a:m/	/om/	/ɔm/	/em/			/əm/	/im/			
/an/	/a:n/	/on/		/en/			/ən/	/in/	/un/	/øn/	/yn/
/aŋ/	/a:ŋ/	/oŋ/	/ɔŋ/	/ɔ:ŋ/	/eŋ/	/ɛŋ/	/ɛ:ŋ/	/əŋ/	/iŋ/	/uŋ/	/øŋ/	/yŋ/
/ap/	/a:p/			/ep/			/əp/	/ip/			
/at/	/a:t/	/ot/		/et/			/ət/	/it/	/ut/	/øt/	/yt/
/ak/	/a:k/	/ok/	/ɔk/	/ɔ:k/	/ek/	/ɛk/	/ɛ:k/	/ək/	/ik/	/uk/	/øk/	

表 8-24 仫佬语中的韵母例字

韵母	例字 1	例字 2	例字 3
/a/	sa¹沙子	fa¹右	hwa¹花
/ai/	kwai³蛙(小的)	hai³海	lai³得
/a:i/	ka:i³改	na:i⁶这	ŋwa:i⁶外婆
/au/	kau⁵够	tsau⁶双(一双鞋)	lau⁵田螺
/a:u/	kʰa:u⁵靠	a:u¹要	sa:u¹你们
/am/	tsam³低头	ŋam¹想念	kʰam⁵跌倒
/a:m/	ka:m¹山洞	ja:m⁵脚步	na:m⁶泥
/an/	ŋan²银	tan⁴蚯蚓	lan²轮
/a:n/	tʰa:n⁵炭	na:n²难	la:n³红
/aŋ/	taŋ¹灯	taŋ⁵凳子	kʰaŋ¹妨碍
/a:ŋ/	kʰwa:ŋ⁴矿物	ka:ŋ¹钢	kɤa:ŋ¹亮

续表

韵母	例字1	例字2	例字3
/ap/	tap^{7}肝	lap^7（天）黑	
/a:p/	la:p^{8}蜡烛	ça:p^{7}窄	tsha:p^{7}插
/at/	kat^{7}剪	ʔat^{7}个	mat^{7}节约
/a:t/	ti^{6}ma:t^{7}过去	swa:t^{7}刷	pa:t^{7}八
/ak/	pak^{7}北	hwak^{1}挥手	tak^{7}塞
/a:k/	pa:k^{7}嘴	la:k^{8}儿子	ha:k^{8}学
/o/	fo^{3}斧头	lo^{4}大	—
/oi/	poi^{6}背(诵)	p^{h}oi 配(得上)	t^{h}oi^1(水)流
/om/	kom^{3}敢	—	
/on/	kon^{2}桌子	pon^{2}盘子	ton 算
/oŋ/	poŋ^{1}帮	foŋ^{1}高	
/op/	fop^{7}鳃	ɣop^{7}塌	—
/ot/	tot^{7}吸吮	t^{h}ot^{7}脱	p^{h}ot^{7}泼
/ok/	cok^{7}锄	kok^{7}国	
/ɔ/	mɔ^{6}帽子	pɔ^{1}包	ŋɔ^{4}五
/ɔm/	kɔm^{1}痱积	p^{h}ɔm^{5}水泡	ʔɔm^{5}toŋ^{5}冻疮
/ɔŋ/	ts^{h}ɔŋ^{5}枪	p^{h}ɔŋ^{5}碰	nɔŋ^{2}浓
/ɔ:ŋ/	jɔ:ŋ^{2}溶化	k^{h}ɔ:ŋ^{1}不	k^{h}ɔ:ŋ^{3}屁股
/ɔp/	hɔp^{8}盒子	hɔp^{8}合	ɣɔp^{8}塌
/ɔk/	fɔk^{8}佩服	sɔk^{8}熟	hu^{3}kɔk^{7}稻子
/ɔ:k/	k^{h}ɔ:k^{9}干枯	mɔ:k^{9}埋	—
/e/	ce^{2}左	te^{5}西	te^{3}下面
/eu/	ljeu^{2}完	p^{h}jeu^{5}票	tjeu^{5}吊
/em/	cem^{2}手镯	jem^{1}借	c^{h}em^{5}欠
/en/	mjen^{2}棉	c^{h}en^{1}牵	sjen^{5}扇
/eŋ/	teŋ^{1}钉子	leŋ^{6}再	peŋ^{2}平
/ep/	tjep^{7}接	t^{h}jep^{7}贴近	tsjep^{7}切
/et/	ʔjet^{8}越	cet^{7}结	tsik^{8}ɲet^{8}生日
/ek/	t^{h}ek^{7}踢	kek^{7}蹲	ts^{h}ek^{7}尺子
/ə/	kau^{5}lə^{4}看腻	sə^{6}ma:ŋ^{6}色盲	tsən^{4}ts^{h}ə^{6}政策
/əi/	wəi^{3}ta^{4}伟大	p^{h}ɣəi^{5}近	jin^{5}wəi^{4}因为
/əu/	jəu^{2}油	jəu^{2}别	səu^{3}等候
/əm/	ləm^{2}风	cəm^{1}金子	təm^{5}浸泡
/ən/	sən^{5}神	hɣən^{1}身体	tən^{2}黄牛
/əŋ/	k^{h}əŋ^{5}臭哄哄	—	—
/əp/	tsəp^{8}捡	əp^{7}敷、闷着	nəp^{7}蹄

续表

韵母	例字 1	例字 2	例字 3
/ət/	tət⁷ 太阳	kʰət⁷ 屁	pʰɣət⁷ 扫
/ək/	kək⁷ 打嗝	—	—
/ɛ/	mɛ² 醉	fɛ⁶ 淫荡	ŋɛ⁵ 累
/ɛŋ/	pɛŋ⁵ 爆炸	tɛŋ³ 顶	—
/ɛːŋ/	sɛːŋ¹ 生	tsɛːŋ¹ 争	tsʰɛːŋ⁵ 撑
/ɛk/	tɛk⁷ 一滴	—	—
/ɛːk/	sɛːk⁷ 摔跤	pɛːk⁹ 百	kʰɛːk⁹ 客人
/i/	i¹ 好	ni⁵ 这	ti⁵ 四
/iu/	liu² 瘤	niu³ 拧毛巾	ciu² 求
/im/	tim¹ 一瓣	lim² 苗条	lim⁵ 浅
/in/	tin¹ 腿	tin³ 叫	ɲin³ 痒
/iŋ/	tsʰiŋ⁵ 秤	liŋ⁴ 晴	miŋ² 蚂蟥
/ip/	pʰip⁷ 瘪	nip⁷ 拧	tʰip 削苹果
/it/	ɲit⁷ 冷	cit⁷ 疼	fit⁸ 摆手
/ik/	tsik⁷ 一只鞋	tsik⁷ 直	lik⁸ 力气
/ɣ/	tʰuŋ⁶tsɣ⁴ 同志	tsɣ⁴jəu⁶ 自由	tsən⁴tsɣ⁴ 政治
/u/	u¹ 上面	hu² 湖	tu³ 胃
/ui/	nui¹ 雪	tui⁶ 石头	tui⁶ 坐
/un/	nun² 睡	fan¹hun⁵ 前天	mun⁶lau² 猴子
/uŋ/	juŋ¹ 蹲	kuŋ³ 响	luŋ¹ 窟窿
/uk/	uk¹ 出	luk⁷ 哄	tuk⁸ 绑
/ut/	mut⁸ 胡子	put⁷ 夺	nɛ³ŋut⁷ŋut⁷ 抽泣
/ø/	ŋɣø² 口水	tsø⁶ 筷子	hɣø¹ 醒
/øn/	søn⁵tsʰøn⁶ 宣传	nøn⁶ 愿意	i⁵jøn⁴ 医院
/øt/	søt⁷ 小说	cʰøt⁷tjem³ 缺点	tøt⁸ 绝
/øk/	løk⁷ 蘸	hɣøk⁷ 呕吐	—
/y/	cʰy⁵ 区	tsy 珠子	pʰy¹ 吐
/yn/	kʰyn¹ 一圈	kyn² 拳	jyn⁴tuŋ⁴ 运动
/yŋ/	kyŋ¹ 抬	—	—
/yt/	yt⁷ 粽子	lyt⁷ 纱管	—
/ŋ/	ŋ⁵ 不	—	—

关于表 8-23 和表 8-24 中的韵母说明如下。

（1）/a/、/o/、/ɔ/、/e/、/ɛ/、/ə/、/i/、/ɣ/、/u/、/y/、/ø/这 11 个元音单独作

韵母时都是长元音，带韵尾时/a/、/ɔ/、/ɛ/存在长短对立，/ə/、/y/、/ɿ/三个单元音只出现在汉语借词中。

（2）/aː/和/a/的区别在于，/a/的音位比/aː/高，相当于次低央元音/ɐ/，/ai/用于腭化声母后时，其音值近似/ei/，如 hɣai³买等。

（3）/u:/带韵尾时也有轻微的过渡音 ə，它的实际音值是/uəi/、/uəm/、/uən/、/uət/。

（4）/eu/、/em/、/en/、/ep/、/et/只跟前腭化声母和舌面声母相拼。

（5）吸收现代汉语借词，增加了/ə/(央元音)、/y/、/ɿ/(舌尖元音)3 个单元音韵，舌尖元音/ɿ/只与/ts/、/tsʰ/、/s/相拼。

三、声调

仫佬语的声调一共有 8 个：6 个舒声调和 2 个促声调。其中，第 1 调 42、第 2 调 121、第 3 调 53、第 4 调 24、第 5 调 44、第 6 调 21 是舒声调，第 7 调（短元音）55、第 7 调（长元音）42、第 8 调（短元音）12、第 8 调（长元音）11 属于促声调（表 8-25）。

表 8-25 仫佬语中的声调

调类		调型	调值	例字
第 1 调		中降调	42	kɣa¹虫、kʰɣa¹耳朵、tuŋ¹煮
第 2 调		低升调	121	ma²舌、tse²姐、me²有
第 3 调		高降调	53	hu³米、na³脸、la:n³红
第 4 调		中升调	24	məm⁴老虎、ljem⁴镰刀、taŋ⁴站
第 5 调		次高平调	44	sjeu⁵干净、ta⁵中间、kau⁵看
第 6 调		低平调	11	ta⁶经过、ŋa:n⁶鹅、na:i⁶这
第 7 调	短	高平调	55	ʔuk⁷出、pak⁷北、kat⁷剪
	长	中降调	42	se:k⁷摔跤、swa:t⁷刷、pa:k⁷嘴
第 8 调	短	低升调	12	tək⁸读、lik⁸力气、cit⁸咬
	长	低平调	11	la:k⁸儿子、ma:t⁸袜子、la:p⁸蜡烛

四、音节结构

仫佬语的音节结构类型有以下 7 种表示形式，本节用 C 表示辅音，用 V 表示元音。举例如下。

（1）CV 式：即辅音+元音，mɛ²有、ma²舌、ne⁵乳。

（2）CVV 式：即辅音+元音+元音，lau⁵螺蛳、kau⁵看、ta:u³烧。

（3）CVC 式：即辅音+元音+辅音，tuŋ¹煮、nun²躺、ma:t⁸袜子。

（4）CCV 式：即辅音＋辅音＋元音，pya¹山、mwa¹摸、fja¹头发。

（5）CCVV 式：即辅音＋辅音＋元音＋元音，lja:i⁵烫、sjeu³少、kʰyau⁵吠。

（6）CCVC 式：即辅音＋辅音＋元音＋辅音，fjen¹菜园、tjem³点、kya:p⁷挑。

（7）V 式：即元音，i³椅子。

五、汉语对仫佬语语音系统的影响

汉语借词的大量进入使仫佬语的语音系统发生了一些变化，仫佬语和汉语的音节结构都是由声母、韵母、声调组成，结构上的相似性使得仫佬语的语音系统比较容易受到汉语语音系统的影响。汉语对仫佬语语音系统的影响主要表现在以下两个方面。

（一）声母方面

/?/汉语借词的大量进入使仫佬语的声母发生了一些变化，主要是借入了唇齿擦音/f/、/tsʰ/。如 fa:t⁷发、fən¹分（一分钱）、tsʰa:n⁶蚕、tsʰoŋ¹葱、tsʰɔ¹初。

/tsʰj/、/tsw/、/tsʰw/、/kʰw/这 4 个腭化、唇化声母只出现在汉语借词的音节里，汉语借词的进入丰富了仫佬语的语音系统。如 tsʰjen¹千、tʰja:ŋ³抢、tswəi⁴最（大）、tsʰwa:i³踩、kʰwa:ŋ⁴矿物、kʰwa:i⁵块（一块田）、kʰwa:i³元（一元钱）。

（二）韵母方面

仫佬语借入汉语的单元音韵母/ə/、/y/、/ɿ/，并且/ə/、/y/、/ɿ/这 3 个单元音只出现在汉语借词中，很显然这是由于仫佬语吸收了汉语借词才增加的。如 tsən⁴tsʰə⁶政策、ta:u⁴sɿ⁴道士、cʰy⁵区。

第三节 仫佬语语法受汉语影响引起的变化

仫佬语与汉语都属于分析性语言，语法上存在很多相同性，而且仫佬族长期以来与汉文化接触密切，又普遍兼用汉语，因而仫佬语语法也受到了强势语言汉语的一些影响，主要表现在以下几个方面。

一、借用汉语的部分虚词

借用的虚词主要包括副词、连词和介词。

(一)借用的副词

借用的副词主要有 tu¹都、leŋ²另外、tʰa:i⁵太、tswəi⁴最等。例如：

（1）mɔ⁶hu³tu¹ŋ⁵tsa:n¹tu⁶uk⁷pa:i¹ljeu².
　　他　饭　都　不吃　就　出去　了
　　他饭都不吃就出去了。

（2）fan¹na:i⁶mən¹tʰa:i⁵ɲet⁸.
　　天/日 这 天　太　热
　　今天天气太热。

（3）la:n³ kɔ⁵ tswəi² i¹ kau⁵.
　　红的　　最　好看
　　红的最好看。

(二)借用的连词

借用的连词主要有 jy⁶kɔ³如果、swəi⁵jen²虽然、jin⁵wəi⁴因为等。例如：

（1）jy⁶kɔ³fan¹mɔ⁴tɔk⁷kwən¹, ɣa:u¹tu⁶ŋ⁵pa:i¹fai¹.
　　如果　明　天　落　雨，咱们　就　不 去街
　　如果明天下雨，咱们就不上街。

（2）məi⁶kuk⁷na:i⁶swəi⁵jen²i¹kau⁵, ta:n⁶si⁶ ɣa:i ⁵niŋ⁵.
　　件　衣服　这 虽然　好看，但 是 长　些
　　这件衣服虽然好看，但是长了些。

（3）mɔ⁶jin⁵wəi⁴hɣak⁷ləm²nəm⁴, sɔ³i¹ma¹uk⁷lai³i¹.
　　他　因 为　勤　浇　水，所以菜 出 得 好
　　他因为勤浇水，所以菜长得好。

(三)借用的介词

借用的介词主要有 pi³比、pa³把、ljen²连等。例如：

（1）tɔk⁷lən² mɔ⁶ pa³lɛ² tsəp⁷ lɔk⁷taŋ¹ tɔŋ⁵u¹kon².
　　后来　他　把 书 捡　起来　放 上 桌
　　后来她把书捡起来放桌上。

（2）mɔ⁶pi³ hɛ² pɣau⁵lai³ fəi⁵.
　　他 比 我 跑 得　快
　　他比我跑得快。

（3）ljen²ŋa²tu¹ŋ⁵ɣɔ⁴ja:ŋ⁶ti⁶teŋ²na:i⁶.
　　连　你　都不知道件　事情　这
　　连你都不知道这件事情。

二、借用汉语的复句格式

仫佬语还借用了汉语的复句格式，丰富了仫佬语的复句格式和表达方式。例如：

（1）məi⁶ kuk⁷na:i⁶ swəi⁵jen² i¹ kau⁵,ta:n⁶si⁶ ɣa:i ⁵niŋ⁵.
　　件　衣服　这　虽然　　好看，但是　长　些
　　这件衣服虽然好看，但是长了些。（使用汉语的复句格式，也借用了汉语的连词。）

（2）jy⁶kɔ³ŋa²ŋ⁵tən⁵,ŋa²tu⁶lɔ³ pa:i¹kau⁵.
　　如　果你不相信，你就进　去　看
　　如果你不相信，你就进去看。（使用汉语的复句格式和汉语的连词。）

三、出现新型语序和本民族固有语序并存

仫佬语中出现新型语序和本民族固有语序并存的现象。特别是仫佬语的序数词修饰名词时，出现"序数词+名"和"名+序数词"两种并存的语序（图8-1）。

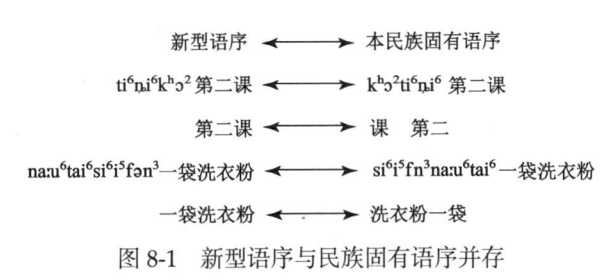

新型语序 ←→ 本民族固有语序
ti⁶ni⁶kʰɔ² 第二课 ←→ kʰɔ²ti⁶ni⁶ 第二课
第二课 ←→ 课　第二
na:u⁶tai⁶si⁶i⁵fən³ 一袋洗衣粉 ←→ si⁶i⁵fn³na:u⁶tai⁶ 一袋洗衣粉
一袋洗衣粉 ←→ 洗衣粉一袋

图 8-1　新型语序与民族固有语序并存

第四节　仫佬语受汉语影响的主要特点

在长期的历史发展过程中，仫佬语受到汉语的巨大影响而产生了各种各样的变异。其中仫佬语受到汉语影响的主要特点如下。

一、汉语影响的广泛性

在笔者所统计的 2871 个基本词汇中，其中汉语借词有 439 个，占统计总数的 15.3%。实际上在仫佬语中经常用到大量如"电视""手机""冰箱"等诸多的新术语词，这些词是开放性的，根本无法显示其真实词汇水平的测试数据，加上这些新语术词，实际汉语借词在仫佬语中的比例还要高。这些汉语借词汇深入仫佬语的核心领域，在一定程度上改变仫佬人的语言认知，具体例子见表 8-26～表 8-30。

表 8-26　汉语中名词在仫佬语中的广泛影响

仫佬语	汉语	仫佬语	汉语
loŋ^2	龙	t^{h}u^5	兔子
la:ŋ^6	狼	ts^{h}a:n^6	蚕
ci^1	鸡	ma^4	马

表 8-27　汉语中动词在仫佬语中的广泛影响

仫佬语	汉语	仫佬语	汉语
kwən^3	滚	təm^5	浸泡
ts^{h}a:u^3	炒	ka:i^3	改正
ka:i^{3}fa:ŋ^4	解放	ts^{h}a:i^1	猜

表 8-28　汉语中形容词在仫佬语中的广泛影响

仫佬语	汉语	仫佬语	汉语
noŋ^2	浓	soŋ^1	松
sok^8	熟	coŋ^2	穷
na:n^2	难	kwa:ŋ^{5}min^6	光明

表 8-29　汉语中虚词在仫佬语中的广泛影响

仫佬语	汉语	仫佬语	汉语
tu^1	都	jəu^6	又
jy^{6}kɔ^3	如果	swəi^{5}jen^2	虽然
pa^3	把	ŋan^{4}tsau^5	按照

表 8-30　汉语中新词术语在仫佬语中的广泛影响

仫佬语	汉语	仫佬语	汉语
ci⁴sy⁶	技术	mɔ⁶fan⁴	模范
nuŋ⁶min⁶	农民	kuŋ⁴tsʰin⁵tʰwon⁶	共青团
ka:n⁴pu⁴	干部	lin³ta:u³	领导
sy⁵ci⁴	书记	kuŋ⁵jin⁶	工人
tsy³ɕi⁶	主席	pu⁴tsa:ŋ³	部长

二、汉语影响的层次性

语言会因社会因素的不同而呈现出差异性。仫佬语受汉语影响的差异性，主要表现在年龄层次上的差异。此外，它还会因性别差异、人们的文化素质、历史层次而存在不同的影响层次。

在年龄层次上，年轻人和老年人很明显地反映出语言不同层次的影响。具体表现在，60 岁以上年龄段的老人绝大多数以前没有入学接受正规教育，绝大多数人不会说普通话，所以他们的仫佬语受汉语影响较小；随着学校教育的普及，现在 20 岁以下的年轻人在学校都是用普通话交流，在这一大环境下年轻人的仫佬语受汉语影响较大；而 20~59 岁这一阶段的成年人的仫佬语受汉语影响的程度居于两者之间。在日常生活中较少接触到或使用到的词语，老一辈的人通常还会使用本民族语（仫佬语）的固有词来表达，而年轻人通常已不会用本民族语来表达而是借用了汉语借词。比如，对罗城仫佬族自治县四把镇四把街初一年级的学生谢春慧（女，仫佬族，14 岁）进行仫佬语 400 词词汇测试时，民族固有词的表达法 lau⁵（田螺）、kɣa:p⁷（挑）她已经不会说，而是分别借用了汉语借词 tʰjen²lɔ⁴（田螺）、tʰjau⁵（挑）来表达。

在性别层次上，男性由于外出打工或在外地与人进行社会交流活动，相对于在家务农的女性来说，他受汉语影响程度自然高于女性。如今随着仫佬族女性进城务工数量的不断增加，与外界不断接触交流，她们与男性的语言差异正在不断缩小。

在文化层次上，文化素质高的人由于对汉语掌握得比较好，可以把汉语借词和本民族语特点有机地结合在一起；但文化素质较低的人，在借入汉语成分时可能会出现"本末倒置"的情况。

在历史层次上，新中国成立之前，汉语对仫佬语的影响程度较小，而新中国成立之后汉语对仫佬语的影响程度不断扩大，甚至涉及语言结构的各个方面，其中这在词汇上面表现得最为直观与明显。造成这一历史层次的差别主要是由新中国成立前后仫佬人的社会地位和经济文化发展程度的差异性决定的。

三、汉语影响的深层性

汉语对仫佬语的影响有表层和深层之分。表层影响指的是只改变受影响语的面貌，并不触及语言核心特征的影响，包括非一般词汇的借用、个别音位的增加或减少、个别语言结构的借用等。而深层影响指的是触及语言核心特征的影响，改变受影响语的基本面貌，并使它在特征上逐渐接近并趋同于影响语，包括核心词的借用与替换、音系的有规则性与系统性的变化、借用大量的功能词和句法结构等。从仫佬语目前受汉语影响的程度来看，笔者认为，汉语对仫佬语的影响目前正处于由表层向深层渗透的阶段。主要表现在以下三大方面。

（1）汉语对仫佬语词汇的影响最大、最直接，目前正处于深层次的影响阶段。仫佬语的汉语借词数量大，而且广泛分布在仫佬族基本生活的各个领域。同时，仫佬语有很多汉语借词与表达同一概念的本民族语固有词并存，其部分核心词汇也已经被汉语借词所替换。此外，汉语影响还深及仫佬语的构词法，部分汉语借词已成为仫佬语合成词中的构词语素，呈现出具有能产性的特点。这一系列特点变化说明，汉语对仫佬语词汇的影响已经不是停留在表层次的影响，而是处于深层次的影响阶段。

（2）汉语对仫佬语影响的深层性也体现在构词法上。汉语借词进入仫佬语后，有一部分汉语借词已具有造词的能力，成为仫佬语合成词中的构词语素，特别是新词术语的进一步丰富和发展主要依靠汉语音译全借词。仫佬语中原有的构词方式有复合式（并列、修饰、动宾、补充、主谓）和附加式（前缀、后缀），受汉语影响后，出现了"汉语借词+本民族语词"和"本民族语词+汉语借词"两种构词模式。如 mai^{4}liu^{3}柳树、tau^{6}nam^{1}黑豆。

（3）汉语对仫佬语语音和语法的影响目前正处于由表层次向深层次的过渡、渗透阶段。在语音上仫佬语借入汉语的单元音韵母 y、ɿ，并且 y 和 ɿ 两个单元音只出现在汉语借词中，丰富了仫佬语的语音系统，如 la:u^{3}sɿ^{5}老师、ta:u^{4}sɿ^{4}道士、cʰy^5 区。在语法上，汉语对仫佬语语法的影响主要表现在，仫佬语从汉语中吸收部分虚词，如介词 pi^{3}比、tsɔŋ^{2}从、pa^{3}把，连词 jy^{6}kɔ^{3}如果、ta:n^{4}si^{6}但是、swəi^{5}jen^2

虽然，副词 tu¹ 都、tʰaːi⁵ 太、leŋ⁶ 另外。除此之外，仫佬语还借用了汉语的复句格式，出现一些新型语序和本民族固有语序并存的现象，但是仫佬语固有的语序和句法手段并没有因为汉语的影响而完全发生变化，它的民族固有特点仍是仫佬语目前的基本语法特点。由此看来，汉语对仫佬语语音和语法的影响只是局部性的改变，正处于由表层次向深层次的过渡、渗透阶段。

第九章 结语与预测

本书对罗城仫佬族自治县仫佬族的语言生活做了较全面系统的分析,理出了该县仫佬族语言生活的5个主要特点。

（1）该县仫佬族基本上保留了自己的母语。不同年龄段、不同性别的人都能说一口流利的仫佬语。经调查统计,"熟练"型的仫佬族,在该县达到94.7%,能保留母语的主要因素有,相对聚居是仫佬语稳定使用的客观条件；国家政策是仫佬语稳定使用的保障家庭与社区的语言教育是仫佬语稳定使用的重要保障；开放的语言观念有利于仫佬语的稳定使用；语言兼用有利于仫佬语的保存。

（2）该县仫佬族普遍兼用通用语——汉语,即桂柳话和普通话。同样,不同年龄段、不同性别的人都能说一口流利的汉语。但是该县仫佬族的汉语能力具有差异性。能兼用汉语的主要因素有,地理条件是该县仫佬族兼用汉语的重要条件；民族杂居是该县仫佬族语言兼用的客观条件；重视教育是该县仫佬族兼用汉语的重要推动力；该县仫佬语大量吸收汉语成分为语言兼用创造了有利条件。

（3）该县仫佬族是一个全民双语的民族。他们的双语关系是一个密不可分的系统,相互补充、相互制约、各就各位。该县仫佬语作用日常用语主要用于家庭内部、村寨、集市之间,汉语用于不同民族之间的交际及文化教育事业等语言生活中。母语的基础为该县仫佬族进一步掌握汉语提供了条件；兼用汉语,为母语的独立存在提供了条件。

（4）部分青少年母语能力下降。下降主要表现在：母语能力下降是一个值得重视的问题。它的出现应从两个方面来看：一方面青少年与外界接触的增多、视野不断开放及对学好汉语的强烈愿望；另一方面,青少年母语能力的下降对该民族保存其语言不利,应该采取必要的措施来调整语言的关系。

（5）该县仫佬语在汉语的长期接触中,受到汉语的广泛影响。其影响表现在语音、词汇、语法等方面。汉语的影响已进入核心领域,在一定程度上丰富和发展了该县仫佬语的基本特点。该县仫佬语受汉语的影响正处于由表层向深层过渡的阶段。汉语影响使得该县仫佬语不断适应社会发展的需要而向前发展，使其语言功能和语言表达能力不断得到增强。

上述该县仫佬族语言生活的特点，是由该县仫佬族社会发展的特点决定的。社会发展了，语言也要适应社会发展的需要，不断丰富、改善自己。该县仫佬族使用人数较为稳定，在广泛受到汉语影响的情况下能够保存下来，说明该县仫佬语生命力之旺盛。

今后，该县仫佬语还能不能继续保存下去，笔者认为，从现在的情况看，该县仫佬语还会在较长的时间内保存下去。首先，因为仫佬族聚居情况不会在短时间内有较大的变化；其次，仫佬语能够不断吸收、消化汉语借词，能够保持仫佬语的语言活力和交际能力；再次，仫佬族的内部凝聚力不但不会削弱，反而还会不断增强；母语在他们的生活中的必要性还会存在。今后，该县仫佬族学习汉语的热情还会更高，但不会因此而排斥母语的存在，汉语和仫佬族母语仍然会在互补、和谐之中得到发展。

参 考 文 献

白碧波. 2010. 元江县因远镇语言使用现状及其演变. 北京：商务印书馆.

戴庆厦. 2004. 中国濒危语言个案研究. 北京：民族出版社.

戴庆厦. 2007. 基诺族语言使用现状及其演变. 北京：商务印书馆.

戴庆厦. 2008a. 阿昌族语言使用现状及其演变. 北京：商务印书馆.

戴庆厦. 2008b. 云南蒙古族喀卓人语言使用现状及其演变. 北京：商务印书馆.

戴庆厦. 2009a. 泰国万伟乡阿卡族及其语言使用现状. 北京：中国社会科学出版社.

戴庆厦. 2009b. 云南里山乡彝族语言使用现状及其演变. 北京：商务印书馆.

戴庆厦. 2010a. 耿马县景颇族语言使用现状及其演变. 北京：商务印书馆.

戴庆厦. 2010b. 景洪市嘎洒镇傣族语言文字使用现状及其演变. 北京：商务印书馆.

戴庆厦. 2010c. 中国少数民族语言使用现状及其演变研究. 北京：民族出版社.

戴庆夏. 2010d. 片马茶山人及其语言. 北京：商务印书馆.

戴庆厦. 2011. 云南德宏州景颇族语言使用现状及其演变. 北京：商务印书馆.

戴庆厦. 2012. 云南绿春县哈尼族语言使用现状及其演变. 北京：商务印书馆.

戴庆厦，何俊芳. 2006. 语音和民族（二）. 北京：中央民族大学出版社.

丁石庆. 2009. 莫旗达斡尔族语言使用现状及发展趋势. 北京：商务印书馆.

丁石庆，王国旭. 2010. 新疆塔城达斡尔族母语功能衰变层次及特点. 中央民族大学学报（哲学社会科学版），（6）：78-82.

范俊军，宫齐，胡鸿雁译.2006. 语言活力与语言濒危. 民族语文，（3）：51-61.

范俊军，李义祝. 2012. 彝语阿扎话语言活力评估.广西民族大学学报（哲学社会科学），（3）：169-174.

梁敏. 1980. 侗台语简志. 北京：中国社会科学出版社.

梁敏，张均如. 1996. 侗台语概论. 北京：中国社会科学出版社.

罗城仫佬族自治县志编纂委员会. 1993. 罗城仫佬族自治县志. 南宁：广西民族出版社.

潘琦. 2012. 仫佬族通史. 北京：民族出版社.

阮宝娣. 2012. 羌语衰退型村寨语言使用现状及其成因分析. 中央民族大学学报（哲学社会科学版），（6）：114-119.

孙宏开. 2006. 中国少数民族语言活力排序研究. 广西民族大学学报（哲学社会科学），28（5）：6-10.

孙宏开. 2015. 关于怒族语言使用活力的考察——兼谈语言传承和保护的机制. 玉溪师范学院学报，31（1）：5-11.

田静，金海月. 2009. 彝汉杂居区彝族的语言生活——云南通海县里山乡彝族个案研究. 西南民族大学学报（人文社科版），30（5）:43-49.

王均，郑国乔. 1980. 仫佬语简志. 北京：民族出版社.

王远新. 2000. 论中国民族杂居区的语言使用特点.民族语文，（2）：1-7.

赵凤珠. 2010. 景洪市嘎洒镇傣族语言文字使用现状及其演变. 北京：商务印书馆.

周国炎. 2009. 布依族语言使用现状及其演变. 北京：商务印书馆.

附　　录

附录一　罗城仫佬语语音系统

　　仫佬语和汉语同属于汉藏语系，音节结构均有声母、韵母、声调三个部分组成。仫佬族人除了会说仫佬语，还会说汉语普通话和汉语方言桂柳话。因此，仫佬族人能够根据自己的交际需要自如地转换三套语音系统。本附录以东门镇的语音为例，将仫佬语的语音特点分析如下。

一、声母

　　仫佬语一共有62个声母（附表1），其中单音声母29个，唇化声母15个，前腭化声母11个，后腭化声母7个，附表2列举了仫佬族语中的声母例字。

附表1　仫佬语中的声母

/p/	/pʰ/	/m/	/m̥/		/f/	/w/
/ts/	/tsʰ/				/s/	
/t/	/tʰ/	/n/	/n̥/	/l/	/l̥/	
		n̠	/n̠̥/			/j/
/c/	/cʰ/				/ç/	
/k/	/kʰ/	/ŋ/	/ʰŋ/		/ɣ/	
/ʔ/					/h/	
/pj/	/pʰj/	/mj/			/fj/	
/tj/	/tʰj/	/nj/				/lj/
/tsj/	/tsʰj/				/sj/	
/pɣ/	/pʰɣ/	/mɣ/	/m̥ɣ/			
/kɣ/	/kʰɣ/	/ŋɣ/			/hɣ/	
/pw/	/pʰw/	/mw/				
/tsw/	/tsʰw/		/sw/			
/tw/	/tʰw/					/lw/
/cw/		/nw/				
/kw/	/kʰw/	/ŋw/	/hw/			

附表2 仫佬语中的声母例字

声母	例字1	例字2	例字3
/p/	pen² 瓶子	pu³ 补	pa:i⁶ 败
/pʰ/	pʰuŋ⁵ 碰	pʰa¹ 灰	pʰo⁵ 床
/m/	mən¹ 天	min² 蚂蝗	mɛ² 有
/m̥/	m̥a¹ 回来	m̥at⁷ 跳蚤	m̥u⁵ 猪
/f/	fa¹ 右	fən¹ 分	fe⁴ 做
/w/	wa⁵ 脏	wa:t⁷ 挖	wa³ 蝴蝶
/t/	tau³ 斗	ti⁶（天）地	tɔŋ² 铜
/tʰ/	tʰa:n³ 毯子	tʰɔŋ¹ 通	tʰan¹ 吞
/n/	nɔŋ² 浓	nɛ⁵ 累	na:m² 南
/n̥/	n̥ɔ³ 老鼠	n̥a:i⁵ 嚼	n̥ai⁴ 动
/l/	la:i⁴ 鬼	la:k⁸ 儿	ləm² 风
/l̥/	l̥a¹ 睛	l̥a:n³	l̥yn¹
/ts/	tsa:ŋ⁴ 象	tsɔŋ¹ 钟	tsən¹ 真
/tsʰ/	tsʰa:n⁶ 蚕	tsʰɔŋ¹ 葱	tsʰɔ¹ 初
/s/	sa¹ 沙子	sən³ 省	sən² 神
/ɲ/	ɲøn⁶ 愿意	ɲan¹ 银	ɲa² 你
/j/	jəu² 油	jəu² 游	jəu⁶ 又
/c/	cəm¹ 金子	ci¹ 鸡	cɔŋ¹ 穷
/cʰ/	cʰi⁵ 空气	cʰi¹ 梳子	cʰen¹ 牵
/ç/	ça:i¹ 鞋子	ça¹ 茅草	çap⁸ 眨（眼）
/k/	kən⁵ 庚	kam¹ 苦	kau⁵ 够
/kʰ/	kʰai¹ 开	kʰa¹ 瞎	kʰu¹li⁵ 苦瓜
/ŋ/	ŋam¹ 想念	ŋa² 树芽	ŋɔ⁴ 五
/ŋ̥/	ŋ̥a¹ 菌	ŋ̥a:n³ 黄	ŋ̥am⁵ 口（一口）
/ɣ/	ɣa⁵ 水田	ɣa:p⁹ 蟑螂	ɣa⁵ 骂
/ʔ/	ʔuk⁹ 出	ʔa:u¹ 要	ʔa:i⁵ 笑
/h/	hai³ 海	hu³ 米	hɔ:p⁸ 盒子
/pj/	pjeu³ 手表	pjen⁵ 变	pjen¹ 旁边
/pʰj/	pʰjen⁵ 骗	pʰjeu⁵ 票	—
/mj/	mjeu³ 秒	mjen⁶ 面	mjen¹ 棉
/fj/	fjen¹ 菜园	fja:n³ 玩	fja:n¹ 甜
/tj/	tjem⁶ 点（灯）	tjeu² 条	tja:ŋ⁵ 像
/tʰj/	tʰjep⁷ 贴（贴标语）	tʰjeu⁵ 跳	tʰja:n³ 抢
/nj/	njen² 年	nja² 手	nja:m¹ 跟
/lj/	ljem⁴ 镰刀	lja:ŋ² 梁	ljen² 连

续表

声母	例字 1	例字 2	例字 3
/tsj/	tsja:ŋ⁴丈	tsja:ŋ⁵帐	tsja:ŋ⁴hu⁶浆糊
/tsʰj/	tsʰjen¹千	tsʰja¹车（水）	tsʰja:ŋ⁵唱歌
/sj/	sjeu³少	sja²（做）社	sja³lai³舍得
/pɣ/	pɣa¹山	pɣam¹kɣo³头发	pɣø¹落
/pʰɣ/	n.a:ŋ³pʰɣət⁷扫帚	—	—
/mɣ/	mɣɔ⁵胆量	la:k⁸mɣət⁷星星	mɣa:ŋ¹香
/m̥ɣ/	m̥ɣa:ŋ¹香		
/kɣ/	kɣa¹虫	kɣa³秧	kɣo³头
/kʰɣ/	kʰɣa:u³酒	kʰɣa¹耳朵	kʰɣət⁷尾巴
/ŋɣ/	ŋɣø²口水	ŋɣa²皮	
/pw/	pwa⁴祖母	—	—
/pʰw/	pʰwa⁵破（竹）	—	—
/mw/	mwa:i⁵扛	mwa⁶磨	
/hɣ/	hɣən¹身体	hɣok⁷撒	hɣɔk⁸草
/tsw/	tswəi⁴最（大）	tswa¹抓	
/tsʰw/	tsʰwa:i³踩	—	—
/sw/	swa:i¹筛米	swa³撒	
/tw/	twa⁶驮（东西）	twa³锁	
/tʰw/	tʰwon⁶ce⁶团结		
/lw/	lwa²骡子		
/cw/	cwa¹盐	cwa²羊	
/nw/	nwa¹搓		
/kw/	kwa:i⁵怪	kwai³小青蛙	kwi⁶跪
/kʰw/	kʰwa:ŋ⁴矿物	kʰwa:i⁵块	kʰwən¹路
/ŋw/	ŋwa⁴瓦	ŋwa:i⁶外婆	ŋwa¹狗
/hw/	hwa¹花	hwak¹挥手	hwai⁵快

关于附表 1 和附表 2 中的声母说明如下。

（1）/tsj/、/tsʰj/、/tsw/、/tsʰw/这 4 个腭化、唇化声母只出现在汉语借词的音节里。

（2）从声母发音部位看，有唇音、舌尖音、舌面音、舌根音和喉音；从发音方法看，清擦音和塞擦音分为送气和不送气；有一套前腭化声母（/pj/、/pʰj/、/tj/、/tsj/），一套后腭化声母（/pɣ/、/pʰɣ/、/kɣ/、/kʰɣ/），一套唇化声母（/kw/、/kʰw/、

/tw/、/sw/、/lw/）等。

（3）声母读音特点。/c/、/cʰ/、/ç/可以认为是/k/、/kʰ/、/h/的腭化，也可以写成/kj/、/kʰj/、/hj/，在前高元音前时读作舌面前音——/tɕ/、/tɕʰ/、/ɕ/，由于还有同部位其他声母（/ɲ/、/j/），所以其读音仍保留为/c/、/cʰ/、/ç/。

（4）仫佬语内部语音基本一致，但有少数词念法不太一致，主要表现在，舌尖塞擦音声母与舌尖擦音声母相混，例如有的人将"葱"念成 tsʰɔŋ¹，有的人念成 tʰɔŋ¹。

（5）ŋ 可以独立成音节。

二、韵母

仫佬语的韵母一共有 78 个（附表 3），其中单元音韵母有 11 个，复元音韵母有 67 个，附表 4 列举了仫佬语中韵母例字。

附表 3　仫佬语中的韵母

/a/	/o/	/ɔ/	/e/	/ɛ/	/ə/	/i/	/u/	/ø/	/ɣ/	/y/
/ai/	/a:i/	/oi/				/əi/		/ui/		
/au/	/a:u/			/eu/		/əu/	/iu/			
/am/	/a:m/	/om/	/ɔm/	/em/		/əm/	/im/			
/an/	/a:n/	/on/		/en/		/ən/	/in/	/un/	/øn/	/yn/
/aŋ/	/a:ŋ/	/oŋ/	/ɔŋ/	/ɔ:ŋ/	/eŋ/	/ɛŋ/	/ɛ:ŋ/	/əŋ/	/iŋ/	/uŋ/	/øŋ/	/yŋ/
/ap/	/a:p/	/op/	/ɔp/		/ep/			/əp/	/ip/			
/at/	/a:t/	/ot/			/et/			/ət/	/it/	/ut/	/øt/	/yt/
/ak/	/a:k/	/ok/	/ɔk/	/ɔ:k/	/ek/	/ɛk/	/ɛ:k/	/ək/	/ik/	/uk/	/øk/	

附表 4　仫佬语中的韵母例字

韵母	例字 1	例字 2	例字 3
/a/	sa¹沙子	fa¹右	hwa¹花
/ai/	kwai³蛙(小的)	hai³海	lai³得
/a:i/	ka:i³改	na:i⁶这	ŋwa:i⁶外婆
/au/	kau⁵够	tsau⁶双(一双鞋)	lau⁵田螺
/a:u/	kʰa:u⁵靠	a:u¹要	sa:u¹你们
/am/	tsam³低头	ŋam¹想念	kʰam⁵跌倒
/a:m/	ka:m¹山洞	ja:m⁵脚步	na:m⁶泥
/an/	ŋan²银	tan⁴蚯蚓	lan²轮
/a:n/	tʰa:n⁵炭	na:n²难	la:n³红

续表

韵母	例字 1	例字 2	例字 3
/aŋ/	taŋ¹灯	taŋ⁵凳子	kʰaŋ⁵妨碍
/a:ŋ/	kʰwa:ŋ⁴矿物	ka:ŋ¹钢	kɣa:ŋ¹亮
/ap/	tap⁷肝	lap⁷（天）黑	—
/a:p/	la:p⁸蜡烛	ça:p⁷窄	tsha:p⁷插
/at/	kat⁷剪	ʔat⁷个	mat⁷节约
/a:t/	ti⁶ma:t⁷过去	swa:t⁷刷	pa:t⁷八
/ak/	pak⁷北	hwak¹挥手	tak⁷塞
/a:k/	pa:k⁷嘴	la:k⁸儿子	ha:k⁸学
/o/	fo³斧头	lo⁴大	—
/oi/	poi⁶背(通)	pʰoi⁵配（得上）	tʰoi¹（水）流
/om/	kom³敢	—	—
/on/	kon²桌子	pon²盘子	ton算
/oŋ/	poŋ¹帮	foŋ¹高	—
/op/	fop⁷鳃	ɣop⁷塌	—
/ot/	tot⁷吸吮	tʰot⁷脱	pʰot⁷泼
/ok/	cok⁷锄	kok⁷国	—
/ɔ/	mɔ⁶帽子	pɔ¹包	ŋɔ⁴五
/ɔm/	kɔm⁵痄积	pʰɔm⁵水泡	ʔɔm⁵toŋ⁵冻疮
/ɔŋ/	tsʰɔŋ⁵枪	pʰɔŋ⁵碰	nɔŋ²浓
/ɔ:ŋ/	jɔ:ŋ²溶化	kʰɔ:ŋ¹不	kʰɔ:ŋ³屁股
/ɔp/	hɔp⁸盒子	hɔp⁸合	ɣɔp⁸塌
/ɔk/	fɔk⁸佩服	sɔk⁸熟	hu³kɔk⁷稻子
/ɔ:k/	kʰɔ:k⁹干枯	mɔ:k⁹埋	—
/e/	ce²左	te⁵西	te³下面
/eu/	ljeu²完	pʰjeu⁵票	tjeu⁵吊
/em/	cem²手镯	jem¹借	cʰem⁵欠
/en/	mjen²棉	cʰen¹牵	sjen⁵扇
/eŋ/	teŋ¹钉子	leŋ⁶再	peŋ²平
/ep/	tjep⁷接	tʰjep⁷贴近	tsjep⁸切
/et/	ʔjet⁸越	cet⁷结	tsik⁸ɲet⁸生日
/ek/	tʰek⁷踢	kek⁷蹄	tsʰek⁷尺子
/ə/	kau⁵lə¹看腻	sə⁶ma:ŋ⁶色盲	tsən⁴tsʰə²政策
/əi/	wəi³ta⁴伟大	pʰɣəi⁵近	jin⁵wəi⁴因为

续表

韵母	例字 1	例字 2	例字 3
/əu/	jəu²油	jəu⁵别	səu³等候
/əm/	ləm²风	cəm¹金子	təm⁵浸泡
/ən/	sən²神	hyən¹身体	tən²黄牛
/əŋ/	kʰəŋ⁵臭哄哄	—	—
/əp/	tsəp⁸捡	əp⁷敷、闷着	nəp⁷蹄
/ət/	tət⁷太阳	kʰət⁷屁	pʰɣət⁷扫
/ək/	kək⁷打嗝		
/ɛ/	mɛ²醉	fɛ⁶淫荡	nɛ⁵累
/ɛŋ/	pɛŋ⁵爆炸	tɛŋ³顶	
/ɛːŋ/	sɛːŋ¹生	tsɛːŋ¹争	tsʰɛːŋ⁵撑
/ɛk/	tɛk⁷一滴	—	—
/ɛːk/	sɛːk⁷摔跤	pɛːk⁹百	kʰɛːk⁹客人
/i/	i¹好	ni⁵这	ti⁵四
/iu/	liu²瘤	niu³拧毛巾	ciu²求
/im/	tim¹一瓣	lim²苗条	lim⁵浅
/in/	tin¹腿	tin³叫	ɲin³痒
/iŋ/	tsʰiŋ⁵秤	liŋ⁴晴	miŋ²蚂蟥
/ip/	pʰip⁷瘪	nip⁷拧	tʰip 削苹果
/it/	ɲit⁷冷	cit⁷疼	fit⁸摆手
/ik/	tsik⁷一只鞋	tsik⁷直	lik⁸力气
/ɿ/	tʰuŋ⁶tsɿ⁴同志	tsɿ³jəu⁶自由	tsən⁴tsɿ⁴政治
/u/	u¹上面	hu²湖	tu³胃
/ui/	nui³雪	tui²石头	tui⁶坐
/un/	nun²睡	fanʰun⁵前天	mun⁶lau²猴子
/uŋ/	juŋ¹蹲	kuŋ³响	luŋ¹窟窿
/uk/	uk¹出	luk⁷哄	tuk⁸绑
/ut/	mut⁸胡子	put⁷夺	nɛ³ɲut⁷ɲut⁷抽泣
/ø/	ŋɣø²口水	tsø⁶筷子	hyø¹醒
/øn/	søn⁵tsʰøn⁶宣传	nøn⁶愿意	i⁵jøn⁴医院
/øt/	søt⁷小说	cʰøt⁷tjem³缺点	tøt⁸绝
/øk/	løk⁷蘸	hyøk⁷呕吐	—
/y/	cʰy⁵区	tsy⁵珠子	pʰy¹吐

续表

韵母	例字 1	例字 2	例字 3
/yn/	kʰyn¹ 一圈	kyn² 拳	jyn⁴tuŋ⁴ 运动
/yŋ/	kyŋ¹ 抬	—	—
/yt/	yt⁷ 粽子	lyt⁷ 纱管	—
/ŋ/	ŋ⁵ 不	—	—

关于附表 3 和附表 4 中的韵母说明如下。

（1）/a/、/o/、/ɔ/、/e/、/ɛ/、/ə/、/i/、/ɿ/、/u/、/y/、/ø/ 这 11 个元音单独作韵母时都是长元音，带韵尾时 /a/、/ɔ/、/ɛ/ 存在长短对立，/ə/（央元音）、/y/ 和 /ɿ/（舌尖元音）3 个单元音只出现在汉语借词中。

（2）/a:/ 和 /a/ 的区别在于，/a/ 的音位比 /a:/ 高，相当于次低央元音 /ɐ/，/ai/ 用于腭化声母后面时，其音值近似 /ei/，如 hɣai³ 买等。

（3）/u:/ 带韵尾时也有轻微的过渡音 /ə/，它的实际音值是 /uəi/、/uəm/、/uən/、/uət/。

（4）/eu/、/em/、/en/、/ep/、/et/ 只跟前腭化声母和舌面声母相拼。

（5）吸收现代汉语借词，增加了 /ə/、/y/、/ɿ/ 3 个单元音韵，舌尖元音 /ɿ/ 只与 /ts/、/tsʰ/、/s/ 相拼。

三、声调

仫佬语的声调一共有 8 个：8 个舒声调和 2 个促声调。其中，第 1 调 42、第 2 调 121、第 3 调 53、第 4 调 24、第 5 调 44、第 6 调 21 是舒声调、第 7 调（短元音）55、第 7 调（长元音）42、第 8 调（短元音）12、第 8 调（长元音）11 属于促声调（附表 5）。

附表 5　仫佬语中的声调

调类	调型	调值	例字
第 1 调	中降调	42	kɣa¹ 虫、kʰɣa¹ 耳朵、tuŋ¹ 煮
第 2 调	低升降调	121	ma² 舌、tsɛ² 姐、mɛ² 有
第 3 调	高降调	53	hu³ 米、na³ 脸、la:n³ 红
第 4 调	中升调	24	məm⁴ 老虎、ljem⁴ 镰刀、taŋ⁴ 站
第 5 调	次高平调	44	sjeu⁵ 干净、ta:⁵ 中间、kau⁵ 看

续表

调类	调型	调值	例字
第6调	低平调	11	ta⁶经过、ŋa:m⁶鹅、na:i⁶这
第7调	短	高平调	55	ʔuk⁷出、pak⁷北、kat⁷剪
	长	中降调	42	sɛ:k⁷摔跤、swa:t⁷刷、pa:k⁷嘴
第8调	短	低升调	12	tɔk⁸读、lik⁸力气、cit⁸咬
	长	低平调	11	la:k⁸儿子、ma:t⁸袜子、la:p⁸蜡烛

四、音节结构

仫佬语的音节结构类型有以下7种表示形式，本附录用 C 表示辅音，用 V 表示元音。举例如下所示。

（1）CV 式：即辅音+元音，mɛ²有、ma²舌、ne⁵乳。

（2）CVV 式：即辅音+元音+元音，lau⁵螺蛳、kau⁵看、ta:u³烧。

（3）CVC 式：即辅音+元音+辅音，tuŋ¹煮、nun²躺、ma:t⁸袜子。

（4）CCV 式：即辅音＋辅音＋元音，pɣa¹山、mwa¹摸、fja¹头发。

（5）CCVV 式：即辅音＋辅音＋元音＋元音，lja:i⁵烫、sjeu³少、kʰɣau⁵吠。

（6）CCVC 式：即辅音＋辅音＋元音＋辅音，fjen¹菜园、tjem³点、kɣa:p⁷挑。

（7）V 式：即元音，i³椅子。

附录二 罗城仫佬语

附表6 罗城仫佬语400常用词表

序号	词语	罗城东门	宜州良村
1	天（地）	mən^1	mən^1
2	太阳	tʰəu^{5}fan^1	tit^{7}kok^8
3	月亮	kɣa:ŋ^{1}njen^2	kɣa:ŋ^{1}njen^2
4	星星	la:k^{10}mɣət^7	la:k^{10}mət^7
5	风	ləm^2、fɔŋ^1	kɣa:ŋ^5
6	雨	kwən^1	kwən^1
7	山	pɣa^1	pwa^1
8	(水)田	ɣa^5	ɣa^5
9	石头	tui^2	kok^{8}tui^2
10	火	fi^1	fi^1
11	面前	kun^{5}na^3	kun^{5}na^3
12	里面	ho^3	ho^3
13	右	fa^1	fa^1
14	左	ce^4	cwe^4
15	旁边	pjen^1	pjen^1
16	从前	ti^{6}ma:t^9	ti^{6}ma:t^9
17	年/岁	mɛ^1	mɛ^1
18	今年	mɛ^{1}na:i^6	mɛ^{1}na:i^6
19	明年	mɛ^{1}lən^2	mɛ^{1}lən^2
20	去年	mɛ^{1}ce^1	mɛ^{1}ce^1
21	一月	na:u^{6}ɲøt^8	na:u^{6}ɲøt^8
22	二月	ɲi^{6}ɲøt^8	ɲi^{6}ɲøt^8
23	天(日)	fan^1	fan^1
24	今天	fan^{1}na:i^6	fan^{1}na:i^6
25	昨天	fan^{1}ɲiu^1	fan^{1}ɲiu^1
26	白天	tʰəu^{5}fan^1	tʰəu^{5}fan^1
27	夜里	tʰəu^{5}mu^2	tʰəu^{5}mu^2
28	早晨	tʰəu^{5}hət^7	tʰəu^{5}jit^7
29	牛	wi^2	wi^2
30	黄牛	tən^2	tən^2

续表

序号	词语	罗城东门	宜州良村
31	水牛	wi², hwi²	wi²
32	羊	cwa²	juŋ²
33	猪	mu⁵	mu⁵
34	公猪(一般的)	mu⁵tak⁸	mu⁵tak⁸
35	狗	ŋwa¹	ma¹
36	老虎	məm⁴	məm⁴
37	猴子	mu:n⁶lau²	mu:n⁶lau²
38	老鼠	nɔ³	nɔ³
39	鸡	ci¹	ci¹
40	公鸡	ci¹tai³	ci¹tai³
41	鸭子	ja:p⁹、jɛ:p⁹	ja:p⁹
42	鸟	nɔk⁸	nɔk⁸
43	猫头鹰	jeu⁶	—
44	蛇	tui²	tui²
45	虫	kɣa¹	kɣa¹
46	蜘蛛	tən¹ŋɔ:ŋ²	wen²
47	蟑螂	ɣə:p⁹	khɣa¹khap⁷
48	蚂蚁	mɣət⁸	mət⁸
49	蚱蜢	çak⁷	—
50	蚊子	n̠uŋ²	n̠uŋ²
51	跳蚤	mat⁷	mat⁷
52	虱子	nan⁶	—
53	蛙	kwai³	kwɛ³
54	蝌蚪	n̠uk⁷	n̠uk⁷
55	螺蛳(田螺)	lau⁵	lau⁵
56	水蛭	miŋ²	piŋ¹
57	鱼	məm⁶	məm⁶
58	毛	tsən¹	tsən¹
59	翅膀	çi⁵puŋ⁴	hi⁵
60	尾巴	kʰɣət⁷	kʰət⁷
61	树	mai⁴	mai⁴
62	树枝	ŋa⁵mai⁴	ŋa⁵mai⁴
63	树叶	fa⁵mai⁴	fa⁵mai⁴
64	草	hɣɔk⁸、ɣɔk⁸	ɣɔk⁸
65	茅草	ça¹	ja¹

续表

序号	词语	罗城东门	宜州良村
66	竹子	kwan^1	kwan^1
67	竹笋	na:ŋ^2	na:ŋ^2
68	水稻	hu^{3}toŋ^6	hu^3
69	秧	kɣa^3	kɣa^3
70	稻草	ma:ŋ	ma:ŋ
71	花生	ti^{6}tau^6	ti^{6}tau^6
72	蔬菜	ma^1	ma^1
73	苦瓜	k^{h}u^{1}li^5	k^{h}u^{3}kwa^5
74	甘薯(红薯)	man^2	man^2
75	芋头	ɣa:k^9	ɣa:k^9
76	头	kɣo^3	kɣo^3
77	头发	fja^1、pɣam^{1}kɣo^3	fja^1
78	脸	na^3	na^3
79	额头	ŋə^{6}pɣa:k^9	—
80	耳朵	khɣa^1	khɣa^1
81	眼睛	la^1	la^1
82	鼻子	naŋ^1	naŋ^1
83	嘴	pa:k^9	pa:k^9
84	牙齿	fan^1	fan^1
85	舌头	ma^2	ma^2
86	喉咙	tɛ^{3}hu^1	tɛ^{3}hu^1
87	脖子	lən^3	tɛ^{3}lən^3
88	手	nja^2	nja^2
89	拇指	nja^{2}mai^4	nja^{2}mai^4
90	手指	nja^{2}la:k^{10}	nja^{2}la:k^{10}
91	指甲	nja^{2}nəp^7	nja^{2}ləp^7
92	拳头	cin^{6}tsui^2	—
93	脚	tin^1	tin^1
94	膝盖	pu^{6}ko^5	ku^{6}ko^5
95	胳臂	nja^{2}puŋ^4	—
96	鼻涕	muk^8	muk^8
97	口水	ŋɣø^2、ŋø^2	mø^2
98	汗	ha:n^6	ha:n^6
99	曾祖父	kɔŋ^{1}ma:ŋ^6	kɔŋ^{1}ma:ŋ^6

续表

序号	词语	罗城东门	宜州良村
100	曾祖母	pwa⁴ma:ŋ⁶	pwa⁴ma:ŋ⁶
101	祖父	kɔŋ¹	kɔŋ¹
102	祖母	pwa⁴	pwa⁴
103	父母	pu⁴ni⁴	pu⁴ni⁴
104	父亲	pu⁴	pu⁴
105	母亲	ni⁴	ni⁴
106	妻子	ma:i⁴	ma:i⁴
107	哥哥	fa:i⁴	fa:i⁴
108	嫂子	hɣa:u³、hɣə:u³	ɣa:u³
109	弟弟	nuŋ⁴	nuŋ⁴
110	姐姐	tsɛ²	tsɛ²
111	儿子	la:k¹⁰	la:k¹⁰
112	儿媳	la:k¹⁰ ma:i⁴	la:k¹⁰ ma:i⁴
113	女儿	la:k¹⁰ja:k⁹	la:k¹⁰mja:k⁹
114	孙子	la:k¹⁰kʰɣə:n¹	la:k¹⁰kʰɣa:n¹
115	孙女	kʰɣə:n¹la:k¹⁰ja:k⁹	la:k¹⁰khɣa:n¹
116	儿童	la:k¹⁰te⁵	la:k¹⁰te⁵
117	哑巴	ŋa³	ŋa³
118	驼子	kuŋ⁵	kuŋ⁵
119	聋子	kʰɣa¹lak⁷	kʰɣa¹lak⁷
120	家	ɣa:n²、hɣə:n²	ɣa:n²
121	粮仓(谷仓)	kɣɔ⁴	kɣɔ⁴
122	菜园	fjen¹	fjen¹
123	门	tɔ¹	tɔ¹
124	路	kʰwən¹	kʰwən¹
125	布	ja¹	ja¹
126	筷子	tsø⁶	tsø⁶
127	锅	cʰik⁷	cʰik⁷
128	刀	mit⁸	mit⁸
129	桌子	kon²	pu:n²
130	凳子	taŋ⁵	taŋ⁵
131	扫帚	ŋa:ŋ³pʰɣət⁷	ja:ŋ⁵pʰət⁷
132	梳子	cʰi¹	cʰi¹
133	秤	tsʰiŋ⁵	tsʰiŋ⁵

续表

序号	词语	罗城东门	宜州良村
134	锄头	cok⁷ku¹	cok⁷
135	扁担	lɔ⁵	lɔ⁵
136	歌	kɔ⁵	kɔ⁵
137	村	ma:n⁶	ma:n⁶
138	仫佬族	lam¹	lam¹
139	米;饭	hu³	hu³
140	糍粑	ti²	ti²
141	肉	sik⁸	sik⁸
142	牛肉	sik⁸tən²	sik⁸wi²
143	盐	cwa¹	cwa¹
144	酒(烧酒)	kʰɣa:u³	kʰɣa:u³
145	蛋	kɣəi⁵	kɣəi⁵
146	断(扁担断了)	təu⁵	tu⁵
147	撞(车撞在墙上)	tsʰoŋ⁵	tsʰoŋ⁵
148	倒(树倒了)	kʰam⁵	kʰam⁵
149	塌(倒塌)	kɣø²	kɣø²
150	着(火着了)	fən¹	fən¹
151	烧(野火烧山)	ta:u³	ta:u³
152	灭(灯灭了)	lap⁷	lap⁷
153	溢(水溢)	puŋ⁴、pɣø⁶	pu⁴
154	漏(水桶漏水)	lau⁶	lau⁶
155	摆动(树枝摆动)	nai¹	nai¹
156	啃(啃骨头)	kəp⁷、kɣəp⁷	—
157	叫(鸟叫)	tin³	tən³
158	爬(蛇在地上爬)	la⁶	la⁶
159	飞	fən³	fən³
160	缠绕	cəu⁵	ku:n³
161	游(鱼游水)	jəu²	ju²
162	脱(蛇脱皮)	tʰot⁷	tʰu:t⁹
163	落(树叶落)	pɣø⁷	pɣø⁷
164	烂(瓜果烂了)	la:n⁶	la:n⁶
165	像(他像你)	tja:ŋ⁵	tja:ŋ⁵
166	成(成为)	fən¹	fən¹
167	有	mɛ²	mɛ²

续表

序号	词语	罗城东门	宜州良村
168	没有(我没有书)	ŋ⁵mɛ²	ŋ⁵mɛ²
169	来	taŋ¹	taŋ¹
170	去	pa:i¹	pa:i¹
171	回	ma¹	ma¹
172	回来	ma¹	ma¹
173	回去	pa:i¹ma¹	pa:i¹ma¹
174	出	ʔuk⁹	ʔuk⁹
175	进	lɔ³	lɔ³
176	上(上山)	tsha⁵	tsha⁵
177	下(下楼)	lui⁶	lui⁶
178	操心	tʰəu⁵təm¹	tsʰau⁵təm¹
179	可怜	kʰɔ⁶ljen²	kʰɔ⁶ljen²
180	可惜	kʰɔ⁶sik⁷	kʰɔ⁶sik⁷
181	发抖	ta:n²、kʰɤəu⁵	kʰəu⁵
182	疼(痛)	cit⁷	cit⁷
183	咳嗽	huk⁸	huk⁸
184	呕吐	hɤøk⁸	ɤøk⁸
185	死	tai¹	tai¹
186	出(嫁)	uk⁷	uk⁷
187	嫁	ca⁵	ca⁵
188	娶	ʔa:u¹	ʔa:u¹
189	怀孕	hɤak⁷la:k¹⁰	mɛ²la:k¹⁰
190	生(生孩子)	sɛ:ŋ¹	sɛ:ŋ¹
191	过年	ta⁶njen²	ta⁶njen²
192	仰(头)	ŋa:ŋ³	ŋa:ŋ³
193	低头	tsam³	tsam³
194	点(头)	ŋwak⁷	—
195	摇(头)	ŋəu⁶	ŋɔk⁸
196	笑	ʔa:i⁵	ʔa:i⁵
197	哭	ȵɛ³	ȵɛ³
198	说	ca:ŋ³	ca:ŋ³
199	问	sa:i³	sa:i³
200	答	ta:p⁹	ta:p⁹
201	喊	tin³	tən³
202	唱(歌)	tsʰja:ŋ⁵	tsʰja:ŋ⁵

续表

序号	词语	罗城东门	宜州良村
203	闹(小孩闹)	ȵa:u⁶	ȵa:u⁶
204	哄(使小孩不哭)	luk⁸	luk⁸
205	骗	pʰjen⁵	pʰjen⁵
206	吵(架)	tsʰa:u³	tsɛ:ŋ¹
207	骂	ɣa⁵	ɣa⁵
208	喝	hɣɔ:p⁷	tsa:n¹
209	吃	tsa:n¹	tsa:n¹
210	咬	kit⁸	kit⁸
211	咽	lan³	lan³
212	舔	lja:m⁵	lja:m⁵
213	流(流口水)	lø⁶、tʰoi¹	tʰoi¹
214	伸(伸舌头)	lø⁵	lø⁵
215	吹（口哨）	tsʰui¹	tsʰui¹
216	看	kau⁵	kau⁵
217	看见	kau⁵lən¹	kau⁵nən¹
218	眨(眼)	ɕap⁸	jap⁸
219	闭(闭眼)	kʰɣap⁷	kʰap⁷
220	听	tʰɛŋ⁵	tʰɛŋ⁵
221	闻(嗅)	nən⁴	ȵiu⁵
222	坐	tui⁶	tui⁶
223	休息	ɕet⁷nɛ⁵	jet⁷nɛ⁵
224	睡、躺	nun²	nən²
225	醒(睡醒)	hɣø¹	ɣø¹
226	醉(酒醉)	kʰɣa:u³mɛ²	kʰɣa:u³mɛ²
227	在	ȵa:u⁶	ȵa:u⁶
228	等(人)	səu³	su³
229	跑	fə³	po⁵
230	玩(耍)	fja:m³	fja:m³
231	跌倒	kʰɣam⁵	kʰam⁵
232	出汗	ʔuk⁹ha:n⁶	ʔuk⁹ha:n⁶
233	招呼	tsjeu¹hu¹	—
234	跟	nja:m¹	nja:m¹
235	碰(桌子)	pʰoŋ⁵	pʰɔ:ŋ⁵
236	陪(客)	poi²	poi²

续表

序号	词语	罗城东门	宜州良村
237	教	ca:u^5	ca:u^5
238	找(找虱子)	la^4	la^4
239	赶(走)	ka:n^3	ka:n^3
240	挤(挤进去)	ŋap^7	tsi^3
241	带(钱)	ta:i^5	ta:i^5
242	穿(穿鞋)	tan^3	tan^3
243	戴(戴头巾)	tan^3	tan^3
244	扛	moi^5、mwa:i^5	moi^5
245	抬	kyŋ^1	kyŋ^1
246	挑(挑谷子)	kɣa:p^9	kɣa:p^9
247	背(背孩子)	ma^5	ma^5
248	打架(孩子打架)	kui^{5}ca^5、kʰa:u^{1}ca^5	kui^{5}ca^5
249	烤(烤火)	pʰu^{1}fi^1	kʰa:ŋ^{5}fi^1
250	燃(火燃了)	fən^1	fən^1
251	要(我要这个)	ʔa:u^1	ʔa:u^1
252	给(给钱)	kʰɣe^1、lɔ^6	lɔ^6
253	洗(洗脸)	suk^9	suk^9
254	醒（睡醒）	hɣø^1	ɣø^1
255	喂(用食具喂小孩)	sa^1	sa^1
256	压(用石头压住)	tsam^3	tsam^3
257	竖(把柱子竖起来)	sø^2	sø^2
258	挂(挂在墙上)	kwa^5	kwa^5
259	伸(伸手)	lø^5	lø^5
260	挥(挥手)	hwak^1	—
261	举(举手)	fu^3	—
262	拿(拿书)	tsau^4	tsau^4
263	抱(抱小孩)	ʔum^3	ʔum^3
264	握(握刀把)	ȵam^1	ȵam^1
265	扔(扔掉)	pət^8	pət^8
266	做(做工)	fɛ^4	fɛ^4
267	拧(拧毛巾)	niu^3	niu^3
268	孵（孵小鸡）	pɣam^1	—
269	折断(折断树枝)	jeu^{5}təu^5	ja:u^{3}tu^5
270	打(打人)	kui^5	kui^5

续表

序号	词语	罗城东门	宜州良村
271	捉(捉鸡)	tsok⁸	tsok⁸
272	放(放盐)	tɔ⁴	tɔ⁴
273	绑	tuk⁸	tuk⁸
274	解(解绳结)	tsi⁵	tsi⁵
275	砍(砍树)	tɛ⁵	tɛ⁵
276	削(削果皮)	tʰjet⁷	tʰjet⁷
277	磨(磨刀)	kwan²	kwan²
278	舂(舂米)	toi⁵	tsʰok⁷
279	筛(筛米)	swa:i¹	swa:i¹
280	量(量布)	hɣɔ¹	ɣɔ¹
281	称(称东西)	tsʰiŋ⁵	tsʰiŋ⁵
282	夹(用筷子夹菜吃)	njep⁷	nja:p⁹
283	梳(梳头)	cʰi¹	cʰi¹
284	剪	kat⁷	kat⁷
285	走	tsʰa:m³	tsʰa:m³
286	锄(锄地)	cok⁷	—
287	犁(犁地)	kʰɣai¹	kʰɣai¹
288	插(插秧)	l̥am¹、tsʰa:p⁹	lam¹
289	浇(浇菜)	ləm²	kɣo⁵
290	煮(煮饭)	tuŋ¹	tuŋ¹
291	捡	tsəp⁷	tsəp⁷
292	热(热饭)	ɣɔ³	ɣɔ³
293	切(切菜)	tsep⁸	tsjep⁸
294	烫(用开水烫)	la:i⁵	la:i⁵
295	买	hɣai³、hɣəi³	ɣai³
296	卖	cɛ¹	cɛ¹
297	明白	ɣɔ⁴	ɣɔ⁴
298	干活儿	fɛ⁴kɔŋ¹fu¹	fɛ⁴kɔŋ⁵fu¹
299	红	la:n³	la:n³
300	黄	ŋa:n³	ŋa:n³
301	白	pa:k¹⁰	pa:k¹⁰
302	黑	nam¹	nam¹
303	绿	həu¹	ju¹
304	灰(颜色)	kʰa¹	—

续表

序号	词语	罗城东门	宜州良村
305	亮(屋子很亮)	kɣa:ŋ¹	kɣa:ŋ¹
306	暗(屋子很暗)	lap⁷	lap⁷
307	甜(糖很甜)	fja:n¹	fja:n¹
308	酸	kʰɣəm³	kʰɣəm³
309	苦	kam¹	kam¹
310	辣	lja:n⁶	lja:n⁶
311	咸	naŋ⁵	naŋ⁵
312	淡(不咸)	ta:m⁶	ta:m⁶
313	香(花香)	mɣa:ŋ	mɣa:ŋ
314	臭	ɲin¹	ɲin¹
315	大	lo⁴、la:u⁴	lo⁴
316	小	te⁵、niŋ⁵	te⁵
317	长	ɣəi³	ɣa:i³
318	短	hɣən³	ɣən³
319	厚	na¹	na¹
320	薄	wa:ŋ¹	ma:ŋ¹
321	宽(路宽)	kʰwa:ŋ³	kʰwa:ŋ³
322	窄(路窄)	ça:p⁷	ja:p⁷
323	高	foŋ¹	foŋ¹
324	低、矮	hɣam⁵	ɣam⁵
325	稀（粥很稀）	ləu¹	lu¹
326	滑(路很滑)	kɣɔ¹	kɣɔ¹
327	尖(山很尖)	kʰɣa¹	—
328	歪(帽子戴歪了)	fe¹	fe¹
329	满(水满了)	pik⁹	pik⁹
330	硬	kɣa³	kɣa³
331	软	ma³	ma³
332	脆	hɣum¹	ɣəm¹
333	脏(衣服脏)	wa⁵	wa⁵
334	深(水深)	jam¹	jam¹
335	轻	ça³	ja³
336	重	çan¹	çan¹
337	多	kɣuŋ²	kuŋ²
338	远	ce¹	ce¹
339	近	pʰɣai⁵	pʰɣai⁵

续表

序号	词语	罗城东门	宜州良村
340	快(走得快)	hwai⁵	wi⁵
341	慢(走得慢)	ma:n⁶	ma:n⁶
342	早(很早起来)	kʰam¹	kʰam¹
343	晚、迟(很晚才睡)	tsi²	tsi²
344	热(天气热)	net⁸	net⁸
345	冷(天气冷)	ɲit⁷	ɲit⁷
346	饱	kɣaŋ⁵	kɣaŋ⁵
347	饿	ja:k⁹	ja:k⁹
348	累	nɛ⁵、loi⁶	nɛ⁵
349	高兴	ʔa:ŋ⁵	ʔa:ŋ⁵
350	瞎	kʰa¹	kʰa¹
351	痒	ɲin³	ɲin³
352	好	ʔi¹	ʔi¹
353	坏	hwa:i⁵	wa:i⁶
354	新	mai⁵	mai⁵
355	生(生肉)	sɛ:ŋ¹	sɛ:ŋ¹
356	熟(熟肉)	sɔk⁸	sɔk⁸
357	乱(头发乱)	lon⁶	lu:n⁶
358	年轻	njen²tʰiŋ¹	hɔ³sɛ:ŋ¹
359	老(人老)	lo⁴、ce⁵	lo⁴、ce⁵
360	胖	pi²	pi²
361	瘦(人瘦)	ɣəm¹	ɣəm¹
362	一	na:u³	na:u³
363	二	ɣa²、ŋi⁶	ɣa²、ŋi⁶
364	三	ta:m¹	ta:m¹
365	四	ti⁵	ti⁵
366	五	ŋɔ⁴	ŋɔ⁴
367	六	lɔk⁸	lɔk⁸
368	七	tʰət⁷	tʰət⁷
369	八	pa:t⁹	pa:t⁹
370	九	cəu³	cəu³
371	十	səp⁸	səp⁸
372	十一	səp⁸ʔjət⁷	səp⁸ʔjət⁷
373	十二	səp⁸ŋi⁶	səp⁸ŋi⁶
374	个(一个人)	mu⁶	mɔ⁶

续表

序号	词语	罗城东门	宜州良村
375	只(一只鸡)	tɔ²	tɔ²
376	棵(一棵树)	tɔŋ⁶	tɔŋ⁶
377	粒(一粒米)	ɳən²	ŋwi⁶
378	间(一间房子)	kʰɔːŋ⁵	kʰɔːŋ⁵
379	件(一件衣服)	məi⁶	məi⁶
380	件(一件事)	məi⁶	jaːŋ⁶
381	我	həi²、əi²	hɛ²
382	你	ɳa²	ɳa²
383	他、她	mɔ⁶	mɔ⁶
384	我们	niu²	ɣaːu¹
385	咱们	hɣaːu¹、hɣəːu¹	ɣaːu¹
386	你们	saːu¹	saːu¹
387	他们	mɔ⁶	waːtᵍkaː⁶
388	自己	tsi⁶ca¹	tsi⁶ca¹
389	别人	leŋ⁶çən¹	leŋ⁶jən¹
390	这	naːi⁶	naːi⁶
391	这里	nin¹naːi⁶	niŋ⁵naːi⁶
392	那	ka⁶	ka⁶
393	哪里	kʰə⁵nau¹	kʰwa¹nau¹
394	谁	nau²	nau²
395	什么	ŋ⁵naːŋ²、ə⁵naːŋ²	a⁵naːŋ²
396	还(还没有来)	naŋ¹	naŋ¹
397	都(大家都来了)	tu¹	piŋ³
398	全(全村、全国)	tøn²、løn²	tsʰøn²
399	不(他不来)	ŋ⁵	ŋ⁵
400	别(别跑)	jəu⁵	ju⁵

附录三　仫佬语语法例句调查

1. 名词性主谓句例如：fan¹ na:i⁶ ŋ⁴ nøt⁸ tsʰɔ¹ ŋɔ⁴.
   　　　　　　　　　天　这　五　月　初　五
   　　　　　　　今天五月初五。

2. 动词性主谓句例如：fan¹ȵiu¹ ni⁵ tɔk⁷ na:u⁶ tsja:ŋ² kwən¹ lo⁴.
   　　　　　　　　　天　昨　这　落　一　场　雨　大
   　　　　　　　昨天这里下了一场大雨。

3. 形容词性主谓句例如：hɣə:n² na:i⁶ si⁶ ho³ma:n³ tswei²foŋ¹ kɔ⁵.
   　　　　　　　　　　房子　这　是　里村　　最　高　的
   　　　　　　　　这房子是村里最高的。

4. 主谓谓语句例如：ci³fan¹na:i⁶,fan¹fan¹tɔk⁷kwən¹.
   　　　　　　　　几　天　这，天天　　落　雨
   　　　　　　这几天，天天下雨。

5. 把字句例如：tɔk⁷lən² mɔ⁶ pa³lɛ² tsəp⁷ lɔk⁷taŋ¹tɔŋ⁵u¹kon².
   　　　　　　后来　　他　把书　捡　起来　放上　桌
   　　　　　后来他把书捡起来放桌上。

6. 被字句例如：hɣə:n²niu² kɔ⁵kwɛ³ ŋa:i⁶ çən¹jem¹pa:i¹pjeu⁶.
   　　　　　　家　我们　的梯子　被　　人　借　去　了
   　　　　　我们家的梯子被别人借去了。

7. 存现句例如：hɣə:n² əi² kun⁵tɔ¹mɛ²na:u⁶ tjeu²nja¹.
   　　　　　　家　我　前　门　有　一　条　河
   　　　　　我家门前有一条河。

8. 比字句例如：mɔ⁶pi³ əi² fə³ lai³ hwəi⁵.
   　　　　　　他　比　我　跑　得　快
   　　　　　比我跑得快。

9. 表属格例如：ni⁵si⁶na²kɔ⁵,ka⁶si⁶hɛ²kɔ⁵.
   　　　　　　这是　你的，那是我的

这是你的，那是我的。

10. 表比较例如：la:n³ kɔ⁵ tswei² i¹ kau⁵.
　　　　　　　　红　的　最　好看
　　　　　　红的最好看。

11. 表并列例如：fa:i⁴tsʰa:m³kʰwən¹,nuŋ⁴tui⁶tsʰja¹.
　　　　　　　　哥哥　走　　路，弟弟　坐车
　　　　　　哥哥走路，弟弟坐车。

12. 表递进例如：mɔ⁶ŋ⁵tsɿ³ɣɔ⁴kʰai¹tsʰja¹,naŋ¹ɣɔ⁴ça:u⁵tsʰja¹.
　　　　　　　　他　不止会　开车，　还会　修　车
　　　　　　他不但会开车，而且会修理。

13. 表选择例如：ȵa²njen⁵ci³lo⁴,a⁶si⁶mɔ⁶njen⁵ci³lo⁴.
　　　　　　　　你　年　纪大，还是　他 年 纪大
　　　　　　是你年纪大还是他年纪大？

14. 表转折例如：məi⁶ kuk⁷ na:i⁶ səi⁵jen² i¹ kau⁵, ta:n⁶si⁶ ɣəi³ nə⁵ niŋ⁵.
　　　　　　　　件　衣服 这 虽然　好看，但是　长　一　点
　　　　　　这件衣服虽然好看，但是长了些。

15. 表假设例如：jy⁶kɔ³fan¹mɔ⁴tɔk⁷kwən¹, ɣa:u¹ŋ⁵pa:i¹fai¹.
　　　　　　　　如果 天　明 落 雨，　咱们 不去街
　　　　　　如果明天下雨，咱们就不上街。

16. 表条件例如：tsi³a:u¹ ȵa² ŋ⁵kʰɣa:n⁵ na:n², ȵa² tu⁶nən⁶ ha:k⁹ i¹ wa⁶ lam¹.
　　　　　　　　只 要你不 怕难，　你 就 可以　学 好 仫佬语
　　　　　　只要你不怕难，你就可以学好仫佬话。

17. 表因果例如：mɔ⁶in¹wəi⁶hɣak⁷ləm²nəm⁴, sɔ³i¹ma¹uk⁷lai³i¹.
　　　　　　　　他 因 为　勤　浇水，所以菜 出 得好
　　　　　　他因为勤浇水，所以菜长得好。

18. 表目的例如：wəi⁶kɔŋ⁵ȵa²tɔk⁸lɛ², pu⁴ni⁴sin⁵kʰu⁶lɔŋ⁶tjen⁴.
　　　　　　　　为　供　你读书，父母 辛 苦　赚 钱
　　　　　　为了供你上学，父母辛苦赚钱。

19. 名物化结构例如：tsaːn¹kɔ⁵pi³ jɔŋ⁵kɔ⁵tsuŋ⁴jaːu⁴.
　　　　　　　　　 吃　 的比 用 的 重　要
　　　　　　　吃的比用的重要。